西方行政学说史

第三版

丁煌 著

A History of Western Administrative Theories

WUHAN UNIVERSITY PRESS
武汉大学出版社

图书在版编目(CIP)数据

西方行政学说史/丁煌著．—3 版.—武汉：武汉大学出版社，2017.6
(2025.7 重印)
ISBN 978-7-307-18389-6

Ⅰ.西… Ⅱ.丁… Ⅲ.行政学—政治思想史—西方国家
Ⅳ.D035-091

中国版本图书馆 CIP 数据核字(2017)第 081183 号

责任编辑:王智梅　胡国民　　责任校对:汪欣怡　　版式设计:马　佳

出版发行：**武汉大学出版社**　(430072　武昌　珞珈山)
(电子邮箱：cbs22@ whu.edu.cn　网址：www.wdp. com.cn)
印刷：武汉中科兴业印务有限公司
开本:720×1000　1/16　印张:30　字数:537 千字　插页:2
版次:1999 年 4 月第 1 版　2004 年 12 月第 2 版
2017 年 6 月第 3 版　2025 年 7 月第 3 版第 16 次印刷
ISBN 978-7-307-18389-6　定价:68. 00 元

作者简介

丁煌，法学（政治学）博士，武汉大学二级教授、“珞珈学者”特聘教授、政治与公共管理学院院长、公共管理硕士（MPA）教育中心主任、国家治理与公共政策研究中心主任、武汉大学政府治理创新研究中心（湖北省改革智库）主任、湖北政治建设研究院（湖北省重点智库）执行院长、国家领土主权与海洋权益协同创新中心（“2011计划”）“中国极地政策与极地权益研究”创新团队负责人、公共管理学科行政管理专业和国际法学科跨域公共治理专业双学科博士生导师；兼任国务院学位委员会学科评议组成员、全国公共管理专业学位研究生（MPA）教育指导委员会委员、教育部高等学校公共管理类学科专业教学指导委员会委员、人力资源与社会保障部国际行政科学专家委员会委员、全国（政务）专业标准化技术专家委员会委员、全国政策科学研究会副会长、中国行政管理学会理事、中国行政体制改革研究会理事、中国海洋发展研究会理事、湖北省行政管理学会副会长、湖北省人民政府咨询委员会特邀专家及国家行政学院和中国政法大学等多所高校兼职或客座教授，担任《领导科学论坛·国家治理评论》主编和《公共事务评论》（中国台湾）、人大复印资料《公共行政》、《中国公共政策评论》、《公共行政评论》、《复旦公共行政评论》、《公共政策与管理评论》、《行政论坛》等核心期刊学术委员或编委等学术职务。曾应邀赴美国、加拿大、英国、法国、德国、奥地利、比利时、荷兰、瑞典、芬兰、挪威、智利、巴西、阿根廷等国家和中国港澳台地区的高等学校和研究机构访学。

长期从事公共（行政）管理与公共政策的教学与研究工作，在国内外学术期刊发表学术论文百余篇，为政府提交政策咨询报告多份，出版《西方行政学说史》和《政策执行阻滞机制及其防治对策——一项基于行为和制度的分析》等个人专著6部，合著《公共政策分析》和《公共管理学》等4部，译著《新公共服务》、《新公共行政学》和《议程、备选方案与公共政策》等6部，主编《极地国家政策研究报告》（系列）、《公共行政与公共政策研究学术论丛》等丛书和《公共行政与公共管理经典译丛》之学术经典系列，主编教材《行政学原理》和《行政管理学》等多部。主持承担国家重大专项研究课题、国家社会科学基金重点项目、教育部哲学社会科学研究重大课题攻关项目以及国家自然科学基金项目、国家留学基金资助项目和国际合作项目等研究课题多项；入选教育部新世纪优秀人才支持计划、马克思主义理论研究和建设工程项目首席专家、哲学社会科学研究重大课题攻关项目首席专家；荣获全国行政管理优秀科研成果奖和湖北省社会科学成果奖等科研奖励多项；独著《西方行政学理论概要》连续入选“十一五”和“十二五”普通高等教育本科国家级规划教材，主讲“行政学原理”先后入选国家精品课程和国家精品资源共享课程。

序

中国行政管理学会会长　郭济

改革开放以来，伴随着我国社会主义现代化建设事业的快速发展，行政学的重要性已日益为人们所认识，尤其是最近十几年，我国的行政科学可以说得到了突飞猛进的发展。这不仅表现在其研究成果对我国的现代化建设事业正在发挥着十分重要的促进作用，而且表现在其学科建设也日臻完善。目前，我国已经建立起了一套内容比较完备、层次比较齐全的行政学专业学科体系。但与此同时，我们也不能不看到，我国的行政学教学与研究还存在着一些不足，而其中最大的一种不足，就是缺乏对于西方行政科学的系统研究和全面了解。众所周知，行政学作为一门独立的学科，毕竟最早产生于西方，行政学在西方经过一百多年的发展，取得了一大批研究成果，而且其中有许多成果，对于提高西方国家政府的行政效率起到了重要的促进作用。虽然西方行政学说作为一种理论，是西方资本主义特定环境的产物，不可避免地会带有一定的阶级烙印，但是，它同样也是人类文明的结晶，其中也包含着可以为其他国家借鉴和利用的东西。正如邓小平同志指出的那样："任何一个民族、一个国家，都需要学习别的民族、别的国家的长处，学习人家的先进科学技术。"① "我们要向资本主义发达国家学习先进的科学、技术、经营管理方法以及其他一切对我们有益的知识和文化，闭关自守、故步自封是愚蠢的。"② 我国在进行伟大的社会主义现代化建设的过程中，同样需要借鉴西方发达国家政府行政管理的成功经验和科学方法，包括借鉴西方行政学的学术理论。

丁煌同志的《西方行政学说史》一书，现由武汉大学出版社出版。该书的出版为我们了解和借鉴西方行政学说及其发展历史，提供了条件。

---

① 《邓小平文选》第2卷，北京：人民出版社1994年版，第91页。

② 《邓小平文选》第3卷，北京：人民出版社1993年版，第44页。

在本书中，作者深入地分析了西方行政学产生的社会历史背景，在对西方行政学的历史发展进行科学分期的基础上，系统地考察了每一时期具有代表性的行政学说，并结合当代西方行政学研究的特点，指出了西方行政学的发展趋势。总观全书，我认为它有以下特点：

（1）内容全面。这本书全面探讨了西方行政学至今一百多年历史发展的全过程，对这个过程中各个发展时期的主要行政学流派及其代表人物的行政学说进行了概括。通过这本书，我们能够看出西方行政学说发展历史的整体概貌。

（2）自成系统。本书的作者自始至终都很注意对西方行政学说史学科体系的建构。这尤其表现在题材的选择和结构的安排上。作者每选择和考查一个行政学家的理论或学说，常常都是将其置于整个学科的发展背景之下，尽可能使其体现出时代特点和前后之间的逻辑联系。全书的结构具有较强的系统性。

（3）叙述准确。准确、完整地理解和描述原著是高质量史学研究的必要前提，对西方行政学说史的研究也是如此。作为一部全面、系统考察西方行政学说发展历程的专著，本书的作者不畏艰辛，克服重重困难，广泛搜集并认真研读了大量相关的中外文资料，在准确理解的基础上进行评介，为我们提供了翔实、可靠的信息资料。

（4）评价客观。本书对西方行政学说的评价虽然比较简明、扼要，但是作者很注意从特定的历史背景出发，力图实事求是地对每一个行政学家的理论、学说作出客观公正的评价。

（5）具体实用。理论的最大价值在于能够有效地指导人们的实践，对于行政学这门应用性很强的学科更是如此。本书中所考察的许多理论、学说均具有较强的可操作性。它们不仅已经或者正在对西方国家政府行政管理的实践起着重要的指导作用，而且可以为我国政府进一步完善行政管理体制，提高行政效率提供有益的启示。

正是由于本书具有上述种种特点，因此，我认为它很值得一读。这里，需要强调指出的是，目前我国关于西方行政学说史方面的专著的确罕见，丁煌同志的这本专著，具有填补我国行政学研究在这方面空白的重要作用。同时，这本书也为我国行政学专业的教学提供了一本好教材，其价值是不言而喻的。

当然，金无足赤，人无完人。本书在某些方面还有待于进一步深化、完善，但是，对于一个年仅34岁便能够在学术研究上独当一面的青年学者来说，其勇于探索、敢于创新、不懈追求、勤于笔耕的敬业精神，无疑是难能可贵的。我衷心地希望并相信作者在今后的学术道路上能够继续努力，写出更多的好书，取得更大的成就，为我国行政科学的发展作出更大的贡献。

1998年12月12日于北京

前　　言

行政管理和行政管理的思想古已有之，但是行政学作为一门独立的学科却产生于现代西方社会。行政学历经一百多年的发展，目前已成为政治学、法学、心理学、生态学、运筹学等多种学科相互交叉、相互渗透的一门综合性学科。行政学产生和发展的历史，是这门学科的有机组成部分。通过对行政学产生和发展历史的回顾和考察，能使我们更深一层地了解行政管理思想的演变及其影响，从更广泛的纵横层面把握行政管理制度和方法的发展进程及其原因，并从行政理论的变革和历史作用中得到启示，加深对行政活动规律的认识。在本书中，我们将追溯西方行政学产生和发展的历史，介绍西方行政学的主要流派及其思想内容，同时还将分析和描述西方行政学的研究现状和发展趋势。美国著名管理学家丹尼尔·A. 雷恩说得好："管理学者从历史上可以吸取许多经验教训，其中重要的一条就是把研究过去作为研究管理的入门。"① 我们也许能够从研究行政学说史中真正进入行政管理科学的大门。

---

① ［美］丹尼尔·A. 雷恩：《管理思想的演变》，李柱流译，北京：中国社会科学出版社 1986 年版，第 4 页。

目　　录

Contents

导论　西方行政学的产生与发展

第一节　西方行政学的产生

行政管理如同其他管理一样，具有十分悠久的历史，无论是在东方国家还是在西方世界，自古都不乏行政管理的思想。例如，中国古代的《贞观政要》（唐代吴兢著）、《资治通鉴》（宋代司马光著）和《续通鉴论》（明末清初王夫之著）等；古希腊柏拉图的《理想国》、亚里士多德的《政治学》，古罗马谢雪卢的《共和国》，文艺复兴时期意大利政治家马基雅弗利的《君主论》，法国政治家让·布丹的《共和六论》以及近代英国政治思想家洛克的《政府论》和法国启蒙思想家孟德斯鸠的《论法的精神》和卢梭的《社会契约论》等历史性著作中，都蕴含着十分丰富的行政管理思想。然而，这些早期的行政管理思想因缺乏系统化和理论化而尚未成为一种专门的学科。行政管理真正形成一个完整的体系，成为一门独立的学科，则是19世纪末、20世纪初的事情。1845年，法国科学家M. A. 安培曾经设想建立管理国家的科学，有人认为这是行政学产生的胚胎。其实，“行政学”一词是由德国学者斯坦因首次提出，即于1865—1868年发表的七卷本《行政学》著作，但当时所谓的行政学主要是就行政法而言的。而作为一门独立的学科，行政学最早出现于美国。早在美国开国之初，联邦党人的著名代表、被誉为“行政天才”的汉密尔顿就很重视政府行政问题。他指出，“决定行政管理是否完善的首要因素就是行政部门的强而有力”，而“使行政部门能够强而有力，所需要的因素是：第一，统一；第二，稳定；第三，充分的法律支持；第四，足够的权力”。① 这种观点至今看起来仍不失精辟，但还缺乏系统性。1887年，曾任普林斯顿大学校长的美国第28届总统威尔逊

① ［美］汉密尔顿等：《联邦党人文集》，程逢如译，北京：商务印书馆1980年版，第356页。

在《政治学季刊》上发表《行政学研究》一文，主张政治与行政分离，第一次明确地提出应该把行政管理当做一门独立的学科来进行研究。该文开行政学理论研究之先河，被认为是行政学的开山之作。继威尔逊之后，曾担任美国霍普金斯大学校长的著名行政学家古德诺于1900年出版《政治与行政》一书，扬弃了传统的立法、司法、行政三分法，更为明确地指出“政治是国家意志的表现，行政是国家意志的执行”①，从而使威尔逊开创的行政学正式从政治学中分离出来。

威尔逊和古德诺的贡献在于开创了行政学这个新的研究领域，但是他们的观点尚不系统，还没有形成一个完整的理论体系。而最早对行政学这门独立学科的内容进行系统研究和阐述的则是另外两位美国学者——怀特和威洛比，他们分别于1926年和1927年出版了《行政学导论》和《公共行政原理》，行政学理论体系的形成正是以这两本大学教科书为标志的。1930年，国际行政科学学会在西班牙首都马德里成立，从此，行政学引起了世界各国的普遍重视。

行政学作为一门独立的学科之所以于19世纪末、20世纪初首先产生在美国，然后迅速扩及西方各国，绝非偶然，而是有着深刻的社会历史背景的。

第一，西方资本主义国家政府职能的扩张和行政权力的扩大，提出了行政学研究的要求。在奴隶社会和封建社会中，社会生产力低下，社会生产和社会关系较为简单，与此相适应，国家事务也不复杂，行政管理还不可能形成一门独立的学科。即便是到了资本主义国家发展的初期，国家普遍奉行的是消极主义和放任主义政策，政府职能十分有限，其任务主要是消极地保护个人财产，维护社会秩序，保卫国家免受侵略，行政管理作为一门独立学科也尚缺乏产生的必要条件。然而，当自由资本主义发展到19世纪中叶以后，开始了第二次科学技术革命，生产技术方面发生巨大的变革和进步，重工业取代轻工业在国民经济中占据主导地位，资本积累以前所未有的速度向前推进。到了19世纪末，资本主义自由竞争向垄断时期过渡，由生产和资本集中所引起的垄断统治逐渐形成，美国就是一个典型的垄断资本主义国家。在这一时期，不仅社会生产力的迅速发展和经济结构的巨大变化使社会管理经济的任务越来越繁重，而且社会关系的日益复杂化也带来了一系列的社会问题，矛盾冲突甚至成为一种普遍的社会现象。为了缓和、解决各种社会矛

① ［美］古德诺：《政治与行政》，王元、杨百朋译，北京：华夏出版社1987年版，第12~13页。

盾，维持社会的稳定和促进社会的发展，政府开始转变过去那种消极、被动的状态，进而积极、主动地干预社会生活，行政管理活动变得越来越重要。据有关资料统计，在1866—1914年期间，美国联邦政府行政管理费用支出，约从4 100万美元增长至1.7亿美元，即增加了3倍。联邦政府各行政管理部门的职工总数，1871年约为5.4万人，到1914年增加到48.3万人左右。① 在这种背景下，原有的行政管理方法已经不能适应时代的要求，迫切需要有一门科学理论来指导国家行政管理活动，以使政府更好地履行其职能和完成其使命。于是，现代行政学便应运而生。

第二，科学管理运动的兴起，推动了行政学的形成与发展。19世纪末，在以美国为代表的资本主义发达国家，工业的进一步迅速发展，使其面临着一系列新的矛盾和问题：资本积累的惊人增长与管理利用巨量资金的陈旧方式不相适应；生产技术的进步和企业规模的扩大与传统的经验管理发生了尖锐的冲突；工人的"有意磨洋工"使劳动生产率低下；劳资之间的对立情绪和"不融洽关系"严重地影响着生产和利润的增长；缺乏严格的责任制度以及专门化的管理知识和管理人才，使专业化协作生产陷入混乱。这些矛盾和问题归结到一点，就是要建立适应社会化大生产迅速发展的管理制度和管理方法。这种历史性的要求促使西方国家的管理思想获得了长足的进展，迎来了一个崭新的科学管理时代。这一时代的佼佼者首推美国的泰勒。泰勒所开创的科学管理理论主要探讨的是如何在工厂中提高劳动生产率的问题。在泰勒看来，要提高劳动生产率，就必须在工厂企业推行"科学管理"，包括实行预先计划；用科学的方法挑选工人；对工人进行科学教育和培训以使他们掌握标准化的操作方法，使用标准化的工具、机器和材料，在标准化的作业环境中，完成经测算规定的工作定额；管理部门和工人之间保持密切友好的合作关系等。泰勒所倡导的科学管理理论最终形成了一场影响美国乃至西欧工商企业管理的科学管理运动。尽管科学管理理论最初是针对企业管理而提出的，但是它同时也为政府的行政管理改革提供了线索和方法。正是在科学管理运动兴起之后，一些行政学家便开始重视通过科学管理来寻求政府行政效率的问题。例如，威廉·亨·莱芬韦尔就把科学管理的原则运用于机关办公室的管理；莫里斯·卢埃林·库克也曾将科学管理运用到教育和市政机构；而伦纳德·D. 怀特则进一步用科学管理理论

① 参见［美］吉尔伯特·C. 菲特、吉姆·E. 里斯：《美国经济史》，程逢如译，沈阳：辽宁人民出版社1981年版，第555页。

研究政府行政管理。而且美国政府也将科学管理运动提供的科学原理和方法应用于政府的行政管理，精减人员、调整机构，促进了政府工作的改革，提高了行政效率。因此，现代行政学的出现，与西方的科学管理运动密切相关。在某种意义上，我们可以说，正是科学管理运动的兴起，才促成了行政学的形成和兴盛。

第三，相关学科的理论发展和政府的行政管理实践，为西方行政学的产生奠定了重要的基础。西方近代史上的政治学，君主制时代德、奥两国的官房学以及资产阶级革命以后形成的行政法学，是现代西方行政学的理论渊源。这里尤其值得一提的是政治学，政治学是行政学的直接理论基础，以至于人们把这两门学科比做根与树、花与果的关系，即：行政学之树，源之于政治学之根；行政学之果，结之于政治学之花。从学科发展的历史来看，行政学也是从政治学中分离出来而成为一门独立学科的。在行政学产生以前，其有关内容就包括在政治学之中。政治学的发展是促进行政学产生和发展的一个重要因素。17—18 世纪，在资产阶级革命中涌现出一批杰出的政治学家，如洛克、孟德斯鸠、卢梭等，他们所鼓吹和确立的天赋人权、社会契约、三权分立等思想，把政治学理论推进到了一个新的发展阶段，为资产阶级国家政权体制的建立奠定了理论基础。经过资产阶级革命或民族民主革命所建立起来的资产阶级国家，普遍采用立法、行政、司法三权分立并互相制约的政治制度。在这种制度下，行政机关成为独立的体系行使其管理国家政务的权力。到了 19 世纪末、20 世纪初，随着资本主义社会自由竞争走向垄断，社会经济关系发生了重要变化，使一系列社会问题变得愈益重要和复杂起来。垄断势力的扩张、劳资矛盾的加深、贫富两极分化的加剧、社会经济生活的混乱、进步运动的高涨等，就是这一时期很突出的社会矛盾。垄断资产阶级为了维护其经济、政治统治，更加重视对政治问题的研究。同时，由于工业的发展和工人阶级队伍的增长，教育的普及以及普选权的扩大，社会各界人士对政治也越来越关心了。随着政治学的不断发展，一批政治学家着眼于经济和效率，从政治学的角度研究政府的行政管理职能。行政学正是在像政治学这样一些相关学科理论的促进下形成并发展起来的。除了理论基础之外，行政学的形成还得益于行政实践提供的有益经验。例如，18 世纪初期普鲁士创立的任官制度和 19 世纪 50 年代英国建立的文官制度，为行政学研究提供了素材，又为行政学的人事行政研究提供了主要的范畴和规范。所以，相关学科的理论发展和政府的行政管理实践，也是行政学形成的重要前提条件。

第二节　西方行政学的发展历程

自威尔逊提出建立行政学的主张之后，行政学经历了若干发展阶段，迄今已日渐成为一门成熟的学科。关于行政学的发展阶段，国内外学者的认识不尽相同，因而他们的划分方法也有所差异。有的学者划分得比较详细，阶段多一些；有的学者则划分得比较概括，阶段自然就少一些；也有的学者划分得抽象一些，时间界限比较模糊；还有的学者却划分得比较明确，时间起止清楚。比较具有代表性的划分方法有：美国著名管理学家丹尼尔·A. 雷恩把整个管理思想的演变分为三个时代：（1）科学管理时代（19 世纪末至 20 世纪初）；（2）社会人时代（20 世纪 20 年代开始）；（3）当前时代（第二次世界大战以后）。① 我国台湾地区有学者将行政学的发展划分为三大阶段：（1）传统理论时期（X 理论时期，1900—1930）；（2）行为科学时期（Y 理论时期，1930—1960）；（3）系统理论时期（Z 理论时期，1960 年至今）。② 我国学者夏书章教授主编的《行政管理学》根据国外学者比较一致的看法，把西方行政学的发展历史概括为三个时期：（1）形成阶段——传统管理时期（19 世纪末至 20 世纪 20 年代）；（2）成长阶段——科学管理时期（20 世纪 20 年代以后）；（3）科学化阶段——现代化管理时期（始于本世纪 40 年代）。③ 诚然，上述这些划分方法在某种程度上均具有一定的合理性，但是它们主要都是参照西方经济管理思想和企业管理思想的演变过程进行划分的。尽管西方行政管理思想的发展同西方经济管理思想和企业管理思想的演变在很大程度上具有联系，在某种意义上甚至可以说存在着互相交融、亦步亦趋的密切关系，但它们毕竟具有不同的研究对象，作为以政府的政务管理活动为研究对象的行政学，其发展历程自然应该有其自身的特点。因此，相比之下，我们更倾向于赞同美国学者杰伊·M. 沙夫利兹和阿尔伯特·C. 海德以及德怀特·沃尔多等人在划分行政学发展阶段问题上的基本观点。在此，笔者参照他们的分段思想，将西方行政学的发展分为以下六个主要阶段：

---

① 参见［美］丹尼尔·A. 雷恩：《管理思想的演变》，孙耀君等译，北京：中国社会科学出版社 1986 年版。

② 张润书：《行政学（修订版）》，台北：三民书局 1979 年版。

③ 夏书章：《行政管理学》，太原：山西人民出版社 1985 年版，第 24~27 页。

一、西方行政学的提出与创立时期（1887—1918）

19 世纪末，西方主要资本主义国家相继进入了城市化、工业化国家的行列，由此而来的社会和政治问题，使资本主义社会的基本矛盾激化，资本主义政治制度和政府行政管理面临着严峻的挑战。在这种情况下，原有的行政管理方法已经不能适应时代的要求，迫切需要有一门科学来指导国家行政管理活动，以使政府更好地履行其职能和完成其使命，于是，行政学应运而生。这一时期行政学思想的代表人物主要有：因发表现代行政学开山之作《行政学研究》并主张政治与行政分离，建立一门独立的行政学科而被誉为行政学创始人的美国行政学家威尔逊；对政治与行政的分离理论作了进一步发挥的美国行政学家古德诺；倡导科学管理运动，使人们将政府行政与管理的科学化联系在一起的美国管理科学家泰勒以及被誉为“管理过程学派”的奠基人并提出了一般（行政）管理理论的法国行政管理学家法约尔。

二、西方行政学的正统时期（1919—1941）

20 世纪 20 年代至 30 年代是西方行政学发展的所谓“正统时期”。这一发展阶段之所以被称为“正统时期”，其原因在于这一时期的行政学家继承了早期行政学的基本信念，认为“真正的民主和真正的效率是统一的”，经济和效率是行政管理的基本准则。他们将官僚制度及其组织和管理问题作为研究重点，力图通过对行政现象的科学分析，发现行政管理的原则和规律，并尝试着为行政学确立一个基本的理论模式和学科体系。这一时期的行政学说及其主要代表人物有：现代官僚制理论的奠基人、作为西方官僚制研究理论基石的《论官僚制》一文的作者德国社会学家韦伯；对行政学发展成为一门独立学科起了重要作用的美国第一本行政学教科书《行政学导论》的作者、美国行政学家怀特；从分工与整合、全体与部分的关系入手，指出了分工的局限性和工作协调的重要性，并对公共行政进行了综合研究的美国行政学家古利克；对行政组织管理的原则进行了归纳和概括，并与古利克合作编撰了著名的《行政科学论文集》的英国行政学家厄威克；创立了动态行政管理理论、为正统行政学向行为主义行政学的过渡架起了桥梁的美国著名女政治哲学家和管理学家福莱特。

三、西方行政学的批评与转变时期（1941—1959）

1929—1933 年的世界性经济危机和第二次世界大战，使西方世界各国放弃了传统庸俗经济学所倡导的自由放任的经济政策，开始了国家对经济和社会的全面干预。与此相适应，各国政府的行政管理在官僚体制、行政权力、行政职能等方面发生了根本性的变化。正统行政学的理论原则面对社会的变革，显得苍白无力，它的某些基本观点，甚至连这一学科本身，都受到了怀疑和批评。但是，理论上的困境和实践上的挑战也使广大的行政学研究者正视现实、深入实践，提出了许多新的观点和主张，从而进一步拓宽了行政学的研究视野，深化了行政学的研究内容。于是，西方行政学便进入了批评与转变时期。这一时期的行政学说及其代表人物主要有：最早运用系统的观点对行政组织进行全面、深入的理论分析并建立了一套系统的行政组织学说的美国行政管理学家巴纳德；对正统行政学的所谓“行政原则”进行了猛烈抨击并率先将行为主义研究方法和决策概念引入行政管理研究，建立了一个比较完整的决策理论体系的美国行为主义行政学家西蒙；对行政学的历史发展和内容范围进行了全面探讨，并对西方行政学的发展作出了重要贡献的美国行政学家沃尔多；对官僚组织的弊病进行了精辟的分析，并提出了著名的帕金森定律的英国行政理论家帕金森；对人事管理的传统理论观点——X 理论进行了总结和批评，并提出了与之相对应的新观点——Y 理论的美国管理学家麦格雷戈；以渐进调适的理论观点对行政决策的过程和方法进行了全面分析，进而建立了一种新的决策模式——渐进决策模式的美国著名政治学家林德布洛姆。

四、西方行政学的应用与发展时期（20 世纪 60 年代）

20 世纪 60 年代是科学技术大发展的时代，以原子能技术、空间技术、电子计算机技术的利用和发展为主要标志的第三次科学技术革命，尤其是系统论、信息论、控制论的应用和发展，极大地促进了管理的现代化，也为行政科学注入了新的活力，使得行政学摆脱了对政治学的过分依赖，由纯理论研究转向应用研究，成为一门融多学科的理论方法于一体的综合性学科，学科地位得到进一步巩固。这一时期，行政学研究在深度和广度上都有了长足发展，这不仅表现在以帮助政府解决如何改进政策制定质量和怎样提高政策执行效果等实际政策问题为宗旨的政策分析这一应用学科的兴起，而且还体现在行政生态学的研究极大促进了比较行政学的快速发展。在西方行政学的这一发展阶段，比较有代表性的行政学家包括：现代政策科学的创始人之对政策科学取得突破性进展起着重要推动作用的以色列政策科学家德罗尔；继帕金森提出“帕金森定律”之后，对官僚组织的特征作了进一步分析并提出了著名的“彼得原理”的美国行政学者彼得；借用生态学的理论与方法研究行政系统与其社会环境的相互关系的美国行政学家里格斯；基于公共行政比较研究的价值分析而对比较公共行政研究的历史发展和核心问题进行了理论探讨的美国行政学家黑迪，等等。

五、西方行政学的挑战与创新时期（20世纪70年代）

20世纪70年代，英、美等西方国家的经济陷入“滞胀”的困境中。在美国，经济的显著特点是低速增长与结构性经济危机相交织，结束了美国历史上第二个经济高速发展时期（1939—1969）和美国称霸资本主义世界的黄金时代；公民权运动、越南战争、水门事件、能源危机等带来的社会政治问题，使公众对政府丧失了信心。现实对行政学理论提出了挑战。人们纷纷提出所谓“新的模式”或“中心理论”，以取代“旧的传统理论”。由美国青年行政学者发起的“新公共行政学”运动在20世纪70年代得到发扬光大；以此为基础，英国学者提出了重视行政道德规范和社会需要的“社区服务模式”。受政治学后行为主义思潮的影响，行政学研究更加注重政府行政的社会和政治意义。由于系统论、控制论等一系列具有方法论功能的理论学说在管理实践中广泛且成功的应用，也为西方行政学的进一步创新奠定了重要的方法论基础，尤其是诸如经验主义学派、权变理论学派等新的管理学派的相继诞生以及目标管理理论、权变学说等在政府行政管理实践中的直接应用，更使西方行政学的创新获得了现实的可能性。在这样一种历史背景下，西方行政学便进入了它的第五个发展阶段——挑战与创新时期。西方行政学在这一发展时期的代表人物主要有：在对传统公共行政学理论进行了全面反思和批判并运用新的研究方法、从新的视角对公共行政的现实与未来作了深入研究的美国行政学家弗雷德里克森等新公共行政学者，将权变管理理论应用于领导科学研究领域并提出了著名的权变领导模式的美国管理学家菲德勒以及在对企业组织和社会公共服务机构进行深入研究的基础上提出了具有广泛影响的目标管理理论的美国著名学者德鲁克等。

六、西方行政学的总结与探索时期（20世纪80年代至今）

到20世纪80年代，西方行政学已经走过了一个世纪的历程。尽管它仍然缺乏为人们所公认的、明确的中心和体系，但作为一门学科与专业，其地位已经在争论和探索中得到了巩固。与促进行政实践和深化理论研究的需要相适应，20世纪80年代以来，行政学理论研究的主要内容有：（1）对本学科历史发展进行回顾和反思。（2）“企业家政府”理论的兴起。行政管理与企业管理的关系是行政学研究中悬而未决的传统问题之一。20世纪80年代初期，英、美等西方国家出于振兴经济的需要，在政府管理中大量引进和吸收企业管理经验，以精减政府规模，减少财政支出，提高行政效率。它促使人们对政府利用企业管理方法的程度和效果进行积极的探索并形成了一系列新的理论观点。（3）政策科学的繁荣。早在1951年，拉斯韦尔便提出了政策科学这一概念，由于它能够充分利用现代技术和吸收跨学科知识并能够有效地与政治和行政实践相结合，到20世纪70年代即为人们普遍接受；而20世纪80年代以来，这一源于政治学的新兴专业反客为主，成为政治学和行政学研究的主流之一。（4）公共选择理论影响深远。以诺贝尔经济学奖得主、美国经济学家布坎南为代表的“公共选择学派”，从经济学的视角考察政治现象和政府行政问题，自20世纪60年代以后，以其创见性和实用性为人们广泛接受并成为西方行政学理论的一个重要流派。此外，公众参与、政府间关系（尤其是中央和地方关系）、行政文化和行政环境等方面的研究在20世纪80年代进一步为理论界所重视。西方行政学在这一发展时期的代表人物主要有：对政策分析的理论与方法作了系统阐述的美国政策分析家奎德；以经济学方法探讨政府行政问题为主要特征的公共选择理论的创始人、美国经济学家布坎南；倡导用“企业家精神”来克服政府官僚主义并为政府的改革开出了十种“药方”的美国学者奥斯本和盖布勒；基于对现代公共行政理论的反思与批判而对后现代公共行政理论进行系统探寻的美国行政学家法默尔；基于对新公共管理理论的反思，尤其是针对企业家政府理论缺陷进行批判而提出新公共服务理论的美国行政学家罗伯特·登哈特；提出应从管理、政治和法律等多元认识视角和研究途径来认识和探究公共行政并试图对这些不同的研究途径进行整合的美国行政学家戴维·H. 罗森布鲁姆。

应当指出的是，行政管理思想如同其他的任何事物一样，也是不断地处于发展之中的。而且这种发展具有交叉性、回复性的特点。所谓“交叉性”，也就是说，其中的某些主要代表人物是跨时代的，其行政思想是承前启后的。比如，美国著名的行政学家赫伯特·A. 西蒙，在20世纪三四十年代是行为主义学派的代表人物，他把美国社会科学界发展的行为主义介绍和应用于行政学的研究；第二次世界大战后，他又将行为科学、系统理论、运筹学、计算机程序等学科的内容吸收和应用于行政决策，在决策理论的研究方面作出了重大贡献，是决策理论学派的魁首。所谓“回复性”，就是指行政思想的发展不是绝对的取代，一种行政思想向另一种行政思想的演变，绝不意味着前一种行政思想的消失。科学管理思想、行为科学理论在当代仍然具有广泛的影响，就是有力的证明。所以，在西方行政学发展阶段的划分问题上，对于各种行政思想及其主要代表人物的认识，我们不能过于机械，搞“一刀切”。

第一章　提出与创立时期的西方行政学说

19世纪末，伴随着西方主要资本主义国家向城市化、工业化国家的迈进，各种社会问题和政治问题也相继产生，资本主义社会日趋复杂的各种矛盾使得原有的行政管理方法已经不能适应时代的要求，为此，迫切需要有一门科学来指导国家行政管理活动，以使政府更好地履行其职能和完成其使命。正是在这样一种社会历史背景下，作为一门独立学科的行政学才被人们提了出来。在这一时期，对于西方行政学的提出和创立作出了重要贡献的主要代表人物有：因发表现代行政学的开山之作《行政学研究》并主张政治与行政分离、建立一门独立的行政学科而被誉为行政学创始人的美国行政学家威尔逊；对政治与行政的分离理论作了进一步阐释和发挥的美国行政学家古德诺；倡导科学管理运动，使人们将政府行政与管理的科学化联系在一起的美国管理科学家泰勒以及被誉为"管理过程学派"的奠基人并提出了一般（行政）管理理论的法国行政管理学家法约尔。

第一节　威尔逊的《行政学研究》

尽管行政管理的思想自国家产生之日起便应运而生，随着国家的产生，便出现了管理国家公共事务的政府；有了政府，也就有了管理社会公共事务的行政管理活动以及如何有效地进行这种管理活动的行政管理思想。但是，长期以来，这种关于政府管理活动的行政管理思想一直都被包含在政治学之中，而行政管理研究真正作为一门独立学科的提出，则应归功于美国著名的政治家托马斯·伍德罗·威尔逊。

一、生平与著述

托马斯·伍德罗·威尔逊是一位杰出的政治学家、行政学家、历史学家、教育家、改革家和政治家。他于1856年12月28日出生在美国弗吉尼亚州，主要研究政治学、政府和法律。1879年，他从普林斯顿大学毕业，并在1886年获得哲学博士学位。他撰有《国会制政体》（1885）、《国家》（1889）、《分裂与重新统一（1829—1889）》（1893）、《一位大师及其政治论文》（1892）、《纯粹的文献及其他论文》（1886）、《乔治·华盛顿》（1896）、《美国人民的历史》（1902）以及《美国的宪法政府》（1908）8部著作，并发表了一些论文。他在1886—1902年期间，作为政治学教授，主要从事教学和研究工作；1902—1910年，他担任普林斯顿大学校长；1910年，他当选为新泽西州州长；1913年，他当选为美国第28届总统。1924年，逝世于家中，葬于华盛顿国家教堂。

二、威尔逊行政学说的思想渊源与产生背景

威尔逊之所以于19世纪末明确地提出要建立作为一门独立学科的行政学，这绝非偶然，而是有着深刻的思想渊源和社会历史背景的。

就思想渊源而言，是因为威尔逊受到了来自欧洲大陆尤其是来自德国行政研究思想的影响。这一点在威尔逊的《行政学研究》一文中说得很清楚："它是一门外来的科学。"行政研究在德国的发展，是和德国高度集权、"开明专制"的要求相适应的。德国的专制统治者们在国家间的竞争和国内革命的巨大压力下，力图通过完善他们的国家机器，从而消灭一切摩擦、内耗，缓和人民的不满，改变革命的方向，增强自己争霸的实力。正因为如此，行政研究在德国得到了高度的重视，"并且几乎达到了极其完善的程度"①。在行政研究的德国阶段中，斯坦因颇负盛名，并且具有一定的代表性。在斯坦因那里，"政治"和"行政"已经在一定程度上得以划分。斯坦因按照当时的时兴，将国家看做一种有机体。因此，国家作为在一定社会秩序条件下的人格主体，具有心理学意义上的意志和活动的两相对立，具体表现为宪政与行政的关系。他指出，宪政是主体有组织的意志，行政则是主体依据意志的活动。宪政规定行政活动的轮廓，但行政的内容却不是来自宪政。"国家的宪政不能包有行政。此恰犹意志的本身，不能就是行为或劳动一样。此宪政的最大机能，是对行政予以限度与秩序。宪政不能据引行政，只是理解行政的任务并予以权利和设定。"因此，"宪政若由其固有的概念而言，如无行政的行动，则此宪政的权力就缺而不备"。② 斯坦因还认为，法规的制定，也即立法的最初步骤应由行政机关掌握，而最后的批准或否决

① ［美］威尔逊：《行政学研究》中译文，载［美］《国外政治学》1987年第6期，第34页。

② 转引自［日］蜡山正道：《行政学总论》，北京：中华书局1934年版，第5页。

的权力则在宪政手中。这是因为只有行政的机关才真正熟悉法规的限度和性质。斯坦因在行政研究方面的另一点值得注意的是，他以国家有机体为基础，规定了行政研究的任务，建构了行政研究的体系。斯坦因指出，行政研究的任务在于，了解一国国民在特定历史时代的“外界实在”，也即“社会文化的实在”的进展活动；研究如何依靠国家权力来提高这种“外界实在”，并使这一提高成为国家人格的自觉意识。从这样的任务出发，斯坦因把行政研究体系划分为三大部分，即行政组织、行政行为和行政法规。他认为，研究行政组织的原因在于，行政本身是统一的国家权力，以统一的意志使人们的活动成为单一人格的生命活动，为了实现这一最高目的，就必然产生一方具有决定能力，其他方具有活动能力的机关组织，而此种机关的发展过程显然对增进国家人格活力具有重大影响；研究行政行为的原因在于，行政的内容相对于抽象的国家人格来说，相对于国家人格以外的共同社会来说，具有相对的独立性，因此不能不研究行政行为自身的独特规律；而研究行政法规的原因则在于，行政机关活动的展开，都按一定的法令、规定行事，要实现良好的秩序、极高的效率和职责分明，就必须有一个合“法”的行政，必须对行政裁判、行政诉讼等法加以探讨。由此我们不难发现，斯坦因对行政的研究不是一种零敲碎打式的，而是建立在一种理论体系之上的系统研究，只不过他更多地强调要从行政法方面进行研究而已。

斯坦因对行政的研究无疑是服务于德国集权政府体制的，而特定的研究目的和特定的研究环境则使斯坦因的理论多少带有一种德国特有的政治倾向。然而，我们可以看到，由于行政管理问题上存在着跨越政府制度差别的那种共性，由于每一个政府迟早要把行政效率提上议事日程，德国的行政研究在某种意义上又是超国界的，因而我们不难发现，德国行政研究中对政治和行政的分离，对行政内容相对独立性的强调以及对行政内部运行规律的注意，都深深地影响到了威尔逊。我们从威尔逊对其行政学研究体系建构的宏观色彩上便很容易感受到德国人的那种善于思辨的精神风貌。

而就其行政学思想产生的社会背景来看，则主要源自对自由放任主义的反动。我们知道，美国自独立战争以来，以潘恩、杰斐逊为代表的革命民主主义思想一直具有非常强大的影响。美国建国初期，政府权力遭到怀疑并被再三分割，基本上反映了革命民主派对保障自由的热切要求。此后，这种民主、自由的理想又通过西进开拓生活、南北战争和废奴运动而进一步得到增强。自由主义在美国具有根深蒂固的基础。然而，在大工业和城市迅猛发展的冲击下，坚持自由主义传统的人们遇到了许多新问题，特别是对于那些认为已把自由、民主、平等一劳永逸地加以解决的人们来说，困惑则更大。当时最为突出的矛盾是，少数工业资本巨头把自由、民主的旗帜抓在手中，鼓吹自由放任，鼓吹限制政府权力，强调首创精神、责任在社会发展中的作用，反对扩大选举权，反对有组织地干预自由竞争，这股力量合在一起，形成了所谓的新个人主义思潮。工业资本巨头没有把自己的利益要求局限在思想领域内的表达上，他们利用手中巨大的财富发起攻势，使用收买、贿赂等各种手段来影响议会的决策；议会中的一些议员也趁机索贿纳贿，与他们狼狈为奸，一时丑闻频频发生。到19世纪70年代，立法权的威望呈直线下降。面对大资本在财富和政治上行将形成的垄断形势，美国的自由主义者、民主主义者掀起了一场新民主运动。具有讽刺意味的是，这场新民主运动对于早期的民主主义要求，如权力分散、权力制衡等进行了抨击，认为牵制和制衡非但不能支持自由，反而使自由遭到危害，不会成为暴政的克星，反倒会成为特权和利益的堡垒。新民主运动借助于反对政治勾结和政治腐败，要求改革政府体制，扩大选举权，扩大政府行政职能，主张国家应该成为社会和经济进步的工具。在这个时期，政党分赃制被功绩制所取代，行政力量日益被民主运动视为一种有效的工具而得到重视。一种加强权力、明确责任、向全体选民负责的学说深入人心，以至于威尔逊在竞选新泽西州州长时敢于公开声称，他上台后将担负州行政事务责任，如果这样做违宪的话，他准备做一个违宪的州长。正是威尔逊在他的《国会制政体》一书中批评国会制度的无效和混乱，要求有一个更为负责任的政府，他认为，“任何事情，不论是政府的事情还是仅仅是做买卖，都必须有一个人当家做主，权力和对行使权力严格负责，是构成好政府的要素”①。事情变得越来越明显，民主主义者力图通过加强国家力量来控制垄断，而先前适应于早期简单社会生活的政府体制变得越来越不能胜任这一要求，因此，就必须进行改革。正是在这种资产阶级内部不同阶层之间的利益冲突因社会政治经济状况的变化而日益激化以及反映中产阶级利益要求的民主主义者发动了一场政治改革运动的社会条件下，威尔逊明确提出，要建立一门独立的行政科学。

三、威尔逊行政学思想述要

作为现代行政学的鼻祖，威尔逊的行政学思想主要体现在他的那篇被誉为行政学开山之作的《行政学研究》一文中。在威尔逊的这篇著名论文发表之前，他曾对比较行政体制问题进行过认真的研究，并且就这篇文章拟过

① ［美］梅里亚姆：《美国政治思想》，朱曾汶译，北京：商务印书馆1984年版，第224~225页。

三次草稿，第一次他定名为《行政须知》，然后又改为《政府的艺术》，最后才把题目定为《行政学研究》。尽管有人认为威尔逊的这篇文章只“是很一般，很宽泛和很模糊的”①，“并没有进行实际的行政研究”②；尽管威尔逊本人也曾谦虚地说他的这篇文章只不过是“对行政学研究所作的半通俗性的介绍，它以批评的眼光环顾这一研究，以局外人的种种观点对它加以考虑，而并没有深入到这一领域当中去处理其中的专门问题”，但是，只要我们仔细地品读一下现代西方行政学的这篇开山之作，我们就不难发现，这篇篇幅不长的文章中包含着丰富的行政学思想。

（一）行政学研究的必要性

需要是科学发展的内在动力，“社会一旦有技术上的需要，则这种需要就会比十所大学更能把科学推向前进”③。对于这一点，威尔逊也具有充分的认识，他认为“绝没有任何一门实用科学，当还没有了解它的必要时，会有人对它进行研究”④。在威尔逊所处时代之前的很长一个时期，对政府行政管理活动的系统研究并没有得到人们的重视，如同威尔逊所言：“在本世纪度过它最初的青春年华，并开始吐放它在系统知识方面独特的花朵之前，谁也没有从作为政府科学的一个分支的角度来系统地撰写过行政学著作。”⑤ 因为，第一，行政管理“被看成是‘实用性的细节’，只要博士们在理论上取得一致之后，仅仅由办事人员就可加以处理”⑥。第二，“在很早的时代，麻烦之处几乎全部集中在政府结构上面，而因此结构问题就成了吸引人们思考的焦点。在当时很少或完全没有行政管理的问题，至少没有引起行政官员注意的问题。那时政府的职能很简单，因为生活本身就是简单

① ［美］阿瑟·林克编：《伍德罗·威尔逊论文集》第5卷（1885—1888），新泽西：普林斯顿大学出版社1968年版，第518~521页。

② ［美］里查德·丁·斯蒂尔曼：《伍德罗·威尔逊与行政的研究：对过去论文的新观察》，载［美］《美国政治学评论》第67卷第2期（1973年6月），第558页。

③ 《马克思恩格斯选集》第4卷，北京：人民出版社1972年版，第505页。

④ ［美］威尔逊：《行政学研究》中译文，载［美］《国外政治学》1987年第6期，第30页。

⑤ ［美］威尔逊：《行政学研究》中译文，载［美］《国外政治学》1987年第6期，第31页。

⑥ ［美］威尔逊：《行政学研究》中译文，载［美］《国外政治学》1987年第6期，第31页。

的"①。而到了威尔逊所处的时代，资本主义已进入上升阶段，随着经济和社会的快速发展，社会公共事务日益增多，政府的职能不断扩大，而且更加复杂、困难，就像威尔逊所说的那样："没有任何一种政府职责而今不是变得复杂化起来，尽管它当初曾经一度是很简单的，政府曾经仅仅由少数人主宰，而现在它却由大批大批的人主宰。"②"政府的职能在逐日变得更加复杂和更加艰难，它们并且在数量上也同样在大大增加。行政管理当局在把它的手伸向每一处地方以执行新的任务。"③如果说我们"在以往许多世纪当中就可以明显地看出政府活动方面的困难在不断汇集起来，那么在我们所处的世纪则是眼看着这些困难正在堆积成无与伦比的高峰"④。因此，威尔逊认为，当时的美国仅就文官制度进行改革是不够的，"当前号称文官制度改革的运动，在实现它的第一个目标之后，将会进一步努力不只是求得'人事'方面的改进，并且还要改进我们政府机关的组织机构与工作方法：因为问题很明显，这些机关的组织机构与工作方法，是继'人事'问题之后，急需加以改进的对象"⑤，因为"我们的政府正如同一个身强力壮的小伙子一样，其机能已经得到扩张，其身材已经长大，但同时却在动作上变得笨拙了。他的精力和他的年龄的增长，跟他所具有的生活技能相比较，已经彻底不相适应。他得到了力量，但却没有学会举止的方法。因此，虽然从机构发展的顺利和健康状况方面着眼，跟欧洲诸国相比，我们的优越性是很大的，但现在我们却已经面临着需要进行更加仔细的行政调整和需要具有更加丰富的行政知识的时刻"⑥，"这就是为什么应该要有一门行政科学……为什么会有这样一门科学的理由之一"⑦。这里，威尔逊明确地表述了这样一种思

---

① ［美］威尔逊：《行政学研究》中译文，载［美］《国外政治学》1987年第6期，第31页。

② ［美］威尔逊：《行政学研究》中译文，载［美］《国外政治学》1987年第6期，第32页。

③ ［美］威尔逊：《行政学研究》中译文，载［美］《国外政治学》1987年第6期，第32页。

④ ［美］威尔逊：《行政学研究》中译文，载［美］《国外政治学》1987年第6期，第32页。

⑤ ［美］威尔逊：《行政学研究》中译文，载［美］《国外政治学》1987年第6期，第30页。

⑥ ［美］威尔逊：《行政学研究》中译文，载［美］《国外政治学》1987年第6期，第34页。

⑦ ［美］威尔逊：《行政学研究》中译文，载［美］《国外政治学》1987年第6期，第33页。

想：即行政研究的提上议事日程以及行政学的产生，是和时代生活所提出的要求分不开的，因为到19世纪末20世纪初，随着国家经济和社会事务的发展以及政府职能的扩大，“与制定一部宪法相比较，‘贯彻’一部宪法变得愈来愈困难了”①，政府的行政管理工作迫切地需要有科学的理论予以指导，以“力求使政府不走弯路，使政府的事务减少一些不成体统的样子，加强和纯洁政府的组织机构，并使其各种职责都获得尽责的美名”②。这就是威尔逊所谓“为什么当今的行政工作必须是如此认真而又系统地加以调整，使之适合于小心试验过的政策标准；为什么我们现在正产生一种前所未有的行政科学”③ 的根本原因之所在。

（二）行政学的目标和任务

威尔逊不仅对行政学研究的必要性进行了深入的分析，而且还明确地提出了行政学的目标和任务。他说：“行政学研究的目标，在于首先要弄清楚政府能够适当而且成功地承担的是什么任务，其次要弄清楚政府怎样才能够以尽可能高的效率和尽可能少的金钱或人力上的消耗来完成这些专门的任务。在这个问题上，我们当中显然需要求得更多的启示；然后只有通过仔细的研究才能提供这种启示。”④ 这里，威尔逊从行政学研究的起点和具体研究内容两个方面对行政学研究的目标和任务作了明确的界定。任何一个国家的政府，在从事行政活动前，首先要明确其职能任务是什么，任务的范围有哪些，政府应该管什么，不应该管什么。威尔逊在此所强调的“适当”，即是指凡公共事务应当由政府管理，而其他社会组织不能承担，这才体现“适当”；反之，政府统管包揽一切社会事务，或应该由政府承担却又不管，均为不“适当”。因此，威尔逊认为行政学首先要研究政府能够适当而且成功地承担什么职能任务，行政学应该以行政职能作为其研究的起点；其次就是要研究政府用什么方式、方法进行管理，才能提高行政效率、完成任务，这些构成了行政学各个部分的具体研究内容。这里，威尔逊特别强调，作为

---

① ［美］威尔逊：《行政学研究》中译文，载［美］《国外政治学》1987年第6期，第32页。

② ［美］威尔逊：《行政学研究》中译文，载［美］《国外政治学》1987年第6期，第32~33页。

③ ［美］威尔逊：《行政学研究》中译文，载［美］《国外政治学》1987年第6期，第32页。

④ ［美］威尔逊：《行政学研究》中译文，载［美］《国外政治学》1987年第6期，第30页。

一门科学，行政学的研究不能限于“纯粹技术细节的那种单调内容之上”①，而应对行政管理的各个方面开展理论研究，使行政学的理论既有深度又有广度，形成“行政管理那比较高深的理论”②，进而他提出“行政管理学的目的就在于把行政方法从经验性实践的混乱和浪费中拯救出来，并使它们深深植根于稳定的原理之上”③。

(三) 行政的实质

在威尔逊之前，作为行政学研究对象的行政概念，一直是包含在政治概念之中的。因此，也不可能有一门独立的行政学。作为行政学的创始人，威尔逊最大的贡献就在于提出了政治—行政二分法，并据此将行政学作为一门独立的学科从政治学中分离出来。威尔逊对行政的本质主要是通过将其与政治和宪政制度等概念进行比较而揭示的。威尔逊认为：“行政管理是政府工作中极为显著的一部分，它就是行动中的政府；它就是政府的执行，政府的操作，就是政府工作中最显眼的部分，并且具有与政府本身同样悠久的经历。”④ 就行政与政治的关系而言，一方面，行政不同于政治，“行政管理是置身于‘政治’所特有的范围之外的。行政管理的问题并不属于政治问题。虽则行政管理的任务是由政治加以确定的，但政治却无需自找麻烦地去直接指挥行政管理机构”⑤，“政治是‘在重大而且带普遍性的事项’方面的国家活动，而在另一方面，‘行政管理’则是‘国家在个别和细微事项方面的活动。因此，政治是政治家的特殊活动范围，而行政管理则是技术性职员的事情’。‘政策如果没有行政管理的帮助就将一事无成’，但行政管理并不因此就是政治”⑥。而另一方面，行政与政治又密切相关，“行政管理的领域是一种事务性的领域。行政管理作为政治生活的一个组成部分，仅仅与

① ［美］威尔逊:《行政学研究》中译文，载［美］《国外政治学》1988 年第 1 期，第 44 页。

② ［美］威尔逊:《行政学研究》中译文，载［美］《国外政治学》1988 年第 1 期，第 44 页。

③ ［美］威尔逊:《行政学研究》中译文，载［美］《国外政治学》1988 年第 1 期，第 44 页。

④ ［美］威尔逊:《行政学研究》中译文，载［美］《国外政治学》1987 年第 6 期，第 31 页。

⑤ ［美］威尔逊:《行政学研究》中译文，载［美］《国外政治学》1988 年第 1 期，第 44 页。

⑥ ［美］威尔逊:《行政学研究》中译文，载［美］《国外政治学》1988 年第 1 期，第 45 页。

企业办公室所采用的工作方法是社会生活的一部分一模一样，仅仅与机器是制造品的一部分一模一样。但是行政管理却同时又大大高出于纯粹技术细节的那种单调内容之上，其事实根据就在于通过行政管理那比较高深的理论，它与政治学智慧所派生的经久不败的原理以及政治进步所具有的永恒真理是直接相关联的"①。"行政科学是政治科学的最新成果。政治科学是大约2200年前就开始了的一门学问。行政科学是我们本世纪的产物，并且几乎是我们这一代的产物。"② 至于行政管理与宪政制度的关系，威尔逊则认为，尽管"从政治哲学的角度着眼，行政学的研究是与宪法中主权之恰当分配的研究密切联系在一起的"③；但是行政管理从本质上不同于宪政制度，"公共行政就是公法的明细而且系统的执行活动。一般法律的每一个具体执行细节都是一种行政行为。例如，有关捐税的征收和增加、罪犯的处以绞刑、邮件的运输和投递、陆海军的征募和装备，等等，显然都属于行政行为，然而指导这些应予进行的工作的一般性法律，却显然是在行政管理之外和之上的。有关政府活动的大规模计划并不属于行政管理范围。因此，宪政制度所要认真过问的只是政府用以控制一般性法律的那些手段"④。为了进一步说明行政管理的本质，他认为，宪法与行政职能之间"并不完全是'意志'与相应'行动'之间的区别，因为行政官员在为了完成其任务而选择手段时，应该有而且也的确有他自己的意志；他不是而且也不应该是做一种纯粹被动的工作。这是一般决策和特殊手段之间的区别"⑤。这里，威尔逊清理了政治与行政两者之间的关系，指出了行政管理的运行方式和适用范围，从而为行政学研究后来的发展从研究对象上勾画出一个初步的框架。

（四）行政学研究的历史渊源

科学研究不能从零开始，对于行政学的研究也是如此。威尔逊认为，行政学研究者"对于前人在这同一领域所已经做过的工作应该有某种估计，

① ［美］威尔逊：《行政学研究》中译文，载［美］《国外政治学》1988年第1期，第44页。

② ［美］威尔逊：《行政学研究》中译文，载［美］《国外政治学》1987年第6期，第30页。

③ ［美］威尔逊：《行政学研究》中译文，载［美］《国外政治学》1988年第1期，第46页。

④ ［美］威尔逊：《行政学研究》中译文，载［美］《国外政治学》1988年第1期，第45页。

⑤ ［美］威尔逊：《行政学研究》中译文，载［美］《国外政治学》1988年第1期，第46页。

这也就是说要了解一下这一研究工作的历史”①。他说：“英国人民长期而且成功地研究了抑制行政权力的艺术，却因而就经常忽视了改善行政方法的艺术。”② “英国和美国的政治史并不是一部发展行政管理的历史，而是一部关心立法工作的历史——并不是关于政府组织工作之改善，而是关于法律的制定和政治评论方面之演进的历史。因此，我们正处在这样一个时期，即对于我们这个长期背着制定宪法的种种习惯包袱的政府来说，它的健康迫切需要有关行政管理的研究和创造来加以保护。”③ 在他看来，“行政的博士都产生在欧洲。这门科学并不是我们所创造的，它是一门外来的科学，很少使用英国式或美国式的语言规则。它所使用的仅仅是外国腔调，它所陈述的东西对我们的头脑来说全都是些异己的概念。它的目标、事例和环境，几乎百分之百是以外国民族的历史、外国制度的先例和外国革命的教训为根据的。它由法国和德国的教授们所发展起来的，其各个组成部分经常是与一个单一国家的需要相适应的，并且是为了适应高度集中的政府形式而建立起来的。因此，为了满足我们的要求，对它必须加以改造，使之不只适应于一个单一而且紧密结合的国家，而且适应于一个复杂而且形式多样化的国家，并且使之按照适应于权力高度分散的政府形式建立起来。如果我们要应用这种科学，我们必须使之美国化，并且不只是形式上或仅仅从语言上美国化，而是必须在思想、原则和目标方面从根本上加以美国化”④。有鉴于此，他明确地提出了他的行政学研究方法论。

（五）行政学研究方法论

正确的方法是从事科学研究必不可少的重要前提条件，行政学研究也不例外，因此，威尔逊指出“要准确地断定什么是发展这一研究工作的最佳方法”⑤，并说明“最适合于这种研究的方法以及对于它最有用的观点是什

① ［美］威尔逊：《行政学研究》中译文，载［美］《国外政治学》1987年第6期，第30页。

② ［美］威尔逊：《行政学研究》中译文，载［美］《国外政治学》1988年第1期，第42页。

③ ［美］威尔逊：《行政学研究》中译文，载［美］《国外政治学》1988年第1期，第42页。

④ ［美］威尔逊：《行政学研究》中译文，载［美］《国外政治学》1987年第6期，第33页。

⑤ ［美］威尔逊：《行政学研究》中译文，载［美］《国外政治学》1987年第6期，第30页。

么”①。威尔逊认为，由于“在与行政管理职能有关的各个方面，一切政府都具有很强的结构方面的相似性”②，我们应该运用历史方法和比较方法对不同政府所共有的行政管理规律进行研究。这里他特别提到人们应该“免除这样一种忧虑，即我们有可能会盲目地把某些与我们的原则不相符合的东西加以引进”③。他指出：“如果有以某种方式存在着我们可以利用的外国的发明创造，那我们为什么不加以利用呢？我们以一种外来的方式应用它们是不会有危险的。我们引进了大米，但我们却不用筷子吃饭。我们的全部政治词汇都是从英国引进的，但我们却从中淘汰了‘国王’和‘贵族’。……只要我们能够从根本原则上认识其在环境条件方面的全面根本差别，我们就能够安全而且有益地引进他们的行政科学。我们仅仅需要用我们的制度把它加以过滤，只需要把它放在批判的文火上烘烤，并把其中的外国气体蒸馏掉。”④ 在此，威尔逊尤其强调“应该因此排除一切成见，此种成见反对在行政学研究之中向除了本国之外的一切地方去寻求启示”⑤；通过比较研究，“我们将会以更快的速度了解我们自己管理方法中的特点。而如果采取拿我们自己跟自己比较的方式，我们就将永远无法了解我们自己的缺点和优点”⑥。我们“最好是选择与我们自己完全远不相同的环境气氛，并且以极其小心的态度，去考察例如法国和德国的那些制度。通过这种‘媒介物’去观察我们自己的制度，我们就将会像那些在观察我们时不带成见的外国人所能看到的那样去观察我们自己。而只要我们是只知道我们自己，那么我们就是对自己一无所知”⑦。他进一步精辟地指出：“如果我看到一个想杀人的家伙在敏捷地磨着一把刀子，我可以学习他磨刀的方法，而用不着学习他

① ［美］威尔逊：《行政学研究》中译文，载［美］《国外政治学》1988 年第 1 期，第 48、49 页。

② ［美］威尔逊：《行政学研究》中译文，载［美］《国外政治学》1988 年第 1 期，第 49 页。

③ ［美］威尔逊：《行政学研究》中译文，载［美］《国外政治学》1988 年第 1 期，第 49 页。

④ ［美］威尔逊：《行政学研究》中译文，载［美］《国外政治学》1988 年第 1 期，第 49 页。

⑤ ［美］威尔逊：《行政学研究》中译文，载［美］《国外政治学》1988 年第 1 期，第 50 页。

⑥ ［美］威尔逊：《行政学研究》中译文，载［美］《国外政治学》1988 年第 1 期，第 50 页。

⑦ ［美］威尔逊：《行政学研究》中译文，载［美］《国外政治学》1988 年第 1 期，第 50 页。

可能用刀子犯谋杀罪的动机；同样，如果我见到一个彻底的君主主义者很好地管理着某一个机关，我可以学习他的办事方法，而无须丝毫改变我身上作为共和主义者的一个细胞。他可以为他的国王效劳，而我却将继续为人民服务，但我却希望能像他为其君主服务那样为我的主人服务。只要在思想上保持这种区别界限，也就是说，只要把研究行政学看做是我们的政策得以轻便地付诸实行的一种手段，看做是一种使得对全体人民来说算是民主制度方面的政治性东西，对每一个人来说，则是在行政上可能执行的东西，那么我们就是立足于百分之百安全的基础之上了，因而我们就能够学习外国制度所肯定能够教给我们的东西而不犯错误。就这样我们便替我们的比较法设计出来了一个调节与权衡的砝码。就这样我们便可以对外国政府进行解剖学的观察而不用害怕会把它们的任何疾病传染到我们的血管中来；可以详细解剖外国制度而不用害怕血液中毒。"① 尽管威尔逊积极主张大胆地借鉴别国的管理方法和成功经验，但是他也反对脱离实际地机械照搬。他说："一切普遍性理论作为理论来说，应该不仅是在公开的论证中，并且在我们的思想上，都谦虚地处于背景与衬托地位，以免那些仅仅按图书馆标准来说可以称得上满意的意见，将会被教条式地加以运用……教条式的设计必须是摆在经过试验的实践之后。……简而言之，稳重而且实际的治国才能应该放在前面，而把闭门造车式的理论摆在次要的地位。世界性的'作什么'永远应该由美国式的'如何作'所支配。"② 应该说，这种以实践为准绳，以本国为核心的思想是颇有见地的。

（六）人事行政思想

"为政在人。"威尔逊十分关注当时的文官制度改革。他说他之所以"提出在美国展开行政学研究，其目的在于找到最佳方法以建立下面这样一种文官班子，他们受过足够的教育，具有充分的自信精神，工作起来既有见识又有分量，但通过选举和经常性的向公众进行咨询，与公民的思想保持如此密切的联系，以致使专断成为不可能的事情"③。他认为"我们的理想模式是通过选举和经常性的公开商议，以彻底排除武断和阶级成见，并用这种

① ［美］威尔逊：《行政学研究》中译文，载［美］《国外政治学》1988年第1期，第50页。

② ［美］威尔逊：《行政学研究》中译文，载［美］《国外政治学》1988年第1期，第50页。

③ ［美］威尔逊：《行政学研究》中译文，载［美］《国外政治学》1988年第1期，第48页。

方式建立一个具有足够的文化教养和自立精神的文官制度，它能够有理智有力量地展开活动，但却依然与公众的思想保持着非常紧密的联系”①。他尤其重视政府官员的素质问题。在他看来，为了使政府这部机器有效地运转，“我们就必须准备一批更好的官员以充当政府的‘工具’。如果我们要添置新的锅炉并且对于那推动我们政府机器的炉火加以改进，我们就必须使旧的轮子、接头、阀门和皮带等，在新力量的推动下尽可能不发出嘎吱嘈杂的声音。当哪里需要任何动力或需要加以调管的时候，我们就必须安上新的运转部件。必须为文职机关的竞争考试提供有充分准备的人员，这些人员必须同样既接受各种自由形式的考试，也接受技术知识方面的考试。我们有必要用这种方法来建立民主制度。一支在技术上受过训练的文官队伍不久即将成为不可缺少的因素”②。在具体谈到政府官员的素质时，威尔逊特别强调政府官员应该具有良好的态度。他说：“在任何情况下，我们都必须有一支受过充分训练的官员以良好的态度为我们服务：这显然是一种工作上的需要。”③“所谓良好态度，就是对于他们所为之服务的政府的政策，具有坚定而强烈的忠诚。这种态度在各方面都绝没有官僚作风的污点。”④ 他指出，政府官员，尤其是行政领导应该带头克服官僚主义。他认为，“只有当一个国度的全部国家机关与人民、人民领袖以及普通僚属的共同政治生活隔离的时候，官僚主义才有可能生存。官僚主义者的动机、目标、政策和标准必然是官僚主义的。我们规定所有的部长都必须是真正为人民服务的，因而对于在真正为人民服务的部长领导下履行任务的官员们，要想指出他们无耻的独断专横的任何实例，看来是很困难的”⑤；“一个具有真正大公无私精神的政治家，其领导方式可以把自负而且敷衍塞责的机关变成公正政府的具有大公无私精

---

① ［美］威尔逊：《行政学研究》中译文，载［美］《国外政治学》1988年第1期，第48页。

② ［美］威尔逊：《行政学研究》中译文，载［美］《国外政治学》1988年第1期，第47页。

③ ［美］威尔逊：《行政学研究》中译文，载［美］《国外政治学》1988年第1期，第47页。

④ ［美］威尔逊：《行政学研究》中译文，载［美］《国外政治学》1988年第1期，第48页。

⑤ ［美］威尔逊：《行政学研究》中译文，载［美］《国外政治学》1988年第1期，第48页。

神的工具"①。这里，他认识到行政领导的素质与影响力对下属行为所具有的重要作用。此外，威尔逊还就如何提高政府官员的工作质量提出了自己的看法，他说："我们各级政府及其下属政府所组成的这些系列，要怎样才能管理成下述这样一种状态呢？就是说要使政府官员所经常感兴趣的是用他的才智做最大的努力，用他的良心作最认真的服务，不仅仅是替他的上级效劳，而同时要为群体尽力。要怎样才能够使这种服务达到下述这样一种程度呢？就是说通过给予政府官员大量生活费用补助来使这种服务引起他最普遍的兴趣；通过发展他的前程使这种服务成为他最珍视的兴趣；通过提高他的营养和培养他的性格使之成为他最崇高的兴趣。"②

(七) 行政监督思想

随着政府行政职能和行政权力的不断扩大，行政监督也日益受到人们的重视，行政监督是行政职能得以顺利实施和行政权力得以合理行使的重要保证。威尔逊的行政监督思想主要是通过他对公共舆论与行政管理之间关系所进行的分析而得到阐述的。他说："在行政管理活动当中，群众舆论将起什么作用？准确的答案似乎是：公共舆论将起权威性评判家的作用。"③"无论是在政治还是在行政方面，为了对制定基本政策的更为巨大的力量进行监督，公众的批评则是完全安全而且有益的，是完全不可缺少的。应该让行政学之研究去发现一些最佳方法，这些方法能够给予公众舆论以上述这种控制监督的权力，但却使之与一切其他的干扰活动分家。"④这里，威尔逊正确地指出了，作为监督政策实施的一种机制，公共舆论不仅是有益的而且是必不可少的，行政研究应当为公共舆论发挥其对行政管理的监督控制作用提供最佳途径，应当排除各种来自行政中的干扰；政府为了能够更有效地履行其职能，其"行政管理必须在一切方面都对公众舆论有敏锐的反应"⑤。

---

① [美] 威尔逊：《行政学研究》中译文，载 [美]《国外政治学》1988 年第 1 期，第 48 页。

② [美] 威尔逊：《行政学研究》中译文，载 [美]《国外政治学》1988 年第 1 期，第 51 页。

③ [美] 威尔逊：《行政学研究》中译文，载 [美]《国外政治学》1988 年第 1 期，第 47 页。

④ [美] 威尔逊：《行政学研究》中译文，载 [美]《国外政治学》1988 年第 1 期，第 47 页。

⑤ [美] 威尔逊：《行政学研究》中译文，载 [美]《国外政治学》1988 年第 1 期，第 48 页。

此外，他对行政体制和行政伦理等问题也有所涉及，例如，在行政体制（即政府间的关系）问题上，他主张要“建立完善的公共行政机构……要给予地方政府机构以新的生命，要组建地方分权制度”①。在行政伦理问题上，他明确地提出行政官员应该以良好的态度为人民服务，认为“严格说来统治者只不过是被统治者的仆人而已”②。

四、简评

综上所述，威尔逊不仅比较深入地分析、论证了研究国家行政管理和建立行政科学的重要性和必要性，较为准确地揭示了行政学研究的对象和实质，明确地提出了行政学研究的目标和任务，而且对诸如人事行政、行政监督以及行政道德（伦理）等行政学研究的具体内容作了阐述，尤其是对行政学研究应该遵循的方法论原则提出了自己的独到见解。其思想中的某些观点至今仍不失精辟，它们不仅对于我们目前的行政学研究，而且对于我们当今的改革开放事业均不无启发和借鉴作用。正是由于威尔逊首开对行政学进行科学研究之先河，因而他作为行政学鼻祖的美名无疑是当之无愧的。当然，这里我们不能不注意到，威尔逊所处的时代，从世界范围内讲，正是自由资本主义走向垄断资本主义的时期。然而，由于美国独特的社会历史条件和自然环境，资产阶级民主主义者却凭借着强大的传统力量，掀起了一场抗争。这场抗争虽然没有改变美国走向垄断的总趋势，但却影响到美国走向垄断的方式和具体进程。威尔逊在这场斗争的思想路线上表现出来的历史理论高度，在方法论上表现出来的求实精神，总的来讲，反映了广大美国中下层资产阶级的利益要求。如果看不到这一点，我们就很难解释像威尔逊这样的资产阶级思想家为什么会在这样一个时代表现出一种“革命”精神和创新“欲望”来。

第二节　古德诺的政治—行政二分法

一、生平与著述

弗兰克·J. 古德诺，生于1859年，卒于1939年，享年80岁。他是著

① ［美］威尔逊:《行政学研究》中译文，载［美］《国外政治学》1988年第1期，第48页。

② ［美］威尔逊:《行政学研究》中译文，载［美］《国外政治学》1987年第6期，第34页。

名的政治学家、行政学家和法学家。他在美国哥伦比亚大学主修法律，曾任哥伦比亚大学教授，自 1888 年起在该校主讲行政法学等课程，前后近 20 年，由此建立起他的学术地位和声誉。他对法学、政治学以及行政学均有研究，曾任美国政治学会的第一任主席。1913—1914 年间曾在北京担任中国政府的政治顾问，旋因撰写《共和与君主论》（1914），鼓吹帝制而卷入中国政治旋涡，并因此而身背骂名。1914—1928 年出任美国约翰·霍布金斯大学校长，在此期间，他对该校的发展作出了杰出的贡献，使该校的规模得到了扩大，学生人数增长了四倍之多。他于 1900 年出版了其具有划时代意义的名著《政治与行政》一书，他的行政学思想主要体现在《政治与行政》这本书中。此外，他还著有《比较行政法》（1893）等书。在《政治与行政》这本篇幅不大的行政学经典著作中，古德诺扬弃了政治学上立法、司法、行政的三分法，而对威尔逊提出的"政治与行政"二分法作了进一步的阐释和发挥，他认为政治是民意的表现，亦是政策的决定，行政是民意的执行，亦是政策的执行。这种创见对以后行政学的独立研究颇有贡献。他通过对国家行政与政治、法律、政党的相互关系，行政与立法、司法的相互关系，中央与地方的关系以及行政功能与体制的关系等一列重大理论问题的考察和分析，比较系统地阐述了他的行政学思想。正是《政治与行政》这本蜚声世界的行政学经典著作奠定了古德诺在行政学研究上的不朽地位，并产生了极其深远的影响。

二、主要思想内容述评

古德诺由于受到时代的影响，并没有把自己的主要注意力集中在行政部门的具体事务上，而是高屋建瓴地分析了行政有效开展所涉及的外部环境问题，具有较为开阔的视野，《政治与行政》一书就很明显地反映了古德诺的这种倾向。作为一本行政学的名著，具体来说，该书主要是围绕以下几个问题展开讨论的：

（一）对政治—行政二分法的进一步阐释

也许是由于书名的缘故，古德诺在西方行政学上是以他的政治与行政"二分法"而闻名的。的确，古德诺在这本书的第一章"国家的主要功能"中就明确地指出，在所有的政府体制中，都存在着两种主要的或基本的政府功能，即国家意志的表达和国家意志的执行，他将这两种功能分别称为"政治"与"行政"①。然而，值得注意的是，古德诺在政治—行政二分法

① 参见［美］古德诺：《政治与行政》，王元、杨百朋译，北京：华夏出版社 1987 年版，第 12～13 页。

问题上的重要贡献，主要并不是在于他率先提出了政治—行政二分法，而是在于他对政治—行政二分法所作的进一步阐释，为其后来所提出的一些具有独创性的行政思想奠定了基础。如果我们细心一点便不难发现，政治—行政二分法在当时实际上已经不新鲜了。德国的斯坦因、布隆赤里，法国的狄克洛克以及前面提到的威尔逊，都已在此之前对政治与行政的划分作过探讨，而古德诺本人在书中也并没有把政治—行政二分法本身作为讨论的重点来加以突出。相反，古德诺之所以提出应将政治与行政相对地“二分”开，其目的只不过是为了引出这样的观点而已，即政府机构之间的分工不可能像政府两种功能之间的划分那样，来得一清二楚。例如，他在该书的第一章中就曾明确指出：“以执行国家意志为主要功能的政府机关，经常地，事实上是通常地，又被赋予表达国家意志的具体细节的职责，尽管这些国家意志的具体细节在表达时，必须合乎由主要职责在于表达国家意志的机构所制定的一般原则。这就是说，被称为执行机构的机构，几乎在任何情况下都拥有大量的制定法令权或立法权。另一方面，以表达国家意志为主要职责的机关，即立法机关，通常又有权用某种方式控制以执行国家意志为主要职责的机关对国家意志的执行。也就是说，尽管人们能够区分开政府的两种主要功能，但却无法严格地规定这些功能委托给哪些政府机关去行使。”① 即便是就“行政”这一功能而言，他也认为：“从理论探讨和实践便利的角度说，行政不应再只被当做执行机构（政府中的这个机构是由成文法所规定的执行性机构）的一种功能。相反，人们已经看到，行政是执行国家意志的功能。在某些方面，它在范围上可能比由成文法规定的执行性机构的功能要大一些，在另一些方面则可能要小一些。”② 可见，在古德诺看来，“把每一种功能分派给一个分立的机构去行使是不可能的。这不仅因为政府权力的行使无法明确地分配，而且还因为随着政府体制的发展，政府的这两种主要功能趋向于分化成一些次要的和从属的功能”③。这样，古德诺便为他在全书中反复强调的主线作了铺垫，这个反复加以强调的主线就是：政治与行政必须以某种方式取得协调。由此，我们似乎可以这样说，古德诺对“政治—行政二

① ［美］古德诺：《政治与行政》，王元、杨百朋译，北京：华夏出版社1987年版，第9页。

② ［美］古德诺：《政治与行政》，王元、杨百朋译，北京：华夏出版社1987年版，第12页。

③ ［美］古德诺：《政治与行政》，王元、杨百朋译，北京：华夏出版社1987年版，第9页。

分法”的贡献，并不是在于他提出的这个“政治—行政二分法”本身有什么新意，而是在于他通过对政治—行政二分法的进一步阐释，第一次澄清了由这种“二分”的提法而容易造成的一种误解，这种误解认为一种政府功能只存在于一种政府机构之中；更在于他第一次指明了这样一个道理：“分权原则的极端形式不能作为任何具体政治组织的基础。因为这一原则要求存在分立的政府机构，每个机构只限于行使一种被分开了的政府功能。然而，实际政治的需要却要求国家意志的表达与执行之间协调一致。”① 很明显，古德诺在这里表现出的兴趣，主要已不是政治与行政的“分离”，而是它们二者的“协调”。

（二）走向协调的道路之一：政治对行政的适度控制

古德诺在指出了政治与行政必须取得某种协调之后，着重探讨了如何取得这种协调。古德诺认为，这种协调的基础便是政治必须对行政取得某种形式的控制。有时这种控制是通过法定制度达到的，比如，英国内阁必须对议会负责，正如古德诺所言：“在英国，在人民通过对议会的控制达到了他们对国家意志表达的控制后，他们就立刻着手使议会——他们的代表，对被委以国家意志执行权的政府机构有一种控制权。他们成功地做到了这一点，结果就产生了现在的内阁对议会负责的体制。”② 而有时这种控制则是由法外途径实现的，比如，在那些“把分别主要承担这两种功能的机构在法律上分开”的政府中，像美国，这种控制就是由政党来完成的。在古德诺看来，“美国政治体制在很大程度上是建立在政府权力分立的基本原则上的。由于按宪法制定的法律授予了执行和行政官员独立的地位，所以要在法定的正式政府体制中发挥政治对行政的必要控制就不可能了。因此，这种控制就在政党体制中得到了发展。美国的政党，正像他们热衷于按照必须以表达国家意志为准则，选举具有明显的政治色彩的团体那样去进行行政和执行官员的选举。政党体制由此保证了政治功能与行政功能之间的协调。而这种协调是政府成功地开展工作所必需的”③。不过，我们可以看到，古德诺在认识到政治必须对行政实施控制的同时，也注意到这种控制有一定的限度，他认为，

① ［美］古德诺：《政治与行政》，王元、杨百朋译，北京：华夏出版社 1987 年版，第 14 页。

② ［美］古德诺：《政治与行政》，王元、杨百朋译，北京：华夏出版社 1987 年版，第 15 页。

③ ［美］古德诺：《政治与行政》，王元、杨百朋译，北京：华夏出版社 1987 年版，第 15 页。

仅仅强调政治对行政的控制是有危险的，因为这种控制一旦超过某种限度，就不仅会妨碍有效的行政执行功能，而且还会损害建立这一控制的目的。对此，古德诺明确指出："无论这种控制存在于政府体制之内还是之外，它的存在都是由于事实的需要，因为没有这种控制，有条理有进取的政府是不可能存在的。因此，应该使这种控制扩展到国家意志的表达和执行之间产生上述非常需要的协调为止。但是，如果控制扩展得超出了这一限制，它就会立刻失去其存在的理由。例如，这种控制可能被利用来使某一特殊的政党组织永久存在，而不是用来作为一种手段，帮助把一种表达了的国家意志变成一种真正的行为准则。如果这样利用这一控制，它就会变成一种实际上阻碍人民自发地表达自己意志的手段。这样运用政治对行政的必要控制，给保证国家意志的表达问题带来了一种人为的、不自然的成分。这就可能使国家意志形式上的表达与国家意志的真正内容相违背。"① 所以，古德诺进一步指出："把这一必要的控制扩展得太厉害，反而会损害建立这一控制的目的。不仅如此……过分扩展这一控制，还会妨碍有效地行使行政功能。因为在实施这种过分扩展的控制的情况下，行政功能的行使就不会致力于执行一种已经表达出来的国家意志，而是为了一个政党或社会阶层的利益，致力于左右国家意志的表达了。"② 因此，他强调："一方面，为了保证国家意志的执行，政治必须对行政进行控制；另一方面，为了保证政府的民治性和行政的高效率，又不能允许这种控制超出其所要实现的合理目的。"③ 由此可见，这里古德诺已经清楚地认识到，问题的关键是要找出政治对行政的这种必不可少的控制的恰当限度，以真正实现政治和行政的协调。

对此，古德诺的答案并不复杂，他把行政功能从内部又作了划分，包括执行功能、司法功能、准司法功能（如课税、具体规划、选举等）、统计功能和半科学功能（如专利事务管理、地质勘查管理等）。他认为政治对行政的控制应当限于对狭义的执行性机构进行，其他诸如司法、准司法、统计和半科学性质的政府机构都应该保持自己的独立性，而不受政治影响。执行性官员（只需最高级官员）从属于政治，保证政治对行政的控制，他们随政

① ［美］古德诺：《政治与行政》，王元、杨百朋译，北京：华夏出版社 1987 年版，第 21 页。

② ［美］古德诺：《政治与行政》，王元、杨百朋译，北京：华夏出版社 1987 年版，第 21 页。

③ ［美］古德诺：《政治与行政》，王元、杨百朋译，北京：华夏出版社 1987 年版，第 21～22 页。

党而进退，其余的行政官员应该是不受政治影响的常任文官，以保证行政的效率，用古德诺自己的话来说，就是“如果希望有高效率而又公正无私的行政，如果政策问题是根据民意决定的，那么在行政体制的半科学、准司法、办事和幕僚性的那个部分中，就应该做出长期任职规定。而在行政体制的较高层次上，即在那些任职官员对政策问题具有决定性影响的地方，特别是对那些行政首脑来说，则应该避免长期任职。在这种情况下，如果希望确保政策问题由代表人民的机构来决定，就必须对政治控制做出规定。……也就是说，为了使政治功能与行政协调起来，政府体制中的政治机构必须对行政机构进行控制。不过，这是有限度的。超过这个限度，这种控制就不应该施行了。如果这种控制扩及行政事务中的所有官员，政府就会失去效率，并对很多事情失去处理能力，而这些事情只有政府才能有效地处理。……只有坦白地承认必须对法律总的执行进行控制，并承认必须有一部分行政工作是政治所不应干预的，安全才能实现。只有如此，真正的民治政府和有效的行政管理才能得到”①。

（三）走向协调的道路之二：行政的适度集权化

古德诺认为，协调不仅取决于政治对行政的适度控制问题，而且取决于行政权力的必要集中问题。由于美国是将分权理论精神贯彻得最为彻底的国家，它不仅将国家权力作了横向的划分，使立法、行政、司法相互分立、相互牵制，而且使中央和地方分权，从而大大降低了中央集权化程度。尽管美国的这一政治试验有它可取的一面，但是其弊端也不可忽视，在这些弊端中，最大的弊端要数它所导致的政治与行政的失调。古德诺清楚地看到，这种分权，特别是中央和地方的分权，造成了对行政力量统一性的破坏，从而使国家意志的执行出现了问题。对于这种情况，古德诺描述说：“任何国家意志的表达，在表达它的机关对它的执行没有控制的情况下都是一句空话。有关政府理论可能承认地方政治共同体在国家意志的表达上对国家的服从。然而，行政体制的运转可能使真正的实践与理论恰恰相反。国家意志的表达可以委托给国家中央政府的一个机关。但是，如果国家意志的实际执行委托给不受任何有效的国家控制的地方政治共同体的话，这种地方政治共同体会通过运用其执行权力，或者某种真正的非执行性的或修正的权力，改变由代表整个国家的机关表达的国家意志，以便使之适应被认为是地方政治共同体

① ［美］古德诺：《政治与行政》，王元、杨百朋译，北京：华夏出版社 1987 年版，第 50~51 页。

的需要。”① 在古德诺看来，“在国家与地方政治共同体之间存在冲突的问题上，地方自治政府倾向于牺牲国家利益，因为它使国家意志的执行即使不是不可能，也是非常困难的”②。反过来说，“地方政治共同体要与国家（或州）的整体利益保持适当的关系，就不能完全不受国家（或州）的控制。如果完全不受国家（或州）控制，就会导致国家（或州）的分裂。而如果国家（或州）在地方自治政府行政体制中的唯一控制，即立法控制被解除，而又没有提供别的什么控制手段的话，地方政治共同体就会完全脱离国家（或州）的控制”③。于是，中央政府便会因此而通过加强立法（因为行政权在地方手中）来限制地方权力，保证统一。而一旦地方自治权受到侵害，它便会使用消极的不执行权来对抗。这样，国家的意志无法贯彻，而宪法规定的地方自治权实际上也受到了侵犯和否定。其结果是：“美国在保证区分地方与州的意志上相对来说是失败的”，而“立法规则在许多问题上是完全失败的”④。为此，古德诺认为，要改变这种状况，便只有通过行政权的集中这个唯一的途径，“因为只有行政在一定程度上被集权化了，才能达到政治和行政功能之间必要的协调”⑤，“因此，应该鼓励行政集权的趋势，而不是阻碍它的发展”。古德诺希望大家明白：“在我们对集权的传统恐惧中，我们可能受到了一个由体制设计者幻想出来的魔鬼的恐吓。”⑥ 但是，他强调指出：“我们必须坚持这种集权……不管是从行政效率的观点看，还是从民治政府本身的存在看，坚持这一点都是必要的。”⑦

（四）美国走向政治与行政协调的独特道路——法外调节

如前所述，古德诺指出了协调的必要性，指出了走向协调的两条必由之

① ［美］古德诺：《政治与行政》，王元、杨百朋译，北京：华夏出版社 1987 年版，第 28～29 页。

② ［美］古德诺：《政治与行政》，王元、杨百朋译，北京：华夏出版社 1987 年版，第 31 页。

③ ［美］古德诺：《政治与行政》，王元、杨百朋译，北京：华夏出版社 1987 年版，第 33～34 页。

④ ［美］古德诺：《政治与行政》，王元、杨百朋译，北京：华夏出版社 1987 年版，第 37、39 页。

⑤ ［美］古德诺：《政治与行政》，王元、杨百朋译，北京：华夏出版社 1987 年版，第 69 页。

⑥ ［美］古德诺：《政治与行政》，王元、杨百朋译，北京：华夏出版社 1987 年版，第 70 页。

⑦ ［美］古德诺：《政治与行政》，王元、杨百朋译，北京：华夏出版社 1987 年版，第 70 页。

路：即政治对行政的适度控制和行政权的必要集中。然而，美国宪法所提供的法定政府体制并没有使这种适度控制和必要集中得以成长和发展的任何基础。宪法使得国家意志的主要体现者即立法机构不可能直接控制行政机构的领袖，使得联邦行政权力和地方行政割裂开来而失去了统一性。那么，美国的政府体制仍然基本上保持了稳定和协调，它依靠的是什么呢？古德诺对美国政府机构的运作进行了仔细的分析，结果发现这种协调来自一种法定体制外的调节功能，这就是政党。政党问题虽然在法定体制之内没有丝毫的地位，但是古德诺发现，美国政府体制得以顺利运行所必不可少的“适度控制”和“必要行政集权”全来自于政党功能的发挥。为此，他明确指出：“要使政府协调地运转，就必须找到某种使国家意志的表达和执行协调一致的办法。……这种办法在政府体制内部不可能找到。所以，必须到政府以外的一些法外的制度中去寻找。事实上，可以在政党中找到它。政党不仅担负起了挑选在政府体制理论中是表达国家意志的机关的成员，即立法机关的成员的责任，而且担负起了挑选执行这种意志的人员，即执行官员的责任。政党必须选择中央的执行官员，因为分权原则的采用已使他们不受任何有效的立法控制了。政党必须选择所有的地方官员，因为行政体制极端分权的特点使他们不受任何有效的国家（或州）的控制。”① 这也就是说，通过政党对立法机构成员和执行机构成员的挑选，而恢复了被法定政府体制割断了的立法机构对行政机构的某种有效控制；通过政党对中央行政官员和地方行政官员的挑选，而恢复了被法定体制所阻止的国家行政系统的大一统性质，建立起一种必要的行政集权。总之，正是由于政党本身的统一性和党员对党的忠诚，美国政治体制的设计者留给后人的巨大难题才得以顺利解决。古德诺深有感慨地说：“如果不是对政党有这种坚定的忠诚，我们的政府早就会被一群组织涣散、各行其是、无法无天的官员所充斥。他们会在权势上彼此分庭抗礼，在行动上随心所欲，尽管所有的官员按理说只是从事于执行尽可能具体的法律和表达在立法机构中有代表的人民的意志。”② 不仅如此，古德诺还进一步强调说：“在美国的政府体制中，这种以协调国家意志的表达和执行的功能为己任的政党组织不仅应当强大，而且应当长期存在。如果没有别的原因的话，它之所以应当长期存在，是因

---

① ［美］古德诺：《政治与行政》，王元、杨百朋译，北京：华夏出版社 1987 年版，第 57 页。

② ［美］古德诺：《政治与行政》，王元、杨百朋译，北京：华夏出版社 1987 年版，第 58 页。

为没有哪次选举能在政府的决策机关即政治机关和政策执行机关即行政机关之间造成协调的关系。因为无论过去还是现在，在一次选举中很少能把所有以执法为职责的民选官员都选出来。这些官员的任期通常不大统一。因此，党的工作不是在一次选举中就完事了。党必须保持住它的组织，准备在行政体制所需要举行的许多次选举中，每次都为党所希望促进的问题而战斗。否则，它就会担负不起人民要它担负的协调国家意志的表达与执行的职责，而这种协调只有通过党才能达到。"① 古德诺正是以自己鞭辟入里的分析，对美国一百多年来奉为神圣不可动摇的、作为政府体制设计基础的分权制衡理论进行了深刻的反思。

（五）美国加强民主和效率协调的主攻方向——政府体制的改革

考虑到政党在美国政府体制中具有如此重大的作用，古德诺认为，必须使美国的政府体制作出某种调整以正式容纳政党这个现实，发挥它已有的协调功能，制定出政党的行为规范，减轻和消除政党有可能给社会带来的消极因素。为此，古德诺认为，首先，要变革美国行政分权的体制，从而使政党能对整个政府负起全责。由于美国政府体制上的原因，行政权是分散的。尽管政党负起挑选行政官员的责任，但是，各类行政长官的任期不一致，选举有错落，政党在一次选举胜利中所能获得的对政府控制并不是全面的。这种行政权不能集中于一党的局面，便造成了责任不明确的弊病，进而必将会带来推诿、搪塞、涣散和无效率。为此，应该将所有的行政执行权集中到一个行政长官手中，从而使政党能通过一次选举胜利而担负起全部责任来。正如古德诺所言："这种行政集权运动……会解决政党责任的问题。它之所以能做到这一点，是因为在行政权集于一个行政长官之手的情况下，政党容易在一次选举中获得对政府的更大控制。如果体制是分权的，不同行政官员的任期又不一致，政党在一次选举中获得的对政府的控制就要小得多。"② 古德诺以城市中的选举为例，对这一点作了进一步的说明，他说："如果是选一位拥有任命和控制城市官员的巨大权力的市长，某一政党选出了它自己的市长，它就会获得很大的权力，这一权力的运用被认为是负责的。如果它选出了一位仅有很小任命权力的市长，而很多城市官员都是选举产生的，并且是在不同的时候选举的，则这个政党所获得的权力就会少得多。就是这样使政

① ［美］古德诺：《政治与行政》，王元、杨百朋译，北京：华夏出版社 1987 年版，第 58~59 页。

② ［美］古德诺：《政治与行政》，王元、杨百朋译，北京：华夏出版社 1987 年版，第 107 页。

党负起责任的：在选举一位具有任命和控制行政官员大权的市长这一特定时期内，政党的责任，可以说是体现在它对市长的选择上。也就是说，把责任从政党身上取出并放到法定的正式政府组织里。”① 这里，古德诺明确指出了建立行政集权体制是政党得以对政府负责、加强民主与效率协调的重要保证。

其次，由于美国政府体制高度分权所带来的各种复杂矛盾并不是能够为一个弱小的、涣散的政党所解决的，因此从这种实际要求中形成的政党都是较为强大的全国性政党。然而，一个强大的全国性政党也有可能在某种不受控制的情况下形成对民主和效率的破坏和威胁，这在一向把政党看成私人之间的事情的美国传统面前，就更不能轻易忽视。因此，古德诺认为，有必要对政党的行为作出规范，将政党这个法外的东西吸收到法律以内，加以一定的管束，防止政党将自身变成目的。比如，政党在控制行政的过程中，完全有可能超过必要的限度，就像“政党分肥制”那样，即使行政效率因为大量的“外行”涌入而丧失殆尽，又使行政机构整个儿“政治化”，从而危及国家意志的自由表达。文官制度的实行，实际上是对政党行为的一种限定，它不但保证了行政效率，而且也保证了政治对行政控制的适度。在把政党由法外引进法内来的问题上，古德诺还竭力主张要明确政党在政府体制中的地位，把它置于民主化、法制化的管理之下，从而使它摆脱受少数人控制和操纵的局面。古德诺还主张政党应该实行财务公开原则，防止政党和利益集团之间的关系过于密切化。他说：“如果我们希望我们的政党和政党领袖们能够在管理我们的政府中负起责任来，在美国，看来需要有适当的预选立法和涉及公司与政党领袖之间关系的，包括确保完全公开他们账目和活动的适宜的规定。”②

最后，古德诺认为，美国的两党制度实际上常常使选民对政党四年的整个政策作出单一的评判，这样往往导致许多问题不能真正体现出人民的意志。为了适应分解政治问题，从而使政党对人民的意志更负责任的需要，政府体制应该采取的另一项改革措施就是“更加经常地使用公民投票的方

---

① ［美］古德诺：《政治与行政》，王元、杨百朋译，北京：华夏出版社 1987 年版，第 107~108 页。

② ［美］古德诺：《政治与行政》，王元、杨百朋译，北京：华夏出版社 1987 年版，第 134 页。

法"①。在古德诺看来，"我们完全有理由相信，更经常地借助于公民投票的办法，将会给减少政党目前必须从事的工作带来有利的影响，从而使政党对人民的意志更加负责"②。

总之，古德诺认为，"在美国政府体制尚不能确保政党完全负责的情况下，仍然有许多工作要做。只有当公民投票比现在更多地被采用，当整个行政体制完全集中在一个行政长官之下，而他又受到一个有效的立法机构的控制的时候，确保政党负责这个目标才有可能达到"③。

三、简短的结语

综上所述，古德诺不仅在威尔逊的政治—行政二分法的基础上作了进一步阐释，而且更为重要的是，他着重对政治与行政的协调关系以及如何实现这种协调提出了自己的独到见解，其思想、观点不乏深刻之处。尽管古德诺因受到时代的影响而没有把自己的主要注意力集中于公共行政部门的具体事务，但是他却高屋建瓴地分析了公共行政有效开展的外部环境问题，具有较为开阔的视野，他通过对国家行政管理与政治、法律、政党的相互关系，行政管理与立法、司法的相互关系，中央与地方的关系，以及行政功能与体制的关系等一系列重大理论问题的考察和分析，比较系统地阐述了其行政学思想。从总体上来看，古德诺的行政学研究和威尔逊的研究有着相当一致的地方，他也是站在中小资产阶级利益一边，主张行政权力的集中，批评了美国建国之初被奉为神圣的某些思想原则。因而，与威尔逊一样，古德诺的研究也明显地带有某种批判精神——他把注意点放在影响行政变革的政府制度上，而没有真正地深入到行政管理内部的那些技术性细节上去。这些特点的形成，显然不只是由于古德诺的个人气质、性格因素的关系，而主要地是由他所处的时代以及他所代表的利益造成的。通过对古德诺和威尔逊行政学思想的分析和研究，我们也许可以这样说：行政学的研究在威尔逊、古德诺这里只是完成了一个"起步"，它的深入、全面、系统的展开则是下一代人的课题了。

---

① ［美］古德诺：《政治与行政》，王元、杨百朋译，北京：华夏出版社 1987 年版，第 108 页。

② ［美］古德诺：《政治与行政》，王元、杨百朋译，北京：华夏出版社 1987 年版，第 109 页。

③ ［美］古德诺：《政治与行政》，王元、杨百朋译，北京：华夏出版社 1987 年版，第 109 页。

第三节　泰勒的科学管理理论

现代西方行政学的产生和发展是与西方的科学管理运动密切相关的，在某种意义上，我们可以说，正是科学管理运动的兴起，才促成了西方行政学的形成和兴盛，而对于这场科学管理运动的形成起着决定性影响的，乃是泰勒的“科学管理理论”。

一、生平与著述

弗雷德里克·温斯洛·泰勒于1856年3月20日出生于美国宾夕法尼亚州甲门城的一个富裕的律师家庭，他幼年时就很爱好科学研究和实验，对任何事情都想找出“一种最好的方法”。他的家庭希望他继承父业，成为一个律师，所以在1872—1874年期间，他进入埃克塞特学校就读，并去欧洲游学，就读于法国和德国的学校。他受到了良好的教育，并以优异的成绩考取了哈佛大学法律系，但是由于他学习过于勤奋，得了眼疾，不得不辍学。1875—1878年期间，他在费城的一个小机械厂恩特普赖斯液压机厂做学徒工，学习做模型和当机械工人。他于1878年进入费城的米德威尔钢铁厂当机械工人，他在该厂一直工作到1890年。在此期间，由于他工作努力，表现出色，他从一般工人先后被提拔为车间管理员、技师、小组长、工长、维修工长、制图部主任，并于1884年被提升为总工程师。他坚持晚上学习，于1883年获得新泽西州斯蒂芬斯学院的机械工程学位。在米德威尔钢铁厂的工作实践使他感受到当时的企业管理当局不懂得用科学的方法进行管理，不懂得工作程序、劳动节奏和疲劳因素对生产率的影响；而工人则缺少训练，没有正确的操作方法和适用的工具，这些都大大地影响了劳动生产率的提高。为了改进管理，他从1880年开始在米德威尔钢铁厂进行试验，系统地研究和分析了工人的操作方法和劳动所花的时间，并在此基础上逐步形成了后来被称为“科学管理”或“泰勒制”的管理理论和管理制度。1890—1893年，他在一家制造纸板纤维的制造投资公司担任总经理；1893—1898年，他独立开业从事工厂管理咨询工作。在他的顾客中有威廉·迪林公司、北方电气制造公司、洛雷因钢铁公司和西蒙兹轧钢机公司等多家大企业公司。在此期间，他在自学的基础上学会了会计。1898—1901年，他受聘于宾夕法尼亚的贝瑟利恩钢铁公司做咨询工作，并继续进行试验。他同怀特试验发明了高速工具钢，于1900年在法国巴黎博览会上首次展出。1901年，他从贝瑟利恩钢铁公司退休。此后，他无偿地从事于咨询和演讲等工作，为科学管理理论在美国和国外得到传播作出了贡献。他于 1915 年 3 月 21 日在美国费城去世，享年 59 岁。泰勒既有从事科学研究和发明创造的才能，又有从事社会活动和领导工作的才能。他工作积极而认真，虽然对人要求严格，但却富有同情心。他一生获得各种专利权达一百种之多。他于 1906 年出任美国机械工程师学会主席，并曾获得宾夕法尼亚大学理科荣誉博士学位和霍巴特学院文科荣誉博士学位；他还曾于 1900 年在巴黎万国博览会上获奖，并同怀特一起由于高速切削工具上的成就而于 1902 年获得埃利奥特·克雷森奖章。他在管理方面的著作主要有：《计件工资制》（1895）、《工场管理》（1903）、《大学和工厂中纪律和方法的比较》（1906）、《制造业为什么不喜欢大学毕业生》（1909）、《效率的福音》（1911）以及《科学管理原理》（1911）和《科学管理》（1912）等，其中尤以《科学管理原理》最为著名，该书风行一时，影响甚大。由于泰勒锐意倡行科学管理及卓越的研究贡献，故被誉为“科学管理之父”。以下我们主要依据《科学管理原理》① 一书的内容对泰勒的科学管理理论作一简要的介绍。

二、科学管理理论的基本内容

泰勒科学管理理论的产生有其深刻的社会背景。19 世纪末期的美国，工业化发展已经达到了相当高的程度，一方面是生产规模和科学技术的迅速发展，社会物质财富迅速增加；另一方面是竞争的日益加剧，人们缺乏管理现代化大工业的方法和技术，劳动生产率增长缓慢，同时劳资关系日趋紧张，工人缺乏生产积极性。如何真正有效地提高劳动生产率，已经成为各个企业共同关心的问题。在这种情况下，人们提出了许多不同的解决办法，有人主张改进机器设备，也有人主张改变工资报酬制度；而泰勒则在长期调查研究的基础上主张实施新的科学化的管理方法和制度，向管理要效率，进而提出了他的科学管理理论。泰勒的科学管理理论是一个内容十分丰富的知识体系，其基本内容主要包括以下几个方面：

（一）科学管理的中心问题是提高劳动生产率

泰勒在 1912 年出版的《科学管理》一书中曾强调指出了提高劳动生产率的重要性。在他看来，人的劳动生产率的巨大增长这一事实标志着文明国家和不文明国家的区别，标志着我们在一两百年内的巨大进步。正是由于劳动生产率的增长，使得今日的劳动人民（尽管有人谈论着他们的悲惨处境

① 参见［美］泰勒：《科学管理原理》，胡隆昶译，北京：中国社会科学出版社 1984 年版。

和可怕遭遇）生活得几乎同250年以前的国王一样好。他们比250年以前的国王吃得更好、穿得更好，而且整个讲来，更为舒服，而这正是由于一件事：产品增加了。试以棉织品为例，如果我们今天对一个普通工人讲，他穿的一件棉布衬衫是一种奢侈品，他不会笑我们吗？但是，在1840年，一个工人有一件棉布衬衫，的确是一种奢侈品。现在每一个工人家庭中的每一个男人、妇女和小孩，都把穿棉布衣服看成是绝对的生活必需品，其他成百种的东西也是这样。我们现在看成是必需品的，在100年以前是奢侈品，这是由于什么原因呢？这是由于劳动生产率的增长。泰勒说，他之所以在这个问题上讲了这么多，是因为科学管理的根本就在于此，因为科学管理如同节省劳动的机器一样，其目的正在于提高每一个单位劳动力的产量。

泰勒认为，当时工人提高劳动生产率的潜力是很大的。他在一项工人搬运生铁的试验中，使工人每天搬运生铁的数量普遍地从12.5吨增加到47.5吨，增加了3.8倍。可是，当时不论是雇主还是工人，对于一个工人一天应该干多少活，都心中无数。工人由于对资本家的剥削不满，而且多劳不能多得，工资微薄，于是普遍采用“磨洋工”的斗争形式，没有充分发挥出劳动的潜力。而雇主或管理人员对工人一天应做的工作量也没有客观依据，只是凭一般印象或根据不完全的记录来确定一个标准，因而常常引起劳动纠纷。在泰勒看来，要制定出有科学依据的工人的“合理的日工作量”，就必须进行试验和研究，即进行工时和动作研究。泰勒的方法是，选择合适而熟练的工人，把他们的每一项动作、每一道工序的时间记录下来并把这些时间加起来，再加上必要的休息时间和其他延误时间，就得出完成该项工作所需的总时间，据此定出一个工人的“合理的日工作量”。这就是所谓的工作定额原理。

（二）为了提高劳动生产率，必须为工作挑选“第一流的工人”

所谓“第一流的工人”，泰勒在美国国会特别委员会的证词中作了明确的说明。他认为，那些能够工作而不想工作的人不能成为他所说的“第一流的工人”。他曾试图阐明，每一种类型的工人都能找到某些工作，使他们成为第一流的工人，除了那些完全能做这些工作而不愿做的人。由此可见，在泰勒看来，人具有不同的天赋和才能，只要工作合适，都能成为第一流的工人。如身强力壮的人，干重活是第一流的，但干精细活就不一定是第一流的。心灵手巧的女工，虽然干重活不大行，干精细活却可能是第一流的。所以，问题的关键在于要努力使得每一种类型的工人都找到能够使其成为第一流工人的工作。泰勒认为，所谓“非第一流的工人”，只是指那些体力或智力不适合于分配给他们的工作的人，或那些虽然工作合适却不愿努力工作的人。对于那些不愿努力工作的人，应该采取说服教育和纪律约束等措施，并配合刺激性付酬制度，使之努力工作。对那些体力或智力上不适合于干分配给其工作的人，应加以培训，使之适应工作需要，或把他们重新安排到另一些适合于他们的工作岗位上去。

关于培训工人使之成为“第一流的工人”，泰勒在《科学管理原理》一书中曾指出，对那些尚未掌握科学的工作方法的非第一流工人，在老的组织中，工头会对他说：“你不行，走开吧，我没有时间多同你讲，你不可能挣得高出60%的工资，离开这里，走开！”这样做不客气，但工头没有时间闲谈。而在新的组织中又怎样呢？泰勒认为，在新的组织中，一个用铲子的老师会来看这个工人。一个所谓用铲子的老师就是一个善于用铲子的人，他在使用铲子上有出色的表现，而他又是一个和善的人，知道如何教别人怎样干。这位老师会走过来对那位叫吉姆的工人说：“吉姆，瞧！你得了许多黄纸条（表示没有达到定额），这是怎么搞的？怎么会这样的？你喝醉了吗？你疲劳了吗？你病了吗？你有什么地方不好吗？如果你疲劳或病了，那就以后再干吧。”如果吉姆说：“不，我挺好的。”这位老师便会说：“既然你没有病，没有什么地方不好，那就是你忘记了怎样用铲子了，让我来教你怎样用铲子，我会给你指出你错在哪里。”泰勒认为，用铲子是相当大的一门学问，可不是一件小事。在新制度下，如果有一个工人没有干好，总是假定首先是我们管理人员的过错，可能是我们没有正确地教会这个工人，没有给他做出一个好的榜样，没有花费足够的时间教他怎样干他的工作。所以，在泰勒看来，将工人培训成为“第一流的工人”，是领导（管理者）方面的职责。至于工作定额的制定，泰勒以第一流的工人“能在不损害其健康的情况下维持很长年限的速度，能使他更愉快而健壮的速度”为标准。所谓第一流的速度，不是以突击活动或持续紧张为基础，而是以工人能维持的正常速度为基础的。泰勒认为，健全的人事管理的基本原则是：使工人的能力同工作相配合。企业管理当局的责任在于为雇员找到最合适的工作，培训他们成为第一流的工人，激励他们尽最大的力量来工作。所以，泰勒所谓的第一流的工人是适合于其工作而又愿意努力干的人，并不像有些人理解的那样是一些体力超过常人的“超人”。

（三）要使工人掌握标准化的操作方法，使用标准化的工具、机器和材料，并使作业环境标准化

在制定了恰当的工作定额并挑选了“第一流的工人”之后，应当实行这一标准化原理。在此之前，工人的操作方法和使用的工具往往是根据自己的或师傅的经验来确定的，工人劳动和休息的时间以及机器设备等也是由管

理人员根据自己的判断或过去的记录确定的，缺乏科学的依据。泰勒认为，必须用科学的方法对工人的操作方法、使用的工具、劳动和休息时间的搭配，以至机器的安排和作业环境的布置等进行分析，消除各种不合理的因素，把各种最好的因素结合起来，形成一种最好的方法。他把这叫做企业管理当局的首要职责。他在《科学管理原理》一书中对此作了明确的说明。泰勒认为，有意识地把企业中工作的20种不同工匠的经验知识（这些经验知识存在于这些工匠的头脑中、手中、身体中，是他们的诀窍、熟练技术，而从来没有被记录过）收拢来，加以分类，并制成表格，在绝大多数情况下归纳成法则和规则，制定出一些数学法则。当企业管理当局把这些应用到工人的工作中去之后，将会大大提高工人的产量。……（这就是）发展出一种科学，用来代替工人原来的经验知识。泰勒并且通过各种试验研究成功地证实了这一点。

（四）实行刺激性的工资报酬制度

为了鼓励工人努力工作，完成定额，泰勒提出了“实行刺激性的工资报酬制度”这一原则。泰勒的这一原则主要体现在他于1895年提出的计件工资方案中，其内容主要包括三点：（1）通过工时研究和分析，制定出一个定额或标准。这要由管理当局来做，由定额制定部门来设计各种工作，并把工作分解为各项要素，为每一要素制定出定额。这样，把定额的制定从以估计和经验为基础改变为以科学为基础。（2）采用一种叫做“差别计件制”的刺激性付酬制度。这种付酬制按照工人是否完成其定额而采取不同的工资率。如果工人达到或超过了定额，就按“高”工资率付酬，为正常工资率的125%。而且，不仅超额部分按“高”工资率计算，全部工作量都按这个“高”工资率计算。如果工人的生产没有达到定额，就按“低”工资率付给，为正常工资率的80%，以此来督促和鼓励工人完成和超过定额。如果工人不是由于懒惰而没有完成定额，那么责任在于企业管理当局，领导上应该教会工人工作或把他调到更适合于他的工作岗位上去；如果工人没有完成定额是由于自己的懒惰，那他就是自作自受，只应按“低”工资率得到报酬。后来，泰勒受到他的朋友和支持者甘特的影响，在工资问题上的严厉态度有所缓和，更多地考虑使工人有最低的工资保障。例如，他在《工场管理》一书中既提到了“差别计件工资制”，又提到了“任务和奖金工资制”。“任务和奖金工资制”规定：工人不论其生产量的高低，都有一个保证的日工资，如果工人完成了生产任务，就能得到奖金。奖金的多少根据工作的性质和激励工人的需要而定，在日工资率的30%~100%。按这种规定，工人在没有完成生产任务时，仍有一个保证工资，因而被认为更多地考虑到了人的需要方面。(3) 工资支付的对象是工人而不是职位，即根据工人的实际工作表现而不是根据工作类别来支付工资。这样做既能克服工人“磨洋工”的现象，更能调动工人的积极性。所以泰勒不同意工人为了维护工人团结而使所有同类工作的工人的工作条件和工资一致化的做法。他认为这样会挫伤工人提高生产率的个人积极性。泰勒认为，他提出的计件工资制能够促使工人大大提高生产率。企业管理当局的工资支付虽然增加了，但由于生产率的提高大于工人工资提高的幅度，所以这一做法对雇主还是有利的。

(五) 工人和雇主两方面都必须来一次“精神革命”

泰勒认为，这样对提高劳动生产率极为有利，可以变相互对立为互相协作，共同为提高劳动生产率而努力。雇主关心的是低成本，工人关心的是高工资，只有劳动生产率提高了，他们才都可以达到自己的目的。所以，双方必须变相互指责、怀疑、对抗为互相信任、合作。泰勒认为，这就是雇主和工人双方进行“精神革命”，从事协调与合作的基础。泰勒还就为了实现这种精神革命工人和企业管理当局双方各自的职责作了具体的说明。他认为，在工人方面，应该做到以下五点：(1) 不再为生产中的盈余如何在工资和利润之间分配而烦恼和斗争；(2) 同意在提高生产的基础上将工资提高30%~100%，这个标准是通过试验而科学地确定的；(3) 放弃一切怠工的想法并帮助企业管理当局建立科学的生产方法；(4) 同意由企业管理当局科学地决定做什么，什么时候做，如何做以及做多长时间；(5) 同意按企业管理当局规定的新方法来进行培训。

在企业管理当局方面，应该做到以下五点：(1) 为每种作业制定一种科学的方法，以代替主观和经验的方法；(2) 科学地、精确地确定从事每项工作的正确时间和方法；(3) 选择并训练工人，使之担任最合适的工作，即在他经过训练以后所能担当的最困难的工作，而他仍能成为“第一流的工人”；(4) 建立一个合适的组织，从工人那里接管除了工作的实际执行以外的全部责任；(5) 同意自己也接受每项作业的科学和事实的控制，从而放弃自己对工人的专断权力。遗憾的是，泰勒所期望的这种精神革命在当时的社会历史条件下并没有而且也不可能实现。

(六) 把计划职能同执行职能分开，变原来的经验工作法为科学工作法

为了提高劳动生产率，泰勒主张明确划分计划职能与执行职能，改变传统的工作方法。所谓经验工作法，就是每一个工人用什么方法操作、使用什么工具等都由他根据自己的或师傅等人的经验来决定。所以，工效的高低取决于他个人所采用的操作方法和工具是否合理以及他本人技术熟练和努力的程度。至于科学的工作方法，就是前面提到的在试验和研究的基础上制定的

标准的操作方法，并采用标准化的工具和设备等。泰勒认为，工人单凭自己的经验是不能找到科学的工作方法的，而且他们也没有时间和条件去从事这方面的试验和研究。所以，必须把计划职能和执行职能分开。计划职能归企业管理当局，并设立专门的计划部门来承担。计划部门从事全部的计划工作并对工人发布命令。计划部门的主要任务有：（1）进行调查研究（如工时和动作研究等），以便为确定定额和操作方法提供科学的依据；（2）根据调查研究的结果，制定出有科学依据的定额和标准化的操作方法和工具；（3）拟定计划并发布指示和命令；（4）对“标准”和“实际情况”进行比较，以便进行有效的控制。至于现场的工人和工头，则从事执行的职能，即按照计划部门制定的操作方法和指示，使用规定的标准化工具，从事实际的操作，不得自行改变。泰勒把这种职能的分工作为科学管理的基本原则之一，他在《科学管理原理》一书中对这项基本原则作了全面的阐述。他认为，有意识地把以前由工人承担的工作分为两部分，其中一部分交由企业管理当局承担。企业管理当局要承担许多原来由工人承担的新任务。把这些任务交由企业管理当局承担，以前是人们没有梦想过的，这就需要企业管理当局同工人之间进行合作，而它正是在科学管理制度下的工人从来不进行罢工的最主要的原因。在他看来，如果你同我共同进行一项工作，并且认识到我们是互相依赖的，那么我们之间就不可能发生争吵。也许我们在最初可能发生争吵，有些人感到难以进行合作，但是，一旦当他们进行下去并认识到双方的幸福取决于每一方做好分内的工作，那又有什么理由要进行罢工呢？他们认识到不能对帮助自己的朋友进行罢工。泰勒认为，他可以真诚地说，在科学管理制度下，与其说工人是企业管理当局的仆人，不如说企业管理当局是工人的仆人。而且他认为，他还能够说，企业管理当局方面的责任感比工人方面更大。企业管理当局必须承担自己的一份责任，并时刻做好准备。这就是企业管理当局在科学管理制度下的感觉。为了把这种平等的分工解释得更清楚些，泰勒还举了一个从事多样性工作而不是重复性工作的机械工厂的例子。在这种工厂中，整个工厂中管理当局方面的人员同工人的比例应为一比三，这表明双方之间一种现实的分工。那些位于管理当局之中的人员同工人一样的忙，而且忙得比以前更有成效。

（七）实行职能工长制

为了提高工效，泰勒主张实行“工长制”。泰勒指出，在传统的组织机构中，一个工长为了完满地履行他的职责，必须具备以下九种素质：（1）智能；（2）教养；（3）专门的或技术性的知识，敏捷而又有力量；（4）才能；（5）精力；（6）坚韧刚毅；（7）正直；（8）判断力或常识；（9）健康。但是，一般人很难完全具备这些素质，而只能具备其中的少数几种。这样，为了使工长能有效地履行他的职责，就必须把管理工作细分，使所有的工长只承担一种管理职能。这样一来，同只接受一个上级领导的军队式组织不同，工人就要从几个承担不同职能的上级那里接受命令了。泰勒设计出了8个职能工长，代替原来的一个工长。这8个职能工长中，有4个在计划部门，4个在车间。这种职能工长显然已不是严格意义上的工长了，但他们或多或少地承担着原来的一般工长的某些职能，负责某一方面的工作，在其职能范围内可以直接向工人发出命令。

泰勒的这种职能工长制是以机械工业为依据而提出的，但他认为它也适用于其他行业。他认为，这种职能工长制有三个优点：（1）由于管理者（职能工长）只承担某项职能，所以其培训只花费较少的时间；（2）管理者的职责明确，因而可以提高效率；（3）由于作业计划已由计划部门拟定，工具和操作方法都已标准化，车间现场的职能工长只需进行指挥监督，因此低工资的工人也可以从事比较繁杂的工作，从而降低整个企业的生产费用。然而，后来的事实表明，一个工人同时接受几个职能工长的多头领导，容易引起混乱，所以这种职能工长制没有得到推广。但是泰勒的这种职能管理的思想却为以后职能部门的建立和管理的专业化提供了参考。

（八）在组织机构的管理控制上实行例外原则

泰勒认为，规模较大的企业不能只依据职能原则来组织和管理，而必须应用例外原则。所谓例外原则，就是企业的高级管理人员把一般的日常事务授权给下级管理人员去处理，而自己只保留对例外事项（即重要事项）的决策和监督权，如有关企业重大政策的决定和重要人事任免等。泰勒在《工场管理》一书中对此作过阐述。他说，在例外原则之下，经理只接受有关超出常规或标准的所有例外情况的——特别好和特别坏的例外情况的——概括性的、压缩的及比较的报告，以便使他得以有时间考虑大政方针，并研究在他手下的重要人员的性格和合适性。泰勒提出的这种以例外原则为依据的管理控制原则以后发展成为管理上的分权化原则和实行事业部制等管理体制。

以上是泰勒科学管理理论的基本内容。应当指出的是，泰勒并没有把他的科学管理理论看成是已最后完成的、不能再改变的理论。在他去世前3个星期，他曾在克利夫兰广告俱乐部的一次讲话中指出："科学管理的每一步都是一种发展，而不是一种理论。在各种情况下，实践都在理论之先。……我所知道的同科学管理有联系的所有的人，都准备放弃任何计划、任何理论，转而拥护所能找到的更好的东西。在科学管理中并不存在着什么固定不变的东西。”①

三、科学管理理论对西方行政学发展的影响

如前所述，现代西方行政学的形成和发展是与科学管理运动的兴起密不可分的，这主要表现在泰勒科学管理理论对西方行政学理论与实践的影响上。尽管泰勒所开创的科学管理理论最初是针对企业管理而提出的，但是它同时也为政府的行政管理改革提供了线索和方法。正是在科学管理运动兴起之后，一些行政学家便开始重视通过科学管理来寻求政府行政效率的问题。曾经担任美国全国办公室管理协会会长的威廉·亨·莱芬韦尔（1876—1934）是第一个把泰勒的科学管理的原则运用于机关办公室的管理工作中去并取得成功的人。他于1916年10月在《系统》杂志上发表了他的第一篇论文《我把“科学管理”应用于办公室的计划》。在此之后，他还在许多杂志上发表了有关办公室科学管理的文章并撰写和出版了一系列这方面的著作。莱芬韦尔在他的许多著述和办公室管理的实践中，宣传和推广科学的办公室管理，这在欧美等国产生了较大的影响。他的基本思想是明智地应用一般的办公室科学管理原则，以代替烦琐的各种报表和制度。他曾在1921年发表了“办公室科学管理的八项原则”，同时，他也很关心提高办公室工作效率的各项具体措施。他论述了办公室的恰当布局、照明、通风、办公室设备的高度等。他还对打字员作了工时和动作研究，记录了打字员头部和手臂的动作，要他们锻炼手指的肌肉，记载下由于擦掉错字而损失的时间，并调节了打字员桌子的高度，以便提高打字效率。他努力使办公室中的几个速记员采用相同的速记方法，以便各个速记员可以互相翻译速记记录，使口授标准化。他在把科学管理原理应用于办公室的每一项工作时，都仔细地作了具体分析，而不是限于提供现成的一般答案。再比如说，泰勒的亲密合作者莫里斯·卢埃林·库克（1872—1960）也曾成功地把科学管理原理运用到市政管理工作中。库克是科学管理的早期研究者之一，他曾由泰勒提名参加研究美国机械工程师学会的管理效率的委员会，并在一年半的研究期间由泰勒本人付给他工资。1911年，当新当选的费城市市长进行改革并要求泰勒派人去协助时，库克又被泰勒派去担任了四年（1912—1916）的费城公共工程局局长。他在担任费城公共工程局局长的四年期间，树立了一个良好的市政管理的榜样，建立了一些高效率的新的管理方法，进行了许多革新，如申

① 转引自孙耀君：《西方管理思想史》，太原：山西经济出版社1990年版，第88页。

诉处理、财务计划、装备更新、人事选择、存货记录、工程转包、公共关系、作业标准化等。他按照泰勒的思想建立了一种“职能管理”组织，雇用了一批“专家”而解雇了1000名靠关系占有职位和效率低下的人；设立了退休和福利基金；主张由专业的“城市经理”来管理城市；由有职有权的个人代替空谈的委员会；提出一种早期的参与决策的想法来号召“合作”。由于他的革新，费城四年中在垃圾扫除方面的成本就减少了100万美元，而公用事业的收费则降低了125万美元。莱芬韦尔和库克的这些事例说明，科学管理理论不但可以应用于工业部门，而且也能够应用于办公室管理和市政管理等非工业部门的管理。最后，更为值得一提的是，美国著名的行政学家伦纳德·D. 怀特则进一步用科学管理理论研究政府行政管理。美国政府也将科学管理运动提供的科学原理和方法应用于政府的行政管理、精简政府、调整机构，促进了政府工作的改革，提高了行政效率。无怪乎美国著名公共行政学家博兹曼（Bozeman）说，科学管理“在公共行政的实践和政府研究中具有很大的影响……由于对科学管理和科学原则的信奉迅速扩展并使其流行的正统做法，公共行政和公共行政人员的影响达到了顶峰……科学管理在1910—1940年期间一直对公共行政起着支配作用。”① 因此，我们在某种意义上可以说，正是以泰勒的科学管理理论为标志的科学管理运动，才进一步推动了西方行政学的形成和兴盛。

第四节 法约尔的一般管理理论

19世纪末20世纪初，资本主义先进国家由于其生产力和科学技术的发展已经达到一定的高度，而管理还相当落后，因而要求在管理方面有一个较大的突破。这种情况不仅发生在美国，同样也发生在经济高度发达的法国。法约尔的一般管理理论正是在这种背景下产生的。

一、生平与著述

亨利·法约尔于1841年出生在法国的一个资产阶级家庭。1856—1858年，他就读于里昂公立中等学校，1858—1860年，他就读于圣艾蒂安国立矿业学院，而后作为一个采矿工程师进入康门塔里—福尔香包采矿冶金公司并在此度过其整个职业生涯。法约尔此后的一生，可分为四个阶段：第一阶

① 转引自［澳大利亚］欧文·E. 休斯：《公共管理导论》，彭和平等译，北京：中国人民大学出版社2001年版，第40页。

段是 1860—1872 年间的 12 年。在这一阶段，法约尔作为一个等级较低的管理人员和技术人员，主要关心的是采矿工程方面的问题，特别是防止火灾危险的事，在此期间，他于 1866 年被任命为康门塔里矿井矿长。第二阶段是 1872—1888 年的 16 年，他被提升为领导一批矿井的经理。在这一阶段，他主要考虑的是决定这些矿井的经济情况的因素，所以，他不仅要从技术方面考虑问题，更要从管理和计划方面考虑问题，这促使他开始研究管理问题。第三阶段是 1888—1918 年的 30 年。他于 1888 年公司处于破产边缘时被任命为公司总经理，并按照自己的管理思想和理论对公司进行了改革和整顿，关闭了一些经济效益不高的冶金工厂并吸收资源丰富的新矿来代替资源枯竭的老矿，从而克服了重重困难，把原来濒于破产的公司整顿得欣欣向荣。在这一阶段，公司培养出了一批管理、技术和科学上的骨干，当法约尔于 77 岁退休时，该公司已能在财务和经营上立于不败之地，至今仍是法国中部最大的采矿和冶金集团的一部分。第四阶段是 1918—1925 年的 7 年。法约尔于 1918 年退休，此后，直到他 1925 年 12 月以 84 岁高龄去世前都致力于宣传他的管理理论，并且对法国的邮政机构、烟草公卖机构等的管理状况进行调查研究。他退休后不久就创立了一个管理研究中心并担任领导工作，该组织对法国企业、军队乃至政府机构的管理有很大的影响。法约尔曾亲自在陆军大学、海军经理学校讲授管理理论，并应邮电部部长的邀请到邮电部进行有关管理的调查，最后还进行过关于法国烟草专卖事业管理问题的调查。法约尔一生获得过多种奖章和荣誉称号，如法国科学院德雷塞奖章、全国工业促进会金质奖、矿业学会金质奖与荣誉奖等。

法约尔属于那种直到晚年其思想才为世人所知并因此而出名的人。事实上，当人们广泛地阅读法约尔的著作时，他已年过 70。法约尔曾写过一些关于采矿工程学方面的论文和两篇关于管理的序言性论文。然而，直到 1916 年，法国矿业学会的公报才发表了他的成名作《工业管理与一般管理——预测、组织、指挥、协调、控制》。1949 年，康斯坦斯·斯托尔斯把法约尔的这本著作从法文译成英文，第一次出版发行该书的英文版。不过，对该书书名的翻译问题曾产生过一些争论，尤其是关于能否用英文的 Management 来表示法文 Administration 的意思。有人争论说，用 Management 去代替 Administration 就会容易使人对法约尔"管理"一词含义的理解过于狭窄，误以为法约尔所阐述的仅仅是关于工业管理的思想。而法约尔本人却曾在该书的序言中声称："在一切企、事业组织中，无论这些组织的规模是大是小，也无论它们是工业的、商业的、政治的、宗教的，还是其他方面的，管理都起着非常重要的作用。”① 在他看来，管理理论是指有关管理的、得到普遍承认的理论，是经过普遍经验检验并得到证明的原则、标准、方法、程序的一个体系。② 其实，我们从法约尔的著作中不难看出，法约尔意在创立一种能够广泛地适用于各种组织的一般管理理论，他大量的著作都关系到公共事业的改革。法约尔在管理方面除著有《工业管理与一般管理——预测、组织、指挥、协调、控制》（1916）这部名著之外，还著有《国家在管理上的无能——邮政与电讯》（1921）和《公共精神的觉醒》（1927）等书，并撰有《论管理的一般原则》（1908）、《高等技术学校中的管理教育》（1917）、《管理职能在事业经营中的重要性》（1918）、《国家的工业化》（1919）、《邮电部门的管理改革》（1921），以及提交给第二届国际行政科学会议的《国家行政理论》（1923）等文。《国家行政理论》被认为对公共行政理论的发展作出了重要贡献并被收入古利克和厄威克合编的《行政科学论文集》。

二、法约尔一般管理理论的主要内容

作为一位著名的管理学家，法约尔的思想主要反映在他的《工业管理与一般管理》③ 一书中，该书是由他1908年发表的《论管理的一般原则》一文修改而成的。与其同时代的美国管理科学家泰勒不同，法约尔关心的不是作业现场的操作效率问题，他是在总经理的位置上看管理问题的，并且认为他的管理理论不仅适用于公私企业，而且也适用于军政机关和宗教组织等，所以他把自己的理论叫做“一般管理”或“行政管理”的理论。具体来说，他的一般管理或行政管理理论主要包括以下三个方面的内容。

（一）管理的定义

法约尔对于管理的定义是通过将经营与管理进行比较并对管理活动的要素分析来揭示的。法约尔认为经营和管理是两个不同的概念，他用了两个不同的法文词来表示。他认为，“经营”的意思是指导或引导一个组织趋向一个目标，根据具体情况，经营可以指船长驾驶一只船，经理经营一个企业或

---

① ［法］H. 法约尔：《工业管理与一般管理——预测、组织、指挥、协调、控制》英文版序言，纽约：皮特曼出版社1949年版。

② 参见［法］H. 法约尔：《工业管理与一般管理》，周安华等译，北京：中国社会科学出版社1982年版，第18页。

③ 参见［法］H. 法约尔：《工业管理与一般管理》，周安华等译，北京：中国社会科学出版社1982年版。

政府首脑管理一个国家。在他看来，“经营”包括六种活动；即：技术活动、商业活动、财务活动、安全活动、会计活动和管理活动，而作为这六种活动中的一种，“管理”则由计划、组织、指挥、协调和控制五种要素构成，“管理就是实行计划、组织、指挥、协调和控制”①。将管理定义为这五个要素正是法约尔最主要的贡献之一。

对于法约尔来说，管理意味着考虑未来，这就使计划和预测成为主要的管理活动。在这里，他是把计划和预测作为一个相同的概念提出的，即根据情况预测来制定工作计划。法约尔认为，管理必须对未来作出判断，并为未来的活动制定规则，企业组织为了有效地发挥其功能，则必须具有某种计划，而这一计划应具有“统一、连续、灵活和精确”这样一些特点。在法约尔看来，管理部门在计划过程中必须解决的问题是：第一，把企业组织中的各种局部目标牢牢地结合成一个整体，以保证计划的“统一性”；第二，对未来作长期的和短期的预测，以保证计划的“连续性”；第三，能够对计划作不断的调整，使其适应变化着的环境，以保证计划的“灵活性”；第四，对企业组织的行动方向作准确的预见，以保证计划的“精确性”。法约尔认为，计划的本质就是为了最有效地利用企业组织的资源，而且他指出，制定一个好的行动计划要求有一个精明的、有经验的领导，他必须具有管理人的艺术、积极性、勇气、专业能力、处理事务的一般知识和领导者本身的稳定性，缺乏计划或一个不好的计划是领导人员没有能力的标志。可见，在法约尔眼里，计划是管理的首要因素，具有普遍的适用性，而且是一切组织活动的基础。值得注意的是，法约尔在 1916 年曾明确指出，法国政府有必要为法国制订一个全国性的计划。

组织是法约尔十分强调的又一个管理要素。在法约尔看来，所谓组织，就是确立企业在物质资源和人力资源方面的结构，而管理的任务就在于建立一种组织，使其能够以最有效的方式从事基本的活动，管理部门要完成这一任务，所要解决的中心问题是确立企业的组织结构，而这种组织结构则能够使企业的计划得到很好的制订和执行。法约尔认为，组织所应完成的管理任务有：（1）检查计划制订情况和执行情况；（2）注意组织活动是否与企业目标、资源和需要相适应；（3）建立一个统一的、有能力的、有效的领导机构；（4）配合行动，协调力量；（5）作出清楚、明确、准确的决策；（6）有效地配备和安排人员，每一个部门必须有一个能干而积极的领导，

① ［法］H. 法约尔：《工业管理与一般管理》，周安华等译，北京：中国社会科学出版社 1982 年版，第 5 页。

每一个职工必须安排在最能发挥其作用的地方；（7）明确地规定职责；（8）鼓励首创精神与责任感；（9）建立合理的报酬方式；（10）建立惩罚制度；（11）使大家遵守纪律；（12）使个人利益服从整体利益；（13）特别注意指挥的统一；（14）维护物品与社会秩序；（15）进行全面控制；（16）与规章过多、官僚主义、形式主义、文牍主义作斗争。为缩小管理的跨度，法约尔提出了等级系列原则，即每一个工头管理15名工人，然后每一个上级领导4个下级，即一个监工领导4个工头，一个工长领导4个监工，等等，这样，就形成了一个金字塔形的等级系列。法约尔主张在组织内维持一种比较狭窄的管理幅度，每个上级直接领导的下属人员不要过多，除了最底层的工头领导的工人可达15人（而在工作简单时可达20人或30人）之外，其他的每一级至多不得超过6人。此外，法约尔还提出，由于高级管理人员忙于实际管理工作，无暇进行学习和研究，有必要成立参谋机构来协助工作。在他看来，这种参谋机构的任务是：从事通信、接洽、会谈等；协助进行联系和控制；搜集情报并帮助拟订未来的计划；研究如何改进工作方法，预测未来的变化，关心企业的长期发展。法约尔认为，这种参谋机构应直接听命于总经理，但不能直接给下级发布命令。他很强调统一指挥和统一领导，认为一个人如果同时接受两个以上的上级的命令，势必造成混乱。这里，法约尔实际上已经提出了直线和参谋机构的组织原则。

法约尔认为，管理的第三种要素是指挥，指挥即运用领导艺术以推动组织业务，减少无效耗费的功能。从逻辑上来看，这一要素起源于前两个要素，因为每一个组织从一开始就必须有一个计划来确定组织的目标；然后，该组织必须确立一种适合于实现组织目标的组织结构；接下来，组织所要进行的工作就是使组织真正运行起来。组织管理中的指挥就是使组织成员的活动得到保证。法约尔认为，管理人员依靠自己的指挥能力，将尽可能地从他的下级那里获取上乘的工作表现。当然，管理人员的这种有效的指挥是通过其为下级人员示范，通过熟悉组织的业务情况，通过对下级人员情况的了解，通过与其参谋人员的不断接触以及通过对他自己职能的明确认识来进行的。通过这一方式，管理人员将增进组织成员的工作责任感，从而使整个组织去从事最为有效的活动。在法约尔看来，一个管理者指挥水平的高低取决于其自身的某些素质和其对管理工作一般原则了解的多寡。他认为，在各个领域，不论是在工厂、军队、政治或其他领域，组织的指挥工作都需要由才华出众的人来承担。为此，他提出，为了使组织的所有成员都能作出最大的贡献，负责指挥的管理人员应该做到：（1）对职工有深入的了解；（2）淘汰没有工作能力的人；（3）对企业（组织）和职工之间的协定很了解；

(4) 作出榜样；(5) 对组织要定期检查，并使用概括的图表来促进这项工作；(6) 召集主要助手开会，以便统一指挥和集中精力；(7) 不要陷入琐碎事务；(8) 力争使组织成员团结、主动、积极和忠诚。上述 8 点连同后面将要谈到的 14 条管理原则一起构成了法约尔关于领导作风的一个系统的概念。

在直接从事着生产的部门中，指挥主要涉及的是管理人员与下级人员之间的关系，然而，组织要完成的工作任务还有很多，因此，协调也是组织管理活动中必不可少的活动。法约尔认为，所谓协调，简言之，就是使事情和行动都有合适的比例，就是方法适应于目的，是组织达成目标过程中统一、协力的一种保证。管理人员通过协调，让组织成员团结一致，使组织的所有活动和努力得到统一与和谐。从根本上来说，协调的目的是要保证组织中各个部门的努力都相互一致起来，并使组织中所要进行的一切活动与组织的总目标相统一。不过，唯有通过组织内部有效的信息沟通，组织才能实现真正的协调，而会议则为组织内部的信息沟通提供了有效的途径，因为管理人员定期召开的会议为问题、进程、计划等方面的交换意见提供了场所，它是交流情况和保证团结的简便手段。所以，法约尔认为，管理人员的每周例会是协调工作的最好方法之一，而在各次会议间隔的时间里，为了促进协调以及照管远离中心领导机构的单位，可以使用联络人员——一般参谋人员承担，但联络人员不能代替首脑人员承担直接责任。

法约尔管理五要素的最后一种便是控制。所谓控制，简言之，就是对各项工作能否按计划进行随时作出反应，具体来讲，就是要证实一下各项工作是否都与已制订的计划相符合，是否与下达的指示及已定的原则相符合，以便发现、改正和防止重犯错误。法约尔认为，从逻辑上来看，控制之所以是五种管理要素中的最后一种，是因为控制的目的在于检验管理中其他四种要素在实际发挥作用时是否得当。为了有效地进行控制，法约尔指出，控制必须及时并迅速采取行动，伴以恰当的奖惩，如果需要批准的话，也必须及时批准，以免贻误时机。法约尔认为，在控制中，要避免对各部门的领导和工作进行过多的干预，以免造成双重领导和越权控制。同时他指出，检查人员应具备必要的条件，即有相应的工作能力、责任感、对被检查的人员有独立性、具有判断力和机敏等。在他看来，一切控制活动都应是公正的，控制这一要素在执行时需要有持久的专心工作精神和高超的艺术，最好要做到不管对什么工作都能够回答以下问题：怎样进行控制呢？

(二) 管理的 14 条原则

法约尔的 14 条管理原则是其一般管理理论的核心内容，这些原则是法约尔对自己长期从事管理实践的经验所作的理论概括，其具体内容如下：

1. 劳动分工

这是一项属于自然规律方面的原则，其目的是用同样的努力生产出更多更好的产品。法约尔认为，劳动分工可以提高劳动的熟练程度和准确性，从而提高效率。他明确指出，劳动分工不仅仅限于技术工作，而且也适用于管理工作，适用于职能的专业化和权限的划分。这是一个与泰勒相同的观点，正如没有学者和艺术家的专业化工作，社会进步的可能性就不可想象一样，劳动分工对于提高管理工作的效率也是十分必要的。

2. 权力和责任

法约尔认为，所谓权力，就是指挥和要求别人服从的能力。他把管理人员的正式权力与其个人权力相区别，前者是由于管理人员的职务或地位而产生的，而后者则由管理人员的智慧、博学、经验、道德品质、指挥才能和以往的功绩等所构成。一个好的管理人员应以他的个人权力来补充他的正式权力。在法约尔看来，权力和责任是互为因果的，有权力就必定有责任。他明确指出："人们在想到权力时不会不想到责任，也就是说不会不想到执行权力时的奖惩——奖励与惩罚。责任是权力的孪生物，是权力的当然结果和必要补充。凡有权力行使的地方，就有责任。"① 法约尔还举了许多权力与责任相当的例子，并指出在整个管理学文献中，这条原则都是不可缺少的。

3. 纪律

在法约尔看来，纪律是一种规范，对违反纪律者应该给予有效的惩处，纪律的败坏常常来自无能的领导。他认为，纪律是组织与其所属成员之间通过协定而达成一致的服从、勤勉、积极、规矩和尊重的表示，它是以尊重而不是以恐惧为基础的。没有纪律，任何一个组织都不能兴旺繁荣，而纪律的状况则主要取决于其领导的道德状况，纪律松弛必然是领导不善的结果，而严明的纪律则产生于良好的领导、管理当局与其所属成员之间关于规则的明确协议和赏罚的审慎运用。

4. 统一指挥

法约尔的这条原则与泰勒的职能工长制的思想正好相反，他明确指出，无论对哪一件工作来说，一个下属人员只应接受一个领导者的命令，这就是"统一指挥"原则，他特别强调，这是一个普遍适用的、永久必要的原则，如果这条原则受到破坏，权力将受到损害，秩序将受到扰乱，稳定将受到威

① [法] H. 法约尔：《工业管理与一般管理》，周安华等译，北京：中国社会科学出版社 1982 年版，第 24 页。

胁。为此，他提出要避免双重领导，他认为，如果两个领导同时对一个人或一件事行使权力，就会出现混乱。对此，要么撤销其中的一个领导者，停止双重指挥，使组织恢复兴旺；要么使整个组织继续趋于衰败。在法约尔看来，在整个人类社会中，工业、商业、军队、国家机构中的双重指挥经常是冲突的根源，这些冲突有时是很严重的，应该特别引起各级领导者的注意。

5. 统一领导

统一领导即对于同一目标下的所有工作，应由同一的管理者负责，这是推动协调一致的共趋目标。法约尔认为，人类社会和动物机体一样，如果一个人长了两个脑袋，就是一个怪物，就难以生存。因此，对于力求达到同一目的的全部活动，只能有一个领导者和一项计划。法约尔认为，不要把“统一领导”和“统一指挥”混为一谈，它们是两个不同的概念。“统一领导”强调的是一个领导者和一个计划，而“统一指挥”则强调的是一个下属只能听从一个领导者指挥。人们通过建立完善的组织来实现一个社会团体的统一领导，而统一指挥取决于人员如何发挥作用；统一指挥不能没有统一领导而存在，但并不来源于它。

6. 个人利益服从整体利益

个人利益服从整体利益即相对于其所属成员和部门而言，组织的整体目标具有至高无上的地位。法约尔认为，无知、野心、自大、懒惰和软弱等都是使个人利益、小集团利益有可能置于组织整体利益之上的因素，因此，管理者一定要保持警惕，做好榜样，做好协调，使组织的整体利益始终处于最优先的位置。在他看来，在一个组织中，个人利益或小集团的利益不能置于组织的利益之上，一个家庭的利益应先于其成员的利益，国家的利益应高于一个公民或一些公民的利益。法约尔认为，要实现这条原则，成功的办法是：(1) 领导者要具有坚定性，做好榜样；(2) 尽可能签订公平的协定；(3) 认真搞好监督。

7. 人员的报酬

法约尔是从把职工视为“经济人”这个观点来阐述这个原则的。他指出，人员的报酬是其服务的价格，应该合理，并尽量使组织的管理者和所属人员都满意。在他看来，应该奖励工作突出的人员，但也不能超出合理限度；同时应该认识到，任何报酬方式都不能完全取代配套的管理工作。他认为，职工的报酬方式有按劳动日付酬、按工作任务付酬和计件付酬等，还包括奖金、分红、实物补助和精神奖励。付酬的方式取决于多种因素，而其目的只有一个，即改善所属人员的作用和命运，使其更有价值，提升各级人员的工作热情。

8. 集中

法约尔认为，集中也是一种必然规律的现象。在动物机体或社会组织中，感觉集中于大脑或领导部门，从大脑或领导部门发出命令，使组织的各部分运动。集中化管理作为一种制度，本身无所谓好坏，也不为领导人的主观随意性所任意取舍。权力的集中和分散即集权和分权问题在任何组织中都是一个程度问题，而组织集权和分权的最佳程度取决于组织所面临的环境、所具备的条件以及组织成员的素质。权力集中与分散的措施本身可以经常变化，所有提高下属作用的做法都是分散，降低这种作用的做法则是集中，实行集中化管理的最终目的是尽可能地使所有组织成员的才干都得到发挥和运用。

9. 等级系列

即从最高权力机构直至低层管理人员的上下级领导系列，它显示出组织内权力执行的路线和信息传递的渠道。法约尔认为，等级系列固然能保证统一指挥，但往往并不是最迅速的信息传递渠道，在一些大型组织中，尤其是在政府机构中，通过这条渠道传递信息往往需要很长的时间，而许多事情的成败正是取决于信息传递和命令执行的快慢。因此，法约尔认为，应该把尊重等级系列与保持行动迅速结合起来。为了解决这个问题，他设计了一种“联系板”，亦称“法约尔跳板”，以便横跨过权力执行的路线而直接联系。但是他认为，只有在有关各方面都同意而上级又始终知情的情况下才能这样做。法约尔对其设计的这种“联系板”作了图示说明。法约尔认为，在一个等级系列表现为 G—A—Q 双梯形的组织里，假设要使 F 与 P 发生联系，按照常规，需要先从 F 到 A，再下到 P，这之间每一级都需要停顿；然后，顺着原路，一级一级地返回出发点。如果通过 F—P“天桥”（跳板）直接从 F 到 P，那就简单、迅速而且可靠得多了。如果 F 的领导 E 和 P 的领导 O 允许他们各自的下属直接联系，等级原则就得到了捍卫。法约尔认为，各级人员都应养成使用这种最短通路的习惯。后来人们把这种信息传递的方式称为“法约尔跳板”。在法约尔看来，等级系列是节制有效、命令统一的保证。

10. 秩序

秩序即“各有其位，各就其位”，每一件物品都有并且都在相应的位置上，每一个人也都有并且都在相应的位置上。在这里，法约尔特别强调的是，要按照事物的内在联系事先很好地选择恰当的位置。在法约尔看来，秩序可以分为物品秩序和社会秩序，因此，这一原则不仅适用于组织管理，而且也适用于人事管理。他指出，完善的秩序还要求位置适合于人，人也适合于位置，即“合适的人在合适的位置上”，以使每个人都在能够发挥出自己最大能力的岗位上任职。法约尔认为，这就是“最理想的”社会秩序。

11. 公平

法约尔认为，公平是由善意和公道产生的，它为处理组织与其所属成员的关系提供了一条原则。在法约尔看来，公道是指实现已订立的协定，但这些协定不能预测到所有的事物，要经常地加以阐明和补充。为了鼓励所属人员能全心全意地和无限忠诚地执行自己的职责，领导者应该善待所属人员，尤其应该注意他们希望公平、希望平等的愿望。为了最大限度地满足这些愿望，同时又不违背任何原则，不忽视整体利益，领导者应该树立公平形象并努力使公平感深入人心。

12. 人员的稳定

应有秩序地安排人员和补充人力资源。法约尔认为，一个人在一个职位上作出成绩需要一定的时间，应该保持职位的相对稳定性，鼓励组织成员在一定的职位上作出长期的贡献。不稳定往往是组织不景气的原因与结果，所以要努力保持组织领导人和其他人员的相对稳定性。当然，法约尔也认识到，人员的变动是不可避免的，年老、疾病、退休、死亡都会打乱组织的人员构成，某些人不能再承担他们的职务，另一些人则担负起更大的责任，因此，法约尔指出，像其他各项原则一样，人员稳定原则也是一个尺度问题，应合理地补充人力资源，掌握好人员稳定的尺度。

13. 首创精神

法约尔认为，首创精神能激发组织成员的活力，对于组织来说，其成员的首创精神是一种力量的源泉，管理者应该允许其所属成员以某种方式显示自己的首创精神，应该尽最大的努力鼓励这种首创精神，为此，甚至可以牺牲部分管理人员的“个人虚荣心”。在法约尔看来，发挥首创精神是人的一种最大的满足，发挥首创精神不仅包括领导者的首创精神，还包括其所属全体组织成员的首创精神。他认为，一个能发挥下属人员首创精神的领导要比一个不能这样做的领导高明得多。

14. 人员的团结

法约尔认为，全体组织成员的和谐与团结可以使一个组织产生巨大的力量。他告诫组织领导者要好好地想想“团结就是力量”这句话的真正含义。他指出，使敌人分裂以削弱其力量是聪明的，但使自己的队伍分裂则是对组织的严重犯罪。为了维护团结，法约尔特别强调要注意一个原则，并避免两个危险：一个原则即统一指挥原则；两个危险即：（1）对格言断章取义，各取所需；（2）滥用书面联系。

值得一提的是，在法约尔的笔下，“原则”一词只是显示其管理理论的一些“灯塔”，不是一个固定不变的、僵化的概念，因为他认为，“在管理方面，没有什么死板和绝对的东西，这里全部是尺度问题。……原则是灵活的，是可以适应于一切需要的，问题在于懂得使用它，这是一门很难掌握的艺术，它要求智慧、经验、判断和注意尺度。由机智和经验合成的掌握尺度的能力是一个管理者的主要才能之一”①。在他看来，原则的确十分重要，没有原则，人们就会处于黑暗和混乱之中，但是，如果没有经验与尺度，即使有最好的原则，人们仍将处在困惑不安之中。原则是灯塔，它能使人辨明方向，但它只能为那些知道通往自己目的地道路的人所利用。②

（三）进行管理教育和建立管理理论的必要性

法约尔不仅通过对管理五要素的分析界定了管理的基本含义并提出了管理的14条原则，而且还阐述了进行管理教育和建立管理理论的必要性。他认为，人的管理能力可以通过教育来获得，所以，他很强调管理教育的必要性和可能性。他指出，由于大公司和其他大型组织日益增加，今后的领导必须接受管理方面的训练，而不是墨守以往的技术、商业等方面教育的成规。然而，当时的学校中并没有开设和教授管理方面的课程，所以，企业和其他大型组织的领导者往往认为只有实践和经验才是走上管理职位的唯一途径。法约尔认为，这种观点显然是错误的，它严重地影响了企业和其他大型组织的发展。关于管理教育的必要性，法约尔在其《工业管理与一般管理》一书中曾专列一章予以阐述。他指出：“一个大型企业高级人员最必需的能力是管理能力。因此，我们可以肯定，单一的技术教育适应不了企业的一般需要，即使工业企业也是如此。但是，当人们有成效地——尽最大努力推广和改进技术知识的时候，我们的工业学校在为未来的领导者提供商业、财务、管理和其他职能知识的方面，却什么都没做，或几乎什么都没做。……是不是这是因为管理能力只能从业务实践中得到呢？我相信这是人们所提出的理由。但这是不成其为理由的。实际上，管理能力可以也应该像技术能力一

① ［法］H. 法约尔：《工业管理与一般管理》，周安华等译，北京：中国社会科学出版社1982年版，第22~23页。

② 参见［法］H. 法约尔：《工业管理与一般管理》，周安华等译，北京：中国社会科学出版社1982年版，第45页。

样，首先在学校里，然后在车间里得到。"①

在法约尔看来，当时之所以缺乏管理教育，其原因在于缺少管理理论。每一个管理人员都按照他自己的方法、原则和想法来行事，而没有一个人把可以为大家所接受的经验教训概括成为管理理论。他指出："在我们的职业学校里缺少管理教育的真正原因是缺乏有关管理的理论。没有理论就不可能有教育。然而，还没有从广泛的讨论中得出普遍承认的管理理论，并不缺少个人提出的理论。但是，由于缺少普遍接受的理论，每个人都自以为拥有最好的方法。在工厂、军队、家庭和国家中，我们到处可以看到在同一原则的名义下极为矛盾的实际做法。……如果存在一种得到公认的理论——已为普遍的经验所检验过的一套原则、规则、方法和程序，那么情况就完全不同了。……因此，重要的是尽快建立一种管理理论。"② 而且法约尔本人也身体力行，担当起了创立这样一种一般管理理论的重任，并提出了他创立这种一般管理理论的理论依据：（1）管理是一种可应用于一切机构的独立的活动；（2）一个人在某机构内的地位愈高，管理活动愈加重要；（3）管理是可以教授的。前述的管理定义及其要素和管理的 14 条原则正是法约尔创立的一般管理理论的核心内容。

三、简评

关于法约尔的管理理论，日本著名管理学家占部都美作了十分中肯的评价。他认为，法约尔在受到泰勒科学管理原理的影响的同时，又有意识地使自己具有独特性。泰勒以工厂管理合理化为目标富有实践性，但缺乏一般科学性；而法约尔从实施管理教育的目的出发，其理论富有原则性。法约尔管理理论的特征有四个：（1）给管理规定了特有的概念，尽管缺乏统一性，但也作了有益的解释。（2）讨论了直线式组织和参谋机构等问题，但在他的著作中，管理的含义很广，组织的含义很窄。（3）14 条管理原则尽管有用，而且不是教条，但这些原则之间显然存在着矛盾，"这类原则列举得再多，也不能导致形成真正的'管理理论'"。（4）只考察了组织的内在因

---

① ［法］H. 法约尔：《工业管理与一般管理》，周安华等译，北京：中国社会科学出版社 1982 年版，第 17~18 页。

② ［法］H. 法约尔：《工业管理与一般管理》，周安华等译，北京：中国社会科学出版社 1982 年版，第 18~19 页。

素，没有研究组织同环境之间的关系，因此是不完善的。①

法约尔的主要功绩在于开创了组织研究领域。在他的影响下所形成的美国古典行政管理理论，既是现代组织理论的批判对象，也是现代组织理论的前奏。我们可以说，法约尔拓广了科学管理原理所涉及的领域，为现代组织理论准备好了生长的土壤和补足对象。另一方面，法约尔的管理要素和管理原则固然不够完善，但在孔茨等现代学者手中得到了修补和改进，所以仍不失为有价值的见解。从组织理论上看，法约尔所讨论的主要是组织结构问题，尽管他也提到了一些行为问题。他赞成比较集权的、职能化的组织结构，颇有“机械模式”色彩。在“管人”的问题上，他基本上和泰勒一样，主张以纪律（惩罚）进行经常性的监督。虽然他也提到了激发首创精神，并且将组织比做生物有机体，但遗憾的是他并没有做更为深入的分析，因而，总的来说，他的组织理论并没有摆脱“机械模式”。

但尽管如此，由于法约尔所确立的一般管理理论层次比较高，尤其是他所提出的14条管理原则和管理五要素说，在包括行政管理在内的现代管理理论与实践中已作为普遍遵循的准则而存在，因此它们不仅被广泛应用于企业界，而且被政府管理机关普遍采用。法国政府就曾将他的理论在邮政部门运用，结果获得了很大的成效，以后便扩大到地方和中央政府的管理工作中。实践表明，法约尔的理论对一般组织管理都有一定的应用价值，也正是因为其理论所具有的这种“一般性”，才使他的理论成为管理史上的一个重要的里程碑，以至于英国行政学家厄威克在其《管理备要》一书中认为亨利·法约尔是直到20世纪上半叶为止，欧洲贡献给管理运动的最杰出的人物。

最后，值得指出的是，法约尔的理论已由当代美国传统管理学派的学者们加以继承并发展。这个学派亦称“管理过程学派”，因为他们都是把管理视为一个过程，并试图通过分析其中的要素，建立普遍的管理原则和组织理论。这一学派的理论观点对于我国管理界有较大的影响，特别是管理要素说和管理原则，在很大范围内已经得到了直接或间接的应用，其中许多内容已经成为现代行政管理理论的重要组成部分。

① 参见［日］占部都美：《现代管理论》，蒋道鼎译，北京：新华出版社1984年版，第78~83页。

第二章　正统时期的西方行政学说

20世纪20年代至30年代是西方行政学发展的所谓“正统时期”。西方行政学的这一发展阶段之所以称为“正统时期”，其原因在于这一时期的行政学家继承了早期行政学的基本信念，认为“真正的民主和真正的效率是统一的”，经济和效率是行政管理的基本准则。他们将官僚制度及其组织和管理问题作为研究重点，力图通过对行政现象的科学分析，发现行政管理的原则和规律，并尝试着为行政学确立一个基本的理论模式和学科体系。这一时期的行政学说及其主要代表人物有：现代官僚制理论的奠基人、作为西方官僚制研究理论基石的《论官僚制》一文的作者、德国社会学家韦伯；对行政学发展成为一门独立学科起了重要作用的美国第一本行政学教科书《行政学导论》的作者、美国行政学家怀特；从分工与整合、全体与部分的关系入手，指出了分工的局限性和工作协调的重要性并对公共行政进行了综合研究的美国行政学家古利克；对行政组织管理的原则进行了归纳和概括，与古利克合作编撰了著名的《行政科学论文集》的英国行政学家厄威克；创立了动态行政管理理论，为正统行政学向行为主义行政学的过渡架起了桥梁的美国著名女政治哲学家和管理学家福莱特。

第一节　韦伯的官僚制理论

在当代社会科学领域，德国社会学家马克斯·韦伯可以算得上是最有影响的同时也是最有争议的学者之一。他一生致力于社会、经济和政治问题的研究，写下了大量的学术著作，创建了许多颇为著名的理论学说，其中对于西方行政学的发展产生重要影响的便是他的所谓“官僚制”理论。

一、生平与著述

马克斯·韦伯1864年4月21日生于德国图林根的埃尔福特一个富有家庭，其父亲是一位法学家兼市政议员，1896年他把全家迁居到柏林，积极参加政治活动，有着广泛的社会和政治联系。因此，韦伯在年轻时就能够认识许多有名的人物。他于1882年进入海德堡大学攻读法律，除学习罗马法之外，还兼修中世纪史、经济理论、哲学和神学。以后他先后就读于柏林大学和哥丁根大学，并于1889年以题为《中世纪贸易商社史》的论文获博士学位。他曾于1883年、1885年和1887年先后3次参加军事训练，并于1888年参加波森的军事演习，因而对德国的军事生活和组织制度有相当多的了解，这对他以后的组织理论有较大的影响。他为了获得柏林大学的教席资格，于1891年撰写了有关古罗马农业机构史的论文，对古罗马的社会、经济和文化进行了分析。他于1892年在柏林大学获得教授法学的教职，并出版了有关东部德国农业中劳动关系的著作；1893年，他与其父系的一个表妹玛莉安结婚；1894年，他担任弗赖堡大学政治经济学教授，并出版关于股票交易所论文的第一部分以及有关东部德国农业中劳动关系的其他论文；1895年，他曾去英国和苏格兰旅行；1896年，任海德堡大学经济学教授，并出版有关罗马帝国衰落的讲稿和关于股票交易所论文的第二部分；1897年，他出版了有关古代经济史的论文，这一年，他的父亲去世，导致他在1897年到1903年期间数次处于精神崩溃状态。从1899年起，他获准离职休养，游历了英格兰、苏格兰、比利时、意大利和美国。在美国期间，韦伯应邀在圣路易斯大学讲坛演讲并远至俄克拉荷马和新奥尔良参观访问。美国是一个以城市为主，以有效的官僚制政党和议会实施统治的国家，北美新教徒在发展资本主义经济以及在美国社会经济组织中表现出的进取精神，给韦伯留下了深刻的印象，并为他后来关于新教伦理的研究提供了感性素材。他有关新教伦理的研究是从1903年开始的。1905年，他的《新教的伦理与资本主义精神》一书出版；1907年韦伯获得一笔遗产，使其得以作为一个私人著述家从事学术研究。他对社会学、宗教学、经济学和政治学都有着广泛的兴趣并都进行过开拓性的研究。他担任过大学教授、政府顾问、编辑和著作家等。他于1910年参加第一届德国社会学会会议，并于同年开始其主要著作《经济与社会》的研究和宣传工作。该书在他生前没有完成，在他死后才出版。他于1918年任维也纳大学社会学教授，并作为魏玛宪法起草委员会的顾问，但是他拒绝参加议院的提名。1917年末至1919年初，韦伯曾多次在公开场合发表演讲，其中最为著名的是“作为职业的学术”和“作为职业的政治”两次演讲；他敢于直面严酷的现实，以冷静的理智直接向青年面授关于事实的知识，透辟地抒发了自己的政治见解和一生追求的方向；以这两次演讲记录整理而成的两篇文章成为后人研究韦伯思想的重要材料。1919年，他出任慕尼黑大学社会学教授，从1919年6月15日应聘到慕尼黑大学至1920年6月14日，在这整整一年的时间里，他除了教授“社会学概论”和“社会经济通史”课程之外，还抓紧时间修订了包括《新教伦理》、《中国宗教》在内的《宗教社会学论文集》第一卷，并在正文前加写了一篇长达16页的《前言》（即帕森斯译的《作者导言》），同时还密切关注战后德国政治局势的发展，以便不失时机地发表自己的见解（1918年11月3日基尔水兵宣布起义后次日发表的关于德国重建问题的演说即是一例）。常年的劳作严重损害了韦伯的身体，1920年6月14日他因患肺炎猝然逝世，时年56岁。韦伯一生著述甚丰，除了上述所提到的著作之外，他还著有《一般经济史》、《社会和经济组织的理论》、《社会学论文集》、《政治论文集》、《科学论文集》、《国家社会学》等。他对许多社会、经济和历史问题都提出了自己的独特见解和新的观点，对社会学、经济学、政治学和管理理论的发展作出了极为重要的贡献。当人们谈论到这几个学科的现代发展历史时，无不称赞韦伯的杰出成就。韦伯在行政管理思想上的最大贡献就在于他提出了所谓“官僚制”（理想的行政组织体系）理论。

二、韦伯官僚制理论的主要内容

（一）权威结构理论与组织类型分析

韦伯作为一个百科全书式的学者，视野比较开阔，他将政府管理控制形式的演变和社会经济的发展联系起来考察，指出政府控制方式的更替、变换是整个社会变迁的一个重要的现象侧面，因此，韦伯官僚组织理论的一大特色就是带有很强的历史感。他把政府控制形式的探讨和人类的过去、现在和未来命运联系起来，构成了一种浓厚的德国风格。韦伯认为，尽管社会组织在不同发展时期具有不同的性质和特质，但是权威和控制是各类社会组织都不可缺少的要素之一。韦伯在对多种社会组织进行研究的基础上提出了自己关于组织现象的独特见解。

韦伯对组织形式的研究，是从一个基本问题开始的，即：人们为什么会服从命令，会按他们被告知的那样去行事？于是便产生了合法统治与权威类型的问题。韦伯首先分析了权威在维持和支配一个社会组织中的作用。他指出，任何一种组织都是以某种形式的权威作为基础的，权威能消除混乱、带来秩序，没有权威的组织是无法实现组织目标的。为了进一步阐述这一问题，韦伯对权威和权力作了区分。他指出，权力是无视人们的反对，强使人们服从的能力；而权威则意味着人们在接受命令时出于自愿。可见，在权威制度下，下级把上级发布的命令看做是合法的。正是根据这种权威合法化的方式，韦伯对不同类型的组织进行了区分。他认为有三种合法的权威，由此出现三种不同的组织形式，即“神秘化的组织”、“传统的组织”和“合理化—合法化组织”。其中每一种组织形态都意味着其独特的管理机构或管理体制。当然，在现实生活中，任何组织都可以是三种组织形态的结合，然而，对于我们分析组织来说，区分三种完全不同的组织形态，还是十分有益的。

1. “神秘化的组织”

这种组织形态行使权威的方式是基于领导者个人的人格，它以对个人的崇拜、迷信为基础，如对宗教先知、军事领袖和政治领袖的崇拜，对这些人的超人能力、英雄主义精神、模范品格进行崇拜。韦伯用“超凡魅力”一词来说明领导个人的人格。借助于这一特性，领袖成为超脱凡人、被赋予了超自然和超人的权力，或起码具有非同一般的权力或才能的神秘人物。在韦伯看来，先知、救世主、政治领袖就属于这类神秘化的人物，而耶稣、教皇、拿破仑则被韦伯视为具有这种权威的神秘人物。他们的组织由他们本人和一批弟子构成。弟子们在群众和领袖之间起着中间媒介的作用。韦伯认为，典型的“神秘化的组织”是以宗教或政治形式出现的小规模的革命运动。不过，许多其他组织都具有“超凡魅力”的创始人，例如，美国著名福特企业组织的创始人亨利·福特就是一例。然而，在这一类型的组织中，由于领导的权威仅仅是靠领导者个人的人格，组织成员对命令的服从，就仅仅是基于领导者个人的感召力和鼓动力，因此，这种组织内在的基础并不稳固，常出现“人存政举，人亡政息”的现象。当领袖死后，而组织的权威必须继续时，就会产生权威的继承问题。在政治组织和宗教组织中，领袖死后经常出现的情况是，运动发生分裂，即各派弟子争当那个具有超凡魅力的领袖的“正宗”继承人。由此，组织和其所从事的运动开始了它们的分裂过程。例如，在1945年的头几个月里，希姆莱和戈林为了争当希特勒的副手，就彼此玩弄阴谋，结果给法西斯组织的计划造成了重大的破坏。当然，上面所举的例子只是关于领袖的地位到底由谁来继承的问题。然而，即使领袖本人指定了继承人，这个继承人也不一定被组织成员所接受。事实上，不可能另外还有一个具有与他同样超凡魅力的领袖可以接替他的权威和他在组织中的地位。因此，当那个对组织成员具有超凡魅力的领袖死后，组织必将失去其神秘化的形式，而变成其他两种类型组织中的一种。假如领袖的继承问题是通过遗传的方式来解决的，那么“神秘化的组织”就会演变成为“传统的组织”；假如领袖的继承问题是根据已有的法则来决定的，那么“神秘化的组织”就将发展成为“合理化—合法化的组织”，亦即“官僚组织”。

2. “传统的组织”

在传统的组织中，命令和权威的基础是先例和惯例。从前经常发生的事情被看做是神圣的东西，并由此确定了各种团体的权利和期望，因此，在这种组织中，习惯成了伟大的仲裁者。领袖由于其在组织中所继承得来的地位拥有了权威，而权威的内容则是根据习惯来确定的。当“神秘化的组织”通过世袭的方式使那个具有超凡魅力的领袖的权力得到继承时，原领袖的那种超凡的魅力或所谓神授的能力便成为组织的惯例而固定了下来。这时，就新领袖的权威而言，起作用的就不再是该领袖的人格，而是其所担当的角色，该领袖的权威是以对传统文化的信仰与尊重为基础的。在传统的权威制度下，存在着两种组织形式，一种是“世袭制”，另一种是“封建制”。在实行“世袭制”的组织中，官员只是领袖个人的奴仆，并从领袖那里获取他们的报酬；而在采取“封建制”的组织中，官员则拥有自己的收入来源，并对领袖保持着一种传统上的忠诚关系，因此，他们比“世袭制”下组织中的官员享有更多的自主权。韦伯认为，封建制度的物质基础是什一税制、采邑制和遗产继承制，而维持这些制度的关键却是过去的惯例以及已成为惯例的权利与义务的体系。当然，韦伯所举的例子都是历史上发生过的事情，不过他的那些见解仍然可以运用于对现代组织的分析。例如，当公司在世袭制的基础上建立起自己的王朝时，经理的职位就常常从父亲那里传到儿子的手中；而在挑选和任命公司的管理人员时，公司所依据的原则很可能就是候选人的血缘关系，而不是候选人的专门知识。同样，在许多的组织中，组织并不是在理性分析的基础上来考虑其所采取的工作方式是否合适，而只是根据其从前总是采用的那种工作方式去看待其目前采用的工作方式正确与否，因为这些组织认为它们过去常常采用的那种工作方式本身就是合理的。可见，这种组织类型的权威明显地具有世袭性、封建性和绝对性的特点。所谓世袭性即公之子恒为公，士之子恒为士；封建性是指领导者与被领导者之间是主人与臣仆的关系，信奉家长政治和老人政治，整个组织如同一个家族；而绝对性则意味着领导者的意志就是法律，权威不受限制，至高无上。

3. “合理化—合法化组织”

在“合理化—合法化组织”中，权威的基础是组织内部的各种规则，人们对权威的服从是由于有了依法建立的等级体系。此时的权威必须在组织中担任一定的领导职务，被领导者对权威的服从实质上是对组织规则的服从，在赢得服从这一点上与领导者个人的品质、能力、学识关系不大；此时领导者与被领导者之间在法律地位上显然是平等的，各自都要受到组织规则的约束。这种类型的组织是以官僚组织的形式出现的，而韦伯则把它看做是现代社会中占主导地位的权威制度。这一关于组织的权威制度之所以被称为合理化的制度，是因为它被专门用来作为实现某些既定目标的手段，即：这些组织好像是一架精心设计的机器，旨在执行某些功能，而机器上的每一个部件都为机器发挥最大的功能起着它们各自的作用。同时，这一关于组织的权威制度又被称为合法化的制度，因为在此类组织中有着一系列的规则和程序，一定的时候在组织中担负一定职务的组织成员则必须依据相应的规则和程序去行使他的权威。韦伯用“官僚制”一词来称呼这种组织。

韦伯认为，在基于三种权威而形成的三种组织类型中，与传统权威相适应的组织类型效率较差，因为其领导者不是按能力来挑选的，其管理单纯是为了保存过去的传统而行事。基于超凡魅力权威而形成的组织则过于带感情色彩并且是非理性的，其管理工作不是依据规章而是依据神秘或神圣的启示来进行的，而只有合理合法的权威才能作为行政组织的基础。所以，在韦伯看来，只有这种与合理合法权威相适应的组织形式才是“理想的官僚制”，这也是韦伯倍加推崇的组织形式。应当注意的是，韦伯在此所讲的“官僚制”一词与人们对这个词的日常理解有很大的差异；而这里所谓“理想的”，也并不是指应当或合乎需要之意，它是讲组织的纯粹形态或标准模式，而现实中的组织往往是多种形态的混合。韦伯在此的目的是试图勾画出一种纯粹的、抽象的、标准的组织形态，以此作为参照系与其他社会组织进行对比和分析。弄清韦伯的官僚制组织及理想形态的确切含义，是全面把握韦伯组织理论的关键。

（二）官僚制及其特征

“官僚制”是一个颇具歧义的语词。从语源学的角度来看，“官僚制”（Bureaucracy）一词是由法文 Bureau 与希腊文 Kratos 复合而成的。Bureau 原意是指带有书写用折叠板的家具，后衍义为书桌，进一步引申为放书桌的办公室、官邸、办公场所；Kratos 具有管理、治理、统治之意。这一术语自 18 世纪以来即被使用，本意是指实施管理的社会行政机构（的特殊形式）。

但是，习惯上，尤其是在汉语中，“官僚制”是一个贬义词，它往往成为低效率的同义语，它所强调是该制度下产生的繁琐的公事程序、拖拉的工作作风以及泛滥成灾的各种公文和会议记录，所以人们常常把它和低效率的公共行政管理等同起来，意指政府行政管理活动中问题与弊端的状况。然而，韦伯所说的“官僚制”却有着截然不同的含义。在韦伯看来，他所谓的“官僚制”是指一种以分部—分层、集权—统一、指挥—服从等为特征的组织形态，亦即现代社会实施合法统治的行政组织。韦伯认为，从纯技术的观点来看，“官僚制”是效率最高的组织形式，政府、军队、宗教团体以及早期的企业都是采用这种组织形态，它是一种高度理性化的组织机构的“理想类型”。可见，在这种意义上，“官僚制”（Bureaucracy）一词基本上属于中性词汇。在早期的英译汉活动中，人们习惯上把 Bureaucracy 译为官僚或官僚组织，细究之，并非很贴切，因为在汉语中它通常表达的是贬义，常常可能会引起人们的误解，所以，目前许多人改用“科层组织”一词取代“官僚制”的译法，这有一定的道理。但考虑到约定俗成的因素，我们在此还是沿用传统的译法，不过在论述时则是将其视为中性词汇进行的。

韦伯认为，作为一种理想的行政组织形式，“官僚制”具有以下基本特征：

1. 合理的分工

明确划分每一个组织成员的职责权限并以法规的形式严格固定这种分工，是官僚制的重要特征之一。在实行官僚制的组织中，无论是管理层次还是任务层次都有一种高度明确的分工，即将组织中的全部工作分成若干个大的方面，然后再将每个大的方面的工作分为若干个小的方面，直至将每个小的方面的工作分工至每个职位所应承担的任务。工作的专业化便是这种高度明确分工的结果。韦伯认为，组织根据分工的要求规定每一职位均有特定的权责范围，这样不仅有利于组织成员通过训练掌握专门的技能，而且更有利于提高组织的工作效率。

2. 层级节制的权力体系

官僚制组织是一个等级实体，具有等级与权力一致的特征，在这样的一个等级实体中，将各种公职或职位按权力等级组织起来，形成一个指挥统一的指挥链条，沿着自上而下的等级制，由最高层级的组织指挥控制下一层级的组织直至最基层的组织，于是便形成官僚制中层级节制的权力体系。在韦伯看来，这种层级节制的权力体系可以使组织中的每一个成员都能够确切地知道从何处取得命令以及把命令传达给何人，它有助于克服组织管理中的混乱现象，提高组织的工作效率。

3. 依照规程办事的运作机制

在实行官僚制的组织中，管理工作不是随心所欲地进行的。官僚制组织通常要制定一整套规则和程序来规范组织及其成员的管理行为，以保证整个组织管理工作的一致性和明确性。韦伯认为，这些规则和程序是根据合理合法的原则制定的，它们具有稳定性，可以保证官僚制组织的合理性、合法性、稳定性和连续性。具体来说，这些规则和程序所具有的作用主要体现在以下三个方面：（1）使组织中的每个部门、单位、个人都具有法定的权责；（2）规范组织及其成员的行为，使他（它）们依法行使自己的职权；（3）

使那些只有具备法定资格条件的人才能被任用。

4. 形式正规的决策文书

在实行官僚制的组织中，一切重要的决定和命令都应形成正式文件下达，并且要记录在案，用毕归档，为此，官僚制组织要设立一个妥善保管一切记录和文件的“档案馆”。韦伯认为，官僚制组织的这一特征使得组织独立于个人之外，在一个组织中，尽管其领导可能会因工作需要而有所变动，其成员也可能会由于某种原因来去不定，但是它的文件规定则具有相对的稳定性。在他看来，以文件的形式下达决定和命令，有利于下级组织及其成员明确所下达的任务、规范要求和应履行的权责；而就上级来说，由于其对所属部门和个人的任务分配比较明确具体并且已经记录在案，因而也便于加强必要的控制，有利于组织有效地实现其目标。

5. 组织管理的非人格化

韦伯认为，人们的个人情感和好恶等非理性因素常常会影响他们的理性、合法性和客观性，并进而会助长亲情、裙带和偏爱等关系，而这一切都会严重地干扰和妨碍组织管理工作的有效开展。因此，在实行官僚制的组织中，管理工作是以法律、法规、条例和正式文件等来规范人的行为的，公事和私事之间有一条极为明确的界线，公务活动与私人生活的关系范围是截然分开的，不得掺杂个人的情感、偏好等非理性因素；在组织成员之间的公务关系中存在的只是对事的关系而非对人的关系，人们在处理公务时只应考虑合法性、合理性以及有效性，而不应考虑任何私情关系。

6. 适应工作需要的专业培训机制

官僚制发展的一个重要标志就是专业管理人员的增加以及在各业务部门中专家人数的增加。韦伯指出，官僚制是建立在高度分工和专业化基础之上的，为了有效地处理纷繁复杂的事务和解决各种各样的问题，各个部门均有一套稳定且详细的技术规范要求，因此，组织在各个领域都必须配备专家和技术人员，以适应工作的需要。随着社会的进步和科学技术的发展，官僚制组织必须为其成员提供各种必需的专业培训，以便使其具备和增强处理事务和解决问题的能力，进而提高其服务数量和质量，从根本上提高组织的工作效率。

7. 合理合法的人事行政制度

关于官僚制组织的人事行政问题，韦伯用了较多的篇幅予以阐述。他认为，官僚制组织的人事行政具有以下特点：（1）人员任用的根据不应是信仰、籍贯、关系和性别，而应是工作性质的要求以及人员本身所具备的资格条件，包括学历、专业、经验和能力。（2）对于人员的职位应根据职位等级系统给予合理的安排，以使其能够在合适的位置上充分发挥其才能。(3) 职务是通过自由契约关系来承担的，除非犯有重大过失并依照法定规则加以免职，否则组织不能单方面地随便结束这种契约关系；相反，本人则有权自由脱离组织。因此，从原则上讲，人员按其特长可以自由选择每一个职位。(4) 每一个职务都有一明确规定的法律意义上的权责范围和应具备的学识、能力和经验。(5) 组织应有明确固定的货币工资制度，工资标准基本上是根据人员在等级序列中的级别、职位的责任大小以及年资和社会地位来确定的。(6) 人员的奖惩应根据其工作的优劣来确定。(7) 人员晋升的根据应该是人员工作成绩的大小和资历的深浅，而不应当看这个人是谁以及他有什么关系。(8) 任何人员不得将自己的职位私自转让或指定他人非法继承。(9) 行政人员不拥有任何获取其职位的手段并且不能滥用其职权。(10) 行政人员在行使职务时受到严格而系统的纪律约束和控制。

根据韦伯对理想型官僚组织的分析，它显然属于一种典型的行政组织。韦伯认为，从技术观点来看，这种纯粹的官僚集权式行政组织是能够最大限度地发挥其效率的，因此这种组织是对人进行绝对必要控制的最合理的手段，在精确性、稳定性、严格的纪律性和可靠性等方面都比其他组织形式要优越，它能够正式地应用于各种行政管理任务中。

(三) 官僚制的优点与缺点

通过对官僚制的本质及特征进行深入而系统的分析，韦伯认为，官僚制具有巨大的优越性。在他看来，这种优越性具体体现在以下四个方面：

(1) 严密性官僚制组织通过等级结构进行控制，按专业化标准，权力分层、职位分等、层层节制、环环相扣、秩序井然，严格的岗位责任制使一切个人都统一在一个法则系统之内。

(2) 合理性由于专业技术知识居于中心地位，任何规定都详细具体，具有可操作性，因而显示出精确、迅速、统一、协调、节约和高效等优势。

(3) 稳定性非人格化秩序的确立，使管理的任何步骤都源于法规，摆脱了长官意志，保证了体制的连续性和稳定性。

(4) 普适性官僚制组织适用面广，政府机关、公共事业、各种企业甚至私人组织都可以采用。

由于官僚制具有上述优点，所以韦伯认为资本主义离不开它；否则就不可能有发展，而社会主义则科层化程度更高，更需要它。应当指出的是，韦伯在看到官僚制的优越性、不可摆脱性的同时，也指出了它的弱点。他认为，官僚制犹如一个巨大的铁笼，将人固定在其中，压抑了人的积极性和创造精神，使人成为一种附属品，只会机械地例行公事，成为没有精神的专家，没有情感的享乐人，整个社会将变得毫无生气。这种后果在韦伯看来是可怕的，人追求理性、合理化，把管理作为一种手段，但最后却在合理化中丧失了自我，管理变成了目的本身。在这种理性主义和人本主义的冲突面前，韦伯感到两难，感到悲观；但他们仍在希望，指望人类将运用“超凡魅力”的革命性力量来冲破官僚制最终造成的沉闷局面，延展合理化的进程。

三、对韦伯官僚制理论的评价

韦伯的官僚制组织理论在西方社会科学的发展历史上产生了重要影响，同时也引起了很大的争论，有人赞誉他，也有人批评他。综合各家学说，我们可以从以下三个方面对其进行评价。

（一）韦伯理论的社会政治意义

在德国工业化高速发展的进程中，韦伯敏锐地感到了旧的社会结构正在迅速瓦解，新的社会结构正在成长之中——皇权统治业已崩溃，以家庭为基础的旧企业体系正在解体；与此同时，新型工业化大企业发展迅速，国家、军队、政党等其他社会组织也获得了巨大的发展。这是一个历史的十字路口，韦伯认为，此时一个非常重要的问题就是使组织合理化，越是大型组织机构的发展，越要求管理合理化，以此为新的资本主义国家政府管理和企业管理提供所需的效率。在韦伯看来，资本主义的发展需要有稳定、严格、精细、可靠的管理，而官僚集权组织恰恰是可以满足这种需要的组织形式。有人曾用英国的亚当·斯密与韦伯进行对比，两人分别为扫除各自国家资本主义发展道路中的障碍作出了巨大的贡献。亚当·斯密的功绩在于摧毁阻碍英国资本主义发展的重商主义改革，而韦伯的功绩则在于对旧的传统以及对经济发展的政治控制展开抨击，强调以知识和技能进行管理的必要，因此把韦伯比做德国的亚当·斯密是很有道理的。

（二）韦伯理论的学术意义

韦伯是最早对社会生活中的组织现象进行比较系统研究的学者之一，因此，有人把韦伯称为“组织理论之父”。

从学术的角度来看，韦伯的理论贡献主要在于以下几个方面：

（1）韦伯对各种社会组织进行比较研究，提出了一个对不同组织的性质、形态、特征进行分析的理论框架，三种组织形态的划分有着重要的理论价值。

（2）韦伯把组织形态与权威性质结合起来进行分析，这既是对历史上权力问题研究的重要发展，又为后人研究组织问题提出了一种重要的途径。

(3) 韦伯对官僚组织的功能、结构、管理方法进行了比较详细的分析，揭示了行政组织中的许多重要的特征和管理原则，例如，关于专业分工、职责权限、层级节制、考试录用、工作报酬等问题的论述，对于后人都是极富启迪意义的。

(4) 韦伯强调在知识和技能的基础上行使控制，这不但为解除资本主义生产方式上的封建约束提供了理论依据，而且为实施科学化的管理奠定了必要的基础。

(5) 韦伯把行政管理与效率问题紧紧结合在一起，认为行政管理就是要最大限度地追求效率，这是一个重要的理论贡献，它充分反映了新型的资本主义生产方式所需要的价值观念和管理观念。

(三) 韦伯理论存在的问题

按照现代的观点，韦伯的理论中无疑也存在着许多不足，主要表现在以下几个方面：

(1) 韦伯的理论是对普鲁士官僚行为进行高度抽象的结果，是一种高度纯化的理论描述，与现实生活相距较远，或者说，现实中不会真正出现韦伯所推崇的理想型官僚组织，因而无法对韦伯的理论进行实证性论证。

(2) 韦伯对官僚组织的分析偏重于静态研究，过分强调了机械式正式组织的功能，而忽视了组织运作过程中的实际状态；过分强调了层级节制体制，而忽视了下级人员的主动性和积极性；过于强调遵守组织规则和各项制度，使组织陷于僵化，缺乏应变能力和弹性。

(3) 韦伯的理论偏重于对组织内部形态和管理结构进行分析，缺乏对组织与其环境之间相互关系的探讨，这也是传统组织理论中共同存在的问题。

(4) 韦伯的理论中过分地强调了专业分工和职能权限划分的意义，而忽视了宏观协调以及消除本位主义的问题。

(5) 韦伯的理论过于强调人员的稳定，易于导致组织惰性；过于强调年资在升迁中的意义，易于形成论资排辈的不良观念，不利于激发组织成员的工作积极性，不利于服务质量的改善。

(6) 韦伯的理论过于强调组织利益和组织效率，而忽视了组织成员多方面的心理需求及人性发展。

最后，应当指出的是，尽管韦伯的理论存在着上述种种问题，但是，通过以上的分析，我们也不难看出，韦伯的组织理论对于我们分析组织尤其是正式组织提供了一些很好的指导原则，而且其组织理论之博大精深，远远超出了行政学研究的一般眼界，其生命力和影响将会是持久的。其实，仅从行政学的角度来看，如果说威尔逊和古德诺基于政治—行政二分法而提出的建立公共行政学之必要性以及对行政学研究目标和内容的大致框定为西方公共行政学的创立提供了理论前提，那么韦伯的官僚制理论则从组织体制的角度为西方公共行政学的创立提供了理论框架。

第二节　怀特的理论行政学思想

毋庸置疑，无论是威尔逊、古德诺，还是泰勒、法约尔，他们都从不同的侧面，在一定程度上，在各自的领域中，为西方行政学的创立作出了巨大的贡献，但是与此同时，我们也应该看到，他们对行政管理的研究还不能说是全面的、系统的，他们各自所深入研究的那个领域或者是政府管理的边缘，或者只是政府管理理论中的一个部分。他们的研究成果还只是为行政学理论的最终形成积累素材、提示方法和奠定基础。而在这个基础上继续前进，开创性地提出了行政学的理论体系，提供了行政学研究这门新兴学科的概括性全貌并终于完成了行政学研究系统化这样一个历史性任务的，便是著名的美国行政学家伦纳德·D. 怀特，行政学正是在他手中才真正赢得了作为一门独立学科的地位。

一、生平与著述

伦纳德·D. 怀特，1891 年出生，是美国早期杰出的行政学家，尤其是以人事行政学专家享誉世界。作为现代西方行政学的奠基人，他坚信公共行政管理存在着一些具有普遍适用性的理论原则。他第一次运用理论的研究方法对行政学问题进行了系统的研究，首次将行政学思想系统化、理论化，使之成为一门比较完整的学科体系。怀特认为，在范围广泛的行政事务和纷繁复杂的行政现象中，必须运用科学的方法来建立知识系统和理论原则，以便为政府及其工作人员的行政管理和执法活动提供行为规范和理论指导。作为一名教授，怀特在美国著名的芝加哥大学任教多年，正是由于怀特的学术贡献，使得芝加哥大学的行政学研究在美国乃至世界行政学界享有很高的声誉。作为一名政府官员，他具有丰富的实践经验和较高的政治地位，他积极倡导政府公共行政改革，亲自组织和参与了美国文官制度的改革工作，并且曾经担任美国文官委员会主席这一重要职务。正是在怀特的影响下，美国于 1934 年创建了初级文官考试制度，为以后全面地改进美国联邦政府机构的人事行政制度铺平了道路。作为一名学者，怀特的行政学思想十分丰富，其见解透辟、学养深厚，他一生成就卓著、著述颇丰，其主要代表作包括

《行政学导论》、《近代公共行政的趋势》、《联邦主义者》和《外国公务员制度》等重要理论著作。而他于1926年出版的《行政学导论》一书则被世界各国公认为第一本大学行政学教科书，怀特对行政学理论的系统化努力主要就体现在这本著作中。该书共分为21章。前两章讨论了行政的范围、性质、行政学的由来以及行政与各个方面的关系问题。而在该书中间的主体部分，怀特用了15章的较大篇幅重点探讨了组织和人事两大课题。其中有6章内容讨论的是行政组织、中央集权的体制与限度、权力汇一的体制与方法、权力汇一的限度、部门的组织、行政机构的改组等组织问题；而另外的9章则分别对人员问题、人员问题的历史回顾、官纪、人员的招考与考试办法、分级与订立薪俸、升迁与效率记录、惩戒与罢免、退休制度以及公务员制度等人事问题作了分析。在该书的最后4章中，怀特分别讨论了行政条例与规章和行政监督问题并对行政发展的趋势进行了展望。只要我们认真地品读一下《行政学导论》这部重要著作，我们就不难发现，怀特在该书中为行政学的学科体系构建了一个比较完整的理论框架，对诸如行政学的研究对象与范围、行政环境、行政组织、行政协调、人事行政、行政伦理、行政法规以及行政监督等行政学研究的基本理论问题都进行了系统的研究。以下我们将以《行政学导论》① 一书为主要依据，对怀特的行政学思想作一简要的介绍。

二、行政学的研究对象和范围

任何一门独立的学科首先均要有其明确的研究对象和研究范围。怀特认为，行政学的研究对象和范围就是对国家政府中“市政、邦联或联邦行政的研究”②，这种行政在各级政府中均有，“行政中的各种基本问题，包括公务员创造才能的发展、工作的胜任、廉洁、负责、合作、财政、监督、领导资格、纪律以及各级政府的行政程序等”③，均属于行政学研究的范围。在怀特看来，任何一种管理活动均有其目标或目的，而他认为，国家行政管理的目标或目的有五个方面，即：（1）行政的目的在于管理人员运用物质

① 参见［美］伦纳德·D. 怀特：《行政学概论》，刘世传译，上海：商务印书馆1947年版。

② 参见［美］伦纳德·D. 怀特：《行政学概论》，刘世传译，上海：商务印书馆1947年版，第2页。

③ 参见［美］伦纳德·D. 怀特：《行政学概论》，刘世传译，上海：商务印书馆1947年版，第2页。

材料完成国家建设的任务；（2）行政的目的在于使行政人员在权限范围内最有效地利用一切财源；（3）行政是公务的执行，行政活动的目的在于以最敏捷、最经济、最圆满的方式成功地完成政务计划；（4）行政法的目的在于保障人权，而行政的目的则在于政务的有效推行和管理；（5）在增加行政权的同时增加保障，以防止行政权的滥用。怀特认为，这是与政府政策的推行具有同等重要地位的行政目标，行政只有通过有效的管理，才能发挥其功效、提高其效率，进而实现上述目标。

三、行政环境思想

（一）经济环境和政治环境与行政

行政环境是指围绕着行政活动直接或间接地作用和影响行政管理、行政行为以及行政效果的各种因素的总和。随着社会的变迁和发展，行政也相应地发生变化。怀特指出："现代国家政府行政的任务，深受这一时代政治、经济与文化环境的影响。"① 他认为，环境首先影响着国家的行政制度及组织。他明确指出："美国的行政组织渊源于英国，美国的行政制度是由英国的行政制度演化而来的。"在他看来，英国统治美国时期所建立的行政制度这一客观环境深刻地影响着美国独立后建立的国家行政制度及其行政组织。其次，国家经济上的发展变化也直接地影响着国家行政职能、任务范围的变化发展。对此，怀特指出："后工业革命影响到社会经济、政治等方面的改革，促进了国家行政管理的新概念，放任主义观念已被抛弃。"我们知道，资本主义国家发展的早期实行的是自由经济，因此有人提出了"政府最好，管事最少"的口号，放任主义观念盛行，政府的行政仅在防御、征赋和守夜警察等领域发挥其功能，很少干预国家经济的运行。怀特认为，随着工业的发展、经济活动的增多、交通的拓展、贸易的扩大、都市化和经济的垄断等经济环境的变化，客观上必然要扩大政府行政活动的范围，并增加了政府行政的重要性和难度，此时放任主义显然已不可取。这种新环境逐渐在人民心理上造成对国家行政任务的新观念，即"国家政府应按现代社会生活状况确定其应有的工作任务"，"国家政府成为社会合作的最大机关，也是制定社会规章的最大机关"。因此，经济上的发展客观上要求政府行政管理必须从"守夜警察"的职能拓展到承担起干预经济、加强宏观管理的新职能。再次，在政治上，资本主义经济危机加剧了业已存在的社会问题。政治环境

① 参见［美］伦纳德·D. 怀特：《行政学概论》，刘世传译，上海：商务印书馆1947年版，第8页。

的变化也要求政府加强协调劳资关系，强化社会管制，制定各种规章制度，通过有效的管理来维护社会稳定。与此同时，对于政党的竞选，政府也必须加以干涉、规范，以防止“分赃制”的重演。怀特分析了上述经济政治环境的变化及其对国家行政管理提出的客观要求，指出：“现代国家的工作，适在向各方面发展之中，同时因国家新政纲的各个方面均反映为行政工作的增加，于是行政范围亦适向各方面发展。”① 怀特的这一管理思想已经包含有行政管理必须适应环境才能发展、行政职能范围必须随着客观环境的变化而变化、保持行政的整体性和适应性等思想。

（二）客观社会环境与行政

随着经济等方面的发展，行政工作也须随着发展，社会各方面对国家行政管理提出了更高的要求，怀特将此归纳为以下几点：（1）随着美国政府职能的扩大，政府的支出日益增加，使公民的赋税相应增长，公民要求政府节约，反对政府高赋税；（2）随着政府对经济和社会生活干预的加强，公民要求政府管理要民主；（3）经济贸易活动的拓展要求政府行政管理更高效，政府的支出要节约，政府行政的“效能与节约是国家繁荣和商贸成功之第一要素”②；（4）随着政府公务员队伍的扩大，“公民要求政府应是忠实、优良及贤明之行政”③；（5）随着政府职能的扩大，应改革原有的机构，增设新的部门以管辖新的公共事务；（6）科学管理运动的蓬勃兴起，要求政府同样应实行科学管理，改进行政方法。

（三）科技环境与行政

怀特认为，科学技术的发展为国家行政管理作出了重要贡献，其具体表现在以下三个方面：（1）科学技术及其产业化的空前发展，“不仅改革了行政的设备，而且改革了行政的任务，科学已经为行政目标的确定提供了有益的启示”④，而且科学也改变了行政方法。（2）现代科学的发展促进了科学技术在行政管理中的广泛应用，现代行政管理过程中诸如决策、规划、设计、技术措施和监督等许多重要的工作都需要科学技术的支持，这是科学技

---

① 参见［美］伦纳德·D. 怀特：《行政学概论》，刘世传译，上海：商务印书馆1947年版，第9页。

② 参见［美］伦纳德·D. 怀特：《行政学概论》，刘世传译，上海：商务印书馆1947年版，第12页。

③ 参见［美］伦纳德·D. 怀特：《行政学概论》，刘世传译，上海：商务印书馆1947年版，第12页。

④ 参见［美］伦纳德·D. 怀特：《行政学概论》，刘世传译，上海：商务印书馆1947年版，第15页。

术对政府行政管理的贡献。在怀特看来，国家的行政管理需要一批专门的科学技术人才，“现代行政人员中既需要有实地研究者又需要有科学家”①。(3) 科学的发展促进了行政研究的发展，产生了行政科学，使行政管理从旧时的经验管理走向科学管理。因此，除科研机构外，在“行政领域中应分出研究之职务”②，设立专门机构和人员，从事行政管理的科学研究。

四、行政组织思想

行政管理是有组织的管理活动，行政组织是政府行政管理的主体，有效的行政管理来自有效的组织，行政组织是行政学最重要的研究内容。在这方面，怀特进行了深入的研究并提出了一些重要的组织建设及管理的思想。

首先，怀特对行政组织的核心问题——行政组织体制问题进行了探讨。他结合英美当时行政组织体制的状况将行政组织体制的类型及特征作了如下归纳：

(1) 自治型的行政组织体制与官僚型的行政组织体制。怀特认为，自治型行政组织体制的特征是多数的行政官员均系民选，有任期限制，体现民治，行政官员向民众负责；而官僚型行政组织体制的特征则是行政官员由其上级领导委任，行政官员对其上级领导负责，他们只要遵守其行为规范便可以保住自己的地位并且可以长期任职。在怀特看来，“美国的行政制度素有民治的倾向”，多采用自治型的行政组织体制，而“欧洲大陆诸国则为官僚阶级统治”，多采用官僚型的行政组织体制。

(2) 中央集权型的行政组织体制与地方分权型的行政组织体制。怀特指出，在行政组织体制中，基于中央政府与地方政府的行政权力配置关系，可以形成中央集权制与地方分权制两种体制类型。他认为，中央集权型行政组织体制的特征是凡国家和地方的重大政务均由中央决定，中央政府及各部门严密监督各地方行政机关的活动，地方政府唯中央政府之命是从；而地方分权型行政组织体制的特征是地方政府对地方的行政事务有决定权，地方政府权责明确，在正常运行的情况下，中央政府不干涉地方行政事务。

(3) 独立制型的行政组织体制与权力汇一制型的行政组织体制。怀特认为，独立制型行政组织体制的特征是“将每种服务机关视为一种独立单

---

① 参见［美］伦纳德·D. 怀特：《行政学概论》，刘世传译，上海：商务印书馆 1947 年版，第 16 页。

② 参见［美］伦纳德·D. 怀特：《行政学概论》，刘世传译，上海：商务印书馆 1947 年版，第 64 页。

位；而与其他服务机关之间保持极少或毫无直接关系。在这种制度下，权力之统系自各种实施服务机关，直接上附于执行总部或立法机关，受其指导及监督”①；而权力汇一制型行政组织体制的特征则是将各种服务，分集于各部门之中，部门的工作统属于同一范围，相互之间必须保持密切的工作关系，在各个部门之上均有其行政首长领导并负责监督其工作是否协调，以便为实现组织目标而共同努力，各部门直接属于上级部门管理，上级部门汇至行政总枢或立法机关。

其次，怀特对行政责任与权力的分配问题进行了分析。他在《行政学导论》一书中明确指出：“政府的行政效率从根本上来说是以行政组织中责任与权力的适当分配为基础的。这是我们必须注意的一条重要原则。”② 在怀特看来，责任与权力分配的确切意义即“每一个行政官员必须特别赋予一种固定任务。在这种情况下，行政的成败取决于行政官员自身的才能与智慧。为此，必须配之以行政权力，每一个行政官员必须有法律上及财政上的固定权力，以便有效地执行其公务”③。当然，怀特认为责权一致原则的实施绝非容易之事，因为：（1）民选官员均不受上级行政首长的监督，他们可以在法律范围内任意地处理行政公务，缺乏固定的负责系统。（2）行政工作由行政委员会主持，其责任很容易混淆不清。（3）行政职权分配不当，例如，立法机关规定同一种行政事务由三四种性质不同的行政官员来处理等等。（4）同一种行政事务如果由两个以上的行政官员来办理，倘若工作出现失误，每个人都有充分不负责任的理由。（5）在许多情况下，各个行政机关之间仍然会有种种冲突事件发生，除非设有协调工作机关，否则，权责关系将会陷入难以克服的混乱状态。（6）行政机构设置过量导致行政机关职责不清、工作范围模糊难辨，致使某些行政机关的领导者有机会攫取其他机关与本部门有关联的工作，结果必然造成部门之间的对抗和冲突。（7）有些参谋咨询机构超出了其自身的职责范围，试图取代行政领导的工作，这也给行政权责的合理分配造成了困难。有鉴于此，怀特指出，上述种种使责任模糊难辨的情况导致行政权责关系至今难以确定，于是因权责关系的混乱

① 参见［美］伦纳德·D. 怀特：《行政学概论》，刘世传译，上海：商务印书馆1947年版，第64页。

② 参见［美］伦纳德·D. 怀特：《行政学概论》，刘世传译，上海：商务印书馆1947年版，第67页。

③ 参见［美］伦纳德·D. 怀特：《行政学概论》，刘世传译，上海：商务印书馆1947年版，第69~70页。

状况所造成的行政失误便频频发生。关于行政责权分配方面的管理问题，怀特提出："适当的权力必须与确定的责任同时存在。第一，适当法定权力的行使，必须有立法依据，而且在许多情况下，要根据行政首长的命令来行使权力；第二，必须有充分的财源，以适应法定的状况。"① 怀特不仅从原则上提出了权责分配应注意的主要问题，而且进一步研究了权责分配的措施和方法。他认为政府部门的设置及其权责的分配可以采用以下措施和方法：(1) 将同一目标的行政事务、权力和责任归于同一行政部门；(2) 权责的分配与行政任务相一致，与部门、人员等级相一致；(3) 权责分配可以按区域、行政工作性质、行政方法、行政程序的不同加以分配。怀特认为按照上述这些原理和方法进行组织管理有其优点，他引用著名行政学家威洛比的观点对此加以论证。他指出，按照上述方法进行分部化并分配权责，在组织管理上可发挥极其重要的作用，因为这样做"能使政府之各种服务机关互相凭借，造成坚强的权力汇一及联合一致的行政机关；树立行政领导管辖的有效制度；确定行政权力及责任；免除组织上、规划上、设备上、人员上及活动上重复的弊端；使同一范围内活动的各服务机关之间保持合作的可能；提供一种防止或修正权限上叠置与抵触的方法；使行政在方法上、手续上容易制定标准；顺应普通事务实施方面的集权；为组织及管理的预算提供重要基础"②。

为了保证行政权力的有效行使，怀特认为，行政权力的行使必须受到监督控制，以防止滥用权力而造成混乱，而行政领导者的精力、时间总是有限的。因此，为了保证监督的有效性，保证权力运行机制的正常运转，上级部门及其行政领导必须有一定的监控幅度。在怀特看来，"任何行政首长，其有效监督不能超出七部或七个行政单位"，"对此项原则的破坏将会导致行政工作效率的削减"。③

最后，怀特还提出了优良行政组织的标准。他指出，要获得行政的高效率，必须具有良好的行政组织，而优良的行政组织则应该达到下列标准：(1) 行政组织能够获得最优秀的人才；(2) 组织成员应有一致的责任及适

---

① 参见［美］伦纳德·D. 怀特：《行政学概论》，刘世传译，上海：商务印书馆1947年版，第74页。

② 参见［美］伦纳德·D. 怀特：《行政学概论》，刘世传译，上海：商务印书馆1947年版，第75页。

③ 参见［美］伦纳德·D. 怀特：《行政学概论》，刘世传译，上海：商务印书馆1947年版，第76页。

当的权力；(3) 将行政官员区分为政务官和事务官，明确各自的权责及任务，以职务划分为原则，确定指标；(4) 设置协调机构专门从事综合协调工作；(5) 对组织的管理效率进行精确、合理的测量。怀特着重强调了对行政效率进行测量、品评的重要性，他提出要设计有效的测量标准，例如，卫生行政可以分为 5 个方面，每一个方面以 4 分计算，进行效率测评，以断定其行政效率的高低，判定这一行政组织的优劣。

五、行政协调思想

行政协调是行政主体为达到一定的行政目标而引导行政组织、部门、人员之间建立良好的协作与配合关系，以达到共同目标的管理行为，它是行政管理的重要内容之一。对此，怀特从以下几个方面进行了探讨：

第一，他提出应该精简机构，减少协调工作的数量并降低工作难度。怀特认为："协调的困难性是行政单位数目增加，因此，现代行政发展的新趋势是缩减行政部门的数目，一方面归并工作性质相近的各行政单位，一方面削减多种独立局。"①

第二，怀特认为应该设置行政协调机关。他明确指出："近来，在各个方面的活动中，行政部门之间的相互联系十分困难，这个问题越来越严重，为了实现各部门之间的相互协调，应该设置政府委员会以利于行政协调工作的有效开展。"②

第三，他认为要通过精密的协调来获得较好的协调结果。在怀特看来，政府在行政管理过程中要通过行之有效的协调行为，"及时调和各部门或各机关之间的活动，以求确保采取最经济和最有效的方法"③ 来获得较好的协调结果，进而提高行政效率。

第四，他指出，在协调过程中，行政首长的裁定就是最后的决定。怀特认为，在行政管理中不可避免地会遇到矛盾乃至冲突，各部门在协调过程中总是争诉各自的理由。为了及时有效地协调，他特别强调"首长的裁定就

① 参见［美］伦纳德 · D. 怀特：《行政学概论》，刘世传译，上海：商务印书馆 1947 年版，第 76~78 页。

② 参见［美］伦纳德 · D. 怀特：《行政学概论》，刘世传译，上海：商务印书馆 1947 年版，第 79 页。

③ 参见［美］伦纳德 · D. 怀特：《行政学概论》，刘世传译，上海：商务印书馆 1947 年版，第 81 页。

是最后的决定。但遇到有首长裁定不合理时可向上申诉”①。

第五，怀特还提出了实行协调的原则。他指出：“协调机关的组织原则是对任何事件均由主管会制定完整的政策，用以领导相关的各部。规划这种政策是附设专门的协调委员会……各部有专人参加……形成联合规划中之一协调部分。应用这种方策，可使各部在独立行动中，获得合作的行政效能。”②

六、人事行政思想

怀特的人事行政管理思想十分丰富且比较具体，他从人员的考试录用、职位分类、分级与工资，到职务的晋升、惩戒与罢免以及退休等各个环节均对人事行政管理作了探讨。具体来说，怀特的人事行政思想主要表现在以下几个方面：

（一）关于人才的选拔问题

怀特认为：“当代人事管理有两大支柱：一是选拔人才，二是职位分类，二者缺一不可。”③ 现代人事行政管理就是建立在这两个根基之上的。关于人才选拔的方式，怀特指出，为了保证选拔人才的科学性和公正性，必须设置独立的考试机构，例如，独立于行政系统之外的文官委员会，它由3人组成，其中不得有2人以上同属于一个政党。文官委员会下设若干机构，分别管理各项考务，它奉行考绩原则，根据委员会制定的人事行政考试政策法规进行统一管理。这里他特别强调考试机构必须有人事行政方面的专家、学者参加。此外，怀特还就选拔人才的考试方法提出了十分具体的看法，他认为，政府选拔管理人才的考试方法应该科学化、多样化，既可以采用笔试和口试的方法，也可以采用操作试验、工作试验和心理试验的方法。他指出，笔试着重测验应考者的学识水平并且可以概略地测验其一般智慧，尤其是可以通过由判断题、选择题、填空题等题型构成的简明答案考试来判断应考者的知识面；口试是附加测验，它是对应考者中已通过初试合格者进行的再测验；而操作试验则是对应考者掌握行政技巧程度的比较考试；工作试验

① ［美］伦纳德·D. 怀特：《行政学概论》，刘世传译，上海：商务印书馆1947年版，第81页。

② 参见［美］伦纳德·D. 怀特：《行政学概论》，刘世传译，上海：商务印书馆1947年版，第81~82页。

③ 转引自曹志：《资本主义国家公务员制度概要》，北京：北京大学出版社1985年版，第123页。

是对应试者实际行政操作的考试，它可以测量应考者的初步工作能力、对环境的反应和应变能力等；心理试验是对应考者心理状态的测试，从测试中发现应考者的机智程度、反应的灵敏度等。在此，怀特特别强调考试应根据行政工作的需要而定，各种考试应当标准化，考试方法是否达到科学化、标准化，其标志是能否“挑选出胜任者，更由胜任者中，析出最胜任者”①，其目的是通过筛选，为政府的行政管理工作选拔出真正优秀的人才。

（二）关于职位分类—分级与工资的制定问题

如前所述，怀特认为，职位分类是现代人事行政的“两大支柱”之一，其他人事管理各环节都建立在这个基础之上。在怀特看来，职位分类对于实行工资管理具有重要意义，这种重要性具体表现为：（1）工资的多少应该根据所完成的工作加以确定；（2）实行同工同酬，同一等级的行政人员享受同一等级的报酬；（3）必须按照现代标准改进工资政策，实行公平的报酬；（4）确定生活消费的公平报酬。

（三）关于职务的晋升问题

怀特从以下四个方面对此作了论述：

1. 晋升制度应建立在考核和功绩基础上

他指出：“为了使行政职位能够吸引最优秀的人才并且使他们能够尽力服务，除了使其能够晋升职务和提供优厚报酬之外，再没有其他更好的办法。”② 这里怀特明确指出了晋升职务与优厚报酬是吸引优秀人才的重要途径。怀特高度评价了芝加哥市政府对公务员晋升制度的改革措施，即：首先，制定了公务员考试晋升的条例，规定了晋升考绩是公务员能否晋升的依据之一；其次，建立公务员平时工作效率记录制度，将公务员平时的工作效率作为能否晋升的重要依据；再次，规定工作优秀者，优先晋升职务。这样就把职务晋升制度奠定在公务人员的考绩和功绩基础之上，为优秀人才的晋升开辟了一条新的道路。

2. 确保能干的人才得到提拔和重用

怀特指出，由于行政职务越往上层，职务额越少，为了确保提拔能干的人，应缜密地制订晋升计划，“确保提升最有效率、最有价值者”，要做到

① 参见［美］伦纳德·D. 怀特：《行政学概论》，刘世传译，上海：商务印书馆1947年版，第295页。

② 参见［美］伦纳德·D. 怀特：《行政学概论》，刘世传译，上海：商务印书馆1947年版，第330页。

这一点，就应该在考绩加功绩面前公开衡量并选择，贯彻“公平处理的原则”①，这样才能使晋升制度发挥其应有的导向作用。

3. 扩大晋升选才的范围

怀特认为，以往的人员晋升多为内部晋升制，这样就会产生晋升中选才不广的弊病。他主张：“为均衡晋升之机会，应尽力混合各局之职务。”②他这里所说的混合是指本单位职务空缺，又无合适人选，则应向其他单位或更大范围开放招聘。在他看来，“选择的范围愈大，则竞争愈激烈，而最后选择的人员，必愈为优良”③。而封闭型的晋升制度则必然会产生一系列弊端，必须代之以开放型的晋升制度，广开才路，以期选得优秀人才。怀特提出的开放型晋升制度，其最主要的特征是在公务员晋升制度中引进竞争机制，主张“全国或全邦同类职位的混合竞争，实给怀能擅才者以晋升的机会”。他预言，“迟早之间，如欲使美国行政正确有效，则大部分行政部门必须废除地方居住期限等各条例，以公开于全邦或全国之竞争考试”④，从而说明了人事行政选才贵广、得才贵精的道理。

4. 职务晋升的几个根据应综合地加以运用

怀特指出，公务员的职务晋升有几个根据：一是具有先进的工作资格；二是具有工作成绩或政绩；三是具有职务晋升考试成绩；四是领导综合判定后自由选择。这四个根据各有其优点和缺点，因此，必须结合上述两种或两种以上的根据综合地加以运用，以期得到满意的结果。

七、行政伦理思想

行政伦理是指行政人员在行政管理活动中的行为规范的总和，它是维持行政管理活动参与者之间，即行政机关与其他各机关（包括各级行政机关和权力机关）之间、行政机关与其工作人员之间、行政机关与企业事业单位之间、行政机关与社会团体之间、行政机关与公民之间等的合理、正当关系的原则和规范。怀特的行政伦理思想主要体现在他对行政官员风纪——即

① 参见［美］伦纳德·D. 怀特：《行政学概论》，刘世传译，上海：商务印书馆1947年版，第378页。

② 参见［美］伦纳德·D. 怀特：《行政学概论》，刘世传译，上海：商务印书馆1947年版，第378页。

③ 参见［美］伦纳德·D. 怀特：《行政学概论》，刘世传译，上海：商务印书馆1947年版，第340页。

④ 参见［美］伦纳德·D. 怀特：《行政学概论》，刘世传译，上海：商务印书馆1947年版，第343~344页。

他所谓“官纪”问题的研究上。怀特十分重视对官纪的研究，他认为，古典管理学派忽视了对此问题的研究，而随着现代人事行政观念的更新、对官纪的注意，官纪问题的重要性日益突出，行政官员的风纪关系着行政管理的成败，它是现代行政管理的目标。怀特着重从以下四个方面对“官纪”及其相关的行政伦理问题进行了分析。

（一）官纪的本质及其重要性

怀特指出：“官纪者，乃表现于行政人员热望、忠诚、合作、竭力负责及以服务为荣之精神也。”① 官纪可分为高尚的官纪或衰微的官纪。高尚的官纪能激励行政人员的积极性，保持官界纯净，能培养行政人员的良好素质，能免除各种私利情事，从而使组织及其成员能够克服通常难以克制的障碍。在怀特看来，“此种精神，对国家、企业均有明显之莫大价值……只有制定良好的政策并实施，方能将官纪提高至相当的程度”②，这对于促成良好的行政至关重要，行政领导要有发展官纪的计划。

（二）败坏官纪的因素

怀特指出，从行政内部而言，败坏官纪，就不能激发行政人员的积极性、忠诚与协作。他认为，败坏官纪的因素主要包括：（1）“缺乏奖励”，即行政领导对其下属有错则发怒，有了成就却视而不见，更谈不上给予必要的奖励；（2）“惩罚无度”，即下属对不平等之处表示愤惋；（3）“损失创制权”，即不按照成绩与能力计酬，人员长期得不到升迁的机会，而幸运者则以不可思议的速度晋升到重要职位上；（4）“疏略社交生活”，即没有正常的社交场所；（5）“调资不及时”，即所得工资形成的购买力反而低于往年；（6）“取消权利”，即抑制升迁机会，等等。对此，怀特指出，尽管具体的人事管理权委托给了各个行政部门，但是文官委员会的任务在于制订改善官纪的正确计划，以明确良好官纪的标准，只有在此标准的指导下，通过人事管理各个方面的一致努力，才能真正提高官纪的质量。

（三）官纪的基础

怀特指出，端正官纪应从直接和间接两个方面进行。善于利用外界的环境影响、提供适当的工作条件以及鼓励有益的社交活动等“均可以间接地促进官纪的改善；而对于工作成绩十分突出的行政领导或行政人员给予必要

① 参见［美］伦纳德·D. 怀特：《行政学概论》，刘世传译，上海：商务印书馆1947年版，第262页。

② 参见［美］伦纳德·D. 怀特：《行政学概论》，刘世传译，上海：商务印书馆1947年版，第269~271页。

的物质奖励和精神奖励、倡导合作精神、激发想象力及忠诚感等均可以作为达到高尚官纪的直接途径”①。应当注意的是，激发官纪的间接途径和直接途径要相互补充、灵活运用。在各种行政情况中，官纪发挥其成效的关键在于领导者的才能。

（四）良好官纪的标志

行政官纪归根结底体现在行政组织中的人际关系中。怀特认为，良好官纪的主要标志即是良好的人际关系，领导关心下属和重视让下级民主参与有关的决策。在这里，怀特提出了让下属参与决策的民主参与型领导方式。

八、行政法规思想

行政法规是指国家机关为了实施宪法和法律、履行行政管理职能、完成行政任务，在其职权范围内，依据法律和法定程序制定和发布的规范性文件的总称。现代行政管理最重要的特征就是法制化的管理，行政法规作为行政管理法制化的有力工具，以国家强制力和严肃性确保行政管理活动有章可循、有效运转，行政法规在国家行政管理中具有十分重要的作用。行政法规大部分是由国家行政机关制定和发布的，在现代行政管理中，中高层行政机关享有委任立法权，政府及其部门在不违背宪法和法律的前提下，根据行政管理的需要，有权制定行政条例和规章，发布行政命令。怀特认为，这种“制定条例权乃系一种无上之‘行政与立法工具’，借使逆意之事实，能与社会目的相协调”②。怀特的行政法规思想主要体现在以下两个方面：

（1）他指出要注意研究政策与法规和法律之间的关系。他认为：“政策的基本制定，尤其为在政治生活之新领域中者，必自演绎为通则化，形成法制；再经行政经验之归纳的通则化，形成行政条例；断则借行政条例促成之法制表现之；最后则于若干特别重要机会中，制定成宪法条文。无论如何，行政与立法二者，于形成政策上之交互影响……二者在共同利益限度内互补。”③

（2）他又就行政条例制定权的范围、限度、保障以及行政条例制定权

① 参见［美］伦纳德·D. 怀特：《行政学概论》，刘世传译，上海：商务印书馆1947年版，第272页。

② 参见［美］伦纳德·D. 怀特：《行政学概论》，刘世传译，上海：商务印书馆1947年版，第441页。

③ ［美］伦纳德·D. 怀特：《行政学概论》，刘世传译，上海：商务印书馆1947年版，第443页。

对于行政管理的重要性等问题作了具体阐述。关于行政条例制定权的范围，怀特认为，政府行政机关享有委任立法权，但行使这一权力有一定的范围和限度。首先，政府制定条例与规章的行政权必须根据法制、根据宪法与法律来行使，超出这一范围则违法无效；其次，有授予委任立法权的行政机关才有权制定规定范围内的行政条例和规章，超出这一范围则越权无效。关于行政机关制定条例权的限度，怀特具体指出了五种情况：第一，当某项立法将被应用的环境情况极端复杂和琐屑，而且立法人员又不易明了时，可授权委托行政机关制定相应的条例、规章；第二，因情况改变需要制定新条例，或经行政执行发现不妥，经研究须调整或制定新条例时，可由行政机关制定；第三，应处理的事务中情况极端复杂并且具有较强的专业性以至于非专家不能处理时，可由行政领导邀请相关专家共同制定行政条例、规章；第四，在发生紧急事件或必须采取直接行动的情况下，可授权委托行政机关制定相应的条例和规章；第五，制定行政机关内部的管理条例。

在怀特看来，在上述限度内行政机关有权“制定、变更、增修或取消各种条例与规章”，有“发布命令、条例与规章之权，其受制于立法，不得超出该条例所本之法制含义，并受制于法庭之严密解释。公布之时须确遵法制中所规定之法定程序和法庭认为合理。必须手续完备和设定程序上的保障”①。关于行政条例制定权的保障问题，怀特提出了实施制定条例权的七项主张：第一，立法权力的委托，须委托于可恃且博得全国信任的行政领导；第二，应确切划定委托权行使的范围；第三，假如特种利益将因委托立法而受影响的话，负责立法者则应当在制定法律之前考虑这种利益；第四，必须采用适当的方法，以取得共见共闻；第五，必须设有在必要时增修及取消委托立法的机构；第六，已经颁行的行政条例必须有相当程度的确定性；第七，行政规章，尤其是涉及公众个人利益的内容必须叙述精确，必要时应当对有关内容加以说明。在怀特看来，这七项主张便是政府行政机关实施制定条例权的保障。为此，各级政府中赋有制定条例权的领导人数应有所限制，而且这些领导人本身应该具备制定条例的才能。怀特在此特别强调，制定行政规章，尤其是涉及公众利益的行政规章，需要一定程度的民主性。关于行政条例制定权对行政管理的重要性问题，怀特认为，行政机关具有制定条例规章权，既可以使行政管理纳入法制轨道并具有权威性，也能够激励行政官员的负责精神及创造才能，使其胜任行政管理工作，忠实、公正地履行

① ［美］伦纳德·D. 怀特：《行政学概论》，刘世传译，上海：商务印书馆 1947 年版，第 445~448 页。

自己的职责，还可以减轻立法机关的工作负担。因此，怀特说，行政机关享有委托立法权“是立法机关所寻求的真正目标”①。

九、行政监督思想

行政监督是现代行政管理的一个重要环节。怀特在其著作中不仅对行政监督的必要性、作用及分类等一般性问题进行了探讨，而且还对立法监督和司法监督等具体问题作了比较详细的阐述。

怀特首先指出，由于在行政运行中存在着滥用权力、违法乱纪、侵犯公民权利、管理无力、不负责任等不良情形，因此有必要发展完善的行政监督机制，以便对行政系统实施有效的监督，确保其高效地运作。在怀特看来，由于行政部门权力汇一制的发展，政府机构增多，行政领导权力集中，人员的无限增加，行政机关与公民之间的各种公务不断增多，致使行政监督的范围越来越广泛，因此需要“寻求方法，以确保行政官吏之行为，不仅使之与法律相协调，且同样与公民之目的及心理相切合”②。怀特认为，行政监督的目的在于使行政执法与法律保持协调一致，保护国家和公民的利益，避免行政行为损害这种利益。怀特还赞同并引用古德诺对监督制度的分析说明了监督的作用。他指出，监督的作用“首为政府效率，由此可确得行政行动与效率之调和及一致；第二为公民利益之维护，以防官吏侵及宪法中之个人自由；第三为社会福利，促使行政机关自认并非其本体之法律。与此三种利益相符者为三种方式之监督，即行政、司法及立法者是也”③。

其次，怀特明确指出了立法监督的主要职责及有效方法。他认为，立法监督的主要职责在于：第一，确保立法与行政政策的协调；第二，确保政府支出适当；第三，确保行政监督的实施目的真正在于提高行政效率；第四，使立法机关完全了解行政情形，以便进行补救性立法。可见，在怀特看来，立法机关主要是从大的方面实施对行政机关的监督，而不是实际管理或干预行政机关的具体行政事务。为了确保立法监督切实有效，怀特还进一步提出了一系列有效的监督方法：第一，会计及支出上的监督，委托审计总监署负

---

① [美] 伦纳德·D. 怀特：《行政学概论》，刘世传译，上海：商务印书馆 1947 年版，第 458 页。

② [美] 伦纳德·D. 怀特：《行政学概论》，刘世传译，上海：商务印书馆 1947 年版，第 462~463 页。

③ [美] 伦纳德·D. 怀特：《行政学概论》，刘世传译，上海：商务印书馆 1947 年版，第 464 页。

责；第二，款额分配的监督，包括对政府预算的审核以及对行政执行、行政节约与行政效率各方面的监督；第三，“行政政策的监督。立法机关可令行政机关完成某种职务，或规定相当方法，且可驳斥其规章，或禁令不得为某种行动，放弃某种方法，也可规定行政机关决定政策之方法”①；第四，人员方面的监督，特别是公务员工资方面，确定工资标准，保障公务员的权利；第五，调查监督，立法机关有调查行政状况的权力，可以随时调查各部门行政执行的状况，必要时可提出改进措施；第六，诘问监督，立法机关有权对政府及其部门就重要行政事务提出诘问或质问，政府领导或部委首长必须到立法机关就有关问题作出解答或解释。

最后，怀特就司法监督问题进行了系统阐述。他指出，国家行政管理活动必须受到司法机关的监督。他分析了司法监督行政的情况、限度和方法，认为对政府行政进行司法监督的目的在于对行政的过失进行补救，保障公民或公务员的权利。一方面，行政工作要迅速完成，就要迅速行动；另一方面，宪法中各种规定又提醒行政机关必须知道其权力范围。这是有效行政的基本条件。在他看来，法院方面对行政范围的划定，同时也划出了公务员裁量权的界限，而这种权力的大小对行政效力有着重要的意义。因此，他认为，司法监督主要包括以下三个方面：

（1）对公务员的司法监督。怀特指出，法院所具有的几种司法职权足以直接监督行政人员的任期和工作。法院对行政机关有查职权，发布“查职令”是司法机关通过对行政人员居职权利有效监督，对行政人员中居职权利不合法者提出异议并进行补救的一种监督措施。法院既可以通过“查职令”查办行政机关中缺乏正当任职资格的人员，处理委任及罢免手续不当的事件等，也可以通过受理及判决公民控告公务员的民事案件对公务员行使重要的监督；法院还可以对公务员执法过程中行使职权的情况进行监督，对违法侵权的行政行为以及贪污受贿的行为进行审判处理。

（2）对普通行政行为及特别行政行为的监督。普通行政行为是指政府机关制定并发布行政条例、规章、命令等行为，这种行为是否合法、合理，是否符合法定程序，必须由司法机关监督审核。而特别行政行为则是指行政执法的各个方面，司法机关监督行政行为是否合法、合理、有效，对行政机关或人员与公民之间因公务执行而产生的纠纷进行审理裁定。

（3）对行政自由裁量权行使的监督。行政机关在处理大量日常事务的

① ［美］伦纳德·D. 怀特：《行政学概论》，刘世传译，上海：商务印书馆 1947 年版，第 471 页。

过程中，有一定范围的自由裁量权。司法机关必须监督行政机关自由裁量权的行使，防止裁量权的滥用。

十、简评

怀特通过自己的努力将行政实践的理论总结和各种政府管理研究成果熔于一炉，其《行政学导论》是世界上公认的第一本行政学教科书，它标志着行政科学的正式诞生，使行政科学成为系统化、理论化的知识体系。可见，怀特的贡献是很大的，他也因此而被誉为行政科学的奠基人。

怀特对西方行政学的贡献不仅在于他率先提出了一个比较完整的体系，而且也反映在书中所提出的一些思想观点和方法上。首先，他提出了建立行政学的四个基本假定：(1) 行政具有共性，他认为，“行政为单一之程序，无论何处所见到之重要特质，均大体相同”；(2) 行政学的实践基础，在他看来，“行政之研究应始自管理之基础，而不宜始自法律之依据”；(3) 行政的科学化，他认为，“行政在大体上，仍系一种技术，但于转变之为一科学之重要趋势上，极端重要”；(4) 行政的重要性，他明确指出：“行政业已成为，且将继续为现代政府问题之中心。”① 这四个假定反映了怀特对行政学的基本看法和基本研究方法，颇具特色。其次，在论及行政与各方面的关系上，怀特谈到了行政与平民组织的关系。他认为，公私两方，“尤须长期合作，方可应付特殊之社会情况……两者合作之技术，需要精详之计划，与不时之谨防，以减免两方之冲突，且利用两者各之特长”②。在这一点上，怀特的视野已超出了他的前人，把行政研究传统注重的政治环境扩大到了社会环境。再次，怀特在论及中央集权问题时，运用了发展的观点去看中央集权的限度规定问题。他说：“中央集权之限度，恒依现行社会合作之技术，及现行社会之环境为转移。中央集权之限度，不能加以任何特定之界定；纵使划定界线，亦不能历经不变。”③ 应该说，怀特这个提法在西方行政管理思想史上出现得是比较早的。最后值得一提的是，怀特对自己工作的探索性、暂时性有相当深入的认识，他没有把自己的研究视为定论，没有把自己

① ［美］伦纳德 · D. 怀特：《行政学概论》，刘世传译，上海：商务印书馆 1947 年版，第 1、2 页。

② ［美］伦纳德 · D. 怀特：《行政学概论》，刘世传译，上海：商务印书馆 1947 年版，第 53 页。

③ ［美］伦纳德 · D. 怀特：《行政学概论》，刘世传译，上海：商务印书馆 1947 年版，第 115 页。

的体系加以封闭，而是强调了这一点，即“吾人之目的，乃在拟设问题，而不在贡献结论”①。

《行政学导论》作为西方行政学发展史上的第一部系统性教科书，将行政学的研究重点转向了行政管理内部，转向技术性细节，满足了行政管理作为一门独立学科的要求，丰富了行政学研究的内容，其意义是重大的。但与此同时，我们也应该看到，它似乎也丧失了威尔逊、古德诺那样的宽阔历史视野和一以贯之的逻辑体系。也许，体现在怀特身上的这个特点也是行政学自身发展的一个缩影吧。

第三节　古利克的一体化行政思想

前面谈到的泰勒、法约尔以及韦伯等人的思想在很大程度上只是间接地关涉公共行政的研究和实践，而相比之下，古利克及其著作则是更为直接、更为明确地探讨公共行政问题。如果说在美国只有一个人是公共行政的化身，那么这个人就是古利克。

一、生平与著述

卢瑟·哈尔西·古利克于 1892 年 1 月 17 日出生于日本大阪。他的父母是传教士，他的家庭具有美国与荷兰血统，其家族的美国祖先可以追溯到 1653 年，他们中既有学者、医生、教师、科学家、作家，也有传教士和牧师。古利克的父亲西德尼·刘易斯·古利克不仅是一名神学家，也是一名天文学家和数学家。他的母亲卡拉·梅（费希尔）是一名受过专业训练的护士，其父是加利福尼亚州的一个银行家和大牧场主。

古利克青少年时代的大部分时间生活在日本。他自幼很调皮，勇于冒险，脾气暴躁、活泼好动且十分受宠，以至于在古利克的父亲离开日本时一位教区的长老评论说：“我们很遗憾让古利克博士离开我们，但是他毕竟把他那淘气的儿子带走了。”古利克一家于 1904 年回到美国，而这一年的冬天他们是在德国度过的，其间，古利克在德国的一所职业中学学习并且学会了德语。1906 年，古利克搬到加利福尼亚州的奥克兰同他的外祖母住在一起并在那里上中学。作为一名很勤奋的青少年，他的学业优良，并于第二年（1907）获得了康涅狄格州莱克维尔的霍奇基斯寄宿学校的奖学金。他在那

① ［美］伦纳德·D. 怀特：《行政学概论·序言》，刘世传译，上海：商务印书馆 1947 年版。

里待了3年，重点学习希腊语、拉丁语和数学。古利克经常参加辩论，并且加入了文学社。尽管他一开始拼读不太行，但是他在霍奇基斯寄宿学校的表现很好，在班上一直名列前茅。他积极培养自己的所谓“过度竞争性格”，不过，正是这种所谓的“过度竞争性格”导致了他常常固执己见，以至于被人们视为缺乏教养并很快陷入了困境。1910年，古利克到英格兰旅行并骑车游览了不列颠诸岛。当他回到美国时，他得知因自己是一个“捣蛋鬼”而被中止了在霍奇基斯寄宿学校的奖学金。鉴于自己在全国考试中名列前茅，所以古利克决定不再回霍奇基斯寄宿学校，而是向俄亥俄州的奥伯林学院提出了入学申请，并且很快获得了系主任提名的入学批准。他在奥伯林勤工俭学，在餐馆洗过盘子，在书店卖过杂志，在农场做过工，在女子夏令营当过游泳教练，并且于1912年因替西奥多·罗斯福组织了一次地方竞选运动而首次涉足政治。1914年，古利克从奥伯林获得政治学学士学位并荣获美国大学优秀生全国性荣誉组织BK联谊会的会员资格。大学一毕业，古利克就进了奥伯林神学院，旨在继承父业。尽管他于1915年获得了哲学硕士学位，但是他还是为他所谓的“不可知论的不确定性”所困扰，这导致他的方向发生了重大的变化。古利克渐渐相信精神生活的本质不是在于宗教的形式因素而是在于“基本诚实、个人的尊严、正义与人权、创造性自我实现的机会、社会责任、圣保罗定义的‘博爱’、对高尚事业的无私奉献以及对宇宙深厚的情感参与”等基本价值观。他坚持其父母对促进人类进步的承诺，但是他决定他的最好贡献可以通过社会工作和政府而不是作为一个传教士来实现。因此，古利克于1915年秋季申请并被录取进入哥伦比亚大学攻读政治学与公共法博士学位。更为重要的是，古利克与纽约市政研究局有了接触，他参加了该局公共服务训练学校的课程学习并由此开始了与该局的终身交往。古利克专门研究行政和预算问题，1917年他获得了马萨诸塞州议会财政与预算程序联合专门委员会的秘书职务。这段阅历为他撰写并于后来出版的博士学位论文《马萨诸塞州预算的演变》提供了重要的资料。之后，他服了1年兵役。服兵役期间，他在总参谋部统计局担任上尉参谋。服完兵役后，古利克即被任命为纽约市政研究局公共服务训练学校校长和该局董事会秘书，进而开始了其非凡独特的公共服务职业生涯。

在20世纪20年代，古利克首先从哥伦比亚大学获得了博士学位，继而被任命为市政研究局局长，该局被重建为美国国家公共行政研究所。在古利克的领导下，该研究所扩大了授权，并于随后的20年中在美国的许多州开展了行政研究。古利克本人除担任该研究所所长之外，还担任了政府研究协会会长、税务与节减委员会主席以及国际税务协会模范税法委员会委员等职。

20世纪30年代，古利克的研究兴趣和学术影响进一步扩大。从1931年到1942年，他一直担任美国哥伦比亚大学市政学和公共行政学（伊顿）教授。1933年，他被任命为社会科学研究理事会公共服务人才研究委员会的秘书和主任。1935—1937年间，古利克担任美国总统行政管理委员会委员，并与厄威克合作编辑了著名的《行政科学论文集》一书，其中他自己撰写了两篇论文，一篇是《组织理论评论》，另一篇是《科学、价值观与公共行政》。

随着20世纪40年代的到来以及第二次世界大战的爆发，古利克去了华盛顿，并且担任了更多的职务。他是财政部和军事部部长的顾问。此外，他还在预算局任职，负责（主管）小型企业公司重建的技术工作，组织了美国内部事务协调人办公室教育咨询委员会并担任该委员会的主任，而且他还是美国商业部咨询委员会委员。

古利克在第二次世界大战期间主要关心的是美国政府战后的计划和工作问题。他曾担任全国人力资源计划委员会战后方案的协调人、对外救济与恢复工作处的参谋和联合国秘书处救济与恢复行政办公室主任。他在白宫参谋机构作为行政事务助理工作了一年，其间，他参与了战后补偿问题的处理工作，也正是在这个职位上，古利克游览了欧洲、苏联、日本和菲律宾。

第二次世界大战结束后他回到纽约，重新开始了他在公共行政研究所的工作。1950—1953年间，古利克是纽约政府的一个评论性刊物的执行主编；1954年他被任命为纽约的第一个城市行政官员，他在这个职位上一直干到1956年。1959年古利克被提拔到纽约市城市工作委员会任职。

在20世纪六七十年代，尽管古利克已经年逾古稀，但是其工作劲头几乎没有减弱。1962年，他当选为公共行政研究所的董事会主席，他还担任过纽约市宪章修改委员会委员，纽约市城市规划委员会主席以及市长的专业、技术和管理人才委员会委员，模范城市宪章委员会主席，市长的过渡时期（1965—1966）委员会委员，全国娱乐与公园协会理事会理事以及各种外国组织和国际组织的顾问等职。1982年，当他90岁时，他被任命为公共行政研究所荣誉所长。

古利克一生中因其杰出的公共服务记录而获得了许多奖励，其中最为著名的包括全国城市联合会的杰出公民奖、美国公共行政学会的25周年荣誉状和德怀特·沃尔多奖、美国国家公共行政研究所的杰出服务奖、区域规划协会的国家规划奖以及政府研究协会的格伦伯格奖。

作为一名杰出的行政理论家和实践家，古利克主要通过对以下几个方面问题的研究为西方公共行政学的发展作出了重要的贡献。

二、政府在社会中的作用

古利克并没有把自己视为一个理论家，用他的话说就是："我将把对世界综合而系统的解释留给政治历史学家和政治哲学家，因为我既不是历史学家也不是哲学家。我的兴趣和经验倒是在于通过行政行动和公民行动来使问题得到解决。"① 不过，从古利克的著作中我们至少可以推断出他对政府在社会中的角色和功能所具有的一般学术取向。古利克宣称，人是一种社会动物，人具有敏捷的双手、难以满足的好奇心和聪明的头脑；人的本性需要社会交往，需要对其"知识、技能、兴趣、技艺和情绪的专门化施加种种限制"②。

在古利克看来，政府是任性、坚强且自私的人们能够协作共生的手段，当基于自身利益并且由市场这只"看不见的手"所支配的私人行动证明是不适当的时候，政府活动的必要性便油然而生。政府工作的目的在于对过度的自由行为施加必要的控制并提供合作的社区服务，即提供一些以合作为基础且能够更好、更经济或者更令人满意地完成的活动。总之，政府应该表现出一种"对弱者的公平的人类同情心"③。

尽管政府必须发挥作用，但是古利克认为它不应该单方面地发挥作用。他坚持认为，"一个多元化的社会不容许中央政府独断地寻求包括公共活动和私人活动在内的国家目标和政策方案"④。相反，公共部门和私人部门应该为了实现共同的利益而携手合作，尤其是应该将制订计划作为这种合作的重要组成部分。古利克认为，制订计划应该具有多学科性而且不可避免地会以价值判断为基础。因此，制订计划必定要涉及所有的相关学科，而且既应该征求"普通百姓"的意见又要征求特殊利益群体的意见。鉴于知识的限度降低了计划的精确性，所以古利克认为计划应该涉及的不是确定的绝对优先权，而是渐进变革的临界值，而且对于变革来说，计划只应该发挥指南的作用，而不应该作为实施变革的行动蓝图。

---

① ［美］古利克：《都市问题与美国观念》，纽约：诺夫出版社 1962 年版，第 4 页。

② ［美］古利克：《城市政府应该为其公民做什么》，载［美］《公共管理杂志》第 21 卷第 12 期（1939 年 12 月号），第 335 页。

③ ［美］古利克：《都市问题与美国观念》，纽约：诺夫出版社 1962 年版，第 14 页。

④ ［美］格哈特·科姆、卢瑟·古利克：《为了国家目标而制订方案计划》，见美国全国计划协会 1968 年编辑发行：《计划小册子》第 125 期，第 5 页。

虽然古利克认为市场失败是政府行动的主要原因，但是他并没有将市场失败视为政府增长的唯一理由。他认为，公共部门角色扩大的原因还可能在于来自“那些热衷于扩大预算的官僚政客”的压力，而且他强调政府机构之间尚无“适者生存”的证据。在古利克看来，生存对于惰性很可能就像其对于适应性一样也是一种贡物。因此，在我们确定扩大政府的活动范围之前，我们首先应该仔细地考察一下这种行动对于社会可能产生的后果。他认为，我们应该抵制种种试图使政府权力无限扩大的做法。政府由于不能确切地了解未来，由于领导者对智慧、经验、知识和品质的缺乏，由于行政技能和方法的缺乏，由于综合行动要涉及众多的变量，还由于集权体制缺乏开发新思想和新方案的有序方法，所以其作用应该是有限的。在古利克看来，在一个多元化社会中的民主制政府优于集权制政府，因为民主制政府能够产生新思想，具有自由批评的矫正效应并且要求老百姓对最终结果作出评价。尽管古利克承认集权制政府能够有效地控制被统治者的态度并因此很容易得到被统治者的赞同，但是他认为集权制政府却很容易导致缺乏建议变革或评估变革之有效沟通渠道的“动脉硬化”。古利克承认对政府的角色尚不存在任何固定的限制，不过，他认为，政府不应该而且也不可能包揽所有的人类活动。

为了正确地履行其必要的职责，政府有必要对其职能重新进行大幅度的调整。古利克认为，无论是公众还是立法机关，都不具备有效政府所需要的计划能力。在他看来，公众处理不了错综复杂的计划问题，因此公众必须将制订计划的责任授予政府系统，由政府系统来履行这一职责；而就立法机关而言，它并没有任何中心的责任焦点，而且它也不能以一种有效连贯的方式发挥作用。古利克强调，我们与其说应该关心行政机关与立法机关的制衡关系，倒不如说我们更应该关心政策规划和执行与政策采纳或否决之间的区别。古利克认为，理想的政府系统应该是这样的：其中，行政首长在专门参谋机构的支持下负责制订计划，立法机关负责接受或者否决政策建议，行政部门负责贯彻实施已被采纳的政策计划，而公众则通过参加政党和压力集团行使一般的监督控制职能。在古利克看来，这样分配职能可以产生一种不仅为效率和效益所必需，而且对于有意义的民主控制也是必要的统一管理，因为职责的界定和分配更加明确。

古利克还要求联邦系统对各项职责进行重新界定。他认为，一方面，国家的立法者制定的某些政策常常忽视了州政府和地方政府的需要；而另一方面，州政府和地方政府采取的行动有时也根本就没有考虑联邦政府或者国家的问题。与其对行政机关和立法机关的职能划分建议相对照，古利克认为，我们不可能对联邦系统内的职能作出明确的区分。相反，他认为应该采取

“实用的解决办法”，即将职能按照其所赋予的相应责任划分为地方的职能、州的职能和联邦的职能。在他看来，这样划分具有灵活性，它可以根据各级政府行政当局的连续计划和它们之间的合作情况进行改变。

尽管古利克在一般意义上提倡联邦政府应该发挥主要作用，但是他自己对于各级政府职责正确划分的看法也随着时间的推移而有所变化。在大萧条时期，古利克认为联邦政府应该承担大量的新职权，其中包括对企业、交通、金融和税务的全面控制以及在工资、工时、工作条件、物价、分配、利润和财政以及一般贸易活动方面的“基本控制”。后来，他在一定程度上改变了这种观点，他认为，在需要分散和地方适应的情况下，责任就应该分散，即便是需要国家政策的时候，如果为了确保政策得到一致的执行和个人权利得到正确的保护而确立了明确的授权标准，那么就仍然需要基层行政。

三、行政在政府中的角色

在古利克从事行政学研究和著述的时代，人们讨论较多的主题是政治和政策考虑应该同行政问题分开，而古利克则认为，我们既不应该又不可能也不需要把政治和政策同行政严格地分离开。在古利克看来，行政意味着要决定重要政策，要开发和采纳具体的方案，要创立组织，要配备人员，要核准资金，要对活动进行行政监督、协调和控制，并且要对结果进行审计和复审。在他宽广的行政定义之下，古利克强调行政必然要涉及政治和政策过程。

古利克认为“政治”这个词具有两种意义。在一般意义上，政治意指通过统治者的控制来寻求私利或寻求发展；而在实质意义上，政治则是指统治者用来实施控制的行动。这里的问题是，没有任何客观的方法可以区分一般的政治和真正的政治，因为这种区分不是取决于这一行动本身而是取决于行动者的动机。因此，如果我们试图把政治的一般方面控制在行政之中，那么我们就要冒否认行政的真正政治功能的危险。此外，将一般意义上的政治置于行政之外的企图也已经证明是不可行的。古利克认为，在一个权力制衡系统中禁止政治活动，那必将会导致一个“因其毫无作为而不可能出错”的真正软弱无力的政府。试图通过建立独立的公共机构来将政治从行政中排除的做法，只会阻挠建立具有计划能力的一体化政府的努力。简而言之，古利克强调，政治与行政之间的老二分法已经失败。他认为，我们应该建立和发展一种“可以在一个具有政治和专业责任的适当组织机构中充分利用专家”① 的新学说。

---

① ［美］古利克：《公共行政的下一步》，载［美］《公共行政评论》第 15 卷第 2 期（1955 年秋季号），第 76 页。

古利克自己的观点就是对政治、政策和行政进行很微妙的调节和适应。他通过测定与政治和政策的相关度，对政治家、被任命的政务类官员、行政官员和技术专家的角色作了区分。他认为，政治家的角色就是通过监控和调节专家、官僚和利益集团之间的关系来保持整个系统的平衡；被任命的政务官员所充当的是中介人的角色，他们在专家和公众之间做解释工作以增进相互的了解；而行政官员的角色则在于理解和协调政策并且向具体的行政工作机构解释和说明政策指令，不过，他们对于当选官员的决策无疑是十分忠诚的。行政官员与政务类行政官员的区别在于行政官员不根据政策作最后决定，他们在政策地位上既不成功也不失败。技术专家一般只应该考虑“技术问题”。

尽管这些不同的行动者所具有的角色大致表明了他们与政策和政治活动的相关程度，但是古利克却承认所有公共官员的行为是“一张由处理权限和行动构成的无缝之网”①，而处理权限则很可能使官员要考虑政策问题。从当选官员到技术专家，其处理权限是递减的。不过，并非所有的政策问题都要提交到最高层，因此，许多处理权限必然属于“公务员接触公众”的最基层。此外，任何特定的决策都具有政治性，而不是具有技术性。因此，就政治和政策相关性而言，这些角色的区别与其说是程度的区别，倒不如说是本质的区别；成功的行政官员必须理解并且能够处理其所在政治—行政系统的战略问题。有效的行政有赖于目标的单一性、政策的明确性和公众的支持。古利克奉劝行政官员应该将知识与技能同公众愿望、政治力量和常识融合起来，应该制定一套有结构的补救性行动步骤，并且应该采取具体行动确保权威的行使，这就必须有真正意义上的“政治”活动，并且将行政官员引入政策过程。

四、科学与行政

政治/政策—行政二分法曾经一直是早期行政学家希望建立一门行政科学的根据。他们认为，通过将行政与政策和政治分离开，行政可以被界定为一种价值中立的活动并因此可以成为科学分析的合法主题。

尽管古利克拒绝接受政策/政治—行政二分法，但是他还是渴望将科学方法应用于行政问题。在古利克看来，“通过科学和科学精神，人类摆脱

① ［美］古利克：《政治、行政与“新政”》，载［美］《编年史》第 166 期（1933 年 9 月号）第 61 页。

了，至少是在物质生活方面摆脱了习惯的完全控制”①。他相信，科学方法和科学精神同样可以应用于对人类行为的研究。实际上，他认为人类活动的每一个领域都必然将经验和现象变成可测量项。就公共行政而言，古利克把科学方法视为“以能力取代无知、以专业人员取代非专业人员、以专家取代杂而不精者、以日益加剧的分化和专门化取代华而不实、以素有训练的行政人员取代训练无素的新手”② 的一种途径。

古利克认为，我们不应该仅仅局限于收集一些很容易获得的事实、规则、惯例和只从事一些问题取向的应用研究，而必须进一步探讨现代政府的问题。这些问题的范围涉及从管理的细节到社会的哲学等诸多方面。行政科学能够包含“一个只要人们为了一个共同的目标而有组织地一起工作便可以用来认识关系、预见结果和影响后果的知识体系”③。科学研究意味着要对现象进行理智的考察和分类，通过试验和探索来检验假说以及在对研究结果不断地进行分析和怀疑的同时，将所发现的真理应用于自然界。在他看来，科学研究的目标在于发现“行政原则”或永远不变的“行政规则”，通过提炼和简化，这些原则或规则可以用来解决实际的行政问题。

由于古利克拒绝接受政治/政策—行政二分法，所以他面临着价值观在行政中起什么作用和如何重新界定一个可以进行科学分析的适当范围的问题。古利克说，价值观所涉及的是对目的的合意性作出评价，他承认，行政必然要涉及这样界定的价值观，而这样界定的价值观是经不起科学考察的。因此，科学不能囊括行政活动的全部。不过，他认为，关于“变动和相互关系”的陈述不涉及价值观；在某些情况下，科学分析能够揭示可能会出现的情况。因此，在古利克看来，行政科学的适当研究范围是调查研究行动与后果之间的关系。古利克认为，尽管从应用意义上来看，效率必须与其他的社会价值和政治价值相适应，但是科学研究工作本身所特有的价值就是效率。

古利克意识到建立一门行政科学存在的问题。社会科学具有一个难以捉摸的主题，因为人类具有能动性，在某种未知的范围内，还具有不可预见

① ［美］古利克：《美国国家公共行政研究所》，纽约：美国国家公共行政研究所，1928 年，第 101 页。

② ［美］古利克：《美国国家公共行政研究所》，纽约：美国国家公共行政研究所，1928 年，第 52 页。

③ ［美］古利克：《美国国家公共行政研究所》，纽约：美国国家公共行政研究所，1928 年，第 191 页。

性。此外，对人类行为的研究还提出了对科学试验建立适当控制的问题。不过，古利克认为，科学研究是一种必需品，“即便它不是有效民主制必不可少的一种附属物的话，它也是有效民主制的有力同盟”①。

古利克还意识到科学“专长”的潜在危险。他指出，我们所面对的是一些对越来越少的事情了解得越来越多的专家，专家可能会假定自己比老百姓更了解他们的需要，而且专家还会宣称对其并不擅长的领域也具有知识和权威。这些危险之所以很值得注意，是因为古利克认为“一项依靠专家集团制定的政策方案在大约30年内将会处在该专家集团的专业领导和专业方向之下”②。

古利克认为，要消除专家政治的危险，就必须培养和树立一种施加责任自律的职业意识，就必须清楚地认识到不能由专家来采取最后的行动。在一个民主政体中，老百姓必须是自身利益的最终裁判。然而，这并不意味着不需要专家，相反，民主制还要求专家和行政官员有责任与政治领导人和老百姓更好地进行沟通，并且有责任帮助他们了解有助于有效行政的条件。正如古利克所言：“为了推进民主，我们不仅要通过研究来找到事实，而且还要开发利用领导者的词汇和大众的支持。”③

五、行政组织理论

尽管古利克赞成美国早期改革的目标，但是他对于改革的适当策略问题却有着不同的看法。最初的“好政府”运动所集中关注的是一些具体的陋习弊端并且试图通过选举过程来进行改革。而古利克认为，现在所需要的是改革行政的基本结构和基本过程。为此，必须对政府的职能进行界定，对政府的工作职责进行划分，使其结构和关系正式化，使其人员专业化，使其活动合理化。这就意味着要进行一系列改革，例如，减少选票、强化行政部门、合并机构以及在政府管理中采用“类似企业管理”的方法等等。就在政府中采用“类似企业管理”的方法这一点而言，古利克指出，政府（公共行政）管理与（私人）企业（行政）管理尽管其目标和侧重点有所不同，

---

① ［美］古利克：《美国国家公共行政研究所》，纽约：美国国家公共行政研究所，1928年，第45页。

② ［美］古利克：《美国对外政策》，纽约：美国国家公共行政研究所，1951年，第216页。

③ ［美］古利克：《良好政府人事的新动向》，载［美］《美国政治学评论》第31卷第2期（1937年号），第301页。

但它们二者都是同一门广泛科学的组成部分，它们二者都要利用分工的方法对为了实现规定目标而工作的人员进行分组，都要通过计划来作出政策决定，都要进行协调、指挥并负有责任，都要设法通过激励和对人、物和时间的最佳利用来获得最好的工作绩效，都必须在不断变化的环境中密切地关注公共舆论和管理工作的连续性。

古利克认为，行政改革应该有一套新的指导“原则”。美国政府最初所依据的原则源于对行政权力的反感和对代议制的渴望。这些原则如下：许多政府官员应该通过选举产生（即增加选票）；选举应该经常举行；应该建立一个权力制衡系统来控制行政权力；多个领导优于单个领导（即更倾向于委员会领导）以及任何人都能够在政府任职。古利克说，经验已经证明这些原则有缺陷。选举许多官员和经常进行选举，既没有产生好的政府也没有产生民主政府；权力制衡系统所导致的不是“更大的驱动力而是更多的制动器”；多头领导的机构使政府系统丧失了负责且有力的领导，而且不熟练的人已经被证明既不能处理好重要的行政事务，也不能胜任重要的技术工作。

古利克强调，现在所需要的是一个既能够制订计划又能够执行民主政策的行政部门。他建议行政改革应该遵循以下指导原则①：

（1）相关的工作应该作为一个单元来完成；

（2）所有的机构应该合并成一些部门；

（3）每一个单元的行政工作都应该由单独的一个根据能力、专业知识和经验选举产生的负责官员来指挥；

（4）部门领导的权力与其责任应该相称；

（5）每一个大部门的领导都应该有一个负责工作评估的参谋机构；

（6）每一种职能的责任都应该归属于一个具体明确的官员；

（7）应该减少民选官员的人数；

（8）委员会不应该用于行政工作，它们只应该承担准立法职能和准司法职能；

（9）所有的行政工作都应该由单一的首长来领导，这个单一的行政首长应该由选民或选民代表直接选举产生并且对他们负责；

（10）行政首长应该有权任命和免除部门领导的职务并且有权指挥他们的工作；

① ［美］古利克：《行政的原则》，载［美］《美国市政评论》第14卷第7期（1925年7月号），第401页。

（11）行政首长应该有一个研究参谋机构来汇报各部门的工作和探究更好的工作方法。

简而言之，行政分支机构应该被整合并置于坚强有力的行政部门领导之下，这些坚强有力的行政部门拥有一个能够对整个工作过程实施有效监督的权威行政首长。

改革还要求进行合理的分工和组织整合。古利克认为，分工和经过整合的组织是“人类在文明过程中挺起腰杆，提高自身地位的鞭襻”①。分工之所以是必要的，是因为人的性格、能力和技能有差异，因为一个人不可能同一个时间待在两个地方，因为一个人不可能同时做两件事情，并且还因为人的知识是有限的。为了给组织中通过分工规定的“单元任务”之间提供重要的协调，就需要进行整合。因此，组织理论所关注的就是影响组织分工的协调机构。

组织整合的一个组成部分是在组织中对类似的任务进行分组归类。古利克认为，可以将一个组织的单元任务分组归类的根据有四点：（1）目的（即根据所提供的服务分组归类的任务）；（2）工序（即根据所运用的技巧或技术分组归类的任务）；（3）委托人（顾客）或物资（物力）；（4）地方（位置）。尽管古利克强调组织协调中目的的重要性，但是他特别提到任何特定根据的选择都将依赖于组织发展的阶段、技术的变化、组织的规模以及特定组织中利用特定根据所具有的具体优缺点。

集中精力于组织中的分工和单元任务的分组归类，即古利克关于组织的所谓“自下而上”（Bottom-up）的观点。这种观点强调了“同质性原则”或类似任务的分组归类；不过，如果仅仅采取这种“自下而上”的观点，那么便会忽视组织中控制和协调的必要性。因此，古利克还提出了一种“自上而下”（Top-down）的观点。他指出，如果组织中的细分和专门化是不可避免的话，那么协调就是必需的。他认为组织中主要有两种控制和协调机制，即权威的机构和思想或目的的单一性。

当然，通过权威的机构进行协调是一种主要的控制机制，它要求有一个负责全面指挥的单一行政权威，要求为每一项工作配备一名监督管理人员并且要求确定总的工作必须分成多少项单元任务。就建立权威的机构而言，古利克警告说，由于监督管理人员的知识、时间和精力都很有限，所以每一级组织的有效控制幅度也是有限的。不过，如果该组织的工作具有常规性、重

---

① ［美］古利克：《组织理论评论》，见［美］古利克、［英］林德尔·厄威克合编：《行政科学论文集》，纽约：美国国家公共行政研究所，1937年，第4页。

复性、可测量性和同质性的话，那么其控制幅度就可以扩大一些。

领导也是通过权威进行控制和协调的一个重要因素。古利克宣称，单一的集中领导几乎具有普遍性，而且他还建议不仅应该有权，并且就公共部门来说还应该有时间用权。古利克把行政机关所具有的职能总结为 POSDCRB 这个首字母缩略词。这个缩略词的字母代表行政机关的职能，即计划（Planning）、组织（Organizing）、人事（Staffing）、指挥（Directing）、协调（Coordinating）、报告（Reporting）和预算（Budgeting）。在他看来，行政组织应该围绕着这些职能来建立，而且他认为，只有行政机关才应该履行这些职能。古利克特别重视计划职能，他认为计划是目标转变为方案的手段，它意味着要识别一些为了实现组织目标而必须处理的关键性可控项目。尽管他认为计划工作应该由专家来做，但是他却建议负责计划工作的人还应该负责具体的行动方案，以保证计划和行动方案之间恰当的相互关系以及计划的有效执行。

虽然古利克把权威的机构和领导的角色强调为组织中的协调机制，但是他却承认仅仅依靠层级制度还不足以产生一个一体化的组织。他认为，组织还必须利用思想进行协调，进而培养组织成员带着单一的目标而共同奋斗的欲望和意愿。这就意味着行政官员与其说要运用强制和纪律的手段来完成任务，倒不如说应该利用说服的手段来完成任务。古利克说："解决问题的途径应该是通过个人协商谈判，坦诚布公地摊牌，而不应该是通过轻率鲁莽的行动。"① 古利克认为，通过思想进行协调，可以使统治集团的荒谬行为变得"既惬意又合理"。他认为，明确地陈述目标是有效行政的最佳保证。

在古利克看来，一个一体化的政府行政机构不仅要搞好协调工作，而且要提供一个服从民主控制的领导责任和政治责任的单一焦点。他告诫我们还应该认识到，由于有效的知识、决策能力和管理技术存在着种种制约因素，所以组织的一体化还受到种种限制。因此，我们必须处理好一体化的愿望与其可应用性之间的关系。

六、从理论原则到实际应用

如前所述，古利克认为自己是一个实践家，而且他在其职业生涯的许多时间里在专注于对前面所考察思想和原则的应用。在讨论他对这些思想和原则的应用时，我们首先有必要简要地考察一下美国公共行政研究所，因为它

---

① ［美］古利克：《计划与合作》，载［美］《州政府》第 20 卷第 3 期（1947 年 3 月号），第 86 页。

既是古利克许多思想信条的来源，又是他实践其思想信条的工具。

美国公共行政研究所最初叫做纽约市政研究局，它成立于1906年，是美国效率运动的一个组成部分。尽管该研究所的领导者们很关心经济和效率，然而他们也为一种深深的民主信念所驱动，这种民主信念具体表现为他们要求政府对公民负责、关心公民并搞好对公民的教育工作。该局的创建者们试图扩大政府的职能，以使民主制“富有生机和活力”，因此，该局的工作不仅要实现效率，而且还要在促进政府发挥更为积极作用的同时塑造被视为真正民主所必需的进步公民。

这个被古利克视为效率运动之“力量库和思想工厂”的组织机构所从事的工作主要是探索行政原则及其实际应用，其目的在于促进政府更节约、更有效率，在于促进对科学会计方法的采用和市政事务的报告，在于保护建设性的公开性以及在于对事实真相进行收集、分类、分析、联系、解释和发表，其基本着眼点在于集中研究行政责任以及正确计划、协调、预算和人事实践活动的发展。

该局亦即后来的美国公共行政研究所，它主要是通过两种主要机制来实现其目标。这两种主要机制是：政府调查和公共服务训练学校。政府调查作为该局的主要分析工具，它意味着要将行政活动分组归类成为一些主要的职能，给每一项职能分配一个调查研究人员，就每一项职能对宪法和法律条文进行分析以及对有关机构的实际组织和运作进行调查研究；然后再提出改进建议，以便使政府的活动更加统一、更加标准化、更具有明确性、更加协调并且得到更好的控制。该局还就这些建议实施的可行性同有关机构的行政官员进行讨论，并且将研究报告向公民发表，以便同其公民教育的使命保持一致。

该局实现其目标的第二个重要机制是它的公共服务训练学校。该校成立于1911年，其目标是“为行政机关、非官方的公共服务机构以及市政研究组织培训人才”①。其培训项目包括一年的学习期再加上三个月的实习期。该局让其工作人员担任教员，将该市作为学员的试验室，因为学生被安排参加该局的研究项目，以培养和提高他们的工作技能。

古利克的个人兴趣一直主要在公共财政、人事和城市政府这些领域。他的个人兴趣产生于他在该局的工作经历，并且在很大程度上影响着他对该局的领导工作。当古利克还是公共服务训练学校的学生时，他就被任命为马萨

① ［美］古利克：《美国国家公共行政研究所》，纽约：美国国家公共行政研究所，1928年，第55页。

诸塞州议会财政与预算程序联合专门委员会的秘书。这段经历使他产生了对公共财政的持久兴趣并且形成了他关于预算改革的许多思想。古利克通常认为，行政机关应该增加管理财政事务的职责，而立法机关则应该相应地减少其在财政事务中的作用。在他看来，这样做的目的在于使有决心的行政机关摆脱立法机关的优柔寡断。古利克还提倡“功能化”，或者说，计划、预算应该运用可以用来进行检查和评估的绩效指标。最后，古利克还建议，财政职能应该主要集中在各个州。他极力主张，各州政府应该对除财产税、地方调节税和“能够由地方单位支配的其他一些税种之外的所有税种具有行政管辖权”①。

古利克的第二个兴趣领域一直是人事方面。在这一方面，古利克主张在公共部门建立一个“积极的专业服务机构”。他认为，这样不仅可以把政治置于一个更高的问题层次上，可以避免把人事问题视为职位和特权问题，而且可以为民主政体贯彻执行人民的决策和愿望所必需的人才资源提供有效的人事保证。在他看来，公共雇员应该早招收，应该有一段学徒期，而且应该把那些“弱不禁风的林妹妹”淘汰掉。

古利克提出的职业系统可以扩大到政府中所有的高级职位。他认为这些职位可以包括五种职业类型，即：无需技能的服务人员、技术和行业人员、办公室工作人员、职业和专业人员以及行政人员。各种职业类型的人员招收都应该通过竞争性考试，人员录用的依据应该是各类职业所需的特殊技能。所有的公共雇员都应该有一段试用期，试用期间，应该对其暂时分配的工作任务实施严格的监督控制，以避免考试中投机取巧和偶然取胜的不良情况，确保被录用人员的质量。职务晋升的依据应该是功绩。为了吸引和留住胜任工作且具有真才实学的人才，应该为他们提供优厚的薪水和退休津贴。职业系统还应该建立一些保护措施来保护雇员免遭任意的解雇。

正如人们可能会认为的那样，由于古利克一生都与美国公共行政研究所和纽约市政府有着密切的联系，所以他一直十分关心城市政府的问题。古利克关于城市政府的思想一直都与前面所讨论的联邦制概念是一致的，即应该按照职能的方面将责任分配给各级政府并且要依靠具有处理问题能力的最小的政府单位。至于行政权力与立法权力以及财政责任的集中化问题，古利克的观点不甚明朗。

由于改革运动产生了广泛的影响，古利克特别重视城市问题。他说，城

① 参见美国税务协会主办的第16届税务年会的会议记录，美国税务协会1924年编辑发行，第267~268页。

市“以民主的方式为民众提供了获得最高文化教养的机会，而且城市还通过学校教育培养人们的自主能力、自控能力和适应社会变化的能力”①。不过，古利克也承认城市生活既带来了机会，也造成了问题。空间的拥挤不堪、少数民族和穷人云集、为不在城市生活居住的人们提供服务的需要以及财政资源的缺乏，均给城市造成了很大的麻烦。古利克认为，城市的这些问题并非仅仅是由规模造成的。规模经济至少可以部分地减少规模成本，而且古利克认为没有任何“法律”可以限制城市政府的规模。而城市问题实际上是不良政治操纵和不当管理手段的问题。古利克宣称，政府不仅在许多领域都未能发挥作用，而且它一直承担的职能也遭到分化。古利克认为，人口的失衡造成了不适当的税收基础，而且政治资源的匮乏和领导头脑的不清醒，已经使城市政府难以胜任它所面对的工作。

古利克认为，城市问题的解决可以采取以下办法：为城区建立目标有限的机构，把分部的活动转交给上一级政府，建立地方的多目标机构，通过政府的合同系列地解决问题，在州一级建立一个地方事务部，重建县级行政区以及为城区建立一个新的政府层级。无论城市管理采取什么特定的形式，其基本要素还是确定边界的灵活性和政治可行性，地理、社会和经济的综合性，相关活动的合作，从该区域作为一个整体产生的代表团体，保护地方社区能够连续地履行地方职能以及适当的财政结构。尽管古利克通常坚决主张行政控制而不信任立法机关，但是他还是更倾向于建立一个可以依靠负责的政务类行政官员与其管辖范围内的社区领导人之间自愿合作的市政会。他认为，作为一个立法机构，市政会由该城区当选的主要官员和经过直接选举产生的委员组成。

虽然城市管理很重要，但是联邦的支持也是必要的。在古利克看来，城市问题的最终解决需要各级政府的共同努力，尤其是需要发挥联邦政府的重要作用和总统的领导作用。他认为，在一个将政府间的支出与对州和地方单位的财税授权结合起来的财政系统中，每一级政府都应该履行好属于自己的职能。

七、结论

综观古利克的整个行政学思想，我们不难发现，它明显地具有一体化和实践性的特征。他无论是对政府作用的研究还是对行政功能的探讨以及对行

① ［美］古利克：《城市政府应该为其公民做什么》，载［美］《公共管理杂志》第21卷第12期（1939年12月号），第356页。

政组织的分析，都十分注意将其置于一种整体的系统背景之下，并且很善于理论与实践的有机结合。从古利克的身上我们可以全面感受到，政府在社会中扮演着一种十分重要且有用的角色，而且行政官员对于政府必要职能的履行也具有十分重要的作用。同样，古利克也反映了明显具有改革运动特征的时代气质和使命感，其作品和行政生涯都明显而有力地证明了他对其事业的热爱。古利克的著作反映了20世纪早期改革运动的许多重要问题，他的思想被广泛地应用于公共部门的组织与管理。他采用了威尔逊关于应该建构一门行政科学的理念，认为这样一门科学应该建立在一些既可以应用于公共部门又能够应用于私人部门的基本原则之上。与威尔逊一样，古利克认为建立行政科学的目的在于提高公共部门的工作效率。他特别强调要以联合一体化的名义进行结构改革。他主张集权以强化行政首长的地位，主张专业化以改进公务员的质量，主张决策和管理过程的合理化以确保公共服务效益和效率的提高。也许，古利克最为强调的还是增强行政组织内部以及行政组织之间的行政权力。在他看来，一个强有力的行政领导，必须从整体上对个别公共组织和公共部门的分裂活动进行协调，统一集中的领导对于行政组织的合理运作和将责任定位于组织金字塔的顶端是十分必要的。就政府各部门之间的关系而言，行政部门应该制订计划、提出政策建议和执行公共政策和方案，而立法机关的职责则只应限于审查和批准公共政策和方案。在对待政治/政策—行政二分法的态度上，古利克与其同时代的行政学家不同，他不赞同这两个领域能够或者应该分离并且截然不同的观点，他认为这种分离是不现实的、不可能的并且是不合需要的。相反，我们应该建立和发展一个允许充分利用行政人员专业特长，包括在公共政策问题上的专业特长的系统。

古利克对政府和行政问题的探讨可以概括为以下几个主要方面：

（1）当私人的行为证明不符合公共利益时，政府应该通过行动在社会中扮演一种积极的角色，应该尽可能地建立公共部门与私人部门之间的合作机制，因为计划是所有公共事业的基本要素。

（2）各级政府的行政部门都应该提出政策建议和执行政策，与此同时，立法部门则只应该承担批准行政建议或否决行政建议的职责。

（3）在行政部门内，行政首长应该通过更为有力的层级控制、改进参谋机构的支持、合并行政科室以及减少州级政府和地方政府民选官员的人数来增强其实力。

（4）联邦政府、州政府和地方政府之间应该就其各自所应承担的职责建立和发展合作关系。尤其是，联邦政府应该承认州和地方的问题具有全国性，因此联邦政府在处理这些问题时应该扮演一种领导角色。

（5）行政官员必然涉及政治和政策问题，而且行政理论应该重新加以阐述，以便在各项行政职能中充分地利用职业专长。

（6）应该运用科学的方法来发现能够用来提高政府工作效率和效益的一般性行政原则。

（7）组织的最高领导人应该在组织内部通过权威的机构和建立与发展统一的目标来对其行政分支组织进行内部整合。

总之，古利克的行政改革方法意味着政府要承担新的职能，所承担的工作要更有效率，在行政机构内部以及对于作为一个整体的行政分支机构而言要集中，而且专家的管理要接受当选行政首长的直接控制，要服从立法机关的否决权并且要接受公众的监督。

也许，对古利克的思想进行评价并不是一件容易的事情，因为在其漫长的职业生涯中，他的许多思想都发生了不同程度的变化。而且，他常常似乎更易于为其改革热情所驱动。因此，古利克的思想有时表现为一种未松解的张力，而且他的看法常常缺乏经验支持。

在某些方面，古利克的思想似乎有些不太一致。例如，虽然他因倡导一体化机构而著名，但是他却愿意容忍一个没有统一命令、职责不明确、没有清楚的指挥链并且其中权威与财政职责不相称的联邦系统；更为常见的是，他在考虑一些对立的问题时明确地显示出一些张力。例如，他一方面提出应扩大州级政府的作用，但另一方面却又主张对州级政府能够并且应该发挥的作用施加种种限制。他一方面支持计划，但另一方面却又说计划能够有效执行的程度存在着种种限制。他一方面主张一体化，但另一方面却又承认一体化的可能性程度存在着种种限制。他一方面支持建立一种不受政治干预的专业公务员制度，但另一方面却又希望在与行政机构的关系上强化政务类行政首长的地位和作用。他一方面主张扩大专家的作用，但另一方面却又承认在一个民主社会中存在着对专家的控制问题。这里的问题在很大程度上并不在于对所有这些问题存在着对立的考虑——那也许是不可避免的，而在于应该在哪些地方搞好这些平衡以及/或者应该在什么情况下采取一种特殊的行动方案。而古利克对于这些关键性问题并没有给予明确的解答。

就古利克所信奉的某些行政“原则”而言，也存在着类似的问题。例如，他信奉的同质性原则和一体化原则。同质性原则认为在组织中类似的工作任务应该进行分组归类。问题是所有的活动不可能按照一个单一的尺度进行分组归类，而且也不存在这样一个可供选择的主要尺度。而工作任务分组归类中所运用的方法配合则应该取决于对各种组织工作任务分组归类基础之优缺点的考察。然而，古利克并未能为在这些分组归类基础之间进行选择提供具体的标准，而且他也没有对任何一种特定选择的可能后果作出有益的思索。至于一体化原则，古利克认为，一个一体化的组织可以提高行政的效率和效益，可以通过明确规定的沟通渠道进行协调，并且可以进行有助于民主控制的职责明确分配。当然，这听起来似乎有一定的道理，但是也许听起来似乎同样有道理的是，这种一体化组织的"官样文章"比效率和效益更有可能产生，一体化将会因沟通渠道的延长和组织的俗套而妨碍沟通，在官僚制的迷宫里，职责不仅难以明确，反倒会更加模糊不清，而且由一个权威行政首长领导指挥的一体化行政部门，可能会导致专制的政府。

这种未松解的张力也是古利克组织管理理论的特点。在组织中，古利克通常主要是依靠权威的层级结构来进行控制和协调。就连"通过思想进行协调"也被古利克视为层级控制的一种方法和使这种控制看似合理的一种手段。这里的问题是，经过层级整合的组织是否充分地注意到作为组织成员行为动机的广泛需要。古利克十分关心这个问题，例如，他宣称，我们的首要任务是不仅要"释放人的潜能"，而且要"努力认识人的意识模式和组织成员能够充分发挥其潜能的方法"①。但是，古利克未能深入探讨经过层级整合的组织与组织中满足人的需要之间的潜在不相容性。例如，为了确保严密且直接的监督，经过整合的组织常常要有一个有限的控制幅度。然而，实践已经证明，严密的监督会压抑组织的士气和阻止下属人员承担个人的责任。层级整合通常与一种利用专业化组织的精细分工相联系，而实践证明，职责扩大（即减少专业化）可以增强组织成员对组织总使命的认同感和完成任务的个人成就感。层级整合的组织要求集中化的决策程序，而分散的和参与型的决策程序已经证明是增强个人的组织参与意识和提高个人接受组织决策的可能性的一种有效手段。

最后，古利克的某些见解看起来与其说像是"科学"陈述，倒不如说更像是价值承诺。他关于加强和整合行政部门的主张就是一个恰当的例证。古利克认为，行政领导可以提高行政的效率和效益，可以提高民主控制的程度，但是他没有提供足够的证据支持他的这一论点。而且，古利克对行政领导这一价值的接受与其关于代议制和中立能力等其他价值观相冲突。与代议制的冲突表现为一个有权的行政部门既可以不受富有意义的选民控制（例如人们经常听说的对一个"帝王总统"的指控），也可以逃避立法机关"权力制衡机制"的控制（这个问题常常会因古利克主张严格限制立法机关的

① ［美］古利克：《公共行政的下一步》，载［美］《公共行政评论》第15卷第2期（1955年秋季号），第75页。

权力而变得更加严重)。与中立能力的冲突表现为行政领导要求政务类行政官员对被任命的官员实施更多的控制并因此使行政官员处在职业标准与层级指令之间的一种潜在冲突的地位。

尽管古利克的行政学思想还存在着上述的问题，但是这丝毫不应该降低我们对他的评价。不管怎么说，我们都不能否认古利克对于公共行政理论与实践所作出的重要贡献。他所提出的许多思想已经深深地扎根于公共行政的理论和实践之中。他关于公共行政研究应该内在地与公共行政实践相联系的思想、关于有效的民主需要对公民进行启蒙教育的思想、关于应该采用企业管理的技巧来提高政府工作效率的思想、关于有效的行政需要行政领导的思想、关于公共服务机关应该鼓励专业化的思想以及关于政府应该更加关心人民并应该对人民更加负责的思想，不仅过去为一代学者确定了公共行政的中心，而且现在仍然是公共行政领域的主题。他以“POSDCRB”这个首字母缩略词所提出的七项行政管理职能，一直都是现代政府行政管理工作的主体内容。我们还应该注意，正是由于其行政思想很强调规范性，因而一方面致使他对行政科学的探求遇到了种种障碍，而另一方面也使他的思想在很大范围内产生了持久的影响。

此外，我们至少应该根据古利克的所言和所行两个方面来全面客观地评价他对公共行政的贡献。古利克在美国公共行政研究所的长期工作经历、他在美国总统行政管理委员会的任职、他在第二次世界大战期间的行政记录、他在纽约市政府机关的各种活动以及他所获得的种种奖励和荣誉，都有力地证明了他在公共行政领域的杰出地位，以至于他常常被人们誉为“公共行政的前辈”。此项殊荣对于他来说应该是当之无愧的，因为他一生中的大部分时间致力于公共行政的理论研究和实际工作。他的思想既反映了公共行政领域的许多变化，也反映了构成这些变化之思想基础的一些恒久主题。而且，古利克的公共服务记录虽然不能说是举世无双，但至少可以说是很少有人可以与其相比的。古利克的公共行政学思想在整个西方行政学的发展过程中占有十分重要的地位，它不仅曾经而且继续对西方国家，尤其是美国的公共行政产生着重要的影响。

第四节　厄威克的系统化行政管理原则

在西方行政管理学史上，谈到古利克，人们自然会联想到另一位与其来自不同国度的行政学家，这不仅是因为他与古利克合作编辑了对于西方行政学的发展具有重要影响的《行政科学论文集》，而且还因为他对法约尔、泰勒等西方早期行政管理学家的思想做了大量的系统化工作并提出了一系列具有普遍实用性的行政管理原则。他就是英国著名行政管理学家林德尔·厄威克。

一、生平与著述

林德尔·厄威克，英国著名的行政管理学家。他出生于1891年，曾在英国牛津大学专攻历史。由于他在第一次世界大战和第二次世界大战期间曾出色地在英国皇家军队中服役，并获得中校军衔，所以素有“厄威克中校”的美称。厄威克在1920—1928年间担任朗特里公司的组织秘书，1928—1933年间他担任设在日内瓦的国际管理协会的首任会长，并且是伦敦的厄威克和奥尔管理咨询合伙有限公司的董事长，他长期从事管理咨询工作，直到退休。厄威克退休后定居澳大利亚，继续从事管理方面的研究和探索。

厄威克一生中的著述颇多，尤其是撰写和编辑过许多管理学方面的著作，其中主要包括：《动态管理：玛丽·派克·福莱特论文集》（1924，与梅特卡夫合编）、《作为一个技术问题的组织》（1933）、《明日的管理》（1933）、《管理的职能》（1934）、《行政科学论文集》（1937，与古利克合编）、《行政的要素》（1944）、《科学的组织原则》（1938）、《科学管理的形成：十三个先驱》（共三卷，分别于1948年和1951年出版，与布雷克合写）、《组织中的委员会》（1950）、《作为一种思想体系的管理学》（1955）以及《管理备要》（1956）等。

二、厄威克对行政管理原则的系统化

厄威克长期从事研究和著述，他在管理学方面的主要贡献是把古典管理理论系统化。他在《行政的要素》① 等书中指出，自然科学同社会科学之间的差距导致管理学仍然是一种不够精确的科学，但是，有关管理的知识在数量上是很多的，这足以使管理学成为比一般人认为的更科学、更统一的一门学科。为了做到这一点，厄威克选择了诸如法约尔、泰勒、福莱特、穆尼这样一些著名管理学家的著作进行研究。通过对他们的思想、概念和原则进行系统的分析，厄威克发现，这些重要的管理学家虽然没有或者很少从对方的思想中吸取营养，但是他们却常常采用类似的研究途径，并且提出了一些尽管词句不同但在内容上却相似的原理。这些管理学家虽然具有不同的文化背景、属于不同的国家、从事不同的职业，但是他们却提出了一些类似的概

---

① 参见［英］林德尔·厄威克：《行政的要素》，纽约：皮特曼出版社1949年版。

念。因此，厄威克认为，实际上已经存在着一种很有用而且很可靠的管理知识，需要做的是把这些知识相互联系起来。厄威克正是在这一方面作出了重要的贡献。他对这些管理学家的思想进行了系统的阐释，指出了它们的类似之处，并且使它们处于正确的相互联系之中，便于读者理解。与此同时，他也加进了自己的观点。例如，他在《行政的要素》一书就把法约尔、穆尼和泰勒的主张加以归纳，并综合成一个基本的结构。正是通过厄威克的分析，科学管理和古典组织理论才得以结合，开始形成了古典管理理论。厄威克对古典管理理论的描述可以综合于图 2-1 中。图中的内容是以厄威克的分析为基础的，同时也反映了后人对厄威克思想的理解。它不仅包括了泰勒、法约尔、穆尼等人的主张，也包含着厄威克本人对控制职能的理解。从图 2-1 中我们可以明显看出，厄威克从泰勒那里吸取了管理要以科学调查为指导原则的思想，强调了对工作的管理可以通过对工作场所本身收集的客观资料的分析来进行。他认为这是指导所有管理职能的基本原则。厄威克关于一般管理理论的言论和著述是根据法约尔的管理五要素即计划、组织、指挥、协调和控制来展开的。

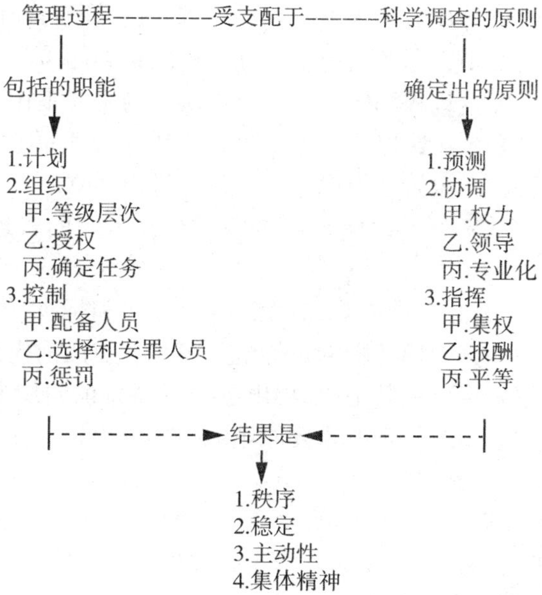

图 2-1

在讨论这些要素的过程中，厄威克多年来一直在收集和整理构成一个完美组织所需的各种原则。厄威克认为，管理过程由三个职能组成：计划、组织和控制。这三个职能的指导原则是预测、协调和指挥。他认为，进行控制必然要运用指挥原则，即指导和监督下级的活动。在这里，法约尔仅把指挥看做是一个单独的要素，而厄威克则把这个概念提高成一项原则了。

厄威克从控制职能中推论出了一些职能和原则。他认为控制的派生职能同组织的人事因素有关，主要包括配备人员、挑选人员、安置人员和惩罚。其中，配备人员的职能包括安排管理人员担任一种职务，根据其能力确定他们的权力与责任；挑选和安置管理人员和一般职工，不仅要按照工作的要求，而且也要根据公平报酬原则来决定；对下级的日常监督，包括惩罚活动，是为了保证已达成的协议得到遵守，而平等或公平的原则是惩罚职能的基础。

关于计划和组织职能，厄威克完整地采纳了法约尔关于计划职能的分析和穆尼关于组织职能的分析，即仍认为组织职能有着等级原则、授权和确定工作任务等三种派生职能。由于他几乎原封不动地引述了他们的分析，故在此恕不赘述。

最后，厄威克在对管理理论的综合中总结了管理的间接目标，即秩序、稳定、主动性和集体精神。他认为，如果管理人员在履行他们的职能时多少注意到一些适当的原则，那么这四个目标是可以达到的。

综观厄威克的探索过程和研究目的，他所做的主要工作事实上就是在对古典管理理论进行系统化，以便探求出更为广泛的管理原则。厄威克一直都致力于使范围广泛的行政管理原则获得公认并进而建立起专门的行政管理学的知识体系。在他看来，下列原则对于一切行政组织的管理都具有普遍适用性：

（1）目标原则。组织目标是组织活动的方向和标准，组织有了目标，其成员才能有所适从，明确清晰的目标既是组织存在的前提又是其群体凝聚力的基础，所以厄威克早在其 1938 年出版的《科学的组织原则》一书中就将目标原则作为行政组织管理的重要原则之一提了出来，并认为所有的组织都应当确定出一个明确的目标。

（2）人员与组织结构相适应的原则。此原则亦称“为组织机构配备合适的人员”原则。厄威克把组织解释为：“决定某种目的（或‘计划’）需要一些什么活动，并把这些活动分成一些能分配给各个人的小组。”厄威克提醒人们，必须以“一种冷静的、超然的态度”来对待组织，如同绘制一份工程设计图那样，而不考虑到目前在组织中的任何个人，必须没有任何倾向性地确定相应的组织机构，然后再采取步骤“为组织机构配备合适的人员”，以使人员适应于组织结构。

（3）单头领导的原则。此原则亦称“一人管理原则”，即在一个组织中应该由一个领导者承担管理职责。厄威克提醒人们不要用委员会来进行管理。在他看来，在一个组织中运用委员会的形式进行管理，不可避免地会导致行动迟缓、笨重累赘、铺张浪费、难以协调和效率低下等不良后果，而单头领导则权力集中、责任明确、指挥统一、行动迅速，有助于行政管理效率的提高。

（4）“专业参谋和一般参谋”共存的原则。厄威克一方面坚持“一人管理原则”；另一方面也认识到，由于组织规模的扩大和工作量的增加，行政领导者需要越来越多的专家和专业工作者来协助其工作，因此，他主张加强和发展“职能”部门或“参谋”部门。他认为，“专业参谋”的职能主要是作为行政领导者的咨询人员，而不应拥有行政指挥的实权，这些专家只应该通过说服，通过“思想的权威”来取得成果。为了改进行政领导者的工作，厄威克认为，除了“专业参谋”以外，还必须增加一种“一般参谋”，以便帮助行政领导者承担指挥、控制和协调这些中心职责。他认为，这种“一般参谋”不同于“专业参谋”，其职能不限于提供建议，而是拟订和传达命令、追踪下级工作的进展情况并协助对专业参谋的工作进行协调，而他们本身并不从事任何专业的工作。但是，这种“一般参谋”虽然处理范围很广的问题，而且经常忙于协调和一般领导方面的工作，但重要的一点就是要记住，他们不是以自己的身份，而只是作为上级的代表来进行指挥的，而且他们指挥的内容只限于上级决定的范围之内。厄威克强调指出，这种“一般参谋”的工作宗旨只是在于使行政领导者免除某些事务的负担，使他们能够扩大控制幅度并集中精力于最重要的问题。

（5）“授权原则”。即行政领导者要能够把某些职权授予下级人员。厄威克在其《行政的要素》一书中曾指出，缺乏恰当授权的勇气和如何进行授权的知识，是组织失败的最常见原因之一。他认为，尽可能地授权是行政领导人员进行有效工作的最重要条件，而那些陷在琐碎的事务圈子里的行政领导者们之所以难以自拔，只能怪他们自己在授权问题上处理不当。

（6）“责权相符原则”。即有权必须有责，权责必须相符。厄威克在《行政的要素》一书中指出，只把责任加在某些管理人员身上是不够的，还必须授予他们履行这些责任所必需的权力。他还进一步指出，被授予权力的人必须对下级的所有工作承担个人责任，在各级管理人员中，责任和权力都必须相称。

（7）明确性原则。即是指各种职责都应当有明确清晰的界限，要使从上到下的每一个组织成员都明确地了解并承认各自的职责，而且每一职位的职、权、责以及各个职位之间相互关系均应以书面的形式确定下来并传达给组织的所有成员。

（8）“控制幅度原则”。所谓控制幅度，即是指每一个上级直接领导的下属的人数。厄威克认为，一个行政领导人员直属的下级人员数量应有一定的限度，宜小不宜大。他在《行政的要素》一书中指出，每一个上级领导人员直接领导的下级人员不应超过五人，至多不能超过六人，这是因为领导人员所必须监督控制的不仅仅是每一个单一的下属人员，而且还包括各个下属人员之间繁杂的相互关系是否协调。他说，如果下级人员的人数以算术级数增加，那么需要由上级领导人员加以注意的下级人员之间相互关系的排列和组合则是以几何级数增加的。所以，行政领导人员直接管辖和控制的下属人数不应超过一定的限度。

三、简评

综上所述，厄威克在行政管理学上的主要贡献在于他对西方古典管理原则进行了系统化。然而，他的理论自第二次世界大战以后，即受到猛烈的批评与攻击。1946 年，赫伯特·西蒙就首先攻击这些原则只是一些谚语（Proverbs），够不上“原则”这个荣誉头衔。他尤其对厄威克提出的控制幅度原则和单头领导或“一人管理”原则进行了批评。就控制幅度原则而言，西蒙不赞成厄威克关于控制幅度宜小不宜大的观点。他认为，控制幅度与层级多少有着密切的关联，在规模庞大、人员众多的机关，控制幅度小，层级必然增多，而层级增多则必然会导致上下级之间的沟通更加困难，进而会严重地妨碍组织的工作效率。而对于单头领导或“一人管理”的原则，西蒙则认为，命令是以权威为基础的，而权威既有源于层级地位的，也有源于专长知识技术的。但是，单头领导的原则规定下级人员只接受其直属领导人员的命令，而源于专长的权威者的命令则必须通过层级上的最高行政领导才能生效，这又延长了沟通的历程，在很大程度上也会妨碍组织的工作效率。所以，西蒙认为，该项原则必须修改为：当两种权威的命令发生冲突时，只应有一个人作最后决定。①

然而，尽管厄威克关于行政组织管理原则的一系列思想曾遭到了无情的攻击，但是如果我们从理性的观点出发，对其进行客观的评价，我们则不能

① 参见［美］赫伯特·西蒙：《行政谚语》，载［美］《公共行政评论》第 6 卷（1946 年冬季号），第 53~67 页。

不承认，厄威克提出的行政管理原则所受到的批评和攻击相对而言毕竟只是少数，而且其所受到的批评，只是说不能对其提出的某些原则作极端的解释和运用而已。所以，在一般情况下，行政组织的管理还是有原则可循的，而且要使组织结构完整严密，运用灵活方便，也不能不遵循一定的原则。现代行政管理的实践也表明，厄威克提出的组织管理原则在很大程度上是具有可行性的，诸如1937年的布朗娄委员会以及1945年和1950年的两届胡佛委员会等多届美国行政改革委员会就在很大程度上接受了他提出的行政组织管理原则，而且他提出的许多管理原则和理论观点已经成为研究正式组织所不可缺少的理论，更何况以厄威克为主要代表人物的古典行政管理理论毕竟扩大了管理研究的影响，巩固了管理理论研究领域的地盘，并且坚定了可以建立普遍性管理理论的信念。正如著名管理科学家卡斯特和罗森茨韦克所说的，厄威克等人的最基本的贡献之一就是强调了这样一个主张：管理是值得观察、研究和改进的独特领域，从而是一种重要的科学。① 可见，厄威克在西方行政管理学特别是在行政组织理论发展过程中的地位是不容忽视的。

最后，值得一提的是，厄威克所研究的并不限于组织方面，他对领导问题亦有相当深入的研究。他认为，作为一名领导者，应该时时记住自己扮演的角色具有四种功能：（1）代表着他所服务的那个组织，甚至可以说是该组织的化身；（2）制定组织战略，并付诸行动；（3）管理日常工作；（4）给下属解释所要进行的工作的目的和意义。他对那些自以为是的领导者提出了批评，认为他们只重物而不重人，特别在选用人员时，他们自认为独具慧眼，往往仅通过一次几分钟的谈话就认定了“合适的”人选。因此，厄威克坚决主张，上级领导必须对他们的下属所做的工作负有全责。总之，在行政管理科学的各个方面，几乎没有未被厄威克或多或少论及的问题。

第五节　福莱特的动态行政管理理论

在行为科学正式产生之前，西方行政管理学界已经有一些学者注意到行政管理中人及其行为因素对行政管理效率所具有的影响，他们在着重对诸如组织结构、规章制度等所谓“正统”的行政管理问题进行研究的同时，逐渐认识到人的问题在行政管理中的重要性并且对其初步进行了一些有益的探索，为早期所谓“正统”的行政管理理论向行为主义行政学说的转变架起

① 参见［美］弗里蒙特·E. 卡斯特、詹姆斯·E. 罗森茨韦克：《组织与管理——系统方法与权变方法》，纽约：麦克格劳-希尔出版公司1979年版，第63页。

了桥梁。其中，最具有代表性的人物当数美国著名女政治哲学家和管理学家福莱特。

一、生平与著述

玛丽·派克·福莱特1868年9月3日出生于美国马萨诸塞州的昆西，她的家庭有英格兰—苏格兰—威尔士血统。她的父亲是一家地方鞋厂的机械师，她的母亲是一个银行家的女儿，由于她母亲体弱多病，福莱特从小就挑起了照顾母亲和一个小弟弟的重担。福莱特早期就读于马萨诸塞州的塞耶学院，于1884年16岁时从塞耶学院毕业；1888年，她进入哈佛大学的安内克斯学院（后称拉德克利夫学院），在那里，她学习了两年英语、政治组织理论和历史；1890—1891年，她旅居国外，在英国剑桥大学的纽罕姆学院学习。在此，她发表了一篇关于美国众议院的论文，这篇论文后来成为她的第一本著作的基础。遗憾的是，福莱特由于其母亲身患疾病而不得不于1891年暂时中断了她在纽罕姆学院的学业并回到了自己的祖国。尽管她不能坚持在纽罕姆学院专心学习，但是她却利用业余时间刻苦自学，并断断续续地回到她原来的母校拉德克利夫学院上课，终于在1898年她30岁时以优异的成绩获得了该校的学士学位。福莱特的兴趣广泛并且知识渊博，她开始学的是哲学和政治学，尤其着迷于政治学，以后对职业指导、成人教育和当时正在兴起的社会心理学产生了兴趣。她于1891年回到美国后，在波士顿积极从事社会工作。1900年，在波士顿的罗克斯贝利·内布林·豪斯成立罗克斯贝利辩论俱乐部，以后又把它扩展成为这一贫困地区的社交、娱乐和教育中心。1909年以后，福莱特担任一个社会团体的主席，该团体于1911年以后叫做“扩大利用校舍委员会”。该委员会建立了一些从事教育和娱乐活动的“波士顿晚间中心”，这些中心很有名，成为全国其他城市的榜样。1912年，福莱特成为最早出现的波士顿安置委员会的委员，该委员会以后成为波士顿市职业指导部。在此之后，福莱特又成为马萨诸塞州最低工资局中代表公众的成员。1920年，她出版著名的《新国家》一书并因此被人们广泛地认为是一名政治哲学家。1924—1925年间，福莱特应邀在纽约向一批企业经理人员作了一系列有关她的政治哲学在企业管理中应用情况的报告。通过这些报告，她对企业管理的兴趣更大了，并做了进一步的研究，提出了许多有启发性的意见，受到当时和以后管理学者的重视和好评。至此，这位蜚声国际的政治学家将其注意力转向了社会行政和社会问题的解决方面，从而自然而然地步入了工商管理和行政管理的王国。她生命中最后五年的大部分时间是在英格兰从事研究和教学工作，她于1933年在伦敦去世。

福莱特既是一位哲学家、历史学家和政治学家，又是一位在“科学管理”理论和行为科学理论之间起着桥梁作用的管理学家。从其生活的年代来讲，福莱特属于“科学管理”时期，而且她对泰勒的某些观点很赞赏，并作了进一步的概括，但是她的政治哲学和管理哲学的基本倾向则明显地具有“行为科学”时代的特征。她既概括了泰勒的许多思想，又得出了与后来的梅奥等人所做的“霍桑实验”的研究成果大致相同的结论，所以她成了这两个时代之间的一个联系环节。

福莱特在政治学和管理学等方面著述甚丰，除了前面所说的《新国家》（1920）之外，她还著有《众议院的发言人》（1909）、《创造性的经验》（1924）和《作为一种职业的管理》（1925）等书；她有关组织和管理方面的论文主要编辑在《动态行政管理》（1941）和《自由与协调》（1947）这两本论文集中。她的第一本论文集《动态行政管理》是由梅特卡夫和厄威克在她死后编辑出版的，并且于1973年由埃利奥特·福克斯和厄威克编辑出版了该书的第二版，其内容包括《建设性冲突》、《发号施令》、《作为一个整体的企业》、《权力》、《企业管理应该怎样发展以便获得作为一种职业的必要因素》、《企业管理中责任的意义》、《职工代表在把企业经理改造成为被下属接受型经理中的影响》、《控制的心理学》、《领导者和专家》、《领导理论和实务中的某些不一致》以及《在一个有计划社会中的个人主义》等文；而她的第二本文集《自由与协调》则是由《最终权威的幻想》、《发号施令》、《权威的基础》、《领导的必要因素》、《协作》和《控制的过程》等文构成。

二、福莱特行政管理思想的主要内容

福莱特坚信一定有若干适用于行政管理各方面的基本原则，她发现国家机关的行政官员都面临着诸如组织、领导、控制、权力、参与和冲突等这样一些问题，她从人的角度，运用心理学的研究方法对以下诸方面的行政管理问题进行了探讨：

（一）“群体原则”与建设性冲突

福莱特在哲学和政治上是德国主观唯心主义哲学家约翰·费希特的一个狂热崇拜者，她的思想明显受到费希特的影响。费希特信奉个人自由服从集体的民族主义，他认为个人并没有什么自由意志，而是束缚于一个所有人都参与的人际网络之中，所以“个人的自我”从属于一个“更为广泛的自我世界”之中，使自我成为一种社会性的自我，成为一种“大自我”，这种“大自我”是所有人的共同生活的一部分。受费希特这一思想的影响，福莱特提出了一种所谓“群体原则”。她在《新国家》一书中表达了这一思想，并以此向当时流行的政治假设挑战。她的论点是，只有在群体中才能发现真正的人，个人的潜能在被群体生活释放出来以前，始终只是一种潜能，人只有通过群体才能发现自己的真正本性，获得真正的自由。这种“群体原则”相对于个人独立思考、感觉和行动的老观念，成为一种“新心理学”。“群体原则”包括以下几方面的内容：

1. 个人存在于相互的社会交往之中

这种观点表明福莱特接受了格式塔心理学（即完形心理学）的观点，并接受了查尔斯·霍顿·库利有关社会自我通过联合而扩大以及社会“镜子”的思想。她应用“一致性”、“群体思维”和“集体意志”这类词汇，追求一种以群体原则而不是以个人主义原则为基础的新社会。福莱特并不是以此而否定个人，她只强调个人只有通过群体才能发现“真正的自我”，一个人的“真正自我就是团体自我”，“人没有脱离社会，独立于社会或反对社会的权力”。

2. 民主是一种社会意识

这是她反对关于政府的目的是保障个人权利这一说法而提出的关于民主的新概念。她认为，民主是一种从人发展来的巨大的精神力量，民主利用每一个人，把所有的人在多成员的社会生活中交织在一起，使个人的不完整性得以补充。在她看来，民主是一种社会意识而不是个人主义的发展，新的真正的民主，是从小的邻近地段的团体开始，逐步发展成为一种地区群体、全国群体，甚至发展为国际群体“意志”。她对投票式的民主不感兴趣，认为那只不过反映了人群心理学和单纯用数量来表示的“权利”。

3. 群体目标—结合的统一性

这是福莱特在1924年出版的《创造性的经验》一书中对先前在《新国家》一书中未能予以考察的团体冲突问题所提出的新的假设。她认为，人们可以通过会议、讨论和协作来彼此启迪思想，并在对共同目标的追求中表示其统一性。她并且认为个人可以通过群体经验而使自己的创造力得到更大的发挥。基于这种考虑，她提出了建设性冲突的思想。

在福莱特的著作中，冲突问题占据着十分重要的地位。她认为，我们“应该将冲突视为一个组织中任何活动的一个正常过程”①。在她看来，冲突既谈不上好，也说不上坏，应该正视它的存在，而不应该感情冲动地或带

① ［美］福莱特：《创造性的经验》，伦敦：朗曼-格林出版公司1924年版，第200页。

有偏见地去对待它。她认为，冲突并不就是斗争，它只表明一种差别——意见的不统一或利益上的差别，不仅组织的一般成员与其领导者之间会发生冲突，而且在不同的领导者之间也同样会存在冲突，或者简单地说，差别无所不在。在她看来，冲突并不像水火不相容的纷争那样毫无益处，它客观地存在着人的个体差异，所以冲突在人类组织中就是不可避免的，因此，我们与其说将冲突作为坏的东西加以批判，倒不如去重视它，利用它为我们谋利。福莱特认为，冲突是一个要素，它存在于相互作用的期望之中，冲突并非只是具有破坏性，它同样也具有建设性，冲突作为表现和累积差别的要素，也可能成为组织健康的标志和进步的象征。福莱特说，从大千世界中我们便可以得出类似的结论："所有光亮的物品都离不开摩擦。小提琴之所以会奏出动听的音乐，关键就在于弓与弦的摩擦；同样，正是由于钻木取火，我们才得以结束茹毛饮血的时代。"① 可见，问题的关键不是在于是否存在冲突，而是在于怎样使冲突发挥建设性的作用。为此，福莱特提出了三种处理冲突的方法：（1）压服的方法，这意味着冲突的一方战胜了另一方。福莱特认为，这是处理冲突的最简单、最容易的方法，然而也是一种急功近利的方法。从长远的观点来看，它不是一种成功的方法，因为被压服的一方往往不服，会伺机反抗。（2）妥协的方法，这意味着冲突的双方都作出一定的让步以缓和冲突，从而使被冲突所困扰的活动能够继续进行。这也就是说，陷入冲突的双方都要放弃自己的部分期望去赢得问题的解决。福莱特认为，虽然妥协的办法是人们解决绝大多数冲突的常用方法，但是，由于妥协总要使人们有所失，所以人们常常不太愿意妥协，即便是同意妥协，各方往往都可能会故意把以后的要求提得高一些，而把让步说得少一些，希望这样能使最后达成的协议更符合自己原来的期望，这样就使得冲突双方都不是开诚布公而是掩盖了情况的真相，使谈判也常常带有做作的成分。（3）整合的方法，即把冲突双方的利益和愿望结合起来，结果能够使双方都得到充分的满足，任何一方都无须牺牲任何东西。福莱特认为，整合是处理冲突的一种创造性的方法，它常常必须引入某些新的想法，以便冲突双方真实的要求能够得到满足。她认为，与妥协相比，整合的办法具有许多优点，例如，妥协仅仅是对现存冲突的解决，它不会产生新的效能，而整合则可以导致新思想的产生和新局面的出现。再比如，假如我们通过妥协来解决冲突的话，那么冲突还可能会以另一种形式重新发生，因为人们并不总是满足于自己部分愿望的实

① ［美］福克斯、［英］林德尔·厄威克编：《动态行政管理：玛丽·派克·福莱特论文集》，纽约：皮特曼出版社 1940 年版，第 30~31 页。

现，他们终究会要求实现自己的“全部”愿望；而相比之下，整合则可以通过对问题深入系统的分析，找出真正的问题所在，进而找出使冲突双方利益结合起来的解决办法，从而彻底地解决冲突问题，达到标本兼治的目的。也正是在这个意义上，福莱特认为冲突不仅仅具有消极作用，如果能够正确对待冲突，运用恰当的方法处理冲突，它同样可以产生积极的、建设性的作用。这里，我们不难发现，福莱特所偏爱的这种处理冲突的“整合”方法，其精神实质同泰勒所主张的劳资双方的“精神革命”颇为相似。虽然西方有些学者认为福莱特的“整合”方法带有理想主义色彩，实际上难以办到，但是我们也不能否认这种含有辩证系统思想的“整合”方法是很有启发性的，如果我们循着这个思路前进，对于我们解决冲突无疑是有帮助的。

(二) 权力、权威、控制与协调

福莱特认为，要实现“群体原则”，通过“整合”的方法来解决利益冲突，就必须重新考虑关于权力和权威的概念。在她看来，“权力是使事情发生的能力”，而“控制则是作为用来达到某一具体目的之手段而行使的权力”。换言之，权力是一种能力。她把权力区分为“统治的权力”和“共享的权力”，前者可能会变成强制的权力，而后者则是联合产生的共同的权力。基于对权力的认识，福莱特把控制视为权力的行使，或者说它是一种过程，实施控制就是指能够将所控制的领域视为一个综合整体并且能够从一个领域过渡到另一个领域的一种功能，它并非只是简单的预见，而是创造新的情境。而权威则被福莱特定义为“既得的权力”——即发展的权力和锻炼的权力，作为控制的表现形式，权威的行使也就相应地被她界定为“既得的控制”①。福莱特认为，权威也是一种过程，它不是决策的最终阶段，就名望和一个人从属于另一个人这一点来说，权威的提法冒犯了人的尊严，或许会引起不理想的反应和矛盾，因此，它不能成为组织的基础。在她看来，权威起源于正在执行的任务，来源于特定的情境。她提出，组织的真正基础是职能，权威也正是源于职能，中心权威即来自最高领导层的权威应该被职能权威所取代，在指定的职能范围内，每一个人都拥有不可剥夺的权威。她试图用“共享的权力”来代替“统治的权力”，用共同行动来代替同意和强制，变服从命令为服从“情境规律”。她说：“不应该由一个人给另一个人下命令，而应该是双方都从情境中接受命令。如果命令只不过是情境的一部

---

① [美] 福克斯、[英] 林德尔·厄威克编：《动态行政管理：玛丽·派克·福莱特论文集（第2版）》，纽约：皮特曼出版社1973年版，第70页。

分，那就不会产生某些人发命令而另一些人接受命令的问题。"① 在这里，福莱特的观点与泰勒提出的"职能管理"大致相同，福莱特在对泰勒的"职能管理"的评论中也作了一致的解释。在她看来，既然权威是由职能所产生的，那就同等级地位无关，一个部门的负责人、一个专家都有他的权威。她认为，在分派工作这一点上，分派工作的办事员比总经理更有权威。福莱特进一步还提出了"权威应该同知识和经验相联系"的思想。她认为，把权威转向知识，就可以避免个人之间的冲突，因为每一个人都感到那是情境在发出指示，因而能较少摩擦地实现整合的统一性。她赞扬泰勒的"科学管理"把人和情境分开这一点，因为这从心理方面来讲是对待下级的好办法。她用了这样一个比喻：你对奴隶有统治的权力，而你对仆人有共事的权力。任何统治的权力都是同整合和建设性不相容的。在生活的各种形式中，从人际关系到处理国际争端，"统治的权力"和服从都应该转变为情境规律，即以某一方能够影响另一方的机会为基础，相互作用，达到"共享的权力"。例如，在国际事务中，外交应是开诚布公而不是隐瞒真相，注意之点应放在事实上而不是放在胜利上。而实际上，对权力的要求就是参与控制，但又不愿去承担责任，这就不可避免地导致冲突。她认为，所谓"最终权威"是以权力的一种虚假前提为依据的幻想，权威产生于情境而不是个人或其地位。福莱特认为，同权威一样，责任也来源于职能和情境，与其问"他对谁负责"倒不如问"他对什么负责"，所谓"最终责任"同样也是一种幻想，责任是所要完成的工作或职能所固有的，它是一个总体系中所有个人责任和群体责任"累计的"总和。从个人来说，一个人只是对工作而不是对任何个人负责；对于部门来说，工作的责任应由所有作出贡献的人来共同承担，而领导者则把个人责任和群体责任联结起来。领导者具有把各个人、各部门工作联结起来的累计责任。在这里，福莱特提出了有关权威和责任的反传统的观点，否定了军队或其他组织的权威就是"控制的权力"以及责任源自最终权威的思想。

与权威和责任一样，控制也是实现组织目标的一个重要方面。福莱特认为，控制应该是由事实控制而不是由人控制，控制是相互关联的而不是由上面强加的，既然事实随着情境的变化而变化，那么控制也应该根据每一种情境的事实来确定，而不是由上级来控制下级。她指出，在控制活动中，除非

① 参见［美］福克斯、［英］林德尔·厄威克编：《动态行政管理：玛丽·派克·福莱特论文集》的导言；［英］林德尔·厄威克：《自由与协调：企业组织演讲》英文版，伦敦：管理出版托拉斯 1949 年版，第 31 页。

在某种情境中的所有要素、材料和人之间存在着统一和合作；否则，有效的控制是难以实现的。她认为，如果不能有对共同的利益的追求，情境就会失去控制，控制的基础就在于有认识到相互之间共同利益并自觉控制其工作，使之符合于既定目标的自我管理、自我指挥的个人和团体。管理人员所要控制的不是单个的要素，而是复杂的相互关系，不是个人，而是情境，其结果是要达到使整个情境形成一种生产性的结构。由于许多群体力量的交织决定着相应的总行为，所以绝大多数情境显得十分复杂，以致最高层的集中控制难以有效地发挥作用，这就要求在组织机构中设立许多个控制点，并使其"相互关联"，而这种相互关联是以协调为基础的。她的这些观点反映了一种处理整体和全部情境，使之达到统一性的完形心理学的观点。

关于协调，福莱特认为，组织的首要任务就是协调，即把聚集起来的个人转变为一个工作单位。在她看来，协调就是将处于特定情境中的所有因素相互联系起来并且导致该组织的整合统一，而实现这种整合统一的最佳途径是负责相关活动的个人和部门直接联系。因此，在一个组织中，信息的沟通和权威的行使不仅应该以纵向垂直的方式进行，而且还应该以横向水平的方式开展。此外，协调应该是一个包含计划和执行这两个方面的连续过程，其中，每一个部门都应该将其行动建立在有利于组织整体利益的基础之上。在她看来，实际上，控制和权威源于正确的协调，而并不是像人们常常假定的那样，协调源于控制和权威。为了达到协调，福莱特提出了所谓"组织的四项基本原则"：

（1）协调是涉及一种情境下所有因素的"交互联系"。在福莱特看来，在一种特定的情境中，所有的因素彼此之间必定存在着相互的联系，对于这些相互联系必须给予足够的重视。

（2）通过直接接触实现协调。福莱特认为，在组织中负责的人们，无论其处在组织层次的哪个职位上，都必须保持直接的交往，"横向"的联系与由命令构成的"纵向"指挥链对于实现协调具有同等的重要性。

（3）协调应在早期阶段进行。所有的相关人员都应该在政策或决定的形成阶段参与协调，而不能只是在政策或决定的完成阶段参与，这种早期阶段的参与方式可以通过提高组织成员的积极性和士气而有益于组织的发展。

（4）协调是一个连续的过程。福莱特强调，需要有一种长久的机制来完成从计划到行动、再从行动到未来计划的任务。福莱特认为，这种机制具有不可估量的优越性；同时，她也强调通过连续探索取得信息的重要性。在她看来，信息本身就是控制的一种形式，因为假如信息能够被人们准确地接收，还可以产生一种与取得的信息保持一致的行为趋向。

上述“组织的四项基本原则”包含着这样的一个结论，即：组织就是控制。因为组织和协调的目的就是要保证达到可控制的成果，协调是为了实现统一，而统一就是控制。为了说明这一点，福莱特举了这样一个例子：采购部门想降低采购材料的成本，而生产部门则坚持要用较好的材料进行生产，这似乎是一个难以解决的矛盾，但如果他们遵循早期协调和连续协调的原则，每一方就都能够看到对方的问题，并转而寻求或开发一种能满足他们双方要求的材料。这样，双方都没有牺牲自己的目标，而能使自己的部门、公司和消费者达到利益的统一。这种利益的统一就是通过协调的自我管理而达到的。

(三) 行政领导思想

福莱特的权威和控制概念并不意味着组织中就不需要有效的领导。她认为，社会需要的是另一种遵循她所概括的一般领导模式的领导。在她看来，领导是以在情境的相互联系中领导者与被领导者的相互影响为基础的。一个领导者并不单纯就是一个组织的或部门的头头，他应该是这样一个人，即“能够总揽全局，能够将情境与特定的目标和政策联系起来，能够保证由一种情境演变到另一种情境，能够懂得如何从一种情境过渡到另一种情境”；“能够为自己的团体尽心尽力，懂得如何调动人的积极性，知道怎样集思广益”；“能够从整体上把握住最基本的经验”；“还能够对整个组织内在的关联性一目了然”，并且“能够说明命令与情境是统一的人”。① 总之，福莱特视野中的领导者是和谐与效率统一体的代言人，她的领导观与传统上那套老的领导理论有着本质的区别。在她看来，老的领导理论所依据的是人格的力量。过去，人们通常认为，“如果一个领导者具有令人钦佩的人格、会用权并且能够迫使他人按照自己的意愿行事，那么他就是一个好的领导者”②。她认为，这种领导理论已经不合时宜。她将领导区分为三种不同的类型，即职位的领导、人格的领导和职能的领导，而其中，职能的领导最为重要。③在她看来，如果没有工作能力，职位的领导便是无效的或低效率的。职位和职能应该相符，但是事实上情况并非总是如此。人格的领导只可能是试图通

---

① ［美］福莱特：《控制的过程》，见［美］古利克、［英］林德尔·厄威克：《行政科学论文集》，纽约：美国公共行政研究所，1937 年，第 247~279 页。

② ［美］福克斯、［英］林德尔·厄威克编：《动态行政管理：玛丽·派克·福莱特论文集（第 2 版）》，纽约：皮特曼出版社 1973 年版，第 235 页。

③ 参见［英］林德尔·厄威克编：《自由与协调：企业组织演讲》，伦敦：管理出版托拉斯 1949 年版，第 58 页。

过“熟练的或有说服力的”品质来进行统治。虽然福莱特并没有漠视个人品质，但是她实际上认为人们过分强调了个人品质。在她看来，组织能力比品质优势更为重要，学会工作比利用人格更为重要。① 她认为，有效的领导所依据的并不是职位或人格，而是在组织中创造职能统一（性）的能力，领导的基本任务就是组织和整合经验。说得再具体一点，福莱特认为领导的职能有三种：协调、界定目标和预见。② 协调意味着要对每一个组织成员进行教育和训练，以便他们都能够为自己的组织尽心尽力，意味着要为他们提供参与的机会，并且意味着要把大家所作出的各种贡献统一起来。用福莱特的话来说就是，行政领导的责任就是“使组织的计划顺利有效地运作起来”③。她认为，界定目标的目的在于使组织成员都可以感到他们是在为着一个共同的目标而工作，而预见则意味着要认识更大共同体的长远利益和创造一些能够实现利益的情境。为了履行这些职能，领导者必须对工作有一个透彻的了解，必须具有把握整个情境的能力，必须能够创造力量和使用力量，必须具有预见未来发展方向的能力，具有拓荒者的冒险意识。④

尽管福莱特的许多讨论集中在最高行政领导的角色和功能问题上，但是她相信未来将会依赖于组织中更具有广泛分散性的领导。在组织的许多方面存在着对领导的需要，而且每一个人都应该准备回答对自己工作的领导所提出的挑战。她强调，领导的分散并不意味着责任也要分散，集中和分散可以同时进行，因为一方面最高行政首长保留有对组织整体的责任，另一方面每一个组织成员又对自己在整个组织中的职能承担着责任。这样，领导者既不能放弃责任也不应该承担别人的责任。领导者倒是应该使每一个组织成员都感觉到自己的责任。与那种把领导者视为老板的流行看法相反，福莱特认为，一个优秀领导者的标志就是尽可能地少一点儿老板气。有效的领导者应该向别人表明他（她）们怎样才能正确地履行他（她）们自己的职责。领导者与追随者的关系应该是互惠的，领导者进行指导；追随者则通过提建议，使领导者收回错误的命令予以改正，追随者保持对共同目标的信念来使

---

① ［美］福克斯、［英］林德尔·厄威克编：《动态行政管理：玛丽·派克·福莱特论文集（第2版）》，纽约：皮特曼出版社1973年版，第249页。

② 参见［美］福克斯、［英］林德尔·厄威克合编：《动态行政管理：玛丽·派克·福莱特论文集（第2版）》，纽约：皮特曼出版社1973年版，第225~228页。

③ 参见［美］福克斯、［英］林德尔·厄威克编：《动态行政管理：玛丽·派克·福莱特论文集（第2版）》，纽约：皮特曼出版社1973年版，第225页。

④ 参见［英］林德尔·厄威克：《自由与协调：企业组织演讲》，伦敦：管理出版托拉斯1949年版，第50~54页。

他们的领导者处于控制之中。

福莱特还特别关心行政首长与专家之间的关系。她指出，组织中存在着一种专业化的趋势，因此，多数决策是由那些具有专长的人作出的。所以，权威的行使与其说是代表着被统治者的赞同，倒不如说更多地代表着统治者的同意。这样就产生了一个明显的窘境：一方面，行政首长不能放弃自己的决策职责；另一方面，他又不可能具备有效决策所必需的具体知识。福莱特对此的解决办法就是否认这个窘境。她忠告说，专家的知识应该与行政首长的知识结合起来。尽管专家的意见不应该强制性地进入决策过程，但是却应该通过迂回的反应和整合进入决策过程。而且她认为，具有专门知识的人一旦成为领导，他就能够从总体上理解领导的重要意义并把领导工作完成得更好。

三、简评

福莱特是最早系统而深入地研究行政管理中人的问题的学者，她对行政管理中人类行为的心理基础以及群体工作时人们的情感反应很感兴趣。她强烈地感受到人类群体生活对人行为的影响。她指出，群体生活能使人产生出一种强烈的情感，因而人在群体中的思想和行动无法再由自己控制。在经常和同伴联系的情况下，人将受群体影响的支配。由此，她指出，群体具有一种“额外价值”，具有一种生命，正是这种价值、这种生命才是社会人行为的真正的基础。福莱特还非常重视群体内人际关系的协调，她认为协调是管理的核心。为了做好协调工作，应该遵守四个原则：“交互联系”的原则、直接接触的原则、早期进行的原则、连续过程的原则。福莱特对人的研究还反映在她对权威问题的看法上。她认为人都是很敏感的，只有在环境的逻辑和事实的需要下，才肯接受权威。然而，组织中上下级关系却并非经常建立在“需要”的基础上，因此很容易伤害人们的感情，为此，权威的运用应纯粹根据情境需要来进行，不能滥用。这就是她所谓的“情境规律”。福莱特还认为，所谓“最终权威”的说法是不正确的，因为每个人在自己的工作范围内都具有“最终权威”，而行政首长手中的最终权威，实际上是许多个小权力的综合。福莱特希望在权威问题上消除大小的意义，消除不必要的滥用，从而使群体、组织内部形成一种真正合作的精神。

通过对以上内容的分析和阐述，我们不难发现，福莱特的兴趣主要集中在组织运作的一般问题上，其中最基本的两个问题是：你想让人们做的是什么？如何科学地对于人们的工作和社会交往给予控制和引导？为了回答这两个问题，她特别注意对包含在人际关系中的基本动机的分析，尤其是很注意对一个人在他本身所处组织群体中的种种反应作出分析。她的著作试图提供一种全新的行政管理观，其中，组织、权力和领导等问题都是从人的角度来对待的。她是首先意识到使用心理学工具的管理学家之一，尽管心理学在当时还是一门相当新的学科。在她看来，根本的问题在于使人和组织协调起来，管理者必须努力理解这些组织是怎样构成的，它们为什么和怎样结成一个有共同经验和目标的整体，以至于使组织的总目标成为组织所有成员的共同目标。其思想的基本点在于"伙伴关系"这一概念。她主张，在一个民主的社会里，管理的首要任务是创造一种环境和形势，使人们自愿地、主动地给予合作，这可以说是其理论贡献的核心内容，她的行政管理思想明显地呈现出一种动态性的特征。

然而，如同福莱特批评以前的所谓"正统"的行政管理理论因忽视了管理对象的心理方面而具有片面性一样，她自己在行政管理和一般管理方面的许多主张也同样遭到了各种各样的批评。有人批评她无视组织管理中的社会本质或社会过程，将所有真正的社会、阶级冲突置之于外而不顾，只是考虑那些由于缺乏理解、误会以及个人素质的差别而产生的心理方面的冲突；有人认为她的整合思想只不过是一种幻想而已；还有人批评她没有解释组织的社会内容；而英国行政学者贝克则认为福莱特算不上是一个系统的行政思想家，她提出的一些有趣的主张多少有点儿随便，我们既难以发现这些主张在思想上具有什么连续性，而且更不容易让人遵循。贝克指出，并非福莱特著作的所有读者都能够发现她的思想具有什么指导作用①，也正因为如此，她的那些闪光的思想和有价值的建议在理论上还有待于完善和系统化。

尽管对福莱特的思想存在着种种批评意见，但是她对于行政管理理论所作出的贡献还是"创造性的、真正的先见之明"②，她在冲突、整合、协调、控制、权威以及领导等方面提出的思想主张，使人们不能不承认她在行政管理一般原则的许多方面所作出的有益探索，而且我们也不能不承认其思想和理论的核心是正确的、无可指责的。正如梅特卡夫和厄威克所评价的那样："她提出的思想观念不仅超出了她所处的时代，也超过了现

---

① 参见［英］贝克：《行政管理理论与公共行政管理》英文版，伦敦：哈奇逊大学图书馆，1972年，第44页。

② 参见［英］贝克：《行政管理理论与公共行政管理》英文版，伦敦：哈奇逊大学图书馆，1972年，第44页。

代思想家。”① 她的理论别开生面，为人们提供了一种动态的行政管理理论，具有很大的影响。她的研究实际上还为正统的行政管理理论和行为主义行政管理理论之间作了沟通，因而也有人将她视为这两种管理理论之间的过渡人物，视为在西方行政学的“正统”时期与以行为主义行政理论为主要特征的批评和转变时期起着连接作用的桥梁。

① ［美］梅特卡夫、［英］林德尔·厄威克编：《动态行政管理：玛丽·派克·福莱特论文集》，纽约：皮特曼出版社 1940 年版，第 9 页。

第三章　批评与转变时期的西方行政学说

1929—1933年的世界性经济危机和第二次世界大战，使西方世界各国放弃了传统庸俗经济学所倡导的自由放任的经济政策，开始了国家对经济和社会的全面干预。与此相适应，各国政府的行政管理在官僚体制、行政权力、行政职能等方面发生了根本性的变化。正统行政学的理论原则面对社会的变革，显得苍白无力，它的某些基本观点，甚至连这一学科本身都受到了怀疑和批评。但是，理论上的困境和实践上的挑战也使广大的行政学研究者正视现实、深入实践，提出了许多新的观点和主张，从而进一步拓宽了行政学的研究视野，深化了行政学的研究内容。于是，西方行政学便进入了批评与转变时期。这一时期的行政学说及其代表人物主要有：最早运用系统的观点对行政组织进行全面、深入的理论分析并建立了一套系统的行政组织学说的美国行政管理学家巴纳德；对正统行政学的所谓行政原则进行了猛烈抨击并率先将行为主义研究方法和决策概念引入行政管理研究，建立了一套比较完整的决策理论体系的美国行为主义行政学家西蒙；对行政学的历史发展和内容范围进行了全面探讨并对西方行政学的发展作出了重要贡献的美国行政学家沃尔多；对官僚组织的弊病进行了精辟的分析并提出了著名的帕金森定律的美国行政理论家帕金森；对人事管理的传统理论观点——X理论进行了总结和批评并提出了与之相对应的新观点——Y理论的美国管理学家麦格雷戈；以渐进调适的理论观点对行政决策的过程和方法进行了全面分析，进而建立了一种新的决策模式——渐进决策模式的美国著名政治学家林德布洛姆。

第一节　巴纳德的系统行政组织学说

说到“系统”或“系统观”，或许今天很少再有人觉得新鲜，然而，在20世纪三四十年代以前，特别是在系统论正式产生之前，人们则并没有把“系统”或“系统观”的概念当做一门学科的基本概念。在组织管理研究领域，最早用系统观表述组织并建立了一套影响深远的理论体系的，就是美国著名管理学家巴纳德。

一、生平与著述

切斯特·欧文·巴纳德1886年11月7日出生在美国马萨诸塞州马尔登的一个中等收入家庭，他五岁丧母，由外祖父母收养。由于外祖父母家的人都很爱好探讨哲学和音乐，这使得巴纳德从小就养成了进行哲学思考和弹奏钢琴的习惯。巴纳德在初中毕业后，由于家庭经济条件不太宽裕，他便以为人校准钢琴音调为生，同时筹资读完高中。以后，由于他得到了哈佛大学的一笔助学金的资助，并且通过替别人调准钢琴、参加一个小乐队的演奏和为人打字等勤工俭学活动来补充自己的生活，所以他能在哈佛大学学习经济学，用了3年时间（1906—1909）学完了课程，但因缺少实验学科（化学、物理等）的成绩而未能获得学士学位。他认为，当时自己已经出色地读完了课程，再去读实验学科没有什么意义，只能耽误他的时间，而且他还要忙于谋生，所以他也没有再去为获得学位而努力争取。尽管巴纳德没有获得学士学位，但在他的一生中，由于他在组织的性质和目标方面的杰出贡献，使他获得了布朗大学、普林斯顿大学和宾夕法尼亚大学等七个著名大学的荣誉博士学位。巴纳德在1909年从哈佛大学毕业后便进入美国电话电报公司统计部工作，专门研究欧洲一些国家中电话电报收费问题，并且很快就成为这一方面的专家。在第一次世界大战期间，巴纳德曾经担任美国电话管理委员会在电话收费方面的技术顾问。1915年，他被提升为美国电话电报公司的商业工程师。1922年，他担任美国电话电报公司所属宾夕法尼亚贝尔电话公司的助理副总经理，1926年升任该公司总经理。自1927年至1948年，巴纳德担任规模庞大的新泽西州贝尔电话公司的总经理。巴纳德在美国电话电报公司的职业生涯中，前十余年主要从事参谋工作，以后则长期担任直线人员的领导职务，这两方面的工作经历对于他以后创立系统的行政组织理论具有极为重要的影响。巴纳德还是一位积极的社会活动家，他在组织工作方面的高度热情使他自愿参加了其他许多组织的工作。他帮助大卫·利连撒尔制定了原子能委员会的政策，还在新泽西紧急救济局、新泽西感化院、联合服务组织（担任主席3年）、洛克菲勒基金会（担任董事长4年）和新泽西州巴赫会社（担任主席）工作过。巴纳德是一位自学成才的管理学专家。他从原文多遍地阅读了意大利社会学家维尔弗雷多·帕雷托、德国社会学家马克斯·韦伯和美国管理学家库尔特·卢因等人的著作，并把他们的理论应用于组织问题的研究，创立了具有独创性的系统组织管理理论。到1961年巴纳德去世时，这个在哈佛大学没有取得学士学位的学生已经在管理学界获得了很高的地位，许多后人称他为“博学的经理”。巴纳德一生著述甚丰，除了他1938年出版的被誉为管理学经典著作的代表作《经理人员的职能》和著名的《组织与管理》（1948）这两本书之外，他还著有大量的论文和报告等，其中与行政管理有关的主要包括：《组织实践中的业务问题》(1922)、《管理人员能力的培养》(1925)、《人事关系中的某些原则和基本思考》(1935)、《公共救济》(1935)、《现代事务中预见的方法和限制》(1936)、《人际关系中某些难以理解的方面》(1937)、《你会对上级讲些什么?》(1937)、《新泽西的工业对新泽西政府的依赖》(1938)、《关于经济行为中的非理性》(1938)、《民主过程中领导的困境》(1939)、《集体协作》(1940)、《民主社会中领导的必要条件》(1940)、《怎样做好联合服务组织的工作?》、《联合服务组织更深远的意义》(1943)、《论世界政府的规划》(1943)、《厄威克〈行政的要素〉书评》(1945)、《正式组织中职位制度的作用与反常》(1945)、《管理人员的教育》(1945)、《伦理与现代组织》(1945)、《西蒙的〈行政行为：行政组织决策过程的研究〉前言》(1958)、《查尔斯·海尼曼的〈民主制度中的官僚制〉书评》(1950)、《科学与组织》(1951)、《领导与法律》(1952)、《正式组织的基本条件》(1953)以及《国家科学政策》(1957)等。

二、巴纳德行政组织理论的主要内容

巴纳德从比较高的组织层次入手，运用系统的观点从多方面对组织问题进行了全方位的研究。他在行政组织管理方面的理论观点主要包括以下方面的内容。

（一）组织的本质

巴纳德不是仅仅从物质或人的方面看待组织，而是从人与人之间的协作关系的角度来看待组织。他认为，在我们日常生活中见到的诸如政府机构、军队、企业、学校、医院等正式组织实体，都是由物质、技术、人和社会关系等方面或部分组成的协作系统。在他看来，组织理论并不研究这种协作系统的各个方面，只研究协作系统的一部分——“组织”，即协作系统中的人的行为和人的协作关系，这样他就通过使组织概念抽象化在很大程度上排除了物质因素。他没有简单地把组织理解为人的集团，而是将组织界定为“有意识地协调两个以上的人的活动或力量的一个系统”①。在研究正式组

① 参见［美］巴纳德：《经理人员的职能》，孙耀君译，北京：中国社会科学出版社1997年版，第60页。

织时，他特别强调其整体性和各部分之间的相关性，他指出，要把一个系统作为一个整体来看待，“因为其中的每一部分都以某种重要的方式同系统所包含的其他部分关联着”①。

从巴纳德的组织定义中，我们不难发现他所说的“组织”具有以下基本特点：

（1）组织是由人的活动或效力即人的行为构成的系统。巴纳德的组织概念所探讨的不是组织的形式，而是组织的实质——人的行为。

（2）组织是一个系统，即按照一定的方法进行调整的人的活动和行为的相互关系。

（3）组织是动态和发展的，即当系统中的一个部分同其他部分的关系发生变化时，作为整体的系统也要发生变化。

（4）组织是协作系统的一个组成部分，但两者糅合在一起，有时界限不太明确。巴纳德认为，如果从严格的意义上说，则协作系统（如行政机构、企业、学校等）包括四个组成部分（如图 3-1 所示）。在协作系统中，组织是其中的一个组成部分，是一个子系统，但起着核心的作用；物质子系统是机械设备、材料等物质手段的系统；人员子系统指管理者和工作人员组成的集团；而社会子系统则是指一个协作系统同其他协作系统交换效用的系统。他认为，协作系统以组织为核心，把物质子系统、人员子系统和社会子系统连接成为一个复合的整体。

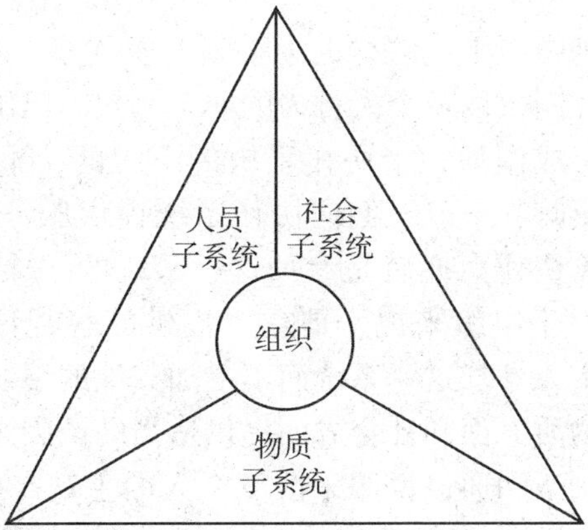

协作系统（如企业等）

图 3-1

① 参见［美］巴纳德：《经理人员的职能》，孙耀君译，北京：中国社会科学出版社 1997 年版，第 63 页。

(5) 组织工作绝不仅仅限于通常所谓“组织内部”，对于一个组织来说，其“内部”协作关系和“外部”协作关系同等重要。在他看来，作为一个管理者，不仅要注意内部问题，而且要注意外部问题，维持和加强种种协作关系是组织工作的核心之一。按照巴纳德的这一思想，政府单位或部门的组织成员不仅包括本部门、本单位的“领薪”人员，而且包括上级行政长官和受到该部门管辖的所有的人，政府与民众之间的关系也是协作关系。显然，巴纳德的这一思想有相当多的合理成分。

(二) 组织三要素

通过对组织的基本含义和本质特征的揭示，我们可以清楚地看出，巴纳德对组织的认识与一般人的看法不同。在巴纳德的笔下，组织是一个具有广泛含义的概念。他认为，组织不单以人、财、物为内容，更重要的是，它还是一种人和人之间的互动关系。在他看来，这种将组织视为由人群间互动关系所组成的系统的组织概念，适用于政府的、军事的、学术的、宗教的以及工商业的各种形式的组织，各种组织之间的差异仅在于物质环境和社会环境的不同，以及人员的数量和构成不同，等等。因此，他认为，管理工作不仅要着眼于物、结构和单个人的静态研究，更要在一个动态的过程之中去把握构成组织的那种互动关系系统。在巴纳德看来，作为一个系统，不论哪一级别的组织，全都包含着三种基本的要素，即协作的意愿、共同的目标和信息交流。

1. 协作的意愿

这是所有的各种组织不可缺少的第一项基本要素，其含义是自我克制，交付出个人行为的控制权以及个人行为的非个人化。巴纳德认为，组织是由人组成的，但真正组成作为一个协作系统的组织的，不是人，而是人的服务、动作、活动和影响，所以人们向协作系统提供服务的意愿是必不可少的。对于个人来说，协作意愿就是参加这一系统的“个人愿意和个人不愿意”的综合结果；对于组织来说，是它“提供的客观诱因和所加的负担”的综合结果，因为个人参加这一系统而不参加其他的系统，就是作出了一些牺牲，组织必须在物质方面和社会方面提供适当的诱因来弥补个人的这种牺牲，即提供客观的刺激和通过说服来改变个人的主观态度。在巴纳德看来，客观的刺激可以是物质的（如金钱），也可以是非物质的（如地位、权力等），还可以是社会性的（如和谐的环境、参与决策等）。通过说服来改变个人态度是一种主观的刺激方法，它企图通过教导、例子、建议等来制约个人的动机；同时，用来培育协作精神的不是靠强制，而是通过思想上的反复灌输，即号召忠诚、团结精神和对组织目标的信仰等。

2. 共同的目标

这是协作系统的第二个基本要素，是协作意愿的必然推论。巴纳德认为，组织成员协作意愿的强弱在很大程度上取决于组织成员接受和理解组织目标的程度，如果组织成员不了解协作的目的和协作的结果，就不可能诱导出协作意愿来；同时，一个目标如果不被组织成员所接受，它自然也不会导致良好的协作活动。所以，在他看来，对组织目标的接受几乎是和协作意愿同时发生的。

巴纳德认为，组织成员对组织的共同目标的理解可以分为协作性的理解和个人性的理解两种。前者是指组织成员脱离了个人立场而站在组织整体利益的立场上客观地理解组织的共同目标，而后者则是站在个人立场上主观地理解组织的共同目标。他认为，这两种理解常常会发生矛盾，在组织的共同目标比较简单、具体时，发生矛盾的机会较小，反之则较大。所以，组织中管理人员的重要任务就是要克服组织目标和个人目标的背离，以克服对共同目标的协作性理解与个人性理解的矛盾。在他看来，一个目标只有在协作系统的成员并不认为他们之间的理解有严重分歧时，才能作为系统的一个因素；只有当系统的提供贡献者相信共同目标是组织的坚定目的时，这个目标才能成为协作系统的基础。这里，巴纳德特别指出：（1）要让组织成员理解和接受组织目标；（2）要设法消除对目标不一致；（3）要注意组织目标与个人动机的必然差异。他认为，管理人员的职能之一就是要向组织成员灌输共同目标的确存在的信念，进行鼓舞士气的教育工作，并力争使组织成员感到，通过组织目标的实现，他们可以获得个人的满足。巴纳德关于组织目标和个人动机的论述，对于理解当今流行的“目标管理理论”，无疑是很有帮助的。

此外，巴纳德还指出，由于组织建立起来之后需要生存和发展，所以组织的共同目标也必须随着环境的变化而改变。

3. 信息交流

巴纳德认为，除了协作意愿和共同目标之外，组织还必须有信息交流。所谓信息交流，指的是意愿、情报、建议、指示和命令等信息的传递。在他看来，上述两个基本要素只有通过信息交流把它们沟通起来，才能成为动态的过程；组织的共同目标即使存在，如果不通过信息交流使组织中的成员对此目标有所了解，也是没有意义的。而为了使组织成员有协作的意愿，能够合理地行动，也必须有良好的信息交流。所以，巴纳德指出，作为组织的基本要素，信息交流是不可缺少和无法取代的，组织的一切活动都以信息交流为基础。为此，巴纳德还提出了组织中信息交流的几条原则：（1）信息交流的渠道要为组织成员所了解，最重要的是要使信息交流的渠道成为惯例，即尽可能使之固定化。要把信息交流的渠道重点放在职位上或者是放在人上，而相对而言，他对职位的强调甚于对人的强调。（2）要求每一个组织的每一个成员都有一个明确的、正式的信息交流渠道，即每一个成员都必须有一个上级并向其汇报工作，每一个人必须同组织有明确的正式关系。（3）建立的正式信息交流的线路必须尽可能地直接和短捷，减少层次，以加快信息交流的速度，并减少由于多渠道传递而造成的失误。（4）在信息传递时，应利用完整的信息交流线路的每一个层次。这是因为，如果在传递过程中跳过某些层次，就可能产生互相冲突的信息，同时也不利于维护每一层次的权威和职责。（5）作为信息交流中心的各级管理人员必须称职。这就要求管理人员具有有关技术、人事和非正式组织方面的能力，了解辅助机构的性质和状况，掌握同目标有关的行动原则，对环境因素作出解释，以及区别信息是否具有权威性。（6）当组织在行使职能时，信息交流的路线不能中断；组织在任职者不能行使职权或缺勤时，都要规定自动的临时代理职务的办法。（7）每一个信息都必须具有权威性，即从事信息交流的人必须是公认的实际上占据有关“权力位置”的人；这个位置发出在其权限范围之内的信息，这个信息是由于更上一层机构授权才发出的。在这方面，职务具有十分重要的作用。为了使大家都知道谁担任了这个职务以及这个职务包含一些什么职权，必须采取诸如授权仪式、就职典礼、宣誓就职、任职命令、到任、介绍等形式，以营造一种“组织感”。在这一点上，巴纳德与他之前的组织理论家不同，他把信息交流作为组织的一个基本要素加以明确、认真的研究，对组织理论的发展作出了重要贡献。

（三）非正式组织

对正式组织中这三项基本要素的确定，导致巴纳德去探求非正式组织的普遍原则。首先，巴纳德对非正式组织的概念作了分析和界定。他指出：“当人们并不在一个正式组织中或并不受其管辖时，仍然常常接触和相互作用。……这种接触和相互作用的特点是，并没有特别的有意识的共同目的而持续地或反复地进行接触和相互作用。这种接触可能是偶然的、有组织的活动所附带发生的，某些个人愿望或群体本能所产生的。它可能是友好的，也可能是敌对的。但是，不管这些接触、聚集和相互作用是怎样引起的，它们改变着有关人员的经验、知识、态度和感情。……我所讲的非正式组织是指刚才讲的人的接触、相互作用和聚集的总合。”① 基于这种分析，他将非正

① ［美］巴纳德：《经理人员的职能》，孙耀君等译，北京：中国社会科学出版社1997年版，第91~92页。

式组织界定为“一种没有固定形态的、密度经常变化的集合体”，它“是不确定的和没有固定结构的，没有确定分支机构”。① 这里，我们可以清楚地看到，巴纳德所理解的非正式组织，具有无正式的组织结构、无自觉的共同目标，只是具有一定的通过与工作有关的接触而产生的习惯、规范和情感因素等特点。然后，巴纳德分析了非正式组织的后果。他认为，同有意识地形成的正式组织不同，非正式组织是由无意识的社会过程产生的。在他看来，非正式组织有着两类重要的后果：第一是非正式组织使人们形成一定的态度、理解、风俗、习惯、习俗。巴纳德明确指出：“非正式组织的最普遍的直接后果是形成了一些风俗、道德观念、习俗、民俗、社会规范和理想。”② 由于他认为这是社会学、社会心理学和社会人类学的重要研究领域，所以他没有对这一后果进行详细讨论。相比之下，他对非正式组织的第二类后果——非正式组织为正式组织的产生创造条件——更为关注。他指出：“非正式的联系显然是正式组织形成以前所必需的一个条件。要使得共同目的能够被接受、信息交流成为可能、协作意愿的精神状态得以达到，都必须有一个事前的接触和预备性的相互作用过程。当正式组织是自发地形成的时候，这点表现得特别清楚。”③ 他通过进一步的分析得出了以下结论：“非正式社会的态度、习俗、风俗影响着正式组织，并且部分地通过正式组织而表现出来。它们是同一现象的相互依存的两个方面——社会由正式组织所构成，而正式组织则由于非正式组织而具有活力并受其调节。要强调的是，两者缺一不可。其中一个失败了，另一个也会解体。”④ 接着，巴纳德指出，非正式组织是普遍存在的，“一个社区、一个国家都有非正式组织”⑤。他认为，当正式组织产生之后，它又创造出非正式组织并且需要非正式组织。针对非正式组织存在的客观性，巴纳德指出：“你阅读一个组织的组织图，设立许可书、规则和章程，或观察甚至细察其中的人员，都不能理解这个组织或它

① ［美］巴纳德：《经理人员的职能》，孙耀君等译，北京：中国社会科学出版社1997年版，第92页。

② ［美］巴纳德：《经理人员的职能》，孙耀君等译，北京：中国社会科学出版社1997年版，第93页。

③ ［美］巴纳德：《经理人员的职能》，孙耀君等译，北京：中国社会科学出版社1997年版，第93页。

④ ［美］巴纳德：《经理人员的职能》，孙耀君等译，北京：中国社会科学出版社1997年版，第96页。

⑤ ［美］巴纳德：《经理人员的职能》，孙耀君等译，北京：中国社会科学出版社1997年版，第92页。

如何进行工作。"① 在他看来，"'了解组织的诀窍'是了解其非正式社会的人物、事情和缘由。阅读美国宪法、法庭的判决、法令或行政法规并不能精确地确定美国政府如何进行工作的。'看不见的政府'这句话虽然常用于贬义，但却表达了对非正式组织存在的认识"②。最后，巴纳德对非正式组织的功能作了有意义的阐述。他认为，正式组织与非正式组织之间有着相当密切的关系，有了正式组织才有非正式组织；反过来，有非正式组织才能给正式组织以活力或给正式组织以某种限制，甚至在目标及工作方法上和正式组织进行对峙。巴纳德认为，如果关系处理得好，非正式组织能为正式组织承担三项积极功能，从而使正式组织更加稳固、健全，更有效率。这三项积极功能是：(1) 可以从事正式组织所不便沟通的意见、资料和信息；(2) 可以通过培养组织成员的服务热忱以及对权威的认同感而维持组织的团结；(3) 可以借助于非正式组织的互动关系，避免正式控制过多过滥，进而保持个人自尊、人格完整和独立选择力。可见，非正式组织不仅是必然存在的，而且是不可缺少的。管理者要善于识别非正式组织，并正确地利用非正式组织来增进组织的健康发展。具体地说就是，一方面，非正式组织的积极作用不可忽视，管理者如果无视非正式组织本身的态度、习惯和规范，就难以发挥它们的积极作用，甚至造成不利后果；另一方面，管理者也不应过分依赖非正式组织，否则也会造成诸如干扰正式的责任分工等不良后果。

（四）组织平衡论

从人的行为和人与人之间的协作关系上看，组织生存和发展的一个基本条件就是：组织成员愿意并且确实能够进行正式协作，即参加和不愿意离开组织，为实现组织的共同目标作出贡献。这个条件包括两个方面：一是组织对其成员的吸引力，二是组织成员对组织的贡献。从这种观点出发解释组织生存和发展的原因的理论，就是所谓的"组织平衡论"，亦称"组织存续的理论"。在巴纳德看来，当组织建立起来以后，组织的生存和发展就成为组织的最终目的。怎样实现这一目的呢？他认为关键在于使组织成员获得一种贡献与满足的平衡。这里所说的贡献是指组织成员为实现组织目标所做的工作或所付出的代价，与此相应的是，组织应当提供必要的"诱因"以满足组织成员的个人动机和需要。这里所说的"诱因"指的是组织所提供的吸

① ［美］巴纳德：《经理人员的职能》，孙耀君等译，北京：中国社会科学出版社1997年版，第97页。

② ［美］巴纳德：《经理人员的职能》，孙耀君等译，北京：中国社会科学出版社1997年版，第97页。

引组织成员的因素，例如物质待遇、声誉、地位和共同理想等。巴纳德认为，如果组织提供的诱因与组织成员的个人贡献达到平衡或者超过其个人贡献，组织就可以实现平衡，就可以生存和发展；否则组织就会出现衰弱乃至消亡。由此可见，所谓组织平衡，实质上就是贡献与诱因的平衡，它是组织生存与发展的关键环节。

巴纳德又把组织平衡进一步分为对外平衡和对内平衡两个方面。所谓对外平衡，是指一个组织对外部环境的适应性。巴纳德认为，当环境发生变化时，组织也应当有所变化，这种变化是通过一系列战略决策实现的对环境的有效适应；而对内平衡，则指的是把各种诱因有效地分配给各个组织成员，使诱因与贡献达到平衡，并调动和发挥组织成员的协作积极性。在巴纳德看来，当这种内部的平衡产生时，组织成员协作的积极性才有保证。

巴纳德认为，在平衡过程中，组织可以动用的诱因是多种多样的，他将诱因主要分为经济诱因和非经济诱因两个方面。在他看来，所谓经济诱因是指工资、奖金、物品以及物质条件等方面的报酬；而非经济诱因则指的是晋升、荣誉、威信、权利、理想的满足、社会一致性、参与感、团结互助力等因素。相对来说，巴纳德对非经济诱因的作用更为重视。他认为，经济诱因固然重要，但是如果它超过了生理学上的必要标准而没有其他方面诱因的配合，那么它就变成一种软弱无力的诱因。因此，他认为，我们必须充分重视非经济诱因的作用。他将非经济诱因视为超过最低限度经济诱因的、确保个人为协作而努力的主要诱因。

此外，巴纳德还认为，组织的平衡从来都是一种不稳定的平衡。在他看来，打破平衡的原因主要有两个：其一是外部环境恶化造成诱因来源不足，组织不能提供必要的诱因，平衡就破坏了；其二是由于组织成员的需求标准总是在缓慢地提高，由此破坏了原有的平衡。怎样才能克服这种不稳定状态呢？巴纳德提出了一个组织发展的原则，即通过组织的不断发展壮大来增加组织所掌握的诱因。他认为，这一点不仅适用于经济诱因，也适用于非经济诱因。与此同时，巴纳德也指出，组织的过度发展可能会导致组织的崩溃，这一点应该引起人们的警惕。

（五）权威接受论

组织当中的权威关系是普遍存在的。巴纳德有关权威的理论是最不寻常和最具特色的，因为以往的权威概念大多是建立在某种等级系列或组织地位的权力之上的，其来源在于权威者或发布命令的人，而巴纳德则给权威以一种自下而上的解释。他对“权威”概念作了如下界定：“权威是正式组织中信息交流（命令）的一种性质，通过它的被接受，组织的贡献者或‘成员’

支配自己所贡献的行为，即支配或决定什么是要对组织做的事，什么是不对组织做的事。”① 他认为权威包括两个方面：一是主体方面或个人方面，把命令作为有权威的来接受；二是客体方面，命令被接受的性质。在他看来，“如果一个命令下达给了命令的接受者，命令对他的权威就被确认或确定了。这成为行动的基础。如果他不服从这个命令，就意味着他否认这个命令对他有权威。因此，按权威的定义来说，一个命令之是否有权威决定于接受命令的人，而不决定于‘权威者’或发命令的人”②。这里，巴纳德明确指出，应当从组织成员是否接受一项命令、指示或建议的角度去看待权威。他认为，当一个组织成员接受了另一个组织成员的指示或建议时，他们之间就发生了权威关系；反之，当我们说到两个人之间有权威关系时，就意味着其中一个人接受了另一个人的指示或建议。

巴纳德不仅提出了一个全新的权威概念，而且还对权威被接受的条件作了阐释。他认为，权威要对人们发生作用，则必须得到人们的同意，而要得到人们的同意，则必须具备以下四个条件：（1）使人们能够明确所传达的命令，因为“一个不能被人理解的命令不可能有权威”③；（2）使人们认为这个命令同组织目标是一致的，因为“一个被接受者认为同组织目的相矛盾的命令是不会被接受的”④；（3）使人们认为这个命令同他们的个人利益是一致的，因为“如果个人认为一个命令所带来的负担会破坏他同组织关系的纯利益……他就会不服从这个命令”⑤；（4）他们在精力上和体力上允许接受这个命令，因为“如果一个人没有执行命令的能力，显然他一定会不服从这个命令，或更好的办法是不去管它”⑥。

当然，如果仅仅停留在以上这两点上，还不能构成一套有用的权威理

① ［美］巴纳德：《经理人员的职能》，孙耀君等译，北京：中国社会科学出版社1997年版，第129页。

② ［美］巴纳德：《经理人员的职能》，孙耀君等译，北京：中国社会科学出版社1997年版，第129页。

③ ［美］巴纳德：《经理人员的职能》，孙耀君等译，北京：中国社会科学出版社1997年版，第131页。

④ ［美］巴纳德：《经理人员的职能》，孙耀君等译，北京：中国社会科学出版社1997年版，第131页。

⑤ ［美］巴纳德：《经理人员的职能》，孙耀君等译，北京：中国社会科学出版社1997年版，第132页。

⑥ ［美］巴纳德：《经理人员的职能》，孙耀君等译，北京：中国社会科学出版社1997年版，第132页。

论。事实上，正式的权威关系总是同管理职位和等级制有某种联系的。在等级制组织中，下级人员在很多情况下无非是遵照上级指示行事，不对指示的是非曲直进行独立思考。但是，下级人员并不是完全任凭上级摆布的机器，他对来自上级的指示和命令，是有一个接受范围的。针对这一事实，巴纳德提出了“无差异范围”或“接受范围”的概念。所谓“无差异”，指的是一个人对于让他干什么和怎么干感到无所谓，他不一定真正信服这样的指令或建议，仅仅是服从而已。因此，无差异范围或接受范围实际上就是通常理解的服从范围。在这个范围内，一个人不按个人的价值观去衡量和检验指示、命令和建议的是非曲直，就直接予以承认和执行。巴纳德推测，这个范围的大小取决于组织成员感到诱因超过贡献的程度以及组织成员所归属的团体的态度。如果一个人对自己的工资待遇、晋升、声誉和其他需求方面感到很满意，他接受权威的范围就比较大；如果一个人所处的“小圈子”有比较强的服从倾向，他接受权威的范围也会比较大。巴纳德就组织中的正式权威关系指出，管理者要想有效地利用权威，必须从以下几个方面作出持久的努力：

（1）激励组织成员，从内心角度扩大接受范围。

（2）设法培养良好的团体态度，作为保证服从性的一种约束力。

（3）以组织目标为准作出决策，放弃“个人人格”，也就是要出以公心，对组织负责。

（4）建立和改善信息交流渠道，使之能够准确、及时地传递必要的信息——指示、情报和建议等。

（5）不要仅仅依赖职权，要把职权和才能、威信结合起来。

巴纳德认为，领导者同下级人员之间的权威关系可以分解为两种：一种是职位权威，另一种是领导权威。下级人员对领导者的意图和指示在多大范围内言听计从，在很大程度上取决于这两种权威的混合作用。职位权威与任职者个人才能和威望无关，只是由管理职位和等级制本身所决定的。领导权威则是由领导人的才能、知识水平和威信所决定的。巴纳德指出，将这两种权威结合为一体，能够大大地扩展下级人员的接受范围。巴纳德的这一思想对于后来流行的“领导理论”产生了一定的影响，例如菲德勒的权变领导理论就借用了他的“职位权威”概念，只不过菲德勒将其改称为“职位权力”而已。

（六）组织决策论

巴纳德认为，组织理论不是要研究组织成员的操作活动（例如，工头下达指标、市长公布决议等），而是要研究决策活动——作出决策的过程。

他认为，组织中的决策分为个人决策和组织决策两种，前者是指个人参加组织的决定，主要出自个人动机；后者则是指有关组织活动的决定，主要从组织目标上考虑。用巴纳德的语言来说就是，前者是出于个人人格的决策；后者则是出于组织意图的非人格的决策。所谓“非人格”，指的是主要根据组织管理职位的要求，按照组织目标和规范等，对组织问题作出决策，因而基本上失去了决策者个人动机上的色彩。因此，组织决策是为实现组织目标而制定的理性决策。

巴纳德认为，组织决策有两个客观要素：一是目标，二是环境。在他看来，目标的客观性是指组织目标独立于个人动机，而环境则是对实现目标起制约作用或推动作用的种种客观条件。他认为，决策的作用就是通过反复注意目标和环境，使两者越来越具体，最后确定实现目标的具体行动。因此，认清目标和环境是决策工作的两个紧密相关的方面；反过来讲，决策是要使目标和环境明朗化，在具体行动上达到一致。按照这种观点，决策总是发生在目标和环境这两个要素之间：通过分析和识别环境，确定具体的目标；从更具体的目标出发，对环境作更为具体的分析，如此等等。

对于环境要素，巴纳德吸收了美国学者约翰 · R. 康芒斯的公共经济思想①，提出了战略要素理论。所谓战略要素，实际上就是通常所说的关键环节。巴纳德认为，全部环境要素，按照它同目标的关系，可以分为两大类：一类是战略要素（即康芒斯所谓的“制约因素”），它们是实现目标的关键；另一类是其余的条件，亦即“补充因素”，它们不是关键性的要素。巴纳德认为，决策的环境主要是由战略要素来刻画的，所以“决策所要分析的，事实上是一种对‘战略要素’的探求”②，我们通过一系列的探索和决策，逐步确定了新的具体目标和新的战略要素，最终确定了实现总目标的一系列手段，即具体行动。巴纳德注意到，战略要素不是一成不变的，随着条件的变化，战略要素也会发生转移。在他看来，准确稳妥地处理战略要素，是作出合理决策的必要条件。

关于管理者的决策工作，巴纳德认为主要有三个来源：一是上级要求他根据本部门、本单位的情况，将上级指示具体化，作出适合本部门、本单位的决定；二是下级人员遇到困难时（例如，发生权限纠纷、多头命令矛盾、

① 参见［美］约翰 · R. 康芒斯：《制度经济学》，纽约：麦克米兰出版公司 1934 年版，第 627~633 页。

② ［美］巴纳德：《经理人员的职能》，孙耀君等译，北京：中国社会科学出版社 1997 年版，第 159 页。

指示含糊不清或出现意外事件等），请求管理者作出裁决；三是管理者独立地、创造性地发现问题和解决问题。在他看来，前两类决策有正式职权规定的保证，属于“分内事”，因而容易得到承认；第三类决策虽然是检验管理者才能的“最重要的试金石”，但往往被视为“多管闲事”，受到怀疑和排挤。这是阻碍首创精神的一个重要原因。巴纳德主张，管理人员应当积极地、创造性地发现和处理属于自己职责范围内的决策问题，而且应该仅仅去处理下级人员无法有效处理的决策问题。他认为，管理者必须避免事无巨细、样样过问的做法，要回绝上述范围之外的琐细决策任务。他强调：“决策的艺术在于：对现在还不适当的问题不作决策，时机不成熟时不作决策，对不能有效地实行的事不作决策，对应该由别人决定的事不作决策。”①

此外，巴纳德还对决策思维作了分析。决策从本质上来看就是一种解决问题的思维活动。巴纳德认为，管理者的决策思维包括两种基本的思考过程：其一是“逻辑过程”，即能够用语言或符号表示的自觉思考过程，也就是推理过程；其二是“非逻辑过程”，即不能用语言表达的判断过程，这种过程难以表示为推理，通常表现为快速的直觉反应。在巴纳德看来，逻辑过程比较清楚，一般有明确的目标和备选方案，管理者可以用明确的目标去评价各种备选方案所可能导致的结果，并选取其中的满意方案；至于直觉或非逻辑过程，巴纳德并没有像有些管理学家那样将其视为一种神秘的过程，他认为直觉或非逻辑过程具有迅速、很难有条理地表达以及往往比较正确的特点，它在决策过程中具有不容忽视的作用，管理者应该通过实践、学习和研究等途径来提高自己的直觉本领和判断能力，有效地运用“非逻辑”思维为自己的决策工作服务。

（七）管理人员职能说

巴纳德认为，在一个正式的组织之中，管理人员是关键的核心，他们的“职能，就好像相对于身体其余部分的，包括大脑在内的神经系统一样。神经系统指挥着身体的各种活动，以使身体更有效地适应于环境，维持生存”②。基于以上认识，巴纳德将管理人员的职能概括为以下三项：

1. 建立和维持信息交流的体系

巴纳德认为，信息交流是复杂的正式组织生存和发展的必要条件，因

---

① ［美］巴纳德：《经理人员的职能》，孙耀君等译，北京：中国社会科学出版社1997年版，第152页。

② ［美］巴纳德：《经理人员的职能》，孙耀君等译，北京：中国社会科学出版社1997年版，第170页。

为组织中的各个部分或要素必须连接成为一个整体，共同的目标必须予以规定并使之为组织成员所接受，而且要使事情的进展维持恰当的次序。所有这些都要涉及信息的交流，所以巴纳德强调指出，正式组织的复杂性使得有必要建立一个正式的信息交流体系，即管理人员组织。在巴纳德看来，管理人员组织即信息交流体系的建立，包括确定和阐明管理人员的职务以及找到合适的人员来担任这些职务两个方面的内容。就前一个方面而言，实际上是要求设计出信息交流体系的线路图，这种信息交流体系的线路图作为整个组织的一个组成部分，不仅与整个组织有着密切联系，而且与组织中的其他多种因素有着复杂的因果关系。巴纳德认为，在信息交流体系中具有重要意义的是非正式信息交流体系即非正式的管理人员组织。在他看来，由于管理人员之间必须进行信息交流，信息交流又必须以人们之间的相互信任和个人了解为依据，而非正式信息交流体系成员彼此之间的融洽协调则有助于信息的交流和组织的维持。至于该项职能的第二个方面，巴纳德认为，要使信息交流体系正确地发挥作用，就必须找到具有恰当品质和能力的人员来担任管理人员的职务，并激励他们来充分发挥自己的才能。谈到管理人员的素质，他说，管理人员最重要的品质是善于领会组织的整体性和复杂性，使组织中的各个部分协调地进行工作。此外，他认为管理人员还必须领会与组织有关的整个形势和组织所承担的责任；必须忠诚于组织，愿意使自己的个人利益服从于组织的整体利益；应该具备灵活机智、勇敢顽强、判断敏锐以及受过专门训练等方面的素质。

2. 促成组织成员提供必要的服务

巴纳德认为，管理人员的第二项职能是促成人们提供服务，努力推动下属积极性的发挥。他说："这些服务构成了组织的实体。"① 在他看来，管理人员的这项职能主要包括两类工作：第一类是促使人们同组织建立协作关系；第二类是在人们同组织建立起协作关系之后，使之提供服务。谈到第一类工作，巴纳德说，这类工作"的特点是组织对完全在组织以外的人做工作。这类工作之所以必要，不仅由于新组织和现有组织的成长需要获得人员，而且由于必须补充不断发生的人员死亡、辞职、'背弃'、移任、解职、开除、放逐等造成的人员减少。为了增加或补充人员，要求组织做工作把人们吸引到能考虑组织提供的诱因的范围以内，以便把其中的一部分人吸引来

① ［美］巴纳德：《经理人员的职能》，孙耀君等译，北京：中国社会科学出版社1997年版，第178页。

参加组织”①。巴纳德还进一步将第一类工作分为把人们吸引到组织获得人们服务的工作能够达到的范围以内，以及当人们进入这个范围以后对他们做工作这两个部分。关于第二类工作，巴纳德指出：“尽管在绝大多数组织中，特别是在新的、快速发展的、‘人员更替率’高的组织中，招募工作很重要，但在已建立起来的和持续存在的组织中，使其成员提供恰当数量和质量的服务通常更为重要。”② 为此，他提出应该采取诸如维持士气、维持诱因体系、维持抑制体系、监督、控制、检查、教育和训练等手段来维持一个活泼的或生产性的组织。

3. 规定组织的目标

巴纳德认为，规定组织的目标这项职能不是由某一个管理人员能够单独完成的。组织的目标不但要由语言来规定，更要由行动来阐明，而组织中所有人员的行动的总体总比语言更有说服力。一项组织目标只有被组织成员接受以后才是有效的，因此，他认为，组织的共同目标必须用各个部门的具体目标来予以阐明。这事实上就是把权力和责任授予各个部门，使各个部门相互联系协调而共同为组织目标的实现作出贡献。这里，巴纳德实际上已经提出了“目标管理”的思想萌芽。

三、简评

以上我们从组织的本质、组织的要素、非正式组织、组织平衡、权威关系、组织决策以及管理人员的职能等诸方面对巴纳德具有开创性的组织理论作了扼要的考察，从中不难发现，其组织理论明显地是以系统观念为依据的。他把组织视为一种由相互关联的人员组成的“开放系统”，认为组织是一个由协作意愿、共同目标和信息交流这三个相互关联的要素构成的有机整体，组织和组织中的所有成员都是寻求取得平衡即达到稳定状态的系统，它（他）们调整内部和外部的各种力量以维持一种动态的平衡。综观巴纳德组织理论的方方面面，无不体现着系统的思想和观点，他的组织理论实际上是开放系统理论的一种具体应用。尽管今天的组织理论家可以采用更为严格或更加现代的术语来定义组织系统，但其实质仍不外乎“相关性”，或是由相关性导致的复杂性。英国著名女学者斯图亚特说：“如今，当我们翻开一本

① ［美］巴纳德：《经理人员的职能》，孙耀君等译，北京：中国社会科学出版社1997年版，第178～179页。

② ［美］巴纳德：《经理人员的职能》，孙耀君等译，北京：中国社会科学出版社1997年版，第180页。

有关管理或组织的书时，如果发现其中没有‘系统’一词，那才有些怪哪。我们通过阅读而了解了系统途径、社会系统和系统分析……‘系统’一词究竟使我们懂得了哪些有关组织的新东西呢？有时，这个问题的回答是：什么新东西也没有——‘系统’一词可能仅仅是用来随便多加一些杂拌的时髦叫法；当我们不理会这种时髦的空谈时，有时反而会对管理和组织产生一些值得管理者注意的新见解。从系统的角度去看待组织，其价值在于能够改变人们描述和分析组织各个部分的做法，使人们的注意力从组织的各个部分转移到各个部分之间的相互关系。这种系统观所强调的是，我们不应当孤立地看待和处理各个问题，而应当认识到它们的相互影响。"① 在这段话中，罗斯玛丽·斯图亚特虽然对某些管理学文献“空谈”系统的做法表示了不满，但她还是肯定了系统观的价值——即有助于人们认识到事物之间的相互联系。巴纳德首先提出组织系统观，并且建立了一套至今仍然具有广泛影响的系统组织理论，从他所处的时代来看，的确是难能可贵的。今天，我们不仅已经熟悉了系统观的种种说法，而且正在获得越来越多的“系统技术”和“系统理论”，逐步显示了使空谈成为现实的乐观前景。巴纳德那充满系统思想的行政组织理论不能不说在这一发展方向上具有首创性，无怪乎著名经济学家凯恩斯把巴纳德的组织管理理论称之为“巴纳德革命”。

当然，巴纳德的组织理论也还有一些不够完善的地方，比如说，在其组织平衡论中，他把诱因和贡献的平衡视为组织生存和发展的基本条件，但是他并没有提出切实可行的衡量平衡的尺度，这样就很容易陷入循环论；再比如，他的组织决策论对决策概念的分析还不够深刻，有时似乎轻视了高层管理人员面向外部环境的决策任务；等等。

尽管巴纳德的组织理论存在着诸如上述的这样一些所谓的缺陷，但是他因其在组织管理理论方面的独创性贡献而在整个行政管理学乃至整个管理科学发展史上占有十分重要的地位，他的学术思想和理论观点对于后来的组织理论和管理思想产生了深远的影响，尤其是他的那本集中了其主要理论观点的代表作《经理人员的职能》一书至今已经再版 20 余次，在管理界和管理学界均具有广泛而持久的影响，成为行政管理学的经典之作，以至于美国管理学家约瑟夫·梅西在其《管理学概要》一书中评价说：“现代管理研究的发展，其根源大多可在切斯特·巴纳德的理论著作中找到。他是一位有实际

---

① ［美］罗斯玛丽·斯图亚特：《组织的现实》，纽约：麦克米兰出版公司 1985 年版，第 19~20 页。

经验的总经理。……他所提出的非正式组织、决策、权威和信息沟通等概念，后来均成为管理学界的重要课题。在这些新发展方面，他对管理学其他领袖人物的思想影响，无论如何强调也不过分。”① 而另两位美国著名管理学者彼得斯和沃特曼在其畅销全球的《成功之路》一书中则对巴纳德评价得更为具体。他们说：“巴纳德可能是头一个能全面而不偏颇地看待管理过程的人。……巴纳德 1938 年写就的《经理人员的职能》一书……也许能称得上是一套完整的管理理论。”② 的确，作为西方行政管理学说史上的一个里程碑，巴纳德不仅开创了现代组织理论和行政管理研究的许多重要途径，而且还提出了许多具有重大理论价值和实际意义的根本性概念和观点。正因为如此，他才被誉为“现代管理理论之父”，并成为西方管理思想史上社会系统学派的创始人。

第二节　西蒙的行为主义行政学说

西方行政学研究发展到 20 世纪二三十年代可称为“正统时期”，这一时期的行政学者对行政学研究通常都持有某些共同的信念。到了 20 世纪 40 年代，这种正统的行政学便逐渐遭到一些人的批评，其中批评意见最为彻底的要数认为行政学的正统研究方法缺乏科学性并将西方社会科学界所发展的行为主义引介到行政学研究之中，主张以行政行为研究代替正统行政学研究的行为主义行政学家赫伯特 · A. 西蒙。

一、生平与著述

赫伯特 · A. 西蒙是美国著名的行政学家，他 1916 年 6 月 15 日出生在美国威斯康星州的密尔沃基。他分别于 1936 年和 1943 年在芝加哥大学获得学士学位和博士学位，并且先后获有耶鲁大学、凯斯技术学院、瑞典伦德大学、加拿大麦基尔大学以及荷兰经济学院等多所大学的荣誉学位。1936 年，西蒙以其为美国国际城市经理协会的克拉伦斯 · E. 里德利当助手开始了他的职业生涯；1939 年，他在加利福尼亚大学贝克莱分校的公共行政局担任行政测量研究项目主任；1942 年，他在伊利诺伊技术学院任职并于 1946—

① ［美］约瑟夫 · 梅西：《管理学概要》，陈语更等译，沈阳：辽宁人民出版社 1985 年版，第 25~26 页。

② ［美］彼得斯、沃特曼：《成功之路》，余凯成等译，北京：中国对外翻译出版公司 1985 年版，第 123 页。

1949年担任该校政治科学与社会科学系主任；自1949年至今，他一直在匹兹堡的卡内基-梅隆大学担任行政学和心理学教授；与此同时，西蒙还担任过该校工业管理系系主任、工业管理研究生院副院长和计算机科学与心理学荣誉教授等职。

此外，西蒙还在多家社会公共服务部门工作过。他曾在美国预算局、人口普查局和经济合作署任过职，当过美国总统科学咨询委员会顾问，担任过美国社会科学研究会主席和全美科学研究会行为科学研究分会主席。西蒙还曾担任多家政府机构和企业组织的顾问。

西蒙一生中曾获得过多种荣誉和奖励，其中比较有影响的奖励是：1978年他获得的诺贝尔经济学奖以及美国心理学会的杰出科学贡献奖和全美计算机械协会的A. M. 图灵奖。尤其值得指出的是，他是诺贝尔奖历史上唯一一位以非经济学家的身份获得诺贝尔经济学奖的学者。

作为一名成就非凡的学者，西蒙著述甚丰，他不仅出版有多部学术专著，并且还常常在各种学术性杂志上发表论文，其代表作主要有：《行政行为——行政组织决策过程的研究》(1947)，与唐纳德·W. 史密斯伯格和维克多·汤普森合著的《公共行政》(1950)、《人的模式——关于社会背景下人类理性行为的社会及理性—数学论文集》(1957)，与詹姆斯·G. 马奇合著的《组织》(1958)、《经济学与行为科学中的决策理论》(1959)、《管理决策新科学》(1960)、《人与管理的自动化形态》(1965)、《人工科学》(1969)，与纳斯维尔合著的《人们的解决问题》(1972)以及《思维的模型》(1979)等。在西蒙的著作中，以《行政行为——行政组织决策过程的研究》最为重要，因为其行政学说的基本理论主要都包括在这本书中。这本书也是奠定西蒙在行政学界学术地位的成名之作，该书1957年的第二版与1947年第一版的主要内容完全相同，只是第二版增加了一篇长达30页的序言。西蒙的其他著作大体上可以说是对其《行政行为——行政组织决策过程的研究》理论的发挥或进一步研究。

作为行政学一派领袖的西蒙，在政治学界也占有重要的地位，美国政治学会曾在其全体会员中就1945年以后最重要的十名政治学家人选进行民意调查，其结果是西蒙名列第六。然而，他在政治学界的重要性不在于他提出了什么重要的政治学理论或者是对其他的政治学问题有何研究成就，而是在于他的方法理论、决策理论对政治学界的影响。他坚持主张将逻辑实证主义精神应用于社会科学研究，认为自然科学与社会科学的研究方法基本上是一致的。由于他在方法论上的激进主张，所以有人将他列入逻辑实证主义学派

(即行为主义学派) 政治学者中的左派。①

西蒙自 1947 年在其《行政行为——行政组织决策过程的研究》一书中提出其基本理论之后，除了继续补充、修正、阐释其理论外，还致力于运筹学以及计算机科学等决策技术的研究。他认为，计算机可以和人一样做出阅读、思维、学习甚至创造工作，这种决策技术实际上是一场决策技术的革命，它将对人类组织、社会、经济产生重大影响。西蒙应用数学、统计学、心理学、社会学、社会心理学以及经济学等多学科知识从事研究，其学术论文除了在政治学、行政学和企业管理学刊物上发表之外，也在数学、心理学和经济学等学术杂志上刊载。虽然他的学术工作是从行政学研究出发的，但是其后来的学术发展已超出了行政学的范围。西蒙自 1947 年出版《行政行为——行政组织决策过程的研究》到 1960 年出版《管理决策新科学》，所用的头衔只是"行政学教授"，1965 年出版《人与管理的自动化形态》时，他的头衔为"行政学与心理学教授"，而到了 1968 年的美国政治学会会员名录上所列的西蒙的头衔则改称为"计算机科学与心理学教授"，所列的研究领域以"数理社会科学"为其主要研究领域，以"数理模型"、"行政学"和"实证政治理论与哲学"为其次要研究领域（该会会员名录资料系由会员个人自填）。可见，西蒙已不再专门以"行政学家"自居了。由于其决策理论与决策技术在企业管理中的应用，所以在企业管理学界，西蒙则往往被称为"企业管理学家"。

作为当代西方最著名的行政学家之一，西蒙与行政行为的研究有着不可分割的联系。他的行政学说在西方行政学界曾引起了一些重大的争论，在支持其学说的行政学者中，他的基本理论成为指导原则，并因此而形成了一个新的行政学流派，即所谓的行为主义行政学派或称逻辑实证主义行政学派。按照一般的行为主义观点，在社会研究领域中，要了解社会现象，必须从人在实际生活中的行为入手，而这些行为是可以用科学的方法去观察、分析、实验而获得可靠结论的，西蒙正是从行为主义出发来研究行政学问题的。

二、西蒙行政学思想的主要内容

西蒙的行政学说自成体系，大致可以分为三个组成部分：（1）行政学研究方法理论；（2）行政决策理论；（3）行政组织理论。这三个部分构成了三个不同的层次，第一部分行政学研究方法理论是其整个理论体系的基

① 参见［美］李·卡马罗恩·麦克唐纳：《现代西方政治理论》，纽约：哈科特·布雷斯出版社 1962 年版，第 481~482 页。

础，第二部分行政决策理论是在第一部分方法论基础上的理论深化，第三部分行政组织问题的研究则是在前两个方面的基础上所作的进一步探索。其中，第一部分和第二部分的理论影响最大，学术界对其学说的争论也主要是以这两个部分的内容为主。

(一)“行政谚语”——对传统行政学理论的批判

西方行政学界在20世纪二三十年代普遍认为行政学是一门科学，从科学研究中可以引出一些行政原则，而且行政学家们曾提出一些至今仍为许多行政学者所提到的行政原则。西蒙认为，传统行政学家所提出的每一条行政原则都可以找到另一条看来同样合理的原则；虽然这两条原则导致相反的意见，但是在理论上我们却不能指出哪一条原则是正确的。因此，这些原则如同一般的谚语，虽然它们相互矛盾，但是它们彼此却可以并行不悖，所以这些“行政原则”并非真正的科学原则，它们只能被称为“行政谚语”。

西蒙专门以人们常常谈到的“专业分工”、“统一指挥”、“控制幅度”和“根据目标、程序、服务对象、地点划分组织”四项原则为例作了具体阐释。他认为，分工只是群体工作的本质，组织不论效率如何均需分工，因为两个人不能在同一时间、同一地点做同一项工作，分工只不过是不同的人在同一时间做不同的工作而已，所以分工并不是有效行政的条件；与此同时，专业分工原则与统一指挥原则也是相冲突的。根据前一条原则，学校的会计部门便应该听从其专业上级的指挥，而按照后一条原则，它则应该听从校长的指挥。在他看来，真正的统一指挥在任何行政组织中事实上都从不存在；控制幅度原则显然与另一条人们常提到的组织层次应该力求减少的原则相冲突，缩小控制幅度势必会增加组织层次，同时提出控制幅度数为5、6或任何数字都是缺乏一定理由的；按照目标、程序、服务对象、地点划分组织的原则本身就是相互冲突的，而且也没有明确的分辨标准，根据目标划分组织就必须牺牲按照过程、服务对象、地点划分组织的好处。例如，某市政府的主要机构如民政局、教育局、建设局等是按照工作目标所划分的组织，各局都需要各种相同的总务、会计、统计、普通行政人员等，服务对象都是该市区的全体市民，当然也就失去了根据程序（即按照专业技术）、服务对象或地点划分组织的优点。再从另一个观点来看，该市的这种依据工作目标而划分的组织同时也都可以被视为是按照程序划分的组织，因为建设、教育等也可以说是达到市政府为市民服务这一总目标的各种方法，而从整个国家来看，这些组织也是地域组织，教育局主管该市的地区教育，建设局主管该市的地区建设，因此，一个组织到底属于上述四种组织中的哪一种，这取决于从哪一种观点来看，仅就组织本身则很难说它们绝对属于其中的哪一种组织。

传统的行政学研究方法既然只能得到谚语，而不能得出行政原则，因此在研究方法上就必须寻求新的途径，即只有提出新的研究方法才能建立真正的行政原则，这便是西蒙将传统的行政原则称为行政谚语的真实含义所在。

西方社会科学界行为主义运动的基本精神就是对传统社会科学各学科的传统研究方法及其所得结果的不满。西蒙从行政学的立场对传统行政学的研究方法及其所得结果的不满，也就是整个行为主义运动不满的一部分。

（二）行政学研究方法论

1. 事实与价值

在学术研究上严格区分事实与价值因素是现代行为主义社会科学家在研究方法上的基本主张。在行政学研究中，西蒙更是以二者的区别为其方法论的出发点。区分这两种因素的理论依据是现代哲学中逻辑实证主义学派的知识理论。

价值是哲学上的一个重要问题，在研究方法上讨论价值问题不是对价值问题本身的讨论，只是区分价值问题与事实问题在学术研究上的不同。社会科学家在传统研究上不重视事实与价值的区别，而西蒙则强调了这二者的区别并且在这二者区别的基础上建立其进一步的方法理论。

事实命题是关于客观世界中可观察的事物及其运作方式的陈述，价值命题是关于偏好的表达，这两种命题的区别也就相当于一般所谓“描述性陈述”与“规范性陈述”或“是然问题”与“应然问题”的区别。事实命题可以证明是真是假，即证明在这个世界上是否实际上存在或发生所陈述的情形；价值命题即宣告某种特定的情形是“应该如此”、是“更好的”或者是“所想望的”，这种命题无客观是非，不能以经验或推理证明其正确性。一个事实命题是否正确，取决于它是否与事实相符，即基于实证的、客观的真实性；而一个价值命题是否正确，则是基于人的专断，即基于人的主观价值。同时，事实命题不能以任何推理从价值命题中引出，价值命题不能直接从经验（事实）中产生。科学命题都是事实命题，即科学研究以事实问题为对象；而价值问题则是不能用科学方法进行处理的。

以上是价值与事实的理论区别，在实际辨别上，西蒙则是从手段与目的的关系上来进行考察的。最粗浅地说，价值与事实的区别就是目的与手段的区别。例如，当一个人在几种可能的办法中选择一种时，一定会问目的是什么以及哪一种办法最能达到这个目的。这里，目的就是价值问题，而哪一种办法（即手段）最能达到这个目的则是事实问题。进一步来看，某一手段可以用来达到某一目的，而这一目的又可以用来达到另一目的，这时，前一个目的即成为后一个目的的手段，以此类推，即成为一个“手段—目的链”，亦即构成一个“目的层级体系”。对此，西蒙举例说，一个人抬腿的目的是为了走一步，走步的目的在于去邮局，到邮局的目的是为了寄一封信，寄信的目的是为了将某一消息传递给某人，传递消息给某人的目的在于……这就是所谓“手段—目的链”（或系列）或目的层级体系。在这个层级体系中，每一层级对下一层级来说即为目的，而对上一层级来说则为手段。也就是说，每一层级都可以作为手段或目的，亦即所有目的皆可以作为手段，所有手段亦皆可以作为目的。所以，手段与目的并无绝对意义，只有相对意义。在这种“手段—目的链”上，所谓价值，是指最终目的，即所以求达此目的者在此目的本身，此目的不再为达到另一目的的手段。对这个最终目的的抉择便是一个“价值判断”，而关于达到这一目的之手段的抉择均为“事实判断”。但是，手段与目的的关系并非完全像链条一样一环一环地相互紧扣，二者的关系往往并不十分清楚，一种手段可以达到多种目的，同时层级越高，二者的关系越不清楚。实际上，个人与组织都一样，并没有一个单纯的手段—目的层级，而只有一个复杂且关系不清的手段—目的关系网。例如，教育的目的是什么，用什么手段达到教育目的，这些显然是无法作出肯定回答的。通常，人们在作决定时的目的均不是最终目的，只是中间目的，最终目的可以称之为纯粹价值，中间目的即为中间价值。政府的最终目的（纯粹价值）通常是指公正、社会福利、自由等，这些目的的含义都不肯定，没有明确的手段—目的的关系可言，行政活动不能以这些目的为目的，只能以一些中间目的为目的。也就是说，行政机关所寻求的都是中间价值。再深入一层看，则可以发现“手段—目的说”并不能完全辨别价值因素与事实因素，因为在实际情况中，手段与目的不能严格区分，手段不是价值中立的。某一特定的手段用以达到某一特定的目的，实际上会产生许多在此特定目的之外的结果，这种结果均与价值有关，在考虑这种手段时不能不考虑这些目的之外的结果。一个人以偷、抢为手段来达到获得金钱的目的，不能不考虑犯罪、判刑的结果，而犯罪、判刑便是在目的之外所产生的有关价值的结果，这一结果是由偷、抢的手段而来的，即这种手段本身不是价值中立的，而是具有价值意义的。所以手段—目的的区别与事实—价值的区别并不一致。同理，政府处理违章建筑也不能以放火烧毁作为手段来达到目的。因此，无论是个人还是政府组织，做事都不能只求目的，而不择手段。就手段与目的的关系来区别价值与事实既然具有这种缺点，于是西蒙便提出“可供选择的行为”、“备选行为”或“备选方案”，“行为后果”或“后果”与价值关系来区别价值与事实。所谓“可供选择的行为”，是指在特定的时间和特定的情况下个人或组织所可能实施的任何行为，而“行为后果”则是指各种行为所产生的各种后果。比如，在前面谈到的例子中，“抢钱”就是一种行为，而“获得金钱”则是行为后果之一，因为，除此之外，这种行为的后果还可能包括当场或事后被捕判刑、被当场击毙或打伤以及获得金钱或被捕判刑后所发生的种种其他后果。而假如政府以放火为手段烧毁违章建筑，那么其后果便可能会包括违章建筑的消除、社会的批评、违章建筑户的反对（请愿）甚至可能采取的过激行为以及由此而产生的种种其他后果。

这种后果可以视为这种行为的价值指标，由此与价值相关联。经济学家视经济财物为价值并将其作为经济活动的目标。实际上，经济财物只是一种可以从而获得价值之状态的存在（即消费财物之可能性）的指标，即为一种价值指标。换言之，人的经济活动旨在获得财物，但是财物的获得（即行为后果）并未直接得到价值，必须通过消费这些财物才能进而获得价值，财物具有消费的可能性，也就等于说存在一种可以获得价值的状态，即价值指标。人们在决策时到底选择哪一种行动便取决于这种价值指标的高低。当然，这种价值并无绝对数字可言，但是它们却有程度之别。同时，这里所指的价值既包括积极价值，也包括消极价值。例如，由抢劫所产生的后果包括得到金钱、被捕入狱等，这种种后果既包括由金钱而获得的积极价值（享受）指标，也包括被捕入狱而产生的消极价值（痛苦）指标。如果再就手段—目的的关系来解释的话，那么一种行为就是一种手段，一种行为产生各种后果，也就等于有多种手段—目的关系。所以，上例中所说的抢劫获得金钱、抢劫与坐牢、抢劫与被杀等均为手段—目的的关系。在这种手段—目的的关系上，目的本身并不等于价值，只是作为价值指标而与价值有关。以上说法是将行为与行为后果均视为事实问题，价值则由行为结果予以实现。这种说法也只是比单纯的手段—目的关系更能明确地分清事实与价值而已，手段—目的说并非无用，而且在一般情况下人们通常仍然以手段—目的作为区分事实与价值的准则。

西方行为主义学派的社会科学家们在学术上所采取的价值中立态度即是以事实与价值的区分为基础的，所以西蒙的主张也就是行为主义的主张。这种区分本是关于整个学术研究的，但是它在西蒙的行政学方法理论中却有着特殊的意义，即与他所提出的政治（政策）与行政的区分具有密切的关系。

西方早期行政学家自威尔逊、古德诺起，都认为政治与行政可以明确地区分开，政治是决定应该做什么，即决定政策。到 20 世纪 30 年代后期，行政学家逐渐放弃了这种严格区分的主张。他们认为，从政府机关的实际情况来看，政治（决定政策）与行政（执行政策）是互相关联而无法严格区分开的。现代行政学家一般也均持这种观点，西蒙也认为从决策与执行的观点来区分政治与行政并不妥当，因为行政也必须作出决策。

西蒙是从价值与事实的区分以及决策理论的观点来看待政策问题与行政问题的区别的。如前所述，关于判断价值问题与行政问题正确与否的标准是不同的，即前者是基于人的主观价值，而后者则是基于客观的、实证的真实性。基于这种观点，西蒙提出了下列区分政策问题与行政问题的原则：

(1) 一个决策问题是应该交给立法机关还是应该交给行政机关，这取决于其中所含的事实问题和价值（伦理）问题的相对重要性以及关于事实问题的纷争程度。

(2) 行政机关的价值判断必须反映社会价值，当价值判断有争议时，则行政人员（机关）对这种价值判断必须向立法机关负完全责任，也就是说，立法机关对这种价值判断保留控制权。

以上区分原则并非将政策问题与行政问题的区分等同于价值与事实的区分，但是它与价值—事实的区分有着密切的关系。政策问题与行政问题都包括价值与事实这两种因素，但是，就政策问题而言，价值因素在其中占有重要地位，衡量决策正确与否的标准主要取决于立法人员的主观价值；而对于行政问题来说，事实因素则在其中占据着重要的地位，所涉及的价值问题主要是反映社会价值，所以衡量其决策正确与否的标准主要在于客观、实证的真实性。西蒙的这种政策（政治）与行政区分说，其目的并不在于作为立法机关与行政机关职权的区分准则，而是在于区分政策问题与行政问题的性质，从而确定行政学或行政行为的研究对象。

2. 操作定义

关于操作定义的思想是西蒙行政学研究方法理论的一项十分重要的内容。西蒙认为，凡用于科学研究的名词定义必须是操作性的，行政行为研究中的名词当然也不例外。所谓名词的操作定义，是指名词的定义与实证观察的事实或情况相一致。西蒙在《行政行为——行政组织决策过程的研究》一书中将“权威”一词的操作定义表述如下：“只要一个下级人员将自己的行为置于上级决策的指导之下，不对该项决策的是非曲直进行自主审查，我们就说，那个下级人员接受了权威。”① 西蒙在其与史密斯伯格和汤普森合著的另一本书《公共行政学》中将“权威”分为法定的权威与心理的权威两种类型，他将这两种权威的操作定义表述如下：

① ［美］赫伯特·西蒙：《行政行为——行政组织决策过程的研究》，纽约：麦克米兰出版公司 1957 年版，第 22 页。

（1）法定的权威："一个人有权利要求服从就是他有权威……当我们说一个人有法定权利要求服从时，我们的意思是指有一个为我们视为正当的法律体系，这个法律体系指出在某种情况下其他人应该接受这个人所作出的决策。"①

（2）心理的权威：

> 从心理的观点来看，权威的运用是一种两个人以上的关系。一方面是一个为他人的行动作建议的人，另一方面是一个接受这些建议的人——即服从这些建议的人。一个人接受他人的建议有三种可能的情形：
>
> 第一，他可以审查这些建议的妥当性，他确信这些建议妥当后他应予以执行。我们不将这种接受建议的情形列入权威观念之中。……
>
> 第二，他并没有完全相信甚至尚未部分地相信这些建议的妥当性便执行这些建议。事实上，他可能根本没有审查这些建议的妥当性。
>
> 第三，虽然他认为这些建议是错的——无论是从个人、组织或者是从二者的价值观点来看——他仍然执行这些建议。
>
> 我们将第二种和第三种情形视为接受权威。②

西蒙的这种操作定义的主张显然依据的是物理学家布里奇曼所倡导的那种建立在实证主义精神基础之上的操作主义。

3. 概念工具

寻求新的概念工具或分析单位是行为主义学派社会科学家的普遍主张，应用新的概念从事实际研究是行为主义学派的学者与传统学者的显著差异之一。

西蒙认为："在一门科学能够创立原则之前，首先必须具备某些概念。例如，在重力定律得以形成之前，必须先具备'加速度'与'质量'概念。因此，行政学理论的首要任务就是要建立一系列能够从理论角度描述行政问

① ［美］西蒙、史密斯·伯格、汤普森：《公共行政学》，纽约：诺夫出版社 1950 年版，第 180~181 页。

② ［美］西蒙、史密斯·伯格、汤普森：《公共行政学》，纽约：诺夫出版社 1950 年版，第 182 页。

题的概念。”① 这种概念不包括有关学科的实质理论，只是用来作为研究这一学科，建立这一学科的理论或原则的工具，所以称之为“概念工具”。西蒙最重要的著作《行政行为——行政组织决策过程的研究》一书中的理论，即是旨在提出研究行政学的一组概念工具。

西蒙还认为，任何一种整体现象的复杂性都是就其特殊“层次”的现象建立其特殊理论，其层次取决于作为研究目标的某种特殊单位，这种层次现象的理论应该以单位内的行为和单位间的行为来说明。例如，物理学上的粒子—原子—分子、生物学上的遗传原质—染色体—细胞核—肌肉—器官—生物等即为它们各自学科各层次现象的特殊单位，各层次现象均依据一定合适的单位建立其理论。② 以上所论及的单位即是指人们通常所说的“分析单位”，它与概念工具实际上是相同的，一个分析单位也就是一个概念。概念工具通常都是一组相关的概念，对一组概念的相互关系所作的说明就是一种理论，这种概念理论常常根据其主要的概念被称为“某某理论”，例如，“决策理论”、“群体理论”等。就分析单位而言，所依据的这个主要概念便被视为分析单位。就一组概念来研究一个问题，在研究方法上称为“概念探究”，所谓“决策研究”的说法就是据此而来的。

西蒙在行政行为研究上是以“决策”为基本概念提出一组概念工具的，就分析单位而言，则是以“决定”为基本单位，以“决定前提”为最小分析单位的。“决策”是目前行政行为研究上最流行的概念工具，但并非唯一的概念工具，每一个行政学者都可以自行提出其有用的概念工具。事实上，目前也有人提出其他新的概念工具，只是没有像“决策”那样受到人们的重视而已。

（三）行政决策论

行政决策是行政学研究的核心内容。早在 1937 年，古立克在其《组织理论》一文中就明确提出决策是行政的主要功能。此外，巴纳德和斯坦也于第二次世界大战之前分别在其所著的《经理人员的职能》（1938）一书和《对行政科学的探讨》（1940）③ 一文中提出了决策概念。但是决策概念能够在行政学研究中处于重要地位，则应归功于西蒙在 1947 年出版的《行政

① ［美］西蒙：《行政行为——行政组织决策过程的研究》，纽约：麦克米兰出版公司 1957 年版，第 37 页。

② 参见［美］西蒙：《评组织理论》，见《美国政治学评论》1952 年 12 月第 46 卷，第 1130~1131 页。

③ ［美］《美国政治学评论》第 34 卷（1940 年 12 月号），第 1124~1137 页。

行为——行政组织决策过程的研究》一书中所提出的决策理论的影响。在该书出版的3年前，西蒙便于其先发表的《决策与行政决策》（1944）① 一文中提出了决策理论的轮廓。西蒙自《行政行为——行政组织决策过程的研究》一书出版后一直都在继续其决策理论及实际决策技术（包括计算机科学）的研究。在西蒙及其他学者的推动下，行政决策研究近几十年来一直是行政学研究领域中的一个颇有成就的研究领域。

1. 决策研究与行政学研究

关于决策研究在其整个行政学研究中的地位问题，西蒙在其《行政行为——行政组织决策过程的研究》一书的序言中就明确地表述了他在行政学研究中提出决策理论的目的："本书是我在公共行政研究工作中试图建立有益的研究工具的探索结果。它产生于我的这样一个信念，即：在这个研究领域里，我们至今还没有充分恰当的语汇和概念方面的工具，当然也就谈不上用它们来现实而深刻地刻画行政组织，哪怕是简单的行政组织。……在我们得以建立任何永恒的行政'原则'之前，我们首先要能够在文字描述上精确地说明行政组织的面貌和运转状况。作为本人从事行政研究的一项基础工作，我试图构造一系列能够进行以上描述的术语，本书记录了我所得出的结论。"②

当代西方行为主义学派政治学者的重要方法论主张之一，就是提出新的概念工具去从事研究，同时他们已经在事实上应用多种新的概念工具从事着研究。决策是其中之一，其他诸如"系统"、"权力"、"群体"、"精英"等都是。而所谓"分析单位"，也就是指这种概念工具而言的。在政治学研究中，上述概念已经为许多人所接受和采用，但是在行政学研究中，上述概念则并非全部都适用，只有西蒙提出的决策理论最受重视并最常为人们所引用，所以决策概念已经成为行政学研究中最重要的新概念工具。

西蒙还从以下几个方面进一步阐述了他的以决策行为去研究行政学的理由：

（1）传统行政学讨论都只注意"执行"，即"行动"或"做"，而不注意行动或做之前的"决策"。任何实际活动都包括决策与做两个方面，但一般行政学者则不认为行政理论在决策程序与行动程序两个方面应同样注意。这种忽略也许是由于认为决策是限于一般政策的决定，行政学只讨论如何做

① ［美］《公共行政评论》第4卷（1944年冬季号），第16~30页。

② ［美］西蒙：《行政行为——行政组织决策过程的研究》，纽约：麦克米兰出版公司1957年版，第115~116页。

而无需注意决策。但是实际上决策程序不仅仅限于行政组织目标的决定，决策与做都是遍及整个行政组织的，二者是互相关联、不可分割的。因此，行政理论必须同时包括如何有效地做的原则与如何正确地作出决策的原则。不过，他强调说，之所以行政行为的研究以决策为主，而不重执行，是因为执行决定本身仍是决策活动，一个组织决定一项政策，执行这项政策的人员又要作出许多决定，所以执行政策只是作更细密的政策决定而已。因此，决策活动是行政活动的典型活动。

(2) 实现行政组织目标的实际工作是由组织最基层即操作层的操作人员执行的，例如，火灾是救火队员扑灭的，而不是救火队长扑灭的。但是在这些操作人员之上的非操作人员在实现组织目标上显然并非多余，而且影响可能更大。例如，打仗虽然是士兵打的，但是指挥官对于一场战事的影响比士兵更大。这种非操作的行政人员在实现一个组织目标上的作用大小，取决于其对最下级操作人员的决策影响的大小。比如说，一名指挥官对一场战事的影响程度，就在于他用他的头脑对其士兵开枪的手的影响程度，亦即影响士兵决策的程度。

(3) 传统行政学者对一个组织的说明大部分限于说明组织的职责分配与组织的正式权力结构，他们往往不注意组织中其他影响力量与沟通系统，例如，只说："一个局由三个处组成，第一处的职责为×××，第二处的职责为×××，第三处的职责为×××。"实际上，人们并不能了解这种组织安排是否适当，因为从这样的说明中看不出行政决策是集中在局的层次上还是集中在处的层次上，也不知道局对处的权力实际运用到何种程度，也没有表明沟通系统协调三个处的范围以及依照工作性质所需要的沟通范围。这种说明实际上过于简化、肤浅而且不切合实际，它过分重视权力因素而忽略其他同样重要的因素。而对一个组织状况科学且恰当的描述，应该是对组织中每一个人作什么决策以及作决策受到何种影响的描述。

(4) 所谓好的或正确的行政行为，在本质上就是指有效率的行政行为，而决定效率程度最简单的办法就是看行政组织中每一个人决策的理性程度。

(5) 行政活动是用多数人的力量去完成某种工作的活动，要用多数人的力量去完成工作，就必须发展出一种运用组织力量的技术方法，即所谓行政程序，而这种行政程序也就是决策程序，就是划分组织中每一个人应作哪一部分决策的程序。

2. 有限理性与决策准则

西蒙行政决策理论的最大特点在于他基于"理性"概念发展其理论，这里所谓基于理性概念，并不是说人的行为都合乎理性，而是指从理性概念讨论人的决策行为的理想模式、人的实际决策的理性程度、行政组织与理性决策行为之间的关系等问题。基于理性概念也是西蒙行政学理论的一大特色，他在其《管理行为——管理组织决策过程的研究》一书第三版的导言中就曾明确指出："行政理论所关注的焦点，是人的社会行为的理性方面和非理性方面的界线，行政理论，是关于意向理性和有限理性的一种独特理论——是关于那些因缺乏寻求最优的才智而转向满意的人类行为的理论。"①

在社会科学成为独立科学之前，理性是哲学、伦理学中的重要词汇。现代科学发展后，理性概念仍然重要。现代化行政组织的发展基于现代科学技术，现代科学的基本精神就是理性主义精神。这里所谓的"理性主义"，当然不是指哲学上反实证主义知识理论的理性主义，而是指一般意义上的理性主义，即"理性"是指非感情的一种计算、思考的心智方法。

西蒙行政决策理论中的理性概念与现代科学中的一般理性概念是一致的，只不过他更有明确的专就其决策理论所指的意义而已。在他的理论中，"理性的"是指一种决策行为方式，所谓"理性的决策"即是指理性方式的决策。"理性的"与"非理性的"在用法上都是中立性的，不包含一般用法上的价值意义，它与心理学上讨论决策问题所用的"理性的"或"非理性的"概念相同，只要是合乎这种方式的决策，就是理性的决策。西蒙的理论观点主要是通过客观理性——"经济人"假设与有限理性——"行政人"假设的对比来予以描述的。

西蒙认为，所谓"客观理性"，就是人们通常所说的"完善理性"、"绝对意义上的理性"或者叫"传统经济人的理性"，它实际上是古典经济学理论和统计决策论所发展起来的理性概念，而"经济人"假设正是在这种理性概念的基础上形成的。按照古典经济学理论，人类是理性动物，人类经济行为的目的无非是为了追求最大的利益，这就是所谓的"经济人"假设。这种假设萌芽于资本主义形成之初，它在穆勒、亚当·斯密、李嘉图、李维弈、西斯蒙第和郭森等古典经济学家那里得到了发展和完善。"经济人"假设所依据的理性原则包含了下列四个先决条件：（1）存在着数种可以相互替代的行为类别；（2）每一类行为都能够产生明确的结果；（3）经济主体行为产生的结果拥有充分的信息或情报；（4）经济主体拥有一套确定的偏好程序表，以便让他依据自己的所好来选择自己认为适当的行为。因此，

① 参见［美］西蒙：《管理行为——管理组织决策过程的研究》（本书译为《行政行为——行政组织决策过程的研究》更为准确、妥当），杨砾、韩春立、徐立译，北京：北京经济学院出版社 1991 年版，第 19~20 页。

"经济人"假设的最重要特征就是认为人类理性是经济活动的主导因素，亦即"经济人"具有"客观理性"。西蒙驳斥了古典经济学理论的这种认为经济人具有"客观理性"或"绝对理性"并且能够使利益最大化的观点。在他看来，知识的不完备性、预见未来的困难性以及备选行为范围的有限性，决定了"客观理性"在实际行动中是不存在的，人类行为所依赖的既不是古典经济学家所谓的"客观理性"，也不是弗洛伊德所讲的"非理性"，而是介于理性与非理性之间的"有限理性"，任何组织和个人都只能被视为一个具有学习及适应能力的体系，而不应被看做是一个绝对理性的体系。因此，西蒙主张用"行政人"来取代"经济人"，而"行政人"的基础便是"有限理性"。在他看来，"行政人"是心理人和经济人两者的结合。心理人有他自己个人的目的、动机、怪癖等，由于每个人的心理构造各不相同，因而在组织的决策方面就可能有合理或不合理两种结果，对组织的需要也可能有自觉和不自觉两种情况；而经济人具有所谓"最大限度"的能力，能够为实现目标作出最佳选择。西蒙认为，行政人是经济人的"堂兄弟"，甚至是"亲兄弟"，行政人宁愿"满意"而不愿作最大限度的追求，满意于从眼前可供选择的办法中选择最佳的办法。行政人对行政形势的分析易于简化，不可能把握决策环境的各个方面的相互关系，因此，行政人只具有"有限理性"。

不过，在此值得注意的是，理性是个程度问题，客观理性是最高程度的理性，有限理性是某种程度的理性，这个程度不是固定的。客观理性虽然不可能，但是这个概念却十分重要，即有限理性的程度提高以客观理性为准则、目的。假如我们能够达到客观理性，则不应该以有限理性为满足；同理，假如我们能够达到最高目的，则不应该以"满意"、"比较好"为满足。在西蒙的用法上，"理性的"实际上是指以客观理性为准则，有限理性在不同程度上的表现。

正是基于上述对客观理性——"经济人"假设和有限理性——"行政人"假设的认识和分析，西蒙提出了他关于决策准则的看法——应该用"令人满意的"准则取代"最优化"准则。西蒙认为，既然所谓的"客观理性"或"绝对理性"事实上并不存在，那么我们就不应该把建立在"绝对理性"基础之上的"最优化准则"作为决策的准则；相反，我们在决策时由于没有求得"最优化"的才智和条件而只能满足于"令人满意的"这一准则。所谓令人满意的决策准则，具体地说就是，在决策时决定一套标准，用来说明什么是令人满意的最低限度的备选方案，如果拟采用的备选方案满足了或者超过了所有这些标准，那么这个备选方案就是令人满意的。此外，西蒙还指出，按照令人满意的准则进行选择时，有时进行选择的标准本身也可以加以变动，例如，在按照原定标准寻找不到令人满意的任何备选方案时，就有必要考虑改变原定的标准。

3. 行政决策过程

对行政决策过程的研究是西蒙行政决策理论的主体部分。早在《管理行为——行政组织决策过程的研究》一书中，西蒙就曾经论及行政决策过程及其相关的问题，在后来的著作，尤其是在《管理决策新科学》一书中，他又对这些问题进行了更为深入、全面的探讨。

西蒙对行政决策过程的认识是与他对“决策”一词的理解密切相关的。西蒙认为，关于“决策”一词的含义，不应仅仅从狭义上去理解，而应该从更加广泛的意义上去理解。在他看来，广义的“决策”一词“和‘管理’一词几近同义”①。他指出：“人们通常对‘决策制定者’这一形象的作用描绘得过分狭窄。‘决策制定者’像个骑马思考问题的人，考虑成熟之后，突然把他的决定指示给他的随从……或者说：‘决策制定者’是位埋头审阅公文、戴眼镜的绅士，正是在标有（×）记号的字里行间思考着。……上述诸形象都具有重要的共通之点，即‘决策制定者’是位能在关键抉择时刻，在十字路口选定最佳路线的人。由于只注意了最后的片刻，上述各种形象都对决策作了歪曲的描绘。他们忽略了完整的全过程，忽略了最后时刻之前的复杂的了解、调查、分析的过程以及在此之后的评价过程。”② 因此，西蒙认为，决策绝不只限于从几个备选方案中选定一个这样一种行动，而是包括几个阶段和涉及许多方面的整个过程。在他看来，决策过程包括四个阶段：第一阶段被他称为“情报活动”，其任务是探查环境，寻求要求决策的条件；第二阶段被他称为“设计活动”，其任务是设计、制定和分析可能采取的备选行动方案；第三阶段被他称为“抉择活动”，其任务是从可供选择的各种备选方案中选出一个适用的行动方案；第四个阶段被他称为“审查活动”，其任务是对已经作出的抉择进行评价，这第四个阶段有时也被称为执行决策任务的阶段。西蒙认为，尽管这四个阶段缺一不可，但是对于一个优秀的行政管理人员来说，这四个阶段并不具有同等的重要性，其中，关键性的是前两个阶段，后两个阶段次之。因此，他建议，在时间分配上，行政

① ［美］西蒙：《管理决策新科学》，李柱流等译，北京：中国社会科学出版社1982年版，第33页。

② ［美］西蒙：《管理决策新科学》，李柱流等译，北京：中国社会科学出版社1982年版，第33页。

管理人员应该用大部分时间去“调查经济、技术、政治和社会形势；判别需要采取新行动的新情况”；用较大部分的时间“独自或者是跟他的同僚们一起去创造、设计和制定可能的行动方案，以应付需要作出决策的形势”；而“用较少的时间来选择他们为解决已确认的问题而制定的而且对其后果也已做过分析的抉择行动”，同时，“还得用适量的时间去估价作为重复循环一部分的、再次导致新决策的过去行动的结果”。①

应当指出的是，西蒙对整个决策过程的四阶段划分只是在一般意义上来说的。他认为，在实际的决策活动中，诸阶段是相互交织的。一般来说，“情报活动”先于“设计活动”，而“设计活动”又先于“抉择活动”。但是，阶段循环的实际情况却要复杂得多，制定某一特定决策的每一个阶段，其本身就是一个复杂的决策制定过程。例如，设计阶段可能需要新的情报活动，而任何阶段中的问题又会产生出若干次要问题，这些次要问题又有各自的情报、设计和抉择的各个阶段。用西蒙的话来说，“也就是大圈套小圈，小圈之中还有圈”②。

4. 行政决策的类型与技术

关于决策的类型，西蒙早在《行政行为——行政组织决策过程的研究》一书的第五章中就谈到了一般决策的类型问题。他依据决策对未来的影响方式将决策分为两种类型：“一是决策所决定的现实行为可以限制未来可能出现的事物；二是现实决策可以对未来决策起到或多或少的指导作用。”③ 后来，他又在《管理决策新科学》一书中对其决策分类的思想作了进一步发展，并且依据组织活动的类型和决策所采用的技术不同，将决策分为程序化决策和非程序化决策两种类型。

西蒙认为，一个组织的全部活动可以分为两类：一类是重复出现的例行活动，另一类是尽管不是重复出现的且不能用对待例行公事的办法来加以处理但却往往又比较重要的非例行活动。有关前一类活动的决策是经常反复的并且有一定的结构，所以，这类决策可以建立一定的程序，当这类活动重复出现时予以应用，不必每次都作出新的决策，这类决策因而被称为程序化决

① 参见［美］西蒙：《管理决策新科学》，李柱流等译，北京：中国社会科学出版社1982年版，第34页。

② ［美］西蒙：《管理决策新科学》，李柱流等译，北京：中国社会科学出版社1982年版，第36页。

③ ［美］西蒙：《管理行为——管理组织决策过程的研究》，杨砾、韩春立、徐立译，北京：北京经济学院出版社1991年版，第95页。

策；而关于后一类活动的决策是新出现的并且不能程序化，所以这类决策被称为非程序化决策。

针对上述这两种不同类型的决策，西蒙分别从传统的和现代的两个方面阐述了它们各自所使用的决策技术。西蒙认为，就程序化决策技术而言，程序化决策的传统技术包括由组织成员的实际知识、习惯性技能和操作规程等集体记忆构成的习惯，与习惯紧密相关的标准操作程序以及在标准操作规程之上的组织结构；而程序化决策的现代技术则包括运筹学，如线性规划、动态规划、整体规划、博弈论、决策论、排队论、概率论等数学工具以及利用电子计算机模拟等电子数据处理技术。至于非程序化决策技术，西蒙认为，人们在进行非程序化决策时通常所采用的传统技术是“判断”，而判断是通过某种不确定的方式由经验、直觉和洞察力来决定的，当围绕着一个重大难题进行非程序化决策时，或者说，当进行一项将会产生极为深远影响的决定性决策时，通常需要决策者发挥创造性。但是，在西蒙看来，非程序化决策所依靠的这些技术的心理过程至今尚少为人们所了解，所以有关非程序化决策的理论也就显得比较空洞。不过，他认为，这类决策可以通过某种有条理的思考以及对管理人员的职前培训和在职培训来加以改进。关于非程序化决策的现代技术，西蒙指出，如同程序化决策的技术一样，非程序化决策的技术也正在经历着一场革命，这场技术革命主要表现在探索式解题技术的应用，其中包括决策者的培训和探索式计算机程序的编制。在他看来，非程序化决策的这种技术创新，不仅会为非程序化决策方面的自动化开拓出新的前景，而且还会有助于深化我们对人类思维过程的理解，进而提高非程序化决策的能力。西蒙并且将决策的这两种类型及其所使用的技术列表如表 3-1 所示①：

值得注意的是，西蒙并没有将这两种决策的类型划分绝对化，他认为，程序化决策和非程序化决策就如同一个光谱是一个连续统一体：其一端为高度程序化的决策，其另一端则为高度非程序化决策。我们沿着这个光谱式的统一体可以找到不同灰色程度的各种决策。所谓程序化决策和非程序化决策，只是用来作为光谱的黑色与白色的标志，而世界上的问题和决策大多是灰色的，只有少数几块地方是纯黑或纯白的（亦即只有少数高度程序化的决策和高度非程序化的决策）。

---

① ［美］西蒙：《管理决策新科学》，李柱流等译，北京：中国社会科学出版社 1982 年版，第 41 页。

表 3-1

决策类型	决策制定技术 传统式现代式	
程序化的： 常规性、反复性决策，组织为处理上述决策而研制的特定过程	1. 习惯 2. 事务性常规工作：标准操作规程 3. 组织结构： 普通可能性；次目标系统；明确规定的信息通道	1. 运筹学： 数学分析 模型 计算机模拟 2. 电子数据处理
非程序化的： 单射式，结构不良，新的政策性决策 用通用问题解决过程处理的	1. 判断、直觉和创造 2. 概测法 3. 经理的遴选和培训	探索式问题解决技术适用于： （1）培训人类决策制定者 （2）编制探索式计算机程序

（四）行政组织论

如前所述，巴纳德在其《经理人员的职能》一书中对组织问题进行了深入、系统的探讨并且创立了他独具特色的组织理论。西蒙不仅接受了巴纳德在组织问题上的基本理论观点，而且还对其组织理论作了进一步的深化和完善。正如美国学者德斯勒所言："巴纳德把组织看成……决策者所构成的网络的观点，在赫伯特·西蒙手上得到了改造、细化和发展。巴纳德是从实际管理者的角度进行写作的，而西蒙则是一位熟悉组织理论、经济学、自然科学和政治学的学者。"①

西蒙除了对行政组织的决策问题作了较为系统的研究，他还着重对组织平衡和组织影响力等基本组织理论问题进行了探讨，并且还在其决策理论的基础上从组织的层级结构、组织的专业分工和集权与分权等方面提出了他关于组织设计的理论观点。

关于组织平衡问题，西蒙同巴纳德一样，认为组织是一个平衡系统，人之所以参与一个组织，作出其贡献，就是因为该组织能给他最大的满足，所以，组织的继续存在，有赖于确保贡献与满足的平衡。他明确指出："个人

① ［美］德斯勒：《组织理论》，新泽西：普伦蒂斯-霍尔出版社 1980 年版，第 40 页。

参加组织，有三个基础：(1) 由于组织目标的实现而直接得到的个人报偿；(2) 与组织规模及其增长紧密相关的、由组织提供的个人诱因；(3) 与组织规模及增长无关的、由组织提供的个人诱因。"① 他认为，"组织的成员们为组织作贡献，以换取组织提供给他们的诱因。组织中某一类群体的贡献，是组织提供给其他群体的诱因的来源。如果贡献的总和在数量和种类上都很充分，足以提供必要数量和种类的诱因，那么组织就会生存和成长；反之，除非能达到某种均衡，否则它就会衰退，乃至消亡"②。不仅如此，西蒙还详细讨论了诸如贡献与诱因的含义、组织参与者的类型、作为诱因的组织目标以及组织平衡与效率等组织平衡中的基本问题。在他看来，所谓"贡献"包括组织所需要的一切有形和无形的资源，如立法机关的拨款、服务对象团体的支持、组织成员所提供的时间和精力、顾客对其服务所付的代价均属"贡献"之列；而所谓"诱因"，也包括一切有形和无形的事物，大至有助于世界和平，小至增加一元薪饷，它并非完全自私的，也不是只偏重于物质因素。他认为，组织的"参与者"不只是指组织机构内部的成员，就行政机关而言，他们不仅包括该机关的工作人员，而且也包括该机关对之负责的上级机关、相互合作的其他机关、立法机关的议员、与其工作有关的服务对象团体以及所有接受其服务的人。在他看来，作为诱因，政府机构的组织目标就是对其具有最终控制权的立法机关的"个人"目标——亦即公民们的个人目标，实现组织目标是为了满足"顾客"——立法机关或公民——的个人价值，随着"顾客"的影响，组织目标本身也会相应地发生变化。谈到组织平衡与效率，西蒙指出，组织的控制集团"只有能维持住贡献对诱因的正差额（即贡献大于诱因），或者至少能维持两者的平衡，他们才能通过组织去实现其个人的目标"③，而"在公共组织中，效率仍是决策的基本准则，因为无论组织目标怎样确定，控制集团总是试图以它所能支配的资源，去最佳地实现组织目标"④。

关于组织影响力，西蒙认为，个人在参加组织而成为组织的成员之后，

① ［美］西蒙：《管理行为——管理组织决策过程的研究》，杨砾、韩春立、徐立译，北京：北京经济学院出版社 1991 年版，第 107~108 页。

② ［美］西蒙：《管理行为——管理组织决策过程的研究》，杨砾、韩春立、徐立译，北京：北京经济学院出版社 1991 年版，第 108 页。

③ ［美］西蒙：《管理行为——管理组织决策过程的研究》，杨砾、韩春立、徐立译，北京：北京经济学院出版社 1991 年版，第 116 页。

④ ［美］西蒙：《管理行为——管理组织决策过程的研究》，杨砾、韩春立、徐立译，北京：北京经济学院出版社 1991 年版，第 117 页。

在组织成员的地位上所作的有关组织的决定与纯粹关系个人的决定不同，前者受组织的影响。在西蒙看来，这种组织影响力主要表现为权威、沟通、训练、效率准则和组织认同或组织忠诚五种，其中，权威与沟通是在决策时的外在影响力，组织认同与效率准则是决策时的内在影响力，训练则在施行训练时与沟通性质相同，组织成员在训练后则由训练所获得的知识、技能、态度即成为内在影响力。他认为，这五种力量本身相互关联、互相影响，并不是受其中一项影响而不受其他各项影响。组织对组织成员在决策时产生这些影响力，也就是向组织成员在作有关组织的决定时提供决定前提（包括价值前提与事实前提），再由组织成员从这些前提及其他前提得出结论（决定）。这五种组织影响力的实际影响情形是组织成员决策理性程度的关键，亦即整个组织效率的关键。

上述这五种影响力各有特点，现按照西蒙的分析分别概略地说明如下：

(1) 权威。权威可以被视为一种能够用来作出指导他人行动之决定的力量。权威关系是上级与下级之间的关系，上级作决定并传达决定，预期下级会接受这个决定；下级预期有这种决定，其行动取决于这种决定。权威对个人的影响，是个人组织行为与组织外行为的主要区别所在。西蒙认为，先有权威而后有组织结构，一个组织的分工与权力分配办法即该组织的正式组织，组织内省略正式组织关系或与正式组织关系不一致的但却对决策有影响的人际关系即为该组织的非正式组织。任何正式组织必有其非正式组织，正式组织需靠非正式组织才能有效运行，但非正式组织也可能会产生有害于正式组织的作用。权威的运用对组织有三种值得特别注意的作用，即使运用权威者负责任、让专家去作决策以及组织活动的协调。

(2) 沟通。沟通是组织中某一成员将某些决定前提传达给另一组织成员，没有沟通就没有组织，因为无沟通则组织就不能影响组织成员的决定。在西蒙看来，组织沟通是一个双向程序：一方面是将命令、资料、意见等信息传达到决策中心（指负特定决策责任的人）；另一方面是决策中心将决策传达到组织各方面。沟通程序有上行、平行及下行三种。沟通还有正式沟通与非正式沟通之分：正式沟通是指组织有意建立的沟通系统，非正式沟通则是指由组织中各成员之间的社会关系所造成的沟通系统。任何组织都有其非正式沟通，正式沟通也有赖于非正式沟通的补充和帮助，但是非正式沟通也可能对组织发生不良影响。

(3) 训练。训练旨在使组织成员能够自行作出满意的决策而无需经常依靠上级命令及组织其他方面的意见、资料及决定来作出决策，所以训练可以取代部分权威和沟通的运用。训练有职前训练与在职训练两种，组织录用受过某种教育的人员就是依靠职前训练来试图保证行政人员在工作中能够作正确的决策，行政组织的设计应该考虑人员所受过的训练情况，受训练多的人员在决策上可给予较大的自由裁量权限并进而减少上级的监督。西蒙认为，以训练作为影响决策的方法，在通过正式权威下命令来影响决策有困难时作用最大，这种困难既可能是由于需要立即行动，也可能是由于组织在空间上过于分散，还可能是由于决策事项太复杂。在西蒙看来，作为一种组织影响力，训练可以向受训练者提供决策所必需的事实要素，可以为受训练者提供思维的参照框架，可以向受训练者传授业已证明行之有效的处理问题的方法，还可以向受训练者灌输决策所依据的价值观念。

（4）效率准则。是指个人应基于效率观点作决策，换言之，在一定机会成本下应当选择能够获得最大成果的行动，或者说，取得一定成果应选择机会成本最低的行动。效率准则与理性准则不同，依据理性准则在做决策时要全盘考虑可能的行动、可能的结果以及整个价值体系，而效率准则是一种将复杂现象予以简化后的决策的依据；效率准则是在决策上接近理性准则的方法。理性准则是在复杂决策情况下求最大成果，而效率准则是在简化决策情况下求最大成果。通常人们首先要求在简化情况下的决策能获得最大成果，而后才可能在复杂情况下获得最大成果。由于人的理性能力有限，行政人员只能以效率为决策准则。

（5）组织认同（组织忠诚）。组织认同是指个人以组织价值代替个人价值作为他决策时的指标，换言之，即个人在作决策时以此决策对组织产生何种结果来衡量，不依此决策对个人产生何种结果来衡量。个人的组织认同有两种：一是对组织目的的认同，二是对组织本身的认同，即对组织存在、延续、发展的认同。个人认同于组织目的时，如改变组织目的，他即不再有此组织认同；个人认同于组织本身时，只要组织存在，不论组织本身从事何种目的，均可以维持其认同。例如，一个人参加以救助孤儿为目标的慈善组织，基于他对该组织的目的认同，他为该组织工作处处为救助孤儿着想，如果这个组织改为普通的幼儿园，他可能即退出这个组织。个人的组织认同对行政组织有其重要功能。一个行政人员在决策时，只有在认同于一个组织或一个组织单位的目标时，才有可能作出合理的决策或有效的决策，亦即才具有作这种决策的能力。反之，如果他不就其所认同的小范围目标作决策，而需要就整个人类价值体系来衡量每一决策，那么他就没有能力作合理的或有效的决策。个人的组织认同现象既为一个组织实现其组织目标所必需，也会为组织造成某些困难。由于个人认同某一组织单位，所以他在决策上便以该组织单位的价值（目标）作为决策依据，而当小单位的价值与大单位的价值发生冲突时，便会造成行政组织的困难，这就是西蒙所说的“目标冲突”。

组织设计是组织理论中的一个老问题，其基本任务在于提出建立组织体制和组织结构方面的原则，以提高组织管理的效率。与其他的组织理论家不同，西蒙对组织设计的看法是建立在他的决策理论基础之上的。他认为，组织的最重要的性质就在于它是许多人在其中处理信息、传递信息和制定决策的系统，因此组织设计的一个基本出发点是，必须采用信息处理的观点来看待组织，从而提出组织设计的基本要求。具体地说，西蒙关于组织设计的观点可以概括为以下几个方面：

（1）组织的结构形态。组织的结构形态是组织设计的首要问题，任何一个组织机构的建立，首先遇到的问题就是围绕着哪些工作任务来形成哪些部门或单位。西蒙认为，组织结构的设计首先要从建立或改变组织目标体系入手，通过组织设计，我们所得到的最重要的结果不是组织图，而是比较明确和具体的组织目标体系，它既是规定组织结构的重要依据之一，又是影响组织成员决策环境的重要因素。西蒙认为，应该把组织的整体结构设计成层级结构。在他看来，一个组织一般应包括三个组织层级，即：上层组织机构、中层组织机构和基层组织机构，它们各自具有不同的职能目标，上层组织机构为非程序化决策层，主要负责整个组织系统的设计工作，为其确定目标，并且监督目标的实施；中层组织机构为程序化决策层，主要负责管理生产和分配系统的日常工作；基层组织机构为基本的作业层，主要从事直接的生产性业务工作，履行具体的操作职能。

（2）组织的专业分工。西蒙认为，由于组织成员的信息处理能力有限，即便是利用了最好的计算机系统也是如此，所以必须将作为整个决策系统的组织分解为彼此相对独立的子系统，使各个子系统的信息处理能力和技术手段同其信息处理任务（即决策任务）相适应，这个要求也可以看做是“分工”，但是，西蒙这里所说的“分工”不是指业务内容上的分工，而是指决策职能的分工。从信息处理的角度对组织进行专业化分工同一般的部门划分有所不同，它以尽量减少子系统之间的依赖性和尽量充分利用决策能力为宗旨。按照这一宗旨进行组织设计，不仅“能实现最大限度的分散决策，使子系统能比较完全地独立制定其最终决策，而且，它能最大限度地利用比较简便和比较经济的协调方法，如市场机制，使决策子系统彼此联系起来”①。

---

① ［美］西蒙：《管理行为——管理组织决策过程的研究》，杨砾、韩春立、徐立译，北京：北京经济学院出版社1991年版，第283页。

（3）组织的工作重心。西蒙认为，同样也还是由于组织成员的信息处理能力有限，组织必须把自己有限的能力花在重要的决策任务上。现代组织所处的环境是“信息丰富”的环境，有许许多多的信息可以收集，有许许多多的决策任务可以注意，但是组织不可能同时注意所有可以获得的信息和情报，一般来说也很难同时考虑一切需要完成的和认识了的决策任务。西蒙强调，在这种情况下，组织设计必须应用“控制注意力的原则”，有效地利用组织的“注意力资源”，具体地说就是要求，首先必须合理地设计组织系统的边界结构，或称“分界面”，使之有选择地注意和吸收那些为组织的长期战略决策所必需的信息，并且将它们及时传递给组织内部的相应部门，而要做到这一点，则需要认真设计面向外部的信息处理系统和信息沟通网络；其次，组织，尤其是组织的上层机构，必须设立如何安排议事日程的规则，用来区分紧迫的决策任务和期限较为灵活的决策任务。

（4）组织的权力配置。在组织中如何科学合理地配置权力一直都是组织设计中的一个十分重要的问题。一般来说，组织的权力配置方式不外乎集权和分权两种，而在西蒙看来，集权和分权各有利弊。他认为，从组织决策的角度来看，集权的好处在于：有利于保证各种作业活动的协调，有利于发挥决策才能，有利于明确责任进而能够促使决策者以更加负责的精神去制定决策，还有利于克服由于组织内部各单位之间的“门户之见”而引起的困难，等等。而集权的弊端在于：易于导致决策者负担过重、无法集中时间和精力考虑重要的决策问题，易于导致决策过程的重复、使下级人员无所作为，易于导致信息沟通网络的扩张和繁忙进而造成决策费用的增加，易于造成“下情不上达”致使决策脱离实际，等等。关于分权，西蒙认为，由于个人的认识能力是有限的，所以在作出重大的新决策时，必须实行适当的分权，即让各个单位和各级管理人员参与决策。这里西蒙特别强调组织决策要“适当”分权而不允许“绝对”分权，因为组织活动是集体的活动，要顺利实现组织目标，就必须有一定的集中协调机制。

总之，在组织设计问题上，西蒙主张：（1）应当把组织的整体结构设计成层级结构；（2）必须注意组织结构纵横两个方面的专业化分工，认真设计有关的信息沟通网络；（3）必须应用“控制注意力的原则”，有效地利用组织的“注意力资源”，把管理者亲自处理的决策任务限制在一定的范围内，要使工作任务量适合管理者的有限时间和精力；（4）应当正确地处理集权与分权的关系，要根据实际情况把一部分容易受“门户之见”影响的决策集中起来，交给一个合适的特定部门或单位去制定，而对于基层情况不易上达的某些具体决策工作则应交给基层或中层机构去做。

三、简短的结语

也许，从学术领域来评价西蒙的地位是一件非常困难的事情，因为他的著作横跨了政治学、行政学、心理学、管理学、计算机科学以及经济学等诸多领域。尽管如此，我们仍然可以说，西蒙是一位杰出的行政学家，这是因为当今任何论及公共政策以及组织理论的著作没有不提到西蒙的贡献的，西蒙甚至被视为“决策”的同义词，由此可见其学术地位之崇高。而从行政学的角度来看，我们可以说西蒙开辟了行政学研究的一个新的时代。西蒙早年受教于美国芝加哥大学，深受行为主义学派的思想影响，因此，穷其一生，莫不是为建立科学化的知识体系而努力。他的研究方法以及他对决策过程的研究，其主要目的就是试图建立科学化的行政学，这方面的努力最具体的学术成就就是《管理行为——行政组织决策过程的研究》一书的问世。美国著名行政学家德怀特·沃尔多在其《公共行政学研究》一书中将西蒙的《管理行为——行政组织决策过程的研究》一书视为传统行政学派与行为主义行政学派分界的重要里程碑。自从此书问世起，西方行政学便开始迈进了一个新的时代，即以科学化的概念、实证的研究方法来取代传统的、充满含混命题和教条化陈述的内容。不仅如此，西蒙因其在《管理行为——行政组织决策过程的研究》一书中广泛引用了心理学、社会学等其他学科的研究成果而开拓了行政学研究的新视野，使行政学研究由狭隘的单一学科的概念框架迈向了“泛科际途径”的科际整合之路。西蒙为后来研究行政现象的学者们提供了一个非常重要的研究途径，即决策研究方法。他使学者们对行政组织的研究焦点由对制度、法制、结构等静态层面的研究转变到对决策过程的动态研究。自从西蒙提出决策研究途径以来，西方行政学已日渐正视决策的重要性，甚至有人主张用“公共政策”来取代“公共行政”。这种以政策为主导的公共行政学研究潮流已经成为西方行政学的主流。从这个角度来看，西蒙不仅是决策研究的开拓者，也是站在时代前沿的高瞻远瞩的预言家。

第三节 沃尔多的综合折中行政观

在现代西方行政学的发展历程中，有这样一位博学多产、极具影响的行政学家，他自 20 世纪 40 年代至今一直活跃在西方行政学舞台上；他不仅在西方行政学发展的历史研究方面造诣很深，而且对于公共行政学的内在本质也颇具见地；他是西方新公共行政运动的积极倡导者和参与者，为西方行政学的发展作出了重要贡献。他就是以其综合折中的行政思想享誉于西方行政学界的美国著名行政学家——德怀特·沃尔多。

一、生平与著述

德怀特·沃尔多（1913—2000），著名的公共行政学术史学家，1913年9月28日出生在美国内布拉斯加州，1935年毕业于内布拉斯加州州立师范学院，获文学学士学位，而后被内布拉斯加大学录取，攻读政治学硕士学位。1937年，沃尔多获得硕士学位，并接受耶鲁大学提供的考尔斯研究员基金。在耶鲁大学研究政治学时，他专攻政治思想史。1941—1942年间，他在耶鲁大学政治学系担任讲师，1942年获得博士学位。沃尔多的博士论文起初定名为《民主传统中的专长理论》。他最初是打算探讨民主在多大程度上应该服从专家意见这一论题的，但是随着时间的推移，其博士论文的研究主旨和研究视野均发生了变化。尽管沃尔多所关注的中心问题仍然是政治理论，但是他最后写就的博士论文却只有一章涉及他原初设计的论题，而公共行政问题则成了其博士论文的中心内容。之所以发生这种变化，是因为他发现公共行政具有一个潜在的理论基体，而且他的研究主旨就是要“揭示出”公共行政的理论。沃尔多是带着一种他自称为对公共行政的“恶意乃至蔑视态度”开始他重新规定的研究任务的。在他看来，公共行政是一种专门处理世俗事务的“低层次”工作领域。虽然他认为公共行政与政治理论是应用—理论连续系统中相对的两端，但是他的目的还是把公共行政当做政治理论中的另一章节并进而证明政治理论本身的有用性和相关性。沃尔多的态度和目的导致了后来以专著形式出版的博士论文《行政国家》。沃尔多自己也承认他的这篇博士论文“很放肆、不友善”。由于出版商劝告他不必要的树敌会妨碍他今后的研究生涯，所以他将这本书的语气改得缓和了一些。尽管如此，他还是发现自己起初被公共行政学界视为贱民，直到他的《行政国家》一书出版近10年之后，他才在公共行政学界获得人们的尊重。在《行政国家》一书从思想形成到正式出版的8年间，沃尔多对公共行政的看法和态度均发生了实质性的变化。

1942年春，有一所大学为沃尔多提供了一个教授政治理论的职位，然而，他谢绝了这项邀请，而是选择了去华盛顿，在那里待了四年。1942—1944年间，他在物价管理局从事物价分析工作；从1944年一直到1946年，他在预算局当行政分析员。虽然沃尔多认为自己的官员生涯是失败的，但是他的行政经历却使他开始了一次再社会化的过程，而正是这次再社会化的过程导致了他对公共行政而不是对政治理论的认同。他说，他是带着对行政困难的关注和对行政官员的感情移入而走进政府行政机关的。他深信，一个人如果对公共事务没有经验，他就不能教授政治学。第二次世界大战后，沃尔多应聘到著名的加利福尼亚大学贝克莱分校教授政治理论。在加利福尼亚大学贝克莱分校工作期间，他发现自己日益爱好上了公共行政学。他参与了组建公共事务研究生院的活动，还参与了将该校的公共行政研究处改为政府研究所的工作，并且从 1958 年到 1967 年担任该研究所的所长。沃尔多对公共行政学的兴趣也随着其工作的展开而日益拓宽。通过阅读马克斯·韦伯的著作，他对比较行政学产生了兴趣，而且在 20 世纪 50 年代便开设过比较国家行政这门课程。后来，他到意大利从事一个旨在改进意大利行政管理工作的研究项目。他说，通过这项研究，他强烈地感受到行政"原则"的局限性。20 世纪 60 年代，沃尔多还积极参与了美国公共行政学会比较行政小组的活动。除了从事专门的学术研究之外，沃尔多还积极参与该专业的学术组织工作。1957—1960 年间，他在美国政治学会任职，1961 年担任该学会副会长。他还于 1959—1963 年在《美国政治学评论》编辑委员会任职。在公共行政学领域，沃尔多于 1963—1966 年担任美国公共行政学会理事。从 1958 年到 1966 年，沃尔多还曾在美国《公共行政评论》编辑委员会任职，1966 年他担任该刊物的主编。自 1963 年以来，沃尔多一直担任《国际行政科学评论》的编委。

沃尔多在加利福尼亚大学贝克莱分校工作期间的一个最大特点就是他提升了对公共行政学的兴趣。与此同时，他与政治学却越来越疏远了。他说，到了 1967 年，他的兴趣日益转向社会学、企业行政管理和组织理论。他发现这些学科与其说与政治学有关，倒不如说与公共行政学的主题的关系更为密切。此外，他感到他的兴趣不适应该校的政治学环境。结果，他离开了加利福尼亚大学贝克莱分校，来到锡拉丘兹大学担任政治学教授并担任马克斯韦尔公民与公共事务学院人文科学教授。沃尔多认为，锡拉丘兹大学和马克斯韦尔公民与公共事务学院对公共行政学非常重视。在锡拉丘兹大学工作期间，他还曾兼任过全美公共事务与行政学院协会的副会长和会长。1979 年，沃尔多作为荣誉教授从锡拉丘兹大学退休。尔后，他又在史密森学院的伍德罗·威尔逊国际学者中心度过了两年。自那时以后，沃尔多一直还在积极地继续从事着专业工作。

作为一位著名的学者，沃尔多曾获得过许多荣誉称号，其中包括波罗尼亚大学的银质大奖章、内布拉斯加大学的荣誉博士学位、国际城市经理协会的荣誉终身会员资格、美国公共行政学会的威廉·E. 莫舍与拉维因·伯奇菲尔德奖以及加利福尼亚大学贝克莱分校的贝克莱荣誉状。他在美国国家公共行政研究所、美国公共行政学会、美国政治学会、美国科学促进会、国际行政学研究会以及国际政治学会均具有会员资格。

二、沃尔多行政学思想的主要内容

（一）对传统行政学的评论

由于沃尔多的许多著作都曾论及公共行政学的历史，所以我们在讨论他的公共行政学观点之前，先来考察一下他对公共行政学历史的看法和评论。

沃尔多认为，公共行政学并非始于20世纪。在他看来，行政技术已经具有数百年的发展历史，只不过是到最近的时代公共部门才作出了更为重要的贡献而已。沃尔多称赞19世纪末20世纪初对公共行政的自觉研究使人类的历史进入一个新的发展阶段。他认为美国是行政研究的一个重要焦点。尽管在公共行政研究领域总体轮廓的形成过程中许多力量都发挥了重要作用，但是沃尔多认为，对于公共行政的具体内容具有决定性影响的因素则是改革运动和进步时代，因为它们强调行政领导、文官制度改革和对公民的教育，并且试图通过科学的调查研究来揭露政府工作的无效率和不称职，而传统的行政学思想则在某种程度上体现了这些特点。

1. 传统行政学的一般特点

沃尔多认为，传统行政学具有以下五个基本特点，这五个基本特点大约在1940年之前一直支配着行政学领域：

（1）接受政治—行政二分法。传统行政学的一个最基本的前提就是政治应该与行政分离开。尽管传统行政学家在其行政学思想的具体内容上存在着某种差异，但是沃尔多认为，从总体上来看，他们都承认政治与行政之间的区别，都宣称行政属于一个应该将政治排除在外的专门领域，而且他们认为一个强有力的行政首长可以控制该行政部门的离心力。

（2）一般管理取向。这是传统行政学的第二个基本特点，这种一般的管理取向假定私人（企业）管理的技术和方法可以在公共（政府）部门中加以应用。沃尔多认为，公共行政既可以接受企业的管理程序，也可以接受企业的管理思想，因为企业的管理模式不仅能够用来证明等级控制机制、功绩选任制以及采纳企业式预算程序的正确性，而且可以用来反对权力平衡，增强行政首长的作用。

（3）传统行政学的第三个特点是通过科学分析来寻求一般原则。传统行政学说所具有的不是理想主义的价值取向，而是一种实用的价值取向。传统行政学家相信，通过对行政的科学研究，我们可以找到能够帮助政府提高工作效率的一般行政“原则”。

（4）强调行政活动的集权化是传统行政学的第四个特点。在传统的公共行政领域，一般的做法就是集权、简化和统一。这样强调的目的在于集中责任，通过在行政部门内部建立较强的等级控制机制来加强行政首长的权力以及以提高效率的名义撤销一些多余的办公机构。

（5）传统行政学的最后一个特点是对“民主”的基本承诺。不过，这里的民主是从实质上而不是从程序上加以界定的。在沃尔多看来，民主应该通过建立一个既强有力又负责任，旨在有效地满足人民需要并且能够关心人民意愿的政府来加以实现。

2. 传统行政学的思想框架和哲学基础

尽管传统行政学家自称其学说避免了价值承诺、意识形态和哲学基础，但是沃尔多认为传统行政学却包含着这其中的每一种因素。在沃尔多看来，传统行政学的价值取向体现在它信奉个人主义、实利主义和平等；体现在它喜爱和谐甚于喜爱冲突；体现在它相信都市生活的优越性以及体现在它把献身科学当做进步的主要工具。沃尔多说，鉴于传统的行政学家采纳了这些价值观念并且十分注重手段和方法论，因而他们有效地接受并支持现存的政治秩序。

沃尔多还认为，传统行政学内含有这样一种思想框架，它包含着民主使命的概念，它信赖基本规律，它信奉进步论与循序渐进论，它相信能够据以成立“民主统治阶级”的专门知识。按照传统行政学的观点，如果政府不能实现较高的工作效率，那么民主使命就难以完成；寻求行政“原则”就是信赖基本规律的具体体现，因为行政“原则”理应反映“一种更高的规律和一种基本的道德秩序”；进步应该通过一种有计划的管治社会来予以实现。“效率准则”表明人们试图将传统的民主制度与新行政技术的要求协同一致。更为有效的组织和行政被视为创立称职政府的手段。这既需要集合科学知识，又要求在政府机构中安置专业人员。在他看来，传统的行政学家就是这样试图建立一个由专业行政人员组成的统治阶级，他们为了保护民主而行使政府权力。简而言之，沃尔多认为，尽管早期的行政学者主张行政与政治分开，但是他们实际上并未完全脱离政治理论，他们在某种程度上仍然是政治理论家这一著名“行当”的成员。

另外，沃尔多认为传统行政学明显具有一定的哲学基础，它的哲学基础包括实用主义、功利主义和实证主义。在他看来，注重手段的效率就反映了传统行政学的实用主义哲学基础；假定人们之间实际上存在着平等，实现“最大多数人的最大幸福”这一目标本身便是功利主义的体现；而实证主义则表现在反对无形的标准并试图用“测量来取代形而上学”①。

3. 关于韦伯的官僚制理论

韦伯是西方行政学发展历史上的一位十分重要的人物。尽管其思想极为丰富，但是对于行政学的发展产生重要影响的则主要是他的官僚制理论。沃尔多认为，韦伯的官僚制概念是关于正式组织的唯一最重要的陈述。在他看来，韦伯的确是一个天才，因为他能够恰当地将官僚制概念同历史、经济生活、技术发展、政治哲学以及社会结构和社会过程有机地联系起来。总而言之，韦伯将官僚制的发展视为与文明本身的发展相联系这一观点与沃尔多的思想是完全吻合的。虽然沃尔多评价说韦伯对官僚制的系统阐述似乎与其所处的时代很合拍，但是他对官僚组织是否合乎需要这一点却保留了某些意见。

4. 沃尔多对传统行政学的批判和评论

关于传统行政学的政治—行政二分法，沃尔多认为，这种观点无论是作为一种对现实的描述还是作为一种对行政行为的规定都是不恰当的。在他看来，这种二分法的目的是试图通过使选举产生的官员负责制定政策而行政人员只是去执行政策来解决官僚制与民主制之间的冲突，于是，民主制本身则被解释为有效地关注公众的需要。但沃尔多认为，传统的公共行政实际上并不符合民主制的理想，尽管民主被视为合乎需要，但它并不是行政所关注的中心问题，而且它也不赞同效率核心原则。传统的行政管理运动反对“离心的民主”并且试图通过提出政治与行政的分离和依靠所谓的“集权教条”与“整合原则”作为解决效率问题的方法来实施它自己的“向心的民主”。

政治—行政二分法还有一个目的，那就是试图解决价值问题。它认为政治体系要确立价值观并为行政设定目标。沃尔多认为这种观点并不坦率，因为它忽视了行政学应该包括更多复杂现象的愿望，结果，公共行政就有“窜犯政策或政治领域”② 的危险。在沃尔多看来，传统行政学家所提出的现实问题并不是政治与行政是否应该分离的问题，而是行政应将其决定价值观和政策的功能扩大到何种程度的问题，然而，传统行政学家并没能为这个问题提供合适的答案。而沃尔多自己的观点是应该鼓励行政权力或政治权力之间的合作而不是被分离权力之间的对抗。

---

① ［美］沃尔多：《行政国家：美国公共行政的政治理论研究》，纽约：罗纳德出版社 1948 年版，第 80 页。

② ［美］沃尔多：《行政国家：美国公共行政的政治理论研究》，纽约：罗纳德出版社 1948 年版，第 51 页。

沃尔多同样也批评了传统行政学的组织范式。他不仅批评了传统组织理论的理性主义倾向，而且还指出传统行政学过分强调了组织之间的共性或所谓的原则。就寻求共性而言，沃尔多认为，传统的组织理论忽视了作为“行政实质”的具体性。在他看来，建立组织的目的不应是符合一般的原则而应是能够解决问题，组织实际上所采取的形式和过程应该适合它所面对的具体情境。沃尔多断言，传统组织理论所规定的一般组织形式和组织过程很难适应具体情境或不断变化的环境。他还认为，传统的组织原则所依据的是一种将“客观事物自然秩序”的科学描述性概念同道德必然性概念结合在一起的规律概念。他说，即使传统的组织“原则”是以经验观察为基础并且能够告诉我们客观存在的事物，那也未必就能够规定事物应有的存在方式。最后，沃尔多声称，传统行政学忽视了组织的非理性的方面和非正式的方面。例如，韦伯的官僚制组织就是如此。在沃尔多看来，韦伯过分强调了官僚制组织的功能方面，忽视了组织的非正式方面和社会情感方面，并且把高于知识的职位奉为等级权威的基础。

沃尔多还指责传统行政学家的那些所谓的“科学”主张。他说，传统的行政“科学”主要依靠“事实的堆积”，而且它的原则只不过是常识的扩展而已。沃尔多对于发展行政科学的可能性问题持保留意见。他认为公共行政涉及对人的思索和评价，而科学的方法并不适合这样的主题。在他看来，价值观念是不能科学地加以探讨的，而且人的自由意愿意味着机械的因果原则是不适用的。当然，这并不是说沃尔多认为科学是不必要的。即使行政科学不可能存在，沃尔多也相信科学的思想至少可以使常识更具有合理性，而且行政的某些部分很可能经得起科学研究的检验。然而，沃尔多警告说，我们不应该试图对某一主题强行采用不适合它的方法。

沃尔多还反对传统行政学家过于重视效率的做法。这种做法的最初目的是想要取代一种说教式的公共行政学研究。不过，沃尔多认为效率概念本身就充满着道德含义，因为对“技术效率”的追求可以转变为对“社会效率”的追求。此外，沃尔多还宣称尽管效率本身不是价值，但是效率只有在自觉持有的价值观念框架内才是有用的概念。这也就是说，我们必须考虑效率的对象，因为我们不能假定有效地达到“任何”目的都是合乎需要的。

当然，尽管沃尔多起初批评了传统行政学的观点，但是他也不否认传统行政学包含着许多真理，而且他认为传统行政学代表着知识界对历史环境所作出的一种反应。尤其是，他指出政治—行政二分法不仅过去而且现在仍然有助于促进政治改革和改进行政管理工作。此外，传统的行政学思想仍然深深地根植于我们的文化之中，而且迄今尚没有任何其他的行政学思想被人们一致地认为能够完全取代传统的行政学范式。

（二）论当代公共行政学

20 世纪 40 年代，传统行政学受到了一系列挑战：传统行政学宣称已发现行政“科学”的观点被视为至少是不成熟的；传统的行政“原则”被降到了谚语的地位；传统行政学家因只强调经济和效率而被贬为目光狭窄；政治—行政二分法也遭到了人们的异议；而且一般管理方法也被视为过于简单化。沃尔多把这种情况称为“异端取代了正统”。①

沃尔多认为公共行政领域现在出现了多种不同的观点，而其中传统行政学观点的权威地位遭到了否定。在这个过程中，传统行政学已失去了其某些思想基础和哲学基础，而它的其他基础也完全转入了地下。企业精神的影响越来越小，作为高级道德秩序的基本规律概念已在很大程度上被遗弃，而且对“进步”概念的怀疑也越来越多。尽管实用主义已经衰落为一种所谓的“时髦”哲学，但是沃尔多却坚持认为它仍然是对公共行政具有重要影响的一种哲学基础，这种哲学基础表现在人们试图以一种与行为主义原则相一致的方式来建构一种新的行政科学。与行为科学一致的观点认为行政既是艺术又是科学，也许它的艺术意味更浓于其科学意味，之所以如此，是因为它否认政治—行政二分法并进而将政治和行政都包含在公共行政的合法范围内。沃尔多特别提到，对政策（政治）的关注已经使一些以前被排除在公共行政范围之外的规范性问题又重新被提了出来。因此，在当代行政学中，既有仍然关注事实问题的行为主义行政学观点，也有重新关注诸如行政人员在政治和政策过程中的角色等价值问题的其他行政学观点。

沃尔多认为，当代公共行政学主要包括四种思潮：组织理论、比较公共行政学、公共政策以及“新公共行政学”。

1. 组织理论

沃尔多把组织理论的发展分为三个阶段。第一个阶段是传统的组织理论时期，这一阶段的代表人物有泰勒、古立克、法约尔和穆尼。他认为，传统时期的组织理论是以组织的“机器模型”为基础的，它强调的是人类行为的理性方面。这一阶段的组织理论于 20 世纪 30 年代发展到了最高峰并以《行政科学论文集》的出版而告终。沃尔多将组织理论发展的第二阶段称为“新传统组织理论”时期。这一发展阶段始于 20 世纪 20 年代的霍桑试验并且一直影响到 20 世纪中期的组织理论。沃尔多认为，与传统组织理论相比，

① ［美］沃尔多：《公共行政》，见［美］戴维斯·西尔斯编：《国际社会科学百科全书》，纽约：麦克米兰出版公司 1968 年版，第 148 页。

新传统组织理论强调的是组织中人的行为的情感方面和社会心理方面。组织理论发展的最后一个阶段叫做现代组织理论时期，在沃尔多看来，现代组织理论阶段从 1958 年马奇和西蒙合著的《组织》一书的出版开始。现代组织理论是以组织的“有机体模型”或“自然系统模型”为基础的，它强调的是组织的生存和发展，它认为组织应该更少地依赖等级控制，更多地依靠公认的权威，更多地提供个人流动的机会以及更善于接受新的变革。现代组织理论具有明显的行为主义倾向，它采用的是物理学和生物学的方法，它试图寻求一种价值中立的、无论何时何地都适用的“一般组织理论”。

沃尔多认为，在新传统组织理论时期占居统治地位的是霍桑研究及其成果——人际关系运动。由于人际关系运动强调的是组织行为的情感方面和社会方面，所以它集中关注的是诸如士气、知觉和态度、群体关系、非正式群体、领导以及组织行为的合作基础这样一些问题。在沃尔多看来，人际关系运动既是对传统组织理论的抛弃，又是传统组织理论的继续。由于人际关系运动着重关注的是组织行为的社会因素和心理因素，所以它揭示了诸如科学管理等传统理论所具有的局限性。不过沃尔多认为，人际关系运动最初只是被视为对科学管理理论的扩展和修正，因为它仍然强调科学的价值、管理主义和效率，其目的在于将新发现的“非理性”置于“理性”的控制之下。因此，沃尔多认为，与其说人际关系运动在目标或方法论上根本背离了传统组织理论，倒不如说它从手段上对传统组织理论作了改进。

沃尔多认为，现代组织理论是一个比较难以捉摸的问题，其理论来源不仅涉及管理科学、社会学、社会心理学，而且还涉及经济学和人类学。现代组织理论的思想基础在于它坚信组织行为具有“普遍性”，因此它很少将公共组织视为一个潜在可以分离的重要分析主题。最后，沃尔多认为，现代组织理论的思想基础仍然是 20 世纪西方文化的价值观念，即科学、理性、效益、效率和生产率，这样便导致了从理论科学向应用科学的明显转变。沃尔多以西蒙的研究为例说明了这种趋势。

考虑到传统组织理论的多样性，沃尔多在现代组织理论的标题下包括了一些不同的观点。虽然西蒙的决策理论只是现代组织理论的一个方面，但在沃尔多看来，它却是一个十分重要的方面。沃尔多认为，西蒙的理论在某些方面十分激进，完全背离了传统的组织理论，但是在另一些方面却有些保守。在沃尔多看来，西蒙理论的激进性表现在它坚持更为严格的科学标准并且集中探讨的是行政决策。而沃尔多之所以又将西蒙视为保守派，是因为西蒙试图建立一门行政科学，仍然把效率视为组织决策的标准，试图挽救传统的组织原则，并且主张通过用事实—价值二分法取代政治—行政二分法来建造一种双重的宇宙结构。在沃尔多看来，这种保守主义倾向正是人们并没有普遍承认西蒙的理论可以解决公共行政认同危机的原因。

沃尔多认为，现代组织理论的第二种观点是组织人本主义，其代表人物包括阿吉利斯、本尼斯和利克特。在沃尔多看来，组织人本主义所关注的中心问题在很大程度上是与人际关系运动同样的一类人的问题。沃尔多认为，从人本主义观点来看，其目标是在假定个人利益与组织利益一致的条件下同时既获得组织效益又满足个人自我实现的需要。因此，尽管组织人本主义曾被视为避免官僚制非人格性的手段，但它也是一种试图建立能够在不断变化的环境中既实现理性又获得效率的、更为灵活的知识主导型组织的实用主义思潮。

现代组织理论的第三个重要观点就是沃尔多所说的以系统为基础的“科学管理”学说。沃尔多认为这种学说包括权变理论。在他看来，权变理论是对系统观点的自然超越，因为它所探讨的是在不断变化的不确定性环境中如何确定恰当的管理策略的问题。此外，“科学管理”学说还包括决策理论、组织发展、计算机技术以及组织未来主义。在评价科学管理学说时，沃尔多指出，像组织人本主义一样，与其说科学管理学说否定了老的理性和效率价值观，倒不如说它试图在更加困难的情况下实现这些价值观。

沃尔多对新传统组织理论和现代组织理论的态度是混杂的，用他自己的话来说就是，“从十足的钦佩，到好奇和希望，再到不再缺乏敌意的冷淡和烦扰”①。沃尔多所关注的第一个问题是现代组织理论可以被管理者用来“更熟练地操纵其‘通人情的材料’”②。在一次对梅约和人际关系运动的生动评论中，沃尔多说：“我一直都梦见有一个现代牛奶场，它被管理得井然有序，每一头牛都带着枷子，彼此正在竞相用力嚼着加有维生素的食物，它们是一些只要听得懂管乐演奏的维也纳圆舞曲便可以听得见其挤奶声的挤奶机器。”③ 沃尔多还指责说，现代组织理论在很大程度上是“反个人的”，

---

① ［美］沃尔多：《组织理论：地位与问题》，见美国公共行政学会比较行政学小组刊行：《组织行为研究：地位，问题和趋势》（比较行政论文系列专刊1966年第8期），第1页。

② ［美］沃尔多：《美国的行政理论：调查与展望》，载［美］《政治学研究》1954年第2期，第72页。

③ ［美］沃尔多：《民主行政理论的发展》，载［美］《美国政治学评论》第46期（1952年3月号），第89页。

它“阻碍人的发育，使人丧失人性”①。在沃尔多看来，这一点最生动地反映在西蒙对组织合理性和逻辑性的集中关注上。沃尔多认为，西蒙非但没有消除理性的神秘化色彩，反倒使其丧失了人性。

沃尔多认为，组织理论的那些研究者们并没有具体明确地界定他们的分析对象。沃尔多利用盲人与象这个寓言对这一点作了类比说明。他说：“人们并不清楚（这些研究者们）是在谈论同一头象，甚或同一物种的若干成员……如果他们都涉及的是同一头象，那么它就是一头患有一般化象皮病的大象。”② 虽然定义分界的本质应符合建立一种普遍统一的“组织理论”这一目标，但沃尔多认为宣称存在这种普遍性并因而可能有一种统一理论的断言，与其说是必然，倒不如说是希望。在他看来，由于系统理论无所不包，所以它反倒尤其具有变成什么都不是的危险；尽管权变理论认为“一切视情况而定”的重要论点听起来似乎很有道理，但是除了这一论点之外它并没有表明应该干什么。沃尔多还特别提到现代组织理论很少关注公共组织，而且“令人啼笑皆非的是，一项渴望其成果具有普遍性的事业，其根基反倒如此地狭隘”③。最后，沃尔多认为，像传统的组织理论一样，这种新的组织理论也充满了价值观念。他说，从“行政”向“组织”的转变原来至少在某种程度上是旨在反对价值问题的。“组织”这一概念本身就表明哪里有事物能够在描述的基础上加以处理。但是，在沃尔多看来，组织像行政一样，也不可避免地要反映其所在社会的价值观。在20世纪的美国，这就意味着又在理性和效率的价值观念之外附加了新的价值观念。沃尔多认为，对组织的研究除了研究它们所体现的价值观念和它们所指向的目标之外，再没有别的途径。因此，在沃尔多看来，一种价值中立（或价值无涉）的组织理论是得不到的。

2. 比较公共行政学

当代公共行政学的第二个重要的焦点是比较公共行政。在沃尔多看来，比较公共行政既类似于现代组织理论，又不同于现代组织理论，其相同点表现在它们都关注方法论问题，都相信系统框架和功能主义，都具有交叉学科

---

① ［美］沃尔多：《组织与行政的新观点：对这两个领域之间关系的探讨》，加利福尼亚：加利福尼亚大学贝克莱分校政府研究所，1968年，第43~44页。

② ［美］沃尔多：《组织理论：一个大象的问题》，载［美］《公共行政评论》第21卷第4期（1961年秋季号），第214页。

③ ［美］沃尔多：《组织理论：一个大象的问题》，载［美］《公共行政评论》第21卷第4期（1961年秋季号），第211页。

的取向，都寻求一般性概念、公式和理论，并且都强调经验描述；而它与现代组织理论的不同之处则在于，它具有鲜明的比较观点，注重文化的多样性，而且它对韦伯的官僚制具有强烈的爱好。

尽管比较公共行政曾一度被人们广泛地视为当代公共行政中“最有前途的领域”，但沃尔多感到这种前途至今还有待于实现。在沃尔多看来，比较公共行政使我们更多地了解到行政与社会目标之间的关系、文明对有效政府行政的严重依赖以及将西方的行政模式传递给其他文化的种种困难。然而，比较公共行政运动的基本问题是所运用的理论模型与实地研究证据之间的距离。沃尔多认为，即便是比较行政运动具有强烈的理论爱好，它也未能取得任何精确的理论成果。

对实际结果的压力导致了比较行政向“发展”行政的转向，沃尔多本人一度也曾赞同这种转向。在他看来，这些结果至今也没有产生多大的影响，我们只不过是了解到了许多将是无用的东西而已，而且迄今也没有出现任何一般性的“发展科学”。沃尔多不赞成那种所谓发展就是“西化”的发展观，他认为这样会导致发展行政成为一种具有“世界性宗教”特点的“强大而敏感的意识形态”，而且所谓“发展”的实现也只不过是在复制韦伯的官僚制模式而已。

3. 公共政策

当代公共行政的第三个重要焦点是公共政策，它最初采取的是案例研究的形式。作为一种极为重要的教学方法，案例研究方法旨在通过对现实行政事件的描述为学生提供一种能够产生共鸣的行政经验。案例研究以一种整体的方式集中研究决策并试图就政策和伦理这两个方面提出一些基本的问题。这种研究方法的目的之所以具有“科学性”，是因为案例必须以认真细致的观察为基础并且最终要积累有关行政过程的经验资料。但是这种方法也反驳了逻辑实证主义和西蒙的事实—价值二分法。按照案例研究的观点，西蒙的事实—价值二分法只是老的政治—行政二分法过于简单的分裂，它太容易使人想起那种老的政治—行政二分法了。在沃尔多看来，虽然案例研究方法对于研究和学习公共行政具有潜在的用途，但是它并不是研究和学习公共行政的唯一手段。

沃尔多说，在公共行政领域，除了案例研究方法，尚很少有什么其他探讨公共政策的方法。然而，直到最近，政策这个焦点研究领域已经在很大程度上让给了其他的学科，尤其是让给了经济学，而且那些学科一直都在研究着一些在沃尔多看来本应该属于公共行政学研究的问题。

4. 新公共行政学

当代公共行政学的最后一个重要发展成果就是新公共行政运动。这个运动是由于20世纪60年代末70年代初的社会骚动和政治骚动而引起的。在沃尔多看来，它是青年激进派的反叛和非马克思左派反主流文化的组成部分。新公共行政学批评“老的”公共行政学缺乏一种明确的思想—哲学框架，并且认为行政人员应该在寻求社会公平的过程中发挥积极作用。沃尔多把新公共行政运动称为一种“新的浪漫主义”，因为它与浪漫主义一样也假定人性本善，而人性腐败堕落的根源在于坏的制度。作为对理性的反映，新公共行政运动强调情感高于理性，感觉高于理智、本能、创造性以及自我实现高于惯例和规则的作用。

新公共行政学的基本主题是参与、分权以及代议官僚制。参与既是一种政治过程，又是一种组织过程。政治参与被视为权力分散和增加公民参与政府事务的一种手段。新公共行政运动既反对多数主义也不赞成有利于选择的多元论，而组织参与可以成为促进组织变革和分权的一种手段。分权像参与一样，其目的在于在政府过程或组织过程中分散权力和增加公民参与。代议官僚制的宗旨在于产生以顾客为中心的行政和由行政人员代表顾客利益的代表制。

沃尔多承认新公共行政运动的观念中存在着一种“富有同情心的影响”，但是他也表示出某种实际的担忧。就参与和代议官僚制而言，沃尔多认为，其论据如果说不是不真实的话，那么就是特设的和自相矛盾的。在沃尔多看来，参与的支持者们似乎是假定某种“看不见的手”会解决这个高度分权的新系统中的协调、秩序和生存问题。此外，沃尔多发现新公共行政运动的愿望是自相矛盾的，它一方面希望拥有民主，而另一方面却又拒斥多数主义和多元论并且实际上支持少数人的统治。关于分权，沃尔多指出，集权也可以找到证明其正确性的有力证据，因此我们不能绝对地断言集权和分权哪个正确，哪个错误。

尽管沃尔多发现新公共行政学的反组织态度有一定的道理，但是他认为这种态度是不公正的、不合逻辑的，并且首先是不现实的。沃尔多指出，虽然我们的行政精神倾向于理性的目标，但是这并不等于说我们就必须盲目地遵循僵硬呆板的组织程序和官僚制，而且正是那些官僚制组织曾常常被证明是一种变革的力量。沃尔多特别提到，多数创新的技术和方法都是在官僚制组织中产生的，而且官僚制的时代也曾是迅速变革的时代。此外，即使官僚制适应这种现状，这种现状本身也不是一种整体利益，而是各种不同的、全都必须满足的利益。最后，谈到效率问题，沃尔多认为，那些批评者们不应该抨击一个曾被长期遗弃的狭义效率概念。即便是那些批评者不赞成无效率，但是沃尔多说他还是希望自己不必“用飞机来飞行，在医院做手术甚或住在按照这种新的‘理想风格’经营的旅馆里”①。

就新公共行政运动只是反映了一种青年与时代的冲突这一点而言，沃尔多说，“孩子们的讨伐与青年运动从整体上来看并没有在文明的历史上写下愉快而光辉的记录”②。沃尔多甚至更为尖刻地说，这些青年代表着一种“连续不断的野蛮人侵略”③。

就作为一个整体的当代公共行政而言，沃尔多认为它很容易陷入“四面楚歌”的境地，因为尚未出现任何新的综合性思想可以取代传统的思想。尽管这个领域的周界线越来越长，但是它却缺少公认的智力核心或“公共哲学”。在沃尔多看来，现在的问题是要找到公共行政的边界。

(三) 沃尔多本人的公共行政研究领域

至此，我们考察了沃尔多对公共行政这一研究领域所进行的描绘以及他对此所作出的反应。沃尔多本人与其说是一个创造性的理论家，倒不如说是一个评论家和批评家甚或一个综合家。然而，在他大量的著作中有许多颇有见地的言论，尽管这些言论没有构成统一的公共行政理论，但是它们至少可以帮助我们更好地认识沃尔多的公共行政观。

1. 历史与公共行政

如果说沃尔多的著作有一个专一无比的主题的话，那也许就是他对历史的高度重视。沃尔多相信我们从历史中可以学到许多东西，他痛惜公共行政学在很大程度上一直都具有反历史的性质。在沃尔多看来，历史的确可以不自觉地重现，尽管“其基调有所不同而且其主题也在不断变化”，他认为忽视过去就等于否定“洞见、假设和科学结论”的重要来源④。

沃尔多说，历史的重要一课就是告诉我们行政的技术和方法处在政治—政府发展的中心。实际上，在他看来，政府与行政实质上是相等的。用沃尔多的话说就是，行政通过为文明提供一种地基或舞台并且通过提供一种发展目标来“塑造文明”。简而言之，作为行政的政府与文明总是密切相连的。

---

① ［美］沃尔多：《骚乱时代的公共行政》，加利福尼亚：钱德勒与夏普出版社1971年版，第280~281页。

② ［美］沃尔多：《骚乱时代的公共行政》，加利福尼亚：钱德勒与夏普出版社1971年版，第268页。

③ ［美］沃尔多：《骚乱时代的公共行政》，加利福尼亚：钱德勒与夏普出版社1971年版，第281页。

④ 参见［美］沃尔多：《组织理论：一个大象的问题》，载［美］《公共行政评论》第21卷第4期（1961年秋季号），第225页。

因此，沃尔多认为，政府及其行政不只是自然状态中的一种人造的入侵者，它在某些方面也具有积极的作用。在沃尔多看来，政府同市场或私人企业一样也只不过是一种“创造物”而已，政府的“维系作用、培育作用和创造作用”在很大程度上为人们所忽视。沃尔多承认，“政府总是具有勉强的压制性而且有时在很大范围内都是如此”，“有些事情政府也做不到或者是只能做得很差劲”①。然而，他说，尽管政府及其行政机构的活动规模越来越大而且复杂程度也越来越高，但是其功能的发挥至少在中等程度上是成功的。

2. 官僚制与民主

沃尔多说，由于政府与行政一直都是密切相连的，所以行政与官僚制也是密切相连的。在沃尔多看来，我们时代的中心问题正是官僚制与民主之间的潜在冲突。

在使用“官僚制”这个术语时，沃尔多很小心地将他对这个术语的用法与这个术语的通俗用法和韦伯的理想类型区别开。按照韦伯的理想类型，官僚制与理性是一致的。而沃尔多却是在一种描述—分析意义上使用“官僚制”这个术语的。在沃尔多看来，“官僚制”仅仅意味着大规模的、正式的、复杂的、任务专门化的以及目标取向的组织。沃尔多认为如此界定的官僚制组织具有极为重要的意义，然而它们所严格持久地履行的有关秩序和稳定的职责并未得到人们的承认，或者说至少不被人们所欣赏，相反，它们倒常常因其管理的严格性和持久性而遭到人们的谴责。

在沃尔多看来，民主是“一种为了平等和自由的奋斗”②。按照这个定义，民主可以被描述为一种道德观或者叫一套价值观，而不是其程序上的装饰品。此外，民主是一个同样可以应用于政治事务和行政—官僚事务的术语。沃尔多指出，官僚制组织并非与民主概念完全不相容，官僚制组织可以为民主价值观提供重要支持，例如，建立在能力和专长之上的普遍性标准和机会。当然，它们二者也有一些相抵触的特点，例如，官僚制强调的是等级规则，而民主强调的是平等；官僚制依靠的是纪律和监督，而民主强调的是自由原则。

沃尔多把官僚制与民主之间的冲突视为一种窘境。在他看来，一方面，

① ［美］沃尔多：《公共行政的事业》，加利福尼亚：钱德勒与夏普出版社 1980 年版，第 29 页。

② ［美］沃尔多：《公共行政的事业》，加利福尼亚：钱德勒与夏普出版社 1980 年版，第 86 页。

权力被视为一种应该分散的危险物；另一方面，人们承认权力如果引导得当则能够达到好的目的。从行政方面说，这就意味着官僚权力被视为一种不道德的潜在力量而且应该鼓励分权；同时，人们认为民主只有在权力集中得既能够发挥作用又负有应负的责任时才有存在的可能。

沃尔多认为，官僚制与民主之间的冲突引起了不少虚伪的现象。例如，保守的学者们把公共组织污蔑为“次品”而同时又不承认官僚制也是资本主义的组织模式，而开明的学者们尽管需要参与性的行政，但却不是在顾客（服务对象）成为辩护订约人时需要；艺术家或小说家“用一只手热切地接受一个组织社会的物质利益，而他却又用另一只手有力地鞭挞这个组织社会”①。沃尔多十分蔑视这种虚伪的现象。他说：“对官僚制的反应（无论是左派、右派或中间派）本质上都是卢德派成员。卢德派成员系指19世纪初用捣毁机器等手段反对企业主的自发工人运动的参加者。他们的情绪很高但社会知识和技能的水平却很低，他们无知而且糊涂，不诚实而且错误地提出我们能够以某种简单的方式得到蛋糕吃，我们能够返回去过那种简单的生活但却保有较高的生活标准，然而这种较高的生活标准是现代科学的技术—行政技能的产物。”②

沃尔多认为，要解决这个问题就必须在民主与官僚制之间寻求一种融合，即承认不仅民主是合乎需要的，而且官僚制也是必不可少的。在沃尔多看来，我们应该承认我们具有一种行政文化，而且应该利用这种文化来获得尽可能多的人生利益。我们还必须关心人类平等和参与的价值观。即使大量的权威、等级乃至压制是必要的和不可避免的，官僚游戏也应该玩得让每一个人都知道基本规则并允许人们根据自己的技能和爱好来玩。此外，我们还应该做好周密的计划以便保护自由和自主的领域。简而言之，沃尔多是要让我们去变革这个世界而不是试图逃避或消灭这个世界，他希望我们在适应权威与反叛之间寻求一种合理的平衡。

3. 公共行政与政治

与官僚制和民主问题有关的是行政在政治中的作用问题。在这个问题上，沃尔多试图用某种新的观点取代政治—行政二分法。在沃尔多看来，政治与行政不是可以分离的领域，而是相关的领域，甚或就是一个统一的领

---

①［美］沃尔多：《组织与行政的新观点：对两个领域之间关系的探讨》，加利福尼亚：加利福尼亚大学贝克莱分校政府研究所，1968年，第66页。

②［美］沃尔多：《公共行政与文化》，见［美］罗斯科·C. 马丁编：《公共行政与民主》，锡拉丘兹：锡拉丘兹大学出版社1965年版，第61页。

域。沃尔多并没有自命可以解决将政治与行政联系起来的问题，他实际上是表明，朝着一种专业观点发展可能是有益的。他认为，这种专业观点应该承认公共行政可以被描述为一套连锁的价值观，而不是一种僵硬的范式或教条，因此它也应该来源于各个方面的思想和方法；这种专业观点应该有一种取自民主价值观的道德成分，而且，这种专业观点应该将经济理性、政治理性以及社会理性的概念同正在发挥重要作用的“公共利益”概念结合起来，以免公共行政失去其道德意味并进而退化为纯粹的“政府行政”。

4. 道德与公共行政

沃尔多清楚地认识到，如果否认行政人员的职能仅仅是有效地执行国家的意志，那便会产生一系列棘手的价值问题。在他看来，公共行政在其最初的十年中不应该为了寻求效率而只关心技术问题和科学问题，进而完全回避了价值和道德问题。他认为，这样做既不现实也不适当。沃尔多没有避开价值问题和道德问题，而是断言公共行政既是一种伦理道德又是一种意识形态，因此，行政理论必然包含道德学说，而道德学说又要求不应该把价值观仅仅当做数据资料。沃尔多认为，我们应该自觉地研究价值观，应该利用它为经验研究指引方向。沃尔多并未设想有“一套初级启蒙书能够为复杂的伦理问题提供‘容易的答案’”，但是他的确相信对价值观的自觉研究能够有助于减少混乱和压力并且可以有助于发展行政事务中的“道德创造力”或“道德建筑风格”。①

沃尔多本人在他对价值观和道德观的研究中提出了一些尝试性的基本步骤。沃尔多告诉我们，历史提供了两种公共事务中的道德传统：一种是公共道德，另一种是私人道德。按照柏拉图和亚里士多德著作所反映的古希腊传统，政体本身就被视为道德的来源。因此，好人和好公民是同一的。相比之下，斯多葛派则认为在政治共同体之上还存在着一个应该受“自然规律”支配的人类共同体。因此，对正与误的考虑依赖于政体利益之外的利益。随着基督教会的出现，教会有权不依赖于政体来管理精神事务。近代国家理论的出现标志着又回归到那种认为存在一种公共道德和私人道德统一体的传统立场。在人们看来，国家有权决定正确与错误，但要以一种高级法则为基础，因而公共道德超出了私人道德事务的范围。这种思想发展的极端表现为国家理性的教条。按照这种教条，如果某些行为能够符合产生、保护或增强政府权力的目标，那么这些在私人道德看来是不道德的行为却具有合理性。

---

① 参见［美］沃尔多：《美国的行政理论：调查与展望》，载［美］《政治学研究》1954年第2期，第85页。

沃尔多认为，自由民主的政治理论试图包括这两种道德传统。因此，“运气、荣誉和生命”不仅可能要取决于道德与不道德之间的选择，而且还取决于不同道德观念之间的选择。在沃尔多看来，公共事务中的所有决定和行动都必然具有道德的复杂性，而且像一场希腊悲剧一样，这些决定和行动与其说易于成为善与恶的冲突，倒不如说容易成为不同利益的冲突。这就是说，个人可能不得不按照其他集体（例如，家庭、组织或专业）的不同要求和高级法则或良心的要求来衡量国家的道德要求。

沃尔多认为，所有的政府都被视为道德或宗教上的罪孽，至少它们是靠偶尔的和有节制的道德过失或宗教过失来生存的。用沃尔多的话来说就是：“那些不时地为了公共意愿、为了需要而决定和行动的政府官员……在撒谎、在偷窃、在欺骗、在屠杀。”① 此外，沃尔多认为，不道德的某种代价就是公共道德的任何行为的价码，而且政府的行动必然是道德与不道德的混合体。沃尔多并没有试图去解决由公共事务中的道德复杂性所提出的难题。实际上，他认为那些问题是不可解决的。不过，他倒是常常提醒人们注意这些问题，指出这些问题值得认真研究，而且他还告诫人们要防止表面的道德判断。沃尔多特别提到，伪善同样很讨厌，因为在伪善的影响下，“无论用什么全称命题作为判断的根据，对公共道德的考虑都可能是不全面的和无关紧要的”②。

5. 逻辑实证主义与公共行政

沃尔多坚持认为公共行政的研究与实践包含价值观念，因此他不太相信逻辑实证主义作为一种分析性的观点会有多大的用途。在他看来，尽管逻辑实证主义是一种值得尊重的重要观点，但是它却“‘把手一挥’将‘应该’的问题打发走了”③。沃尔多认为，逻辑实证主义在逻辑上作了区分，即区分了事实和价值，并且运用它来作为生活中的一种区分。在沃尔多看来，事实与价值是有机相连的，它们不可能分开，即便是在一门“纯粹的”科学中也是如此，只要这门科学具有社会性，价值与事实就不可能分开。他承认，事实与价值在逻辑上“能够”分开，而且价值“能够”仅仅被视为数

① ［美］沃尔多：《公共行政的事业》，加利福尼亚：钱德勒与夏普出版社 1980 年版，第 100~101 页。

② ［美］沃尔多：《关于公共道德的反思》，载［美］《行政与社会》第 6 卷第 3 期（1974 年 11 月号），第 268 页。

③ ［美］沃尔多：《重访行政国家》，载［美］《公共行政评论》第 25 卷第 1 期（1965 年 3 月号），第 13、23 页。

据资料。但是沃尔多认为，逻辑实证主义超越了这一点，而没有把作为价值观的价值视为一种在沃尔多看来是“教条褊狭地回避价值问题的无用追求”①。

逻辑实证主义的一个更大的但却具有相关性的问题是逻辑实证主义导致了一种不成熟的技术取向，这种技术取向把公共行政仅仅视为实现外部确定的目标的一种工具。这就意味着放弃广泛的人类经验领域——即放弃人的审美经验、道德经验和形而上学经验，并进而让“理性”为“非理性”服务，或者说至少是让“理性”为一些被判定为超出了理性研究范围的问题服务。沃尔多最后得出结论说，我们需要对价值观念进行自我认识和自我批评，他告诫我们不要以相关性为代价去寻求严密性，他希望我们能够在“科学性”与规范性之间达成一种妥协。

6. 科学与公共行政

沃尔多还提出了是已经建立还是正在建立还是能够建立一门公共行政“科学”这个问题。他对这个问题的回答是含糊的。在某种程度上，沃尔多认为对这个问题的回答取决于人们对“科学”这个概念如何界定。在他看来，就其最广泛的意义而言，科学只不过是导致“对具体变化进行控制”②的知识而已。根据这个定义，沃尔多说包括公共行政在内的社会科学也具有科学性。他认为，社会科学已经在很大程度上实现了对人类行为的控制并且能够作出许多准确的预测。实际上，在他看来，由于社会科学技术的进步与自然科学技术的进步密切相关，因此所有的科学在某种重要意义上都是社会科学。

不过，沃尔多也承认上述这个对科学的定义很宽泛。如果对“科学”在比较严格的意义上加以界定的话，即将科学视为把经验“实在”同假设和定律“安排”在一起的高度抽象的系统化概念以及按照规定的方法论原则获得的合法化知识，那么沃尔多便不相信存在甚或可能存在一门公共行政科学。在他看来，尽管可能存在一些普遍的行政“原则”，但是我们并不知道是否真的如此或它们的内容可能是什么。此外，他还怀疑“管理科学”仅仅是为了管理者的利益而寻求控制的一种隐藏的、以阶级为基础的意识形态。公共行政如果说不能成为一门“科学”，那么通过研究它可以更具有科

① ［美］沃尔多：《美国的行政理论：调查与展望》，载［美］《政治学研究》1954 年第 2 期，第 86 页。

② ［美］沃尔多：《公共行政的事业》，加利福尼亚：钱德勒与夏普出版社 1980 年版，第 21 页。

学性。对于这一命题，沃尔多认为，在组织现象中的确有一些通过科学可以使我们更加了解的规律性。

7. 公共行政：学科、专业、事业

如果说公共行政不是一门“纯粹的”科学，那么它是什么呢？沃尔多认为，公共行政可以而且至多能够被视为一门应用科学，也许把它视为一门艺术、一种专业或其他的东西更为合适。沃尔多仔细地考虑了一些试图获得一种公认的公共行政观的看法。

例如，公共行政是否应该被视为一种“专业”，这要看“专业”这个词如何定义，不过无论怎样，沃尔多更倾向于认为，公共行政是由准备在公共服务部门工作的人们所需要的许多学科知识所构成的。沃尔多断然否定那种认为公共行政仅仅是一门子学科，尤其是政治学的一门子学科的观点。在沃尔多看来，政治学过多地受到逻辑实证主义的影响，因此它现在所关注的是“有趣但却无价值的问题，可以量化但却不重要的琐碎问题”①。沃尔多认为，公共行政与政治学的传统关系部分是习俗，部分是惯性，而且其前途未定，因为政治学未能为公共行政提供一种认识和培育环境。他还认为，公共行政也不应该归属于企业管理学派或“一般”管理学派。在他看来，无论行政的价值观还是行政的技术和方法都不能普遍化，而且公共行政既需要一种特异的技术又需要一种有特色的哲学。此外，如同对政治学一样，沃尔多告诫人们，企业管理学院或一般管理学院的公共行政培养方案很可能“因缺乏营养而正在慢慢地走向灭亡或者因缺少关心和爱护而正在萎缩衰退”②。

沃尔多比较赞同把公共行政视为一种“专业”。他承认公共行政不是一种严格意义上的专业，也不会成为一种严格意义上的专业，甚至也不应该成为一种严格意义上的专业。然而，在沃尔多看来，专业主义并不是一种好的态度或策略，他宣称公共行政应该由一个学科发展成为在大学拥有一个独立的专业学院的专业。沃尔多最喜欢将其与医学进行类比，他说，医学既是科学又是艺术，既是理论又是实践，与其说它有一种专一的理论，倒不如说它有一个多学科的研究中心，而且它趋向于一种广泛的社会目的。在沃尔多看来，如果把公共行政视为一种专业，那么就使公共行政在大学文科中摆脱了“二等公民”的地位，使它摆脱了一种认为自己没有一种独特范式的内疚

① ［美］沃尔多：《公共行政的事业》，加利福尼亚：钱德勒与夏普出版社 1980 年版，第 6 页。

② ［美］沃尔多：《重访行政国家》，载［美］《公共行政评论》第 25 卷第 1 期（1965 年 3 月号），第 29 页。

感，使它无论在哪里落脚都有权寻求自己所需的一切。因此，沃尔多指出，即便公共行政不是一门专业甚或不希望成为一门专业，它也可以充当一门专业。

沃尔多最后断定，公共行政不是一个单一的事物，而是一个最好被描述为一种“事业”的兴趣中心。他认为，这种事业包括许多方面的思想、观点、兴趣和方法论，它具有折中性、实验性和开放性，因为它涉及的是一些关于一个不整齐的、瞬息万变的世界的问题。

8. 公共行政与未来

我们由此走向何方？作为一个自称的“业余未来学家”，沃尔多将未来视为一个骚乱和变革的世界。他认为，变革的主要力量是当前由工业社会向后工业社会的过渡。尽管沃尔多注意到对20世纪70年代的预言有许多都没有实现，但是他仍然相信，在后工业社会，知识将成为生产率的一种决定性因素，人们将会创造出一些新的信息处理技术，工厂将会衰落，新的权力精英和权力中心将会在科学—技术知识的基础之上建立起来，而且人们所关注的中心将会由生产转向分配和服务业。在他看来，所有这一切都将导致经济—社会—政治变革步伐的加快，而经济—社会—政治变革步伐的加快又会产生制度危机和心理—社会危机。

这些力量引起了一系列必须或者至少在某种程度上必须由公共行政来探讨的问题。沃尔多说，公共行政将要涉及的一个特殊问题就是一些新的组织形式和管理形式，而且要求人们承担一些新的责任。沃尔多预言，未来的组织将具有更少的官僚制，具有越来越多的公私混合性质，未来的组织与其说是一元的组织，倒不如说是“组织系列、组织联合体或组织系统”①，而且未来组织的运作方式具有更多的国际性或多国性。对这些新组织的风格他也提出了一些问题，例如，怎样在不产生混乱的情况下建立和发展官僚制意味更少的组织？如何处理日益增加的道德复杂性以及怎样对付越来越大的冲突可能性和危机可能性？此外，公共行政很容易被要求去发挥更多的作用，这样便会导致一个系统的负担过重。

公共行政的这种未来具有多重意义。在沃尔多看来，公共行政就是政府应对上述力量的主要机制，因此它着重关注的是变革与转型。这样，公共行政的决策必然会是一个由政策判断、工具判断、法律判断和道德判断组成的联合体，公共行政这项事业将会明显具有哲学多元论、学科多元论和方法论

---

① ［美］沃尔多：《公共行政的发展》，见［美］弗雷德里克·S. 莱恩编：《公共行政的当前问题》，纽约：圣马丁出版社1978年版，第538页。

多元论的特点，因为我们要生存、要适应、要控制变革。

展望未来，沃尔多说，主要有两种方案：一种是集权主义方案，另一种是无政府主义方案。集权主义方案从定义上将公共道德与私人道德加以调和，因为政府是完全一体化的并且占据支配地位；而无政府主义方案则认为未来具有多重性的特点，未来包含着分散的、复杂的经济—社会—政治制度，这些制度对于公共道德概念的解释具有很大的歧义。在沃尔多看来，无政府主义方案更为可取，至少不太令人讨厌。对于无政府主义方案，沃尔多说他感到自己好像在观看一部倒着放映的影片，因为主权国家被解散而且其明显的垂直型权威结构被结构复杂的、契约性的、非正式的水平关系所取代。然而，这并不意味着沃尔多认为历史将会重现。沃尔多认为，我们必须创造未来，而不能复制未来。他希望“我们现在可以更多地互相学习，相互调整，并且可以进行更多的制度干预，我们可以建立和发展一个统一但不一元、和谐但不均一的世界”①。

三、小结

如前所述，沃尔多在公共行政领域除了是一个创造者之外，他更多的还是一位评论家。因此，他所起的作用与本书中所论及的其他行政学家有所不同。

我们可以发现沃尔多在对公共行政史的研究细节上存在着问题，但是其著作的更大问题是他本质上存在的矛盾心理。他坚持认为公共行政必然要涉及政治，而他又在政治—行政二分法中看到了某种连续的价值；他说公共行政既是艺术又是科学，而他却未能指明一个大家都可以应用的方向；他认为公共行政既不同于私人（企业）行政又类似于私人（企业）行政，而他却没有详细说明二者的相同点和不同点或后果；他认为我们应该既有民主又有官僚制，而他既没有告诉我们如何解决二者之间的冲突，也没有告诉我们它们之间的最优平衡是什么；他说公共行政不是而且也许不应该是一门专业，而他却极力主张它像一门专业那样发挥作用。也许沃尔多本人最恰当地表达了自己的这种矛盾心理。他说：“我怀疑所有的信条和哲学。这显然包括怀疑论。”②

① ［美］沃尔多：《公共行政的事业》，加利福尼亚：钱德勒与夏普出版社 1980 年版，第 134 页。

② ［美］沃尔多：《行政国家：美国公共行政的政治理论研究》，导言，纽约：罗纳德出版社 1948 年版。

当然，这并不意味着沃尔多就必然是错误的。他承认自己存在着这种矛盾心理，但是他发现自己的主张能够站得住脚。在谈到将自然科学方法应用于社会科学时，沃尔多说："我必须承认某种模糊性和矛盾心理。……但是我没有发现这种心境、这种试图找到一个中间领域的做法是'错误的'。"① 情况也许是如此，但是他的这种心境也的确导致了一个问题。沃尔多奇怪地把理智杂乱与怀疑论混合在一起，照此，他认为任何观点都有毛病，但是任何观点都含有某种有益的东西，这样就致使他受到自己对系统分析的批评。也就是说，在他手中，公共行政因其试图无所不包而丧失了其个性。这个问题也没有因为使用了像下面这样一些恰当的语句而简单地消失："随着知识之岛的扩大，神秘的海岸线也延长了。"② 说公共行政应该有一个积极活动的周界线也许没错，但是沃尔多忽视了他自己关于公共行政也应该有一个可公认的中心的见解，至少，他没有对这样的一个中心作出界定。

由于人们已经像沃尔多那样从广义上来界定公共行政，所以沃尔多似乎被公共行政研究与实践所面临的巨大工作量搞得不知所措。如果公共行政的工作量真的有如此之大，那么它就是沃尔多自己解释的工作量。尽管他要求人们认识行政的范围和行政工作的环境，但是他似乎把几乎所有的问题都视为行政问题。这种情况在很大程度上是由于沃尔多的观点而导致的，因为沃尔多认为行政与文明是密切相连的，而且行政是政府对付变革的一种重要机制。这样，沃尔多的矛盾心理便再一次出现了：他一方面希望将公共行政限制在某种适当的范围之内，而另一方面他却又相信公共行政将必然会涉及现在和未来的许多重要问题。

美国学者华莱士·塞尔曾指责沃尔多对当代公共行政的"认同危机"持一种"年轻的悲观主义态度"③。与其说沃尔多解决了这个问题，倒不如说他明显地学会了和它共处。即使沃尔多未必看到公共行政这一事业的崇高未来，但他还是对公共行政提出了一些崇高的要求。就公共行政这个概念和沃尔多提出的行动号召而言，沃尔多已经提供了在他看来公共行政所需要的东西，即一门"鼓舞人心的学问"。不过，就其特有的风格而言，沃尔多的

---

① ［美］沃尔多：《行政国家：美国公共行政的政治理论研究》，纽约：罗纳德出版社 1948 年版，第 48 页。

② ［美］沃尔多：《行政国家：美国公共行政的政治理论研究》，纽约：罗纳德出版社 1948 年版，第 45 页。

③ ［美］华莱士·塞尔：《评沃尔多的论文》，见［美］詹姆斯·C. 查尔斯沃斯编：《公共行政的理论与实践：视野，目标与方法》，费城：美国政治科学与社会科学研究院，1968 年，第 27 页。

“鼓舞”大量地散布着悲观与怀疑。

第四节　帕金森的“帕金森定律”

在西方行政学发展的很长一段时期，对公共行政组织的分析曾一直是专家、学者的专利，似乎很少有普通百姓关心这方面的研究，而到了 20 世纪四五十年代，有一位英国作家以讽刺的笔调、小品文的方式对官僚组织的弊端进行了有价值的剖析，从而使单调枯燥的组织分析成为广大民众在街头巷尾经常谈论的话题。他就是享有“民众行政理论家”美称的帕金森。

一、生平与著述

帕金森，全称诺思科特·帕金森，出生于 1909 年，英国著名的行政学者。帕金森毕业于英国剑桥大学伊曼纽尔学院，曾担任新加坡大学教授、马来亚大学的历史学教授以及美国哈佛大学和伊利诺伊大学的客座教授等职。他常常以讽刺的笔调、小品文的方式讨论行政组织上的一些问题。他有关这方面问题的文章主要发表在《经济学家》以及《哈泼杂志》等刊物上。1957 年，他将这方面的文章以专集的形式出版，取名为《帕金森定律及关于行政的其他研究》。此外，他还有许多历史、经济和政治方面的著作。

二、帕金森定律的主要内容

帕金森定律是帕金森在对组织机构的无效活动进行调查和分析中提出的关于组织机构臃肿低效的形成原因的定律。帕金森在组织机构活动中发现这样一个事实：组织机构所完成的工作与工作人员的多少这两者之间并没有什么联系，管理层次的增加也与工作本身无关。他认为，造成这种事实的原因是由一个规律性的动机所导致的，亦即“工作的增加只是为了填满完成这一工作时可资利用的时间”。这就是所谓的帕金森定律。

为了阐明他的这一定律，帕金森引证了一个与行政部门的情况极为相似的例子：一位闲来无事的老太太为了给她的外甥女寄一张明信片，足足花了一整天的时间。她用了一个小时的时间找到明信片，又用了 1 个小时寻找眼镜，用一个半小时查对地址，1 个小时 15 分钟写明信片，用 20 分钟的时间考虑决定到下一条街的邮局去时是否带伞。最后，在经历了这样一整天的犹豫、焦急和操劳之后，这位老太太免不了显得疲惫不堪。可见，一个忙碌的人总共用三分钟时间就可以做完的事情，另一个人用同样方式去做却可能在一天的疑虑、焦虑和劳累之后感到疲惫不堪。因此，帕金森认为，工作（特别是日常文书工作）的时间要求是有弹性的，在所完成的工作与所分配的人员数目之间显然很少或者根本就没有什么联系。

在帕金森看来，倘若这位老太太的境况不值得人们大惊小怪，那么行政官员们发现自己的工作量过度也就不足为奇了。他指出："'所要完成的事情，其重要性和复杂性的增加与所要耗费的时间成正比'这一事实已经得到了广泛承认，但是，人们却很少注意它的广泛影响，特别是在公共行政领域方面。政治家们和税收人员曾经假定（偶然有疑问的方面），公务人员总数的上升必然是所要完成的工作量不断上升的反映。在对这种信念提出疑问时，犬儒学派曾经设想，官员数量的倍增必然使其中的某些人无事可做，或者使所有的官员缩短工作时间。但是，这是一个相信和怀疑的双方同样错误的问题。实际上，官员数目和工作相互之间完全没有关系。受雇人员总数的增加是受帕金森定律支配的，工作量是否增加、减少还是消失同样也是如此。"①

帕金森把他提出的帕金森定律概括为两条（作为动机要素的）法则：其一是增加部属的法则，其二是增加工作量的法则。他对这两条法则作了如下解释：

帕金森说，我们可以假定一名叫做 A 的公务人员，他发现自己工作过重。不管工作过重是真实情况还是假想的情况，这都无关紧要，但是我们可以顺便观察一下，A 的这种感觉（或幻觉）或许很自然地是由他自己精力减退造成的：这是人到中年的正常征兆。在他看来，就一般情况而言，关于这种真实的或假想的工作过重的情况，可能有三种补救的办法：其一是 A 可以辞职；其二是 A 可以请一位叫做 B 的同事平均分担工作；其三是 A 可以要求两名下属给予帮助，他们分别叫做 C 和 D。然而，帕金森认为，历史上可能不会有 A 同时选择三种备选方案的情况。而且前两种补救的办法一般也不大可能会被 A 采用，因为 A 如果辞职，他将失去领取退休金的权利；如果 A 任命一个级别与其相同的 B，那么他只会产生一个自己在 W（不久）退休时晋升到 W 职位上的对手。这样一来，A 宁可选择第三种补救办法，即增加两名下属 C 和 D，因为他们年少资浅，位居 A 之下。他们将增加 A 的重要性，并且当工作在 C 和 D 之间一分为二时，A 将得到一种好处，即他依然是唯一的一个能够同时掌握他们二者命运的人。帕金森认为，在这一

① ［美］杰伊·M. 沙夫利兹、阿尔伯特·C. 海德合编：《公共行政学经典著作》，伊利诺伊：多尔西出版社 1987 年版，第 251 页。

方面，有一点必须认识到，即C和D完全是不可分开的，单独任命C将是不可能的。为什么这样说呢？帕金森说，这是“因为如果C单独同A划分工作，几乎可以假定是一种与前面已遭拒绝的B的例子相同的情况；如果C是A唯一的继任人，则会使这种情况更加突出”①。因此，帕金森认为，下属的人数必须是两个或两个以上，这样才能使每个人都适当地处在一种担心别人晋升的状态之中。而当C反过来抱怨工作过重时（帕金森认为C当然会这样做），A将会在C的同意下，建议任命两名助手来帮助C。但是，帕金森强调说，A在建议任命两名助手来帮助下属C的同时，也必须建议任命两个以上的助手来帮助下属D，只有这样才能避免出现内部摩擦，保持C和D之间的平衡，因为C和D的地位是相同的。由于在C和D手下各自又分别需要增加两名助手，这样就出现了录用E、F、G和H的情形，结果，A自己的地位实际上也有了很大的提高。

据此，帕金森提出，当行政官员对他们自己的工作量感到过重时，对此问题所采取的措施是受动机规律引导的，即“一个行政官员想增加的是下级而不是对手”，其目的是为了减少组织中的竞争对手，同时增加部下也可以提高该官员自己的地位。这就是所谓的第一法则——增加部属的法则。

与此同时，帕金森指出，由于职位上的工作量不变（或略微增大），而人员却大幅度地增加，这就决定了下属行政官员们必须互相合作地从事工作。对于以前只需要一两个人就可以做完的事情，如果分解之后，人为地增加了许多工作量，从而便需要由许多行政人员来共同分担。在帕金森看来，就前面所谈到的情况而言，以前一名官员所做的工作现在正在由七名官员来做。也就在此时，第二法则发生了作用。由于这七个人相互之间制造了许多工作，每一个人的时间都排得满满的，并且A的工作实际上也比以前更加艰巨了。对此，帕金森风趣、形象地表述说：“一份新来的文件依次恰当地摆在每个人的面前，官员E认为它属于F的职权范围内，而F则将一份作为答复的草案送交给C，C先对草案做了修改，然后又去征求D的意见，而D则要求G处理此事。但是，G此时正在休假，他又把文件转交给了H，H起草了一份需要由D签字的备忘录并且又将文件返回给了C，C相应地修改了草案并且将改写好的文件又送给了A。”②

① ［美］杰伊·M. 沙夫利兹、阿尔伯特·C. 海德合编：《公共行政学经典著作》，伊利诺伊：多尔西出版社1987年版，第252页。

② ［美］杰伊·M. 沙夫利兹、阿尔伯特·C. 海德合编：《公共行政学经典著作》，伊利诺伊：多尔西出版社1987年版，第252页。

而A又做了些什么呢？帕金森说："A总是有理由在没有读过的文件上签字，因为他脑子里还想着许多其他的问题，例如：当A知道明年自己将接任W的职务时，他必须决定是让C还是让D接任自己的职务；他不得不同意G的休假，即使严格地说来G还没有获准休假的权利；他还可能要考虑是否应该因为健康原因而让H辞职，因为H最近看上去脸色苍白——并不完全只是由于他家里的困难造成的；而且还有在会议期间给F增加薪水以及E申请调动到年金部这样一些令他为难的事情在等着他处理；此外，A还听说，D在和一个已婚的打字员谈恋爱，谁也不知道为什么G和F互不理睬等诸如此类的琐碎事。这样，A可能被促使在C送来的草案上签字并且着手处理这件事情。但是，A又是一个十分谨慎的人。当他受到他的同事和他自己产生的许多问题的困扰时——这些问题仅仅是由于这些官员们存在的事实造成的——他并不是一个推卸责任的人。他认真读完了这份草案，删去了C和H增加的浮华和繁琐的段落，使这份草案恢复了最初由精明强干的（似乎也是好争吵的）F拟定的形式。他改正了英语错误——这些年轻人写公文没有一个能够符合语法规则。最后，A写出了同样的答复。他写这一答复时，好像从C到H这些官员们压根儿就不存在似的，而已经有更多的人用了更多的时间产生出同样的结果。没有一个人是懒散无事的，所有的人都尽了最大的努力。在晚上，直到已经很晚了，A才最后离开他的办公室，开始踏上返回伊林的路程。办公室灯光在深夜最后一次熄灭，标志着又一天劳累的行政工作结束了。在最后离开办公室的人中，A的形象是弯腰驼背、面带苦笑，这是对成功的一种惩罚。很晚的工作时间就像灰白色的头发一样。"① 由此可见，不仅文件草案、会议记录和所收到的文件在他们七个人之间的相互传阅自然而然地增加了工作量，而且为了保证他们七个人都能够努力地工作，A的工作就得比以前更加努力、更加费时了。这就是帕金森定律的所谓第二法则，即行政官员彼此之间人为地制造工作、增加工作量的法则。

帕金森以英国海军部和殖民部为例对这一定律的作用过程进行了实证分析。他说，据英国海军预算透露，在20世纪的多半个世纪中，英国海军军舰的数量和海军官兵的人数均有所减少，但是海军元帅和海军船坞的官员的人数却迅速增加。事实上，白厅海军部中的官员在这段时间里几乎增加了80%。然而，统计材料已经证明，"在这增加的80%的人数中完全没有一个

① ［美］杰伊·M. 沙夫利兹、阿尔伯特·C. 海德合编：《公共行政学经典著作》，伊利诺伊：多尔西出版社1987年版，第252~253页。

人是实实在在的水兵”①。如果说海军部的情况比较特殊、复杂的话，那么与英国海军部的情况相类似的英国殖民部或许更能说明问题，因为殖民部具有较纯粹的行政管理特点。帕金森说，1947 年和 1954 年的统计数字表明，即使在大英帝国的领域急剧缩小的第二次世界大战期间以及第二次世界大战之后，英国殖民部行政人员的数目依然增加了许多。他根据对有关统计资料的定量分析，提出了一个可以对帕金森定律进行量化说明的数学公式。他说：“在任何实际上处于和平时期的行政部门中，可以预料其工作人员将按照下列公式增加：

$$X = \frac{2K^m + L}{N}$$

K 是通过任命下属谋求晋升的工作人员数；L 代表任职年龄和退休年龄之间的差异；m 是用于答复部门内部的各种文件的人员 - 小时数；N 是所辖实际单位数；X 将是每年所需要的新的工作人员数。当然，数学家将会认识到，为了发现增长的比例，他们必须用 X 乘以 100，并且除以上一年的人员总数，即：

$$\frac{100(2K^m + L)}{YN}$$

在这里，Y 表示原有人员总数。这一数字已经证明恒定在 5.17% ~ 6.56%之间，而不考虑所完成的工作量（即使没有被完成）发生的任何变化。”②

通过对帕金森定律的实证分析，帕金森进一步得出结论说，各级行政机构一旦建立，内部势必设满各种委员会、理事会和局、办、厅，而财政上比较重要的问题往往则必须通过它们才能解决。这种状况产生了被帕金森称为“繁琐定律”的典型的委员会工作方式。这种工作方式意味着，在委员会“议事日程上所要讨论的问题中，花钱的多少和讨论时间的长短成反比”。对此，帕金森举例说，在“烦琐定律”的影响下，一项关于原子核反应堆价值 1 000 万英镑的包工合同，只是在形式上提及工程师和地球物理学家的报告和计划之后，就很快在同意的嗡嗡声中通过了。帕金森认为，在这个例子中，“烦琐定律”的作用还由于得到了技术因素的补充而加强了，这是因

① ［美］杰伊·M. 沙夫利兹、阿尔伯特·C. 海德合编：《公共行政学经典著作》，伊利诺伊：多尔西出版社 1987 年版，第 254 页。

② ［美］杰伊·M. 沙夫利兹和阿尔伯特·C. 海德合编：《公共行政学经典著作》，伊利诺伊：多尔西出版社 1987 年版，第 255 页。

为，包括委员会主席在内的一半委员会委员不知核反应堆为何物，其余的一半委员则不知核反应堆作何用，而真正懂得核反应堆的那个委员，尽管他内心对包工合同存有疑虑，而且，对他来说也不存在着上述解释上的困难，但他还是认定不说为妙。不过，当议事日程进行到讨论给本部门职工盖自行车车棚时，委员会的所有成员都懂得此刻的议题和金钱的数目。此时，他们便竭尽全力争论，以弥补刚才在核反应堆问题上的沉默。这样一来，讨论起码要持续 45 分钟，最后满意地取得了节约 100 英镑的成果。

帕金森认为，这种委员会工作方式的效率很低，而 21 人则是委员会低效能系数的关键。他指出，当委员会的人数达到 21 人时，会议桌两端就会开始有人交谈，发言的人为了使大家听得见自己的发言，不得不站起来说，可是，发言者一旦双脚站立，好像是出于习惯，总要进行一番演讲。在这种情况下，委员会想要进行高效率的工作是不可能的。

帕金森用他的调查资料和英国官方的统计资料，实证了他的定律，从而使人们承认了他的定律，并且用该定律来分析解决组织机构的臃肿问题。帕金森认为，从本质上来看，机构臃肿的根源来自于组织机构上层中一位掌权者的“嫉妒病”，这位二流水平的领导，想方设法使自己的部下成为三流水平的人，而三流水平的第二级领导也在努力地把自己的下级变成四流水平的人，如此类推，组织机构便认可了自身的平庸，也不再想与其他强的组织机构竞争。既然组织未做什么创新，也就不会犯什么错误。而组织机构目标的低标准，又保证了组织机构在实现目标时能取得成功。因此，臃肿的组织机构照样存在着。

在帕金森看来，除了上述的这种对组织特性的评价方法之外，还有一种比上述方法更容易的评价方法，即可以根据组织的物质设备来对组织的特性进行评价。例如，出版社或研究机构常常设在破旧而又临时凑合的地方。然而，这些单位却业务兴隆、一片生机。但相比之下，缺乏活力和效率的却是那些给人以庄严而匀称的外表的行政机构。他认为，现在人们所熟知的是，只有那些面临垮台的单位才能实现完美无瑕的设计。而在有激动人心的发现或进步的年代，人们是没有时间去规划那些完善的办公楼的。帕金森指出，在公共行政管理中存在着一种倾向，那就是把公共开支花在那些精心设计但并不合适的建筑上。他认为，建筑的豪华程度与行政的效率高低之间其实并不必然地成正比关系，它们在很大程度上还可能成反比关系。他从正反两个方面举例对这个问题作了说明。他举例说，当新建在日内瓦的国联大厦于 1937 年开放时，国联也就名存实亡了；大英帝国的扩张是在殖民部随意地使用办公设施的时候；而当 1875 年殖民部搬入精心建造的办公大楼时，大英帝国的势力范围也就缩小了；在第二次世界大战期间，战争的许多指挥部署是在华盛顿拥挤混杂的办公楼中进行的；而地处弗吉尼亚阿灵顿、布局精致的五角大楼的建成，那是很久以后的事了。他认为，事实上，一切形式的管理都容易浪费。在他看来，这是他所谓的帕金森第二定律作用的结果。所谓帕金森第二定律，是指：“开支的增加只是为了抵消进款。”例如，大多数人非常熟悉，家庭在丈夫的收入增加后常常出现的那种现象。他认为，这种现象在政府部门中也同样普遍存在。不过，政府部门和家庭之间的一个重要的区别在于，政府在行政管理中的开支额将增加到一个并不存在的限度，而家庭则不然。尽管帕金森的这种观点有些过激并且明显存在着片面性和不良的倾向性，但是我们也应该看到，它至少道出了政府机构中存在的某些过分追求形式、一味地追求奢华的不良作风。

三、几点启示

帕金森定律的理论正确性如何？是否适合中国的状况？在此我们不妄作评判。但是帕金森定律基本上指明了臃肿组织机构低效能与组织机构表面上的“伪适应症”是直接相关的。所谓组织机构的伪适应，是指组织机构中官僚化作风所支配的组织机构运行状态，即组织机构的运行，很大程度上不是为了实现组织的目标，而是为了保护和维持组织机构本身内部的存在关系和权力威信。也就是说，组织机构成员的行为动机，只是为了满足组织机构内部的所谓制度、条例和个人利益，而不考虑组织机构整体的目标和利益。因而从表面上看，庞大的组织机构始终在忙忙碌碌，而实际上组织机构的许多活动处在一种做无用功的状态。这就是所谓的“伪适应”状态。

这种组织的伪适应状态，其必然表现是机构臃肿化，同时更是官僚主义行为的滋生地。官僚主义行为维持着组织的伪适应状态，伪适应状态又保护着官僚主义行为以合法的名义存在并盛行，这就是官僚主义行为屡禁难止的重要原因之一。

而具体到我们政府的行政管理工作而言，倘若政府在组织机构的设置或管理方面发生了帕金森所描述的现象而不予以制止，随意批准各层次机构的增人请求，容忍部下无故增加工作量，那么也必然会导致政府的管理机构人为地扩充而发生组织机构的“伪适应症”。一旦政府的管理工作发生了这种组织机构的“伪适应症”，则此时的机构运行实际上就已经严重地偏离了政府组织工作的目标，因为组织机构内的成员总是会以满足所谓的规章制度、小群体利益为前提，而忘记了政府组织工作的整体目标和根本目标，从而导致官僚主义作风盛行，组织机构臃肿、僵硬，低目标取向，低效能，使政府组织潜伏危机。这是政府在组织机构发达的自我陶醉下最容易发生的失误。

因此，在组织机构的设置与管理中，应严格遵循以事定职、以职选人的原则，奉行职责合理分工的准则，防止无依据地增加工作量；同时还要不断提高组织机构的目标实现标准，使政府管理机构处在一种“抑制膨胀”的状态之中。

第五节 麦格雷戈的公共人事管理理论

“为政之要在人。”在西方行政管理思想发展史上，历代统治者都十分注意发挥行政管理主体——行政人员的作用，尤其是随着行政学从政治学中分离出来以及人事行政作为公共行政的分支学科的出现，随着西方行政管理理论突飞猛进的发展以及西方文官制度的建立与改革，西方公共人事管理的理论、学说也在不断发展并逐渐形成体系，而麦格雷戈的以注重发挥公务人员的才干和热情、重视人的行为、尊重人格为特征的 X—Y 理论便是其中比较有代表性的公共人事管理学说之一。

一、生平与著述

道格拉斯·麦格雷戈（1906—1964）是当代美国著名的行为科学家。他早期曾在一家服务站当过服务员（1924），后来在韦恩大学取得文学学士学位，1935 年于哈佛大学获得哲学博士学位，而后即在哈佛大学任教至 1937 年。1937—1964 年，麦格雷戈在麻省理工学院任教，但其中有 6 年时间（1948—1954）他在安第奥克学院担任院长。麦格雷戈擅长社会心理学和组织管理学，他曾教授过心理学和工业管理等课程，并对组织发展等问题颇有研究，而且发表过多篇社会心理学方面的论文。他在担任安第奥克学院院长期间，对当时流行的传统的管理观点和对人的特性的看法提出了疑问。此后，他在 1957 年 11 月号的美国《管理评论》杂志上发表了《企业的人性方面》这篇经典论文，提出了著名的“X—Y 理论”，并在以后的著作中进一步充实和发挥了这一思想。麦格雷戈的主要著作有：《管理的哲学》（1954）、《企业的人性方面》（1960）、《经理人员在技术爆破时期的责任》（1961）、《领导和激励：道格拉斯·麦格雷戈论文集》（1966，沃伦·本尼斯和埃德加·沙因编）以及《职业的经理》（1967）等。其中，《企业的人性方面》一文是于 1960 年以书的形式出版的，而《职业的经理》一书则是于 1967 年在他去世后出版的。

二、麦格雷戈公共人事管理学说的理论基础——需要层次说

需要层次说是美国当代著名的心理学家亚伯拉罕·马斯洛（1908—1970）在1943年提出的，这一学说的提出对行政学理论的发展产生了重大的影响。按照马斯洛的需要层次说，人的基本需要一般被划分为以下五个层次：

第一，生理的需要。这是人类最基本的、最原始的需要，包括饥、渴、性和其他生理机能的需要。这些需要若得不到满足，就会有生命危险，因此它是最强烈的、最不可避免的、最低层次的需要。当个体被生理需要所控制时，其他一切需要都成为次要的。

第二，安全的需要。当个体的生理需要基本上获得满足后，就会产生安全的需要。他要求劳动安全、职业安全、生活稳定，希望免于灾祸、希望未来有保障，要求劳动保护、社会保险、退休养老等。

第三，感情和归属的需要。即是指个体希望家庭成员之间、伙伴之间、朋友之间、同事之间保持良好的关系和友谊，希望得到爱情，希望爱别人，也希望被人爱；渴望自己有所归属，即成为某个组织团体中公认的成员等。这类需要比前两类需要更精致、更难以捉摸，但对大多数人来讲是很强烈的一类需要，如果得不到满足，就会导致精神上的不健康。

第四，尊重的需要。即个体希望自我尊重、自我评价和尊重别人以及渴望自信心和成就，渴望独立与自由，渴望名誉与声望。满足自我尊重的需要可以导致自我相信、价值、力量、能力、适合性等方面的感觉。如果得不到满足就会产生自卑感、虚弱感和无能感。尊重的需要很少能够得到完全的满足，但是这种需要一旦成为推动力，就会产生持久的干劲。

第五，自我实现的需要。即是指个体希望实现自己的理想、抱负，使自己的潜能得到最大程度的发挥，成为人们所向往的人物。正如马斯洛所言："一位作曲家必须作曲，一位画家必须绘画，一位诗人必须写诗，否则他始终都无法安静。一个人能够成为什么，他就必须成为什么，他必须忠实于他自己的本性。这一需要我们就可以称之为自我实现的需要。"①

马斯洛应用心理学的知识创建的需要层次说尽管尚存在着一些不够科学的地方，但是它从心理学的角度阐述了人的需要的分类和层次及其动态过程，在某种程度上反映了一定的客观规律性，它对后来的行政管理学说产生

① ［美］马斯洛：《动机与人格》，许金声译，北京：华夏出版社1987年版，第53页。

了重要影响，麦格雷戈的“Y 理论”就是基于马斯洛的“需要层次说”概括出来的。在 Y 理论看来，人在工作时运用智力、体力，正如游戏或休息一样自然，人可以自我指挥和自我监督，最有意义的奖励是自我实现的需要得到满足。这正是马斯洛需要层次说的主要内容。

三、麦格雷戈公共人事管理学说的内容述要

麦格雷戈的人事管理思想主要体现在他所提出的 X 理论—Y 理论中。麦格雷戈把传统的管理观点称为 X 理论。他指出：“管理部门的任务是将人类能量用于满足组织上的需要。这个传统的概念可按三个命题广泛加以叙述。为了避免标签带来的复杂情况，我把这套命题称为‘X 理论’，这三个命题是：(1) 为了经济目的，管理部门负责把生产性企业的要素——金钱、物资、设备、人员——组织起来。(2) 关于人事，这是一个指挥他们的工作、推动他们、控制他们的行动、改正他们的行为以适应组织需要的过程。(3) 没有管理部门的这种积极干预，人们对于组织上的需要会是消极的——甚至是有抵触的。所以，对他们必须实行说服、奖励、处罚和控制——他们的活动必须听指挥。这就是管理部门在管理下层职员或工人时的任务。我们经常把这些概括起来说成：通过他人完成任务便构成管理。在这个传统理论的后面，有另外几条信念——不甚清晰，但流传甚广。(4) 普通人生性懒惰——他想尽可能少干工作。(5) 他缺乏抱负，不喜欢负责任，宁愿被人领导。(6) 他生来自私自利，对组织上的需要漠不关心。(7) 他在本性上抵制改革。(8) 他轻信，不很聪明，易于受骗子和煽动家的诱惑。”① 在麦格雷戈看来，当时企业组织中的人事管理工作以及传统的组织结构、管理政策、实践和规划都是以这种 X 理论为依据的。所以，管理人员在完成其任务时，或者采用诸如强迫和威胁（通常采取隐蔽的形式）、严密的监督以及对行为的严格控制等“强硬的”管理办法，或者采用诸如随和的态度、顺应职工的要求以及一团和气等“松弛的”管理办法。麦格雷戈指出，从 20 世纪以来，从最强硬的管理办法到最松弛的管理办法都曾试用过，但管理实践表明其效果均不太理想。一方面，采用强硬的管理办法常常引起各种反抗的行为，例如，磨洋工、采取敌对行动、组织好斗的工会以及对管理者的目标进行巧妙而有效的破坏。这种强硬的管理办法在职工充分就业、劳动力供应短缺时期就更难实行。而另一方面，采用松弛的管理办法

① 转引自［美］斯蒂尔曼：《公共行政学》下册，李方等译，北京：中国社会科学出版社 1989 年版，第 143~144 页。

也产生了许多问题。例如，这种管理办法常常使管理人员放弃管理、放任自流，尽管大家保持一团和气，但在工作上却马马虎虎；人们对这种温和的管理方法钻空子，提出越来越多的要求，而作出的贡献却越来越少，等等。于是，较为普遍的倾向是，试图吸取软硬两种管理方法的优点，推行一种“严格而合理”的管理方法。正如美国政治家西奥多·罗斯福所说的那样：“说话和气但带着一根大棒。”① 但是，这种管理方法同上述两种管理方法一样，其指导思想也是X理论。

麦格雷戈认为，当时社会科学正陆续取得一批新的研究成果，其中包含着各种新的思想和观点，它们对这种关于人和人的天性以及作为管理指导思想的X理论提出了挑战。虽然当时工业组织中人的行为表现同X理论所提出的各种情况大致相似，但是这些新的思想和观点确信，人的这些行为表现并不是人固有的天性所引起的，而是现有工业组织的性质、管理思想、政策和实践所造成的。X理论所运用的传统研究方法是建立在错误的因果观念的基础之上的。对于这一点，麦格雷戈引用前述马斯洛的需要层次说作了进一步的说明。他指出：“我们毫不犹豫地承认，受到饥饿折磨的人是会生病的，生理需要得不到满足会产生行为后果，虽然缺乏充分认识，对于较高层次的需要来说，情况也完全一样。安全、交往、独立或地位的需要得不到满足的人也会生病，正像一个得了软骨病的人一样，他的病也会有行为后果。人的消极状态、敌视行动或推卸责任都是作为结果而产生的，如果我们把它们归之为天生的‘人性’，我们就会犯错误。这些行为样式是病态表现——是社会需要、自我需要得不到满足的表现。”② 在人们的生活还不够丰裕的情况下，胡萝卜加大棒的管理方法是有效的，正如麦格雷戈所言：“胡萝卜加大棒的动力学说（跟牛顿的物理学说一样）在一定的环境下合理地起到好的作用。满足人的生理需求并（在一定程度上）满足其安全需要的手段，能由管理部门提供或抑制。职业本身就是这种手段，工资、工作条件和津贴也是同样的东西。只要个人挣扎着生存下去，就能用这些手段控制他。当没有面包时，人只是为面包而活着。”③ 但是，当人们达到丰裕的生活水平时，

① 转引自［美］斯蒂尔曼：《公共行政学》下册，李方等译，北京：中国社会科学出版社1989年版，第145页。

② ［美］麦格雷戈：《X理论和Y理论》，转引自［英］皮尤编：《组织理论精萃》，彭和平、杨小工译，北京：中国人民大学出版社1990年版，第316页。

③ 转引自［美］斯蒂尔曼：《公共行政学》下册，李方等译，北京：中国社会科学出版社1989年版，第150页。

这种胡萝卜加大棒的管理方法就不中用了，因为那时人们行为的动机主要是追求更高层次的需要，而不像生理上的需要和安全的需要这种“胡萝卜”似的低层次的需要了。因此，“对于那些生理的和安全的需要已经得到合理满足，而其社交的、人格的和自我完善的需要却占据统治地位的人们来说”①，用监督和控制来进行管理——无论是强硬的还是松弛的——都不足以激励他们的行为。

在麦格雷戈看来，正是由于上述的这些理由以及其他许多原因，我们需要另一种建立在对人的特性和人的行为动机具有更为恰当的认识基础之上的人事管理新理论。有鉴于此，他提出了他的 Y 理论。

作为一种新的人事管理理论，Y 理论主要包括以下基本内容：

（1）为了经济上的目的，管理部门应该负责把生产企业的要素——资金、材料、设备、人员——组织起来。

（2）人们并“不是”生来就对组织上的需要采取消极或抵制态度的，他们之所以会如此，是由于他们在组织中的经历和遭遇所造成的。

（3）人们并不是天生就厌恶工作的。应用体力和脑力来从事工作，对于人们来说，正如游乐和休息一样，是自然的。当依赖于可控制的条件时，工作可成为满意的源泉（自愿地从事工作），也可以成为惩罚的源泉（尽可能地避免工作）。

（4）外来的控制和惩罚的威胁并不是促进人们为实现组织目标而努力的唯一方法。人们对自己所参与制定的目标，能够实行自我指挥和自我控制。

（5）对目标的参与是同获得成就的报酬直接相关的。这些报酬中最重要的是自我意识和自我实现需要的满足，它们能够促使人们为实现组织的目标而努力。

（6）在适当的条件下，一般人不仅能够学会接受责任，而且能够学会主动地承担责任。逃避责任、缺乏进取、强调安全感一般地说是经验的结果，而不是人的天性。

（7）在解决组织问题方面，多数人而不是少数人具有发挥相当高的想象力、独创性和创造力的能力。

（8）在现代工业社会的条件下，一般人的智慧潜能只是部分地得到了利用和发挥。

---

① 转引自［美］斯蒂尔曼：《公共行政学》下册，李方等译，北京：中国社会科学出版社 1989 年版，第 151 页。

（9）动力、发展的潜力、承担责任的能力、指挥自己的行为使其朝向组织目标的意愿，所有这些都存在于人们当中，管理部门不应该不理会它们，使人们有可能为他们自己而认识和发挥这些人的特性，是管理部门的职责。

（10）管理部门的主要任务是安排好组织条件和工作方法，使人们的智慧潜能能够充分地发挥出来，更好地为实现组织的目标和自己具体的个人目标而努力。这个过程主要是一个创造机会、挖掘潜力、排除障碍、鼓励发展和帮助引导的过程。①

麦格雷戈在《企业的人性方面》一书中把Y理论叫做“个人目标和组织目标的结合”，认为它能使组织的成员在努力实现组织目标的同时，最好地实现自己的个人目标。所以，他认为关键不在于在采用“强硬的”管理方法或“温和的”管理方法之间进行选择，而在于要在管理的指导思想上变X理论为Y理论。这两种理论的差别在于，是把人们当做小孩看待，还是把他们当做成熟的成年人看待。由于X理论已经流传了好几个世纪，所以不可能指望在短期内就使所有的企业组织都采用Y理论。但是，麦格雷戈认为当时已经有某些与Y理论相一致的创新思想在应用上取得了一定的成果。这主要表现在以下几个方面：

（1）分权与授权。这是把人们从传统组织的过紧控制中解脱出来的方法。这种方法给人们一定程度的自由来支配他们自己的活动，来承担责任，更重要的是，来满足他们的自我需要。在这一点上，西尔斯·罗巴克公司层次很少的扁平形组织结构提供了一个有趣的例子。该公司用某种带强制性的办法来推行“目标管理”，即扩大由经理直接领导的下级管理人员的人数，直到使经理无法继续按传统的方式去指导和控制他们的业务，只好实行分权与授权的目标管理。

（2）扩大工作范围。国际商用机器公司和底特律爱迪生公司倡导的这个想法同Y理论颇为一致。它鼓励处于组织基层的人承担责任，并为满足职工的社会需要和自我实现需要提供机会。实际上，在工厂一级实行改组，扩大工作范围时，就提供了很大的机会来开展与Y理论相一致的创新活动。

（3）参与式和协商式的管理。在适当的条件下，参与式和协商式的管理可以鼓励人们为实现组织目标而进行创造性的工作；在作出与他们的工作

① 参见［美］斯蒂尔曼：《公共行政学》下册，李方等译，北京：中国社会科学出版社1989年版，第151~152页；［英］皮尤编：《组织理论精萃》，彭和平、杨小工译，北京：中国人民大学出版社1990年版，第321~322页。

有直接关系的决策时，给他们提供某些发言权，并为满足他们的社会需要和自我实现需要提供重要的机会。斯坎伦计划就是一个取得显著成效的例子。

(4) 鼓励职工对自己的工作成绩作出评价。以往，按照 X 理论，由上级给下级的工作成绩作出评价这种做法实际上是把职工看成装配线上受检验的产品。通用电气公司、安瑟化学公司等试行过一种新的管理方法，要求职工为自己制定指标或目标，每半年或一年对工作成绩进行一次自我评定。在这种新的管理方法中，上级仍然起着重要的领导作用——事实上它比传统的管理方法对领导者提出了更高的要求。但对许多管理人员来说，他们宁愿担任这种新的领导角色而不愿像以前那样做“审判者”和“监督者”。最重要的是，这种新的管理方法鼓励个人对制订计划和评价自己对组织目标所作的贡献承担更大的责任，有助于职工充分发挥自己的才能，满足自我实现的需要。

四、简评

综上所述，麦格雷戈以马斯洛的需要层次说为基础，通过对传统的人事管理理论——X 理论的批评，进而提出了著名的 Y 理论，其价值是显而易见的。我们知道，人事管理领域的早期研究者趋向于接受以提高组织活动的效率为基本目标，并切实寻找方法，使管理者能提高员工的劳动生产率，单调、孤独和工人疲劳等问题成为人事管理研究最初的焦点。这些研究者往往以传统的 X 理论为指导，更多地关注诸如建议调整管理幅度等这类组织上的形式或程序方面的问题。而麦格雷戈在人事管理问题上则另辟蹊径，提出另一种新的人事管理理论——Y 理论，他基于马斯洛的需要层次说，指出管理者有必要从 X 理论——指挥和控制管理——转变到 Y 理论上来，即转变到“主要是创造机会、挖掘潜力、排除障碍、鼓励发展和帮助引导的过程”上来。于是目标便成为对具有人情味的环境的创造。在这种环境里，人们通过引导自己朝向组织目标的努力，能顺利地实现自己的目标。扩大职责范围、权力下放、分散责任和群众参与管理，是麦格雷戈认为在组织中贯彻实施 Y 理论的几种具体方法。实质上，麦格雷戈探究的是创造一种健全的组织机构的方法，以便允许最大限度地发挥人类的潜能。他试图通过对人类行为动机的具体认识，通过培育有益于个人能力发展的民主的组织环境来达到这个目的。通过 X 理论和 Y 理论的比较，我们便不难发现 Y 理论的价值所在，作为一种管理理论，它至少看到了在它之前的传统 X 理论所忽略的东西，说出了 X 理论所没有说出的东西。尽管麦格雷戈的 Y 理论主要是针对企业管理提出来的，但是 Y 理论为管理人员提供了一种对于人的乐观主义的看法，这种乐观主义的看法不仅对于争取企业组织成员的协作和热情支持是不可或缺的，而且对于争取政府行政机关的公务员的协作和热情支持也是完全必要的。而作为一种一般的管理理论，Y 理论认为个体和组织的目标应该融合，只要能注意满足个体的需求和利益，个体就能为组织尽更多的义务和责任以及强调个体的内心需求协调，实行自我控制等思想较之传统的 X 理论更能代表行政发展的方向。当然，我们也不能否认麦格雷戈的 Y 理论存在一定的局限性，因为麦格雷戈只看到了问题的一个方面，我们固然不赞成像 X 理论所假设的那样把所有的人都视为天生就是懒惰的和不愿负责任的，但是在现实生活中的确有这样的人，而且他们还不愿改变，对于这类人，就不适合于运用 Y 理论进行管理，而且，要发展和实现人的潜能，就必须有合适的工作环境，而这种合适的工作环境并不是经常有的，而且有时要创造出这样一种环境来，成本也太高。所以 Y 理论也并不是普遍适用的。也正是因为它本身存在着一定的局限性，后来才出现了诸如超 Y 理论、Z 理论等较之 Y 理论更为完善的种种新的管理理论。这也是科学发展的客观必然。

总之，麦格雷戈的 Y 理论主张采用更大的分权，更少靠强迫和控制，更多靠民主领导方式，强调参与决策。它认为，如果通过排除满足需要的人为障碍，管理能使组织内的人们有可能满足其需要和实现其潜力，组织将会更有效力。这些观点都是颇有见地的。诚如美国著名行政学者帕拉洛和昌德勒所说的那样，尽管“Y 理论的处方并不适用于所有管理形势，但是它的主要格言：人类个性的整体观、使工作成为值得干的需要、存在于自我实现者中的潜力，在美国公共行政中已留下了不可磨灭的印迹”①。

第六节　林德布洛姆的渐进决策理论

在 20 世纪 60 年代以前，在西方行政学的决策研究领域中占主导地位的一直是理性决策模式，尽管西蒙对传统的纯粹理性决策模式进行了改进并进而提出了他的有限理性决策模式，但是他终归没有跳出理性主义决策模式的框架，然而，理性主义决策模式在实际运用中面临着种种困难，在这种背景下，出现了一些新的决策模式试图弥补理性决策模式之不足，其中有一种决策模式产生了极大的反响，并一直被视为西方国家行政决策的基本模式，这

① ［美］帕拉洛、昌德勒：《行政管理学词典》，陈嘉陵等译，成都：四川人民出版社 1988 年版，第 148 页。

就是美国著名政治学家和经济学家林德布洛姆提出的渐进决策模式。

一、生平与著述

查尔斯·林德布洛姆是美国当代著名的政治学家和经济学家、“政策分析”的创始人。他于1917年3月出生在美国加利福尼亚州；1937年毕业于斯坦福大学，主修政治学及经济学；1939年在美国明尼苏达大学经济系任教，进而开始了他的教学生涯；1945年获芝加哥大学经济学博士学位；1946年任教于耶鲁大学至今；1954年在著名的行为科学高级研究中心担任研究员；1960年任古根海姆研究中心研究员；1963—1964年出任美国驻印度大使馆经济参赞并兼任美国国际开发总署驻印度办事处主任；1968—1969年，林德布洛姆出任耶鲁大学社会科学院院长；1972—1973年担任耶鲁大学政治学系主任；1975年任美国比较经济学会会长；1980年当选为美国政治学会会长；现任经济学与政治学“首席讲座教授”和社会与政策研究所所长。作为一名政治学家，林德布洛姆在政治学领域的研究中进行了一些开创性的工作，他以对“政策”的分析研究，尤其是以其提出的“渐进决策模式”饮誉美国政治学界和行政学界。在执教之余，林德布洛姆写下了大量的著作和文章，其中主要有：《政治、经济及福利——计划构成与政治经济系统的基本社会过程》（1953）、《政策分析》（1958）、《“渐进调适”的科学》（1959）、《决定的策略——政治体系是一种社会过程》（1963）、《民主的智慧——经互相调节产生的决策》（1965）、《决策过程》（1968）、《政治与市场——世界政治经济体系》（1977）等。在这些著作和文章中，《“渐进调适”的科学》作为经典性的论文是美国攻读政治学和公共行政学专业的学生的必读文献。而作为《“渐进调适”的科学》一文的进一步发展，其另一部力作《决策过程》一书则以渐进的决策分析战略和多元的决策模式对一些长期以来较有影响的决策理论和模式，特别是理性决策模式和精英决策模式作了回答。此外，他的《政治与市场——世界政治经济体系》一书出版后，被认为是20世纪最后25年内最有影响的政治学著作，该书荣获美国政治学会的最高荣誉奖——威尔逊政治学术奖。

二、林德布洛姆渐进决策理论的产生背景和形成过程

政治决策作为一种重要的政治行为，在第二次世界大战后受到了越来越多的政治学家和行政学家的关注。在林德布洛姆的决策理论尚未出现之前，最有影响的政治和行政决策理论是理性决策模式。这种模式的主要观点有：（1）决策者知道所有同具体问题有关的目标；（2）所有有关问题的信息都

是可得的；（3）决策者能辨别所有的选择；（4）决策者能有意义地评估这些选择，即研究选择的结果并加以衡量和比较；（5）所作的选择能最大限度地扩大决策者指出的价值。显而易见，理性决策模式是从规范的角度去考察问题的，它深受早期经济理论的影响。传统的经济理论认为“经济人”知道全部可能的行动，知道哪种行动能得到最大的效果，知道从所有的可行行动中挑选最好的一种。受这种理论的影响，理性决策模式认为人在政治和行政决策的活动中也是可以非常理性的。这一决策模式的研究方法带有明显的传统特征。

不久，理性决策模式受到了另外两种决策模式的挑战：其一是著名行政学家赫伯特·西蒙的“有限理性”决策模式；其二就是林德布洛姆的“渐进决策”模式。这两种决策模式的研究在方法论上都是从实证的角度对理性决策模式作了分析和批评。“有限理性”决策模式对“理性”决策模式作了逐条批驳，西蒙认为：（1）决策者事实上并不具有有关决策状况的所有信息；（2）决策者处理信息的能力是有限的；（3）决策者在有了有关决策状况的简单印象后就行动；（4）决策者的选择行为受所得信息的实质和先后次序的影响；（5）决策者的能力在复杂的决策状况中受到限制；（6）决策行动受到决策者过去经历的影响；（7）决策行动受决策者个性的影响。在西蒙看来，政治决策者的理性是“有限的”，在决策中应以“满意”来代替“最佳”。

如果说西蒙也还是从理性的角度来探讨政治和行政决策的话，那么林德布洛姆的“渐进决策”模式则是从另一个思维角度来探讨政治和行政决策的。林德布洛姆的“渐进决策”模式经历了几十年的发展演变（1953—1979），其渐进决策的思想起源于1953年，他关于渐进决策的思想在其早期著作《政治、经济及福利——计划构成与政治经济系统的基本社会过程》（1953）一书中已具雏形。他在该书中首次提出了“渐进主义”的概念，他通过对社会政治过程的四种基本形态的分析提出了他那已具雏形的“渐进决策”模式。他认为社会政治过程包含着以下四种基本形态：

（1）价格体系。价格最先由供给与需求决定。供给多、需求少，价格自然下降；供给少、需求多，价格会上涨。因此，价格高，企业家有利可图会多生产，反之则少生产。为改变需求关系，企业家会千方百计地控制价格。同样，在政治领域中，社会大众需要服务，政治领袖需要权力。社会大众支持政治领袖以获得服务，而政治领袖以其服务而获得权力。对政治领袖来说，只有服务而无权力，他们不会屈从；但只有权力而无服务，又会失去大众的支持。如价格体系一样，政治领袖控制着社会大众，同时又被社会大众控制，两者相互控制。

（2）层级体系。层级体系是政治领袖为实现其目标，由上而下、层层控制的工具。随着目的的不同，体系的结构形式会有很大差别。但层级分明，上层会不断地控制并利用下层。在控制中，下层级层层贯彻上层级的指令，而其本身无多大自主权。

（3）多元体制。在美国多元化的政治体系中，存在着多元政治权力中心，并且各有其自己的政治领袖。决策经常是在各党派公开地相互竞争中进行，各政治领袖受到多元体制形态的控制。

（4）议价。市场上买卖双方要相互讨价还价，妥协的结果是互相退让，选取折中方案作为成交的价格。在政治上，各政治势力团体，如政党、政治派别与利益集团等，相互妥协、交易，取得一种能牵制各政治领袖的“议价”。

因此，从价格体系角度上看，价格不可能单方面决策；从层级体系角度看，除最高层外，其他层次也无法单方面作决定；从多元体系看，决定是各政治权力中心互动的结果；从议价的角度看，决定又是双方妥协的产物。这样，决策是彼此间相互作用的结果，无一方可以单独作决策。政治上若要作决策，聪明之举是在相关人士取得共识的前提下作决定，才能够对方方面面都考虑到。具体地讲，可以从若干个相差不大的方案中，比较得失后，选取其中较好的方案。被选中的方案只是对现实中的执行方案作了微小的调整。在林德布洛姆看来，这种被称为“渐进主义”的方式具有以下优点：

（1）决策所选择的方案与现实状况相差不大，可以预测；

（2）在一时无法搞清人们的各种需求时，渐进方案会以不断尝试的方式，找出一种满意的结果；

（3）易于协调各种相互冲突的目标，不会因远离原有目标，扰乱了原目标间的秩序；

（4）渐进方式可以帮助人们检验所作的抉择是否正确，特别是在复杂条件下，可以孤立某些因素，比较其利弊；

（5）渐进方式比较稳妥，容易控制，能够及时纠正错误，不会造成大起大落的状况。

1958年，林德布洛姆在《政策分析》① 一文中，在批评传统的政策分析方法（即他所说的“第一种方法”）时，进一步提出了“第二种方法”，

---

① ［美］林德布洛姆：《政策分析》，载［美］《美国经济学评论》，1958年第3期。

即他的“渐进分析”方法，他认为，传统的政策分析方法在探讨政策问题时过于强调理论在政策研究中的作用，注重从政策理论中引申出一般规则，过于强调价值，将价值当做方案的抉择的标准；它太过分强调所有重要变量，要求对变量一一广泛综合地分析。而渐进分析（即第二种方法）则不同：第一，它不依赖理论作为政策分析或政策制定的指导原则，认为评定实际的政策分析或政策制定是配合现实情况的需要或限制、是超理论的；由于现实政治所推行的是渐进政治，对政策问题、各政治领袖与政党的看法大致上达成共识，所能调节或改变者，只是在小节问题上，因而是渐进的。在实际政治中，不一定需要用许多理论。第二，尽管政策分析或政策制定也会经常出现许多变量，但渐进分析只注重政策制定中出现的几个重要变量，作片段分析，方案的考虑也只限于少数几个，而不是广泛的。第三，它认为价值与事实在渐进分析中交互使用、互为一体。现实政治中的基本价值已达成共识，无需再寻求各种不同的价值标准作为决策的标准。第四，渐进分析着重以已有的政策为前提，这样的政策更可能被社会上一般人所接受，较有把握，较符合实际，并且与现实差距不大，较容易控制，不至于冒太大的风险。

1959年，林德布洛姆在《“渐进调适”的科学》① 一文中进一步批评了传统的政策分析模式——全面理性模式，并且阐述了他的连续有限比较模式（即“渐进调适”模式）。林德布洛姆认为，传统的政策分析模式不切合实际，不是好的政策分析模式，而“渐进调适”的政策分析或政策制定模式较实际、较科学、较妥当。他将两种模式加以比较，指出了它们之间的主要区别。他认为，传统的全面理性决策模式的特征是：（1）明确区分目标与行动，将目标当做政策分析的前提；（2）在目标与手段的分析中，先确立目标，再寻找手段；（3）认为“好”的政策是实现目标的最佳手段；（4）主张综合或全面的分析；（5）它过分强调理论的作用。与这种传统决策模式相反，连续有限比较模式（“渐进调适”模式）的特征是：（1）不区分目标与行动，认为它们是联系着的；（2）不区分目标与手段，认为这种区分是不适当的、有限的；（3）认为“好”的政策是由“共识”所产生的；（4）它主张有限分析，忽略了重要的后果、可行方案和价值标准；（5）主张通过连续比较来减少对理论的依赖。

1963年，在《决策的策略》一书中，林德布洛姆将他的政策分析模型

---

① ［美］林德布洛姆：《“渐进调适”的科学》，载［美］《公共行政评论》，1959年第2期。

又称为“断续渐进主义”，而传统的理性决策模式则被他称为“全面分析”，这种分析的含义是：“小心和完善地对所有可能的行动途径及这些途径的可能结果进行研究，并且用价值观对这些结果加以评估，在各种不同的行动途径中作出选择。”而断续渐进主义的特点则是只作因时间差距进行边际的选择，只考虑有限的政策方案和有限的行动后果，只在于调适目标，重新检查资料，作连续不断的补救性的分析评估及社会片段分析。

到此，林德布洛姆的“渐进调适”模式已基本定型，并且产生了很大的影响，与此同时也遭到了激烈的批评。针对来自各方面的批评意见，林德布洛姆后来又发表了一系列论著加以反驳，并且改正、扩展、完善了他的“渐进调适”的科学，尤其是1979年他在美国《公共行政评论》上发表了《尚未达成，仍需调适》一文，对自己的理论进行系统的辩护和补充。他区分了渐进政治、渐进分析、党派相互调适等概念，补充了“党派相互调适”和社会组织等方面的内容，他特别对渐进分析的层次进行了划分，即划分为简单的渐进分析、断续的渐进分析和策略分析三个层次。在他看来，简单的渐进分析是指对与现状有差距的各种可供选择的政策方案，择其一而予以简化和重点性的策略研究，它所提出的几个可行性方案与现实差距甚微，所作的决策与现行的状况比较，并没有太大的改变。这种分析只能构成复杂的策略分析的组成部分，其结果必然造成“渐进政治”，即那种在实际的政治行为中只作局部的或点滴调整的政治。断续渐进分析是指每一项政策制定之前，在社会上已达成基本的共识，政策制定只能根据情况变化所产生的边际差距，在有限的可行性方案中，分析其后果，并重新检查资料，片段性地、连续地和修补性地调适目标，因为综合全面的分析既然做不到，那么就应退而求其次，采取“策略分析”。林德布洛姆认为，在各种“策略分析”方法中，“断续渐进”不失为一种较好的方法。策略分析是指针对复杂问题，直接经过深思熟虑后选择策略，它实际上是简化了的科学分析方法，是由简单的渐进发展而来的，它将断续渐进方法纳入自身之中，将它作为一种主要方法。此外，在林德布洛姆看来，试错法、计算决策法、启示决策法、突破瓶颈法等也是策略分析常用的方法。林德布洛姆还认为，渐进分析的这三个层次是相互联系着的：简单的渐进分析是断续渐进分析的一个组成部分，而断续渐进分析又是“策略分析”的一种。显然，《尚未达成，仍需调适》是林德布洛姆对他的渐进决策模式的较系统的表述。

三、林德布洛姆渐进决策理论的基本内容

从渐进决策模式产生和发展的过程，我们不难发现，林德布洛姆的渐进

决策模式是在对传统的全面理性决策理论的批判基础上发展起来的。传统的全面理性决策理论的基本内容是：（1）决策者面临的是一个既定的问题，这个问题可以与其他问题相区别，或者至少与其他问题比较，它是重要的；（2）引导决策者作出决策的各种目的、价值或各种目标是明确的，而且可以按照其重要程度将它们加以排列；（3）处理问题的各种可供选择的方案为决策者一一加以考虑；（4）决策者对可供选择的每一方案可能出现的结果进行调查、研究；（5）每一决策方案和它可能出现的结果能与其他选择方案相比较；（6）决策者将采用其结果能够最大限度地完成他的目的、价值或目标的那一方案。因此，这一决策过程是一个理性的决策，这一决策能够有效地实现现定目标。林德布洛姆对这一传统的全面理性决策模式提出了强烈的批评。他认为，由于人的知识能力不足、政治问题、人性的弱点、社会价值、决策技术以及时间变迁、组织结构等因素的存在，使得传统的决策模式成为不可能，传统决策模式的各项基本内容均可反驳。林德布洛姆着重从以下几个方面对传统的全面理性决策模式进行了批判：

第一，林德布洛姆认为，决策者并不是面对一个既定的问题，而他们必须对自己的所谓问题加以明确并予以说明。这样，关于“问题是什么”，不同的人有不同的看法，存在有各种争论的余地。但是，怎样解决这一问题呢？林德布洛姆认为，目前还没有任何可以通过分析来解决这一争论的方法。

第二，林德布洛姆认为，决策分析并不是万能的，对一项复杂的决策来说，分析是永远没有穷尽的，有时或许还会造成错误；而且在现实的决策中，也不可能漫无止境地分析下去。这是因为：一方面，决策要受到时间的限制，常常是决策者在分析远未完成之前就要作出决定，否则就要贻误时机；另一方面，决策也要受到费用的限制，对于有些决策来说，采用分析手段所费代价太昂贵，虽然对有的决策进行确定性的分析是可能的，但是也许不值得花那个代价。

第三，林德布洛姆还认为，决策受到价值观的影响。由于决策集团内部各个人的价值观存在着差异，因而在进行决策备选方案的选择时就必然会出现意见的不一致，但是依靠分析并不能解决决策者的价值观和意见的不一致的问题。这是因为：一方面，价值观是不能被证实的，分析的方法既无法证明人的价值观，也无法命令人统一他们的价值观；另一方面，在决策标准上，决策者们也很难取得一致的意见。有人认为，所谓的“公共利益”，可以作为政策制定的标准，而林德布洛姆则批评了这种观点，他认为，公共利益也很难作为政策制定的标准，因为人们在什么构成公共利益这一问题上尚未取得普遍一致的意见，公共利益并不表示一致同意的意见。

综上所述，我们可以对渐进决策作如下理解：所谓渐进决策，就是指决策者在决策时在既有的合法政策的基础上，采用渐进方式对现行政策加以修改，通过一连串小小的改变，在社会稳定的前提下，逐渐实现决策目标。在林德布洛姆看来，渐进决策需要遵循三个基本原则：

（1）按部就班原则。林德布洛姆认为，决策过程只不过是决策者基于过去的经验对现行决策稍加修改而已。他明确指出："按部就班，修修补补的渐进主义者或安于现状者，或许看来不像个英雄人物，但却是个正在同他清醒地认识到对他来说是硕大无朋的宇宙进行勇敢的角逐的足智多谋的问题解决者。"① 这里，林德布洛姆把决策过程视为一个按部就班的过程，他注意到了决策过程的连续性。

（2）积小变为大变原则。从形式上看，渐进决策过程似乎行动缓慢，但是，林德布洛姆认为，这种渐进的过程可以由微小变化的积累形成大的变化，其实际的变化速度要大于一次大的变革。在他看来，渐进决策要求变革现实是通过一点一点地变化，逐步实现根本变革的目的。

（3）稳中求变原则。为什么决策过程要按部就班和积小变为大变呢？林德布洛姆认为，其原因就在于要保证决策过程的连续性。在他看来，政策上的大起大落是不可取的，欲速则不达，那样势必会危害到社会的稳定，为了保证决策过程的稳定性，就要在保持稳定的前提下，通过一系列小变达到大变之目的。

林德布洛姆不仅提出了渐进决策的基本原则，而且还进一步分析了推行渐进决策的原因。在他看来，政策分析之所以不能进行理性化的周密分析，而要采用渐进分析，是因为决策与政策的制定必然要受到政治、技术和现行计划的制约，它们决定了决策必然成为渐进过程。他分别从上述这三个方面对推行渐进决策的原因作了分析。

首先，他认为，决策的渐进性是由政治的一致性所决定的。在西方国家，尤其是在美国，政治上所推行的是一种多党制，政府决策必然要受到多个党派的影响，必然成为各个党派折中调和的产物，或者说，决策主体是多元的。然而，各个政党和政治领袖对基本政策的看法往往是一致的，因此，政治总是朝着一个统一的目标逐渐前进。各个政党之间虽然也有矛盾和斗争，但是由于其阶级利益的一致性，所以其政治利益常常也是一致的。一般

① ［美］林德布洛姆：《决策过程》，竺乾威、胡君芳译，上海：上海译文出版社1988年版，第43页。

来说，不会因为政党之间的矛盾和斗争而导致政治的剧烈变化。因此，林德布洛姆断言，西方国家实质上所推行的是一种渐进的政治，各个政党在竞选时仅仅对每项政策提出渐进的修改；政党自身的政策也是渐进地改变的。与此相一致，政府的决策过程必然是一个渐进的决策过程。

其次，他认为，决策的渐进性也是由技术上的困难造成的。在他看来，任何一项决策的作出必然要与时间、信息等因素相关，而决策的正确程度则直接受制于决策者对决策备选方案及其后果等信息的了解程度，决策者对决策备选方案及其后果了解得越深入、透彻，决策正确的可能性就越大；反之亦然。然而，决策者并没有足够的时间和智慧或者其他手段了解所有的决策备选方案，洞悉每一项决策备选方案的后果，或者说，决策者在技术上不可能对决策的所有备选方案都做到深入、透彻的了解。因此，林德布洛姆认为，决策者不可能等到对决策的每一个备选方案及其后果都深入、透彻地了解后再作决策，而必须在有所了解的基础上就作决策，然后边执行边修正。这就是他所谓决策过程中的“修修补补”。

最后，他认为，决策的渐进性是由现行计划的连续性所决定的。在他看来，任何一项新的决策都不得不考虑原有决策的影响，因为原来决策已造成了一个既成事实，即现行计划，而现行计划可能已经投入了巨大的资本和精力，这就在一定程度上排斥了巨变，否则便会带来一系列组织结构、心理倾向、行为习惯的震荡和财政困难。因此，林德布洛姆指出，为了保证现行计划的连续性，决策过程也只能是渐进的。

我国台湾学者也在林德布洛姆的基础上对实行渐进决策的原因作了进一步的综合分析，他们认为：（1）渐进政治的基本特征是政治领袖对基本政策的看法是一致的，仅对每项政策提出渐进修改而已。每一个竞争政党也只是渐进地改变本身的政策，因而某项政策是在解决某一个既定问题时，经渐进修改而达到完善地步。（2）渐进决策模式基本上是保守的，它以现行的计划、政策、消费为基础，决策者既没有足够的时间、智慧或经费用以调查所有的政策方案，也无法在多种不同的政治、社会、经济和文化价值相互交错作用的情况下，评估出每一项决策备选方案的成本和利益，只好以接受以往政策为由，只审查不至于造成自然、经济、组织与行政失调的决策备选方案。他们认为，一旦重大政策发生变更，便容易引发决策者之间的冲突。每年通过新政策时，会引起社会上一部分人之间严重的政治紧张，因此除非要进行重大的政治改组之外，过去成功的政策在若干年内仍要维持下去。（3）人的智慧和能力是有限的，作为现实主义者，人们不会经常追求唯一的最佳途径，一旦发现有可行的途径，就会停止追求。决策者只有在那些自己熟悉的备选方案不能再满足需要时，才会冒险寻求较为根本的政策改革。（4）社会由各种不同的阶层甚至不同的种族组织而成，而不同的团体各有其既定的目标。在现阶段多元的社会环境下，为维持社会稳定，政府希望保持现行的计划，不太愿意从事全面性的政策改革，为此，只能作出一些渐进的决策。①

四、渐进决策模式的合理性与局限性

渐进决策模式作为一种决策思想和方法在某种程度上具有相当的价值。从认识论上说，渐进决策模式的特点在于以历史和现实的态度将事物的运动看做是一个前后衔接的不间断的过程，即无论哪种新的决策，只能在直接碰到的、既定的、从过去承继下来的条件下进行，这些条件包括历史和现实的特点，包括决策主体的本身条件，以及整个社会、组织的政治经济状况和心理结构。在方法上，渐进决策模式注重事物变化的量的积累，以量变导致质变；它强调在进行改变时维持社会和组织的稳定，因而主张不间断的修改，而不是引起动荡的变革，逐步对政策加以修改并最终改变政策。从政治和行政决策的角度来看，渐进决策模式不失为在某种条件下的一种有用的思想和方式。

然而，仅仅是在某种条件下，仅仅是一种方式而不是全部，这就表明了渐进决策的局限性和不足之处。现代管理理论指出，决策的产生一般来自三个方面的要求：（1）外部条件和要求的变化；（2）组织内部的变化；（3）决策者本人富有想象的创见。而就渐进决策模式来说，其局限性和不足之处首先表现为它在方法上明显地带有保守的特点，它一般适合于比较安稳和变动不大的环境，以及从总体上说是比较好的现行政策。然而，一旦社会条件和环境发生巨大变化，一旦表明对以往的政策需加以彻底改变时，渐进决策模式所主张的修改和缓行就起不到它的作用，有时还甚至会对大变革起阻碍作用。历史表明，在社会发展的某些关头，需要在政策上作大幅度的调整，有时甚至需要抛弃以前的政策而重新确立新的政策。如果我们把这种决策方式称做激进决策的话，那么渐进决策具有的认识论特点也并非为它所独占，激进决策也可以是非常注重历史和现实条件的。从政治和行政决策的角度来

① 参见林水波、张世贤：《公共政策》，台北：台湾五南图书出版公司 1982 年版，第 24~29 页。

讲，引起动荡的变革有时正是促进社会发展的一个必要条件。在社会政治的发展过程中，有时需要采用渐变的决策方式，而有时则需要剧变的决策方式，一切应当视时间、地点和客观条件而定。渐进决策作为一种决策模式，不应当是唯一的、排斥其他模式的决策模式，忽视渐进决策运用的限制条件，把它夸大为普遍适用的模式，这正是林德布洛姆的渐进决策模式的另一个弱点。

第四章　应用与发展时期的西方行政学说

20 世纪 60 年代是科学技术大发展的时代。以原子能技术、空间技术、电子计算机技术的利用和发展为主要标志的第三次科学技术革命，尤其是系统论、信息论、控制论的应用和发展，极大地促进了管理的现代化，也为行政科学注入了新的活力。行政学摆脱了对政治学的过分依赖，由纯理论研究转向应用研究，成为一门融多学科的理论方法于一体的综合性学科，学科地位得到进一步巩固。这一时期，行政学研究在深度和广度上都得到了长足发展，这不仅表现在以帮助政府解决如何改进政策制定的质量，以及怎样提高政策执行效果等实际政策问题为宗旨的政策分析这一应用学科的兴起；而且还体现在比较行政学的研究极大地促进了行政生态学的快速发展。在西方行政学的这一发展阶段，比较具有代表性的行政学家包括：现代政策科学的创始人之一、对政策科学取得突破性进展起着重要推动作用的以色列政策科学家德罗尔；继帕金森提出“帕金森定律”之后，对官僚组织的特征作了进一步分析并提出了著名的“彼得原理”的美国行政学者彼得；借用生态学研究生命主体与其环境的相互关系和作用的基本理论与方法来研究行政系统与其社会环境的相互关系，即通过生态系统的模拟来研究行政生态系统的美国行政学家里格斯；以及对比较公共行政研究的重要性、历史发展尤其是核心问题进行了系统探讨的美国著名公共行政学家黑迪等。

第一节　德罗尔的政策科学思想

西方行政学在 20 世纪 60 年代的一个重要发展就是政策科学的兴起。顾名思义，政策科学是以政策制定、政策执行及政策评估等问题为主要研究对象的，而由政策制定、政策执行及政策评估等构成的政策过程是政府工作的主要内容，因此政策科学的兴起是行政学发展的必然结果。迄今为止，政策科学已经历了 40 多年的演变过程，而它作为一门独立的学科被社会承认，在很大程度上应归功于在美国工作的以色列学者叶海卡·德罗尔。

一、生平与著述

叶海卡·德罗尔是国际上著名的政策科学权威。他 1928 年出生于奥地利音乐之乡维也纳，10 岁移居以色列，曾在耶路撒冷的希伯来大学和美国的哈佛大学学习法律、政治学和社会学。他将自己创造性的理论思维同他作为“政府与公司的医生”而获得的实际经验结合起来，为政策科学的规范化研究作出了举世瞩目的贡献，因而他被誉为政策科学之父。作为一名政策科学理论家，他不仅在留美期间与兰德公司的著名政策分析家爱德华·奎德合作创办了第一个《政策科学》理论刊物并倡导举办了第一个政策科学国际培训班，而且自 1968 年在兰德公司担任高级顾问至今撰写了著名的政策科学三部曲——《公共政策制定的再审查》(1968)、《政策科学构想》(1971)和《政策科学探索》(1971)以及《疯狂的国家：违背常规的战略问题》(1971)、《逆境中的政策制定》(1986)等多部著作。作为一名社会实践家，德罗尔还担任了 20 多个国际组织（如经济合作发展组织、联合国开发署等)、国家政府及多国公司、大型企业的政策顾问。在顾问、咨询工作上，他主要涉及政策规划、高层决策系统、关键性抉择优化、战略构想、行政管理改革和实质政策研究领域，这使得他有机会从实践中总结和吸收政策案例来丰富他的理论研究。由于德罗尔在政策科学理论和实践两个方面的出色工作，因而他被许多国家的大学和政策研究机构聘用。

1975 年他被选为世界艺术与科学学会会员；1983 年作为“一位对公共政策的理解作出贡献的著名学者”，他被国际政策研究联合会授予首届哈罗德·拉斯韦尔年度奖；1986 年在美国政治学联合会举行的年会上，他又荣获“福尔布莱特 40 周年纪念的著名学者”称号。自 20 世纪 80 年代中期以来，德罗尔把政策科学的研究集中到高层政策制定领域。1988 年，德罗尔应中国科技促进发展研究中心的邀请，曾来中国作过题为《高层次政策的制定》的学术报告。

二、政策科学及其本质特征

德罗尔在他为斯图亚特·S. 那格尔主编的《政策研究百科全书》撰写的《政策研究的基本概念》一文中对政策科学及其本质特征等问题作了简洁的说明。他认为，政策科学或政策研究是融合了管理科学、行为科学、经济学和政治学等多学科知识的一门全新的跨学科研究领域，其“核心是把政策制定作为研究和改进的对象，包括政策制定的一般过程以及具体的政策问题和领域。政策研究的范围、内容、任务是：理解政策如何演变，在总体上，特别是在具体政策上改进政策制定过程”①。可见，政策科学包含着广泛的主题、事件、态度倾向、方法、方法论和利益问题。他认为，政策科学研究的任何实质性进展都需要大量的客观知识和主观知识做基础，这种需要远远超过了迄今为止人们对跨学科的知识的需要，这要用真正一体化的观点把政策与政策制定看成社会问题——处理能力和控制能力提高的一种有用手段。在他看来，政策研究的学科边界是模糊的、开放的，所以人们对其范围的理解也是不同的。

德罗尔认为，政策科学有一个难以实现的明显特征，即在感情、价值因素介入时，必须保持观察的客观性，尽管这难以做到，但政策研究仍然需要有一种科学的态度，需要尽力区别政策的分析者与辩护者，区别社会评议家与政策科学家，区别政治行动主义与政策—专业贡献，区别理智活动的价值分析与人类需要的价值信仰。他还说，在具体政策的个人价值观与服从于权力之间，谨慎地保持一种动态的平衡，以及在知识与权力之间取得协调统一，这些对于政策研究都是十分重要的。政策科学的另一个特征是，它把理解现实和改进政策、制定政策融为一体。

关于政策科学的研究内容，德罗尔认为主要包括九个方面，他从行为性和论证性两个方面对这 9 个方面进行了阐述：（1）现实和问题的理解。德罗尔认为，现实和问题的理解是政策制定的基础，在行为性方面，它提出认识论和感知性问题，人类和人类组织怎样理解现实，提出问题并制定出决策的先后次序；在论证性方面，需要有一种哲学意义的扎实的方式提出问题和考察环境，并找出可行的方法尽量真实地理解现实。（2）宏观政策或关键选择。其含义是指在主要的政策决策中，应对最基本的政策范式作进一步的探讨，在行为性方面，需要研究和解释基本政策及其基本假设以及使宏观政策变得僵化和约束关键选择的变量；在论证性方面，应创造出作为政策主题的宏观政策和关键选择的方式以及探讨宏观政策分析方法。（3）超渐进主义。德罗尔说，人们通常认为政策制定应采取渐进形式，但这是一种误解。他认为，在行为性方面，应该及时采用超渐进主义形式，并进行创造性的研究；在论证性方面，需要指出渐进性政策可以接受的条件以及如何制定更好的、更有创造性的超渐进性政策。（4）复杂性。即是指各种因素的相关联系和动态作用。德罗尔认为，复杂性是政策制定的主要特征。在他看来，在

① ［以］德罗尔：《政策研究的基本概念》，见［美］斯图亚特·S. 那格尔编：《政策研究百科全书》，林明等译，北京：科学技术出版社 1990 年版，第 7 页。

行为性方面，要了解相关政策系统，要研究政策制定机构对复杂性的反应；在论证性方面，要发展对付复杂性的方法，要改变面临复杂性时学术方法上的无能局面。(5) 模糊性决策。即所有决策都面临着不确定性，并且在重大问题上会遇到知识匮乏的情况。他指出，在行为性方面，需要有一套方法来测定不确定性的程度以及认识组织对不确定性的反应；在论证性方面，需要有一套方法来减少和模拟不确定性，必须发展出能吸收无减少不确定性的决策策略，并且发展能减少对不确定性处理不当的政策制定方法并测试这些方法使其规范化。(6) 学习。在德罗尔看来，学习是政策制定的基本方面。他指出，在行为性方面，必须对现实中的学习、学习不足、学习不当进行研究和解释；在论证性方面，需要研究加速和改进学习的方法，如评价方法和政策实验技术。(7) 政策结构。德罗尔认为，政策结构引入了创造力因素并同时产生把政策研究与计划联系起来的需要。他指出，在行为性方面，要注意影响创造力的变量问题；在论证性方面则应注意如何鼓励政策创造力的问题。(8) 困难的选择。即所有政策都涉及价值选择以及不同价值观之间的交换率。德罗尔认为，在行为性方面，要测定价值并研究选择机制；在论证性方面，要处理如改进价值选择的可能性等一系列难题。(9) 元政策，即制定政策的政策。它所涉及的是政策制定的所有操作和改进系统。德罗尔认为，在行为性上，应研究具体政策的演化；在论证性上，应试图改进具体政策；而从两者的结合上，则应从整体的角度看待政策制定。①

三、政策科学方法论

政策科学方法论是德罗尔政策科学思想的重要组成部分。他在批评拉斯韦尔等人所推崇的行为科学及其方法、分析管理科学的局限性以及政策科学的跨学科性质问题的基础上，提出了他的系统群研究方法。②

首先，在德罗尔看来，“行为科学”是一个包括社会学、社会心理学以及政治学在内的广义的学科概念，而经济学却不在其中，因为尽管经济学这门与政策相关联的学科是有用的，但是它对于分析人的基本行为来说过于抽象、很不充分。他认为，行为科学由于其自身的弱点，其方法不适宜于作为

① 参见［以］德罗尔：《政策研究的基本概念》，见［美］斯图亚特·S. 那格尔编：《政策研究百科全书》，林明等译，北京：科学技术出版社 1990 年版，第 11~12 页。

② 参见［日］药师寺泰藏：《公共政策》，张丹译，北京：经济日报出版社 1991 年版，第 44~48 页。

政策科学的主要研究方法或唯一研究方法。在他看来，行为科学的弱点主要表现在：(1) 它不具备严格区分个别行为的微观理论和宏观理论；(2) 它理所当然地接受所谓的"均衡"概念，而忽视了人的"适应性"和反馈探索能力；(3) 它回避了复杂而生动的社会问题和社会戒规等伦理道德问题；(4) 它容易陷入完美主义的泥潭，即由于试图完美无缺地表现人的行为，因而势必不愿触及无法定量化的政策问题。德罗尔指出，当今世界的行为科学被分为纯理论行为科学（有关人的行为的理论框架的学问）和应用行为科学（以投票行为等实例为中心的学问）两大类。他认为，这样做意味着行为科学家犯了一个错误，即把这两大类的关系比做自然科学和工（艺）学的关系。而实际上，自然科学和工（艺）学是截然不同的。他解释说，从历史上看，工艺或技术先于自然科学，它并没有严格的理论依据，而且，工（艺）学和行为科学也不同，因为工（艺）学是以物质（产品）为研究对象，而行为科学的研究对象则是人。所以，在德罗尔看来，那种认为应用行为科学是建立在纯理论行为科学基础上的观点是错误的。

继对行为科学及其方法的批判之后，德罗尔又分析了管理科学的局限性。在德罗尔看来，虽然管理科学对政策科学的发展有帮助，但是管理科学却具有许多弱点。德罗尔着重指出了以下四点：(1)"缺乏制度"——即管理科学无视制度问题；(2)"缺乏政治"——即它不能研究诸如维护全体一致和派系形成等的政治需要；(3)"缺乏价值体系"——即它不能研究政治价值、意识形态以及神的恩宠等非理性问题；(4)"缺乏创造性"——即管理科学以追求最大功效为原则，虽然它能够从各方案中选出最优者，但却不能推出全新的方案。

然而，德罗尔却对管理科学中的系统分析方法给予了肯定的评价，并且把"系统群研究方法"视为政策科学的方法论基础。这种方法的大意是：先把有可能对整体产生强烈影响的"具有代表性的个体"罗列出来，接着勾勒出一个整体大系统——系统模型，然后将其中若干个个体加以移动，观测整个系统有什么变化。这种做法通常被称为模拟实验。如果模拟系统的动向与现实不太一致，那么就重新选择一些"有代表性的个体"，建立新的系统模型。这样重复几次，就可以对"政策替代方案"进行比较研究。这就是"系统群"研究的操作方法。由于研究中出现了复数以上的整体系统，所以这种方法不叫"系统研究"，而叫"系统群研究"。

四、逆境中的政策制定

德罗尔关于逆境中政策制定的思想是他于 1986 年出版的《逆境中的政

策制定》① 一书中提出的，其内容主要包括以下几个方面：

(一) 逆境及其分类和普遍性

德罗尔认为，所谓“逆境”，它是指由不同原因造成的、难以消除的各种社会紧张状态。根据不同的标准，可以将逆境分为简单的逆境与复杂的逆境、可以处理的逆境与难以驾驭的逆境、短期的逆境与长期的逆境或时代性的逆境、政治系统内生的逆境和政治系统外生的逆境以及超社会的逆境等多种类型。他解释说：“简单的逆境是指由明确而易于把握的因素造成的逆境，如一种‘敌对势力’所导致的逆境；复杂的逆境是指由多重往往是难以把握的原因造成的逆境。可以处理的逆境是指能够运用已知的、可行的政策措施来应付的逆境；难以驾驭的逆境是用尽各种已知的办法也无济于事的逆境。短期的逆境指只限于在一小段时间内出现；时代性的逆境则根源于社会基本结构特征的内在因素，它会持续很长时间，不论是以尖锐的对立冲突形式还是以传染性的形式表现出来，它都是会反复出现的。逆境可能是统治机制中内生的，即政治制度本身特征中固有的；也可能是外生的，与政治制度以外的乃至超社会的现象相关，即是由所考察的社会及其范围之外的各种因素造成的。”② 在德罗尔看来，在当今世界，逆境是普遍存在的。尽管今天的人类在物质条件与经济、科技、文化水平等许多方面大大优越于以往任何一个时代；但与此同时，无论在主观上还是客观上，人类社会都愈来愈陷入一种严重的困境之中。的确，正如德罗尔所描述的那样，在有些国家，由于旧的体制已被打破，而新的体制尚未完全建立起来，因而普遍导致了经济滑坡、生产下降、政治上民族主义、极端无政府主义、分裂主义等问题空前尖锐，尤其是在那些积极效法西方，实行向商品经济或市场经济转型的国家，社会经历着新旧制度和观念的冲突，本土文化与西方文化冲突以及其他转型期的阵痛。而广大经济落后的第三世界国家，一方面不得不面对马太效应造成的同发达国家之间愈益加大的贫富差距，另一方面又必须解决国内出现的或潜在的政治和经济危机。即便是发达的西方国家自身也面临着经济负增长、失业率和犯罪率上升、人口结构老龄化、精神文化空虚等问题，政治与经济体制明显地暴露出各种弊端，一些被奉为光辉典范的“福利国家”近年来也出现了一系列无法解决的经济与政治问题。此外，还有拉美国家的

① ［以］德罗尔：《逆境中的政策制定》，王满船、尹宝虎、张萍译、张金马校，上海：上海远东出版社 1992 年版。

② ［以］德罗尔：《逆境中的政策制定》，王满船、尹宝虎、张萍译、张金马校，上海：上海远东出版社 1992 年版，第 20 页。

政治经济混乱，中东的宗教狂热，南非的种族冲突以及全球性的粮食、能源和其他资源短缺及生态环境破坏等各种问题。所有这一切均表明，整个世界的确如同德罗尔所断言的那样正处在逆境之中，逆境的普遍性是显而易见的。

（二）政策制定对于应付逆境的作用

德罗尔认为，从政策制定的意义上来看，逆境便是一种政策困境。在德罗尔看来，尽管摆脱逆境的途径可能有很多种，如大规模的群众运动、科学技术发展带来的包括物质财富的激增、人类控制其自身环境能力的加强及包括智力和其他素质结构的优化在内的各方面突破，以及诸如市场机制等对社会经济自发地进行调节的所谓“看不见的手”等，但是作为具有主观能动性和富有理性的人类，其应付逆境的一条重要途径便是政府的政策制定，因为诸如“看不见的手”和大规模的群众运动等社会运行机制往往不能按人们所期望的方向引导社会发展，其后果也极不确定，而科学技术在短期内难以取得实质性的巨大飞跃，况且，任何途径都必须借助于政策制定才能有效地发挥其作用。因此，德罗尔认为，对付逆境，政府中枢决策系统的政策制定是其他途径所不能替代的，提高政府中枢系统的决策能力、改进逆境中的政策制定，理应成为各国政府行政与政策研究的当务之急。

（三）对逆境的政策制定反应

一旦政府中枢决策系统意识到国家正处在逆境之中，它总会作出相应的反应。在德罗尔看来，尽管对逆境的政策反应有各种各样的形式，在不同的国家、不同的社会制度中，政府中枢决策系统所做出的反应都可能不同，但是从当今世界各国政府中枢决策系统对逆境作出的反应来看，对逆境的政策制定反应主要有以下几种形式：

(1) 对逆境的认识出现偏差。这具体表现为以下几种倾向：第一，否认逆境的严峻性，认为逆境是暂时的，很快就会消除；第二，对逆境的性质和原因作过于简单化的理解，把逆境解释为若干因素作用的结果，不进行深入分析；第三，归因于外，即把造成逆境的原因归结为使政策制定系统无能为力的外部因素；第四，固执地维持认知图式的一致，从已经不合时宜的视角和立场来认识逆境。

(2) 试图影响公众对逆境的认识。这具体表现为：第一，降低公众对政府的要求与期望，使他们接受困难的长期性；第二，把逆境的原因归结为公众自身的不足，如社会道德的堕落、公众过分注意实利、缺乏工作积极性等；第三，寻找替罪羊。德罗尔认为，这些做法不仅是对逆境的一种直接反应，也是为了影响公众对逆境的认识。

（3）逆境惯常化甚至美化。逆境惯常化就是将逆境视为一种正常的社会状态，而美化逆境则是指将逆境解释为社会走向繁荣兴旺的必经阶段或必要考验。

（4）名义性或表现性行动主义。即政府中枢决策系统颁布一系列政策法规，采取多种行动，给人一种政府正在努力采取措施克服逆境的印象，从而既可安慰公众又可满足高层政策制定者自己的心理需要，但这些行动一般对于应付逆境并起不到实质性的作用。

（5）对政策制定的责任实行再分配。这在不同国家表现为两种趋势：一种是政府中枢决策系统将权力下放，以减轻自身所承受的压力，共同承担风险；另一种是把权力更集中于中枢决策部门，以便获得应付逆境所必需的政治力量。

（6）渐进主义加上偶发性的激进。即依然遵循常规条件下的渐进主义模式来制定政策，当逆境进一步恶化、渐进主义已明显不合适时，又做出一种痉挛性反应，采取激进措施。

（7）大规模的行政改革。亦即对整个政府系统实行政治改革，以提高政府，特别是政府中枢系统的工作效率，如美国卡特执政期间的人事改革，英国1970年制定的《重建中央政府》计划。德罗尔指出："在许多第三世界国家和一部分西方国家中，这种大规模的行政改革在对逆境的政策制定反应中仍起着重要作用。"①

（8）削减公共开支。这主要是针对经济逆境的一种反应，如缩小政府职能范围、鼓励私人或大型企业承担部分社会福利所需费用等。

（9）非教条性宏观政策革新，即通过对现实状况的正确分析，在合理的价值观念和可行的远景规划基础上，对宏观政策实行合理的创新。

（10）改进政策制定本身。这种反应有一部分是在行政改革中进行的，它是政策科学所主张并致力研究的一种反应形式，其主要内容包括：建立政府计划部门，为国务院或总统设立政策规划与分析机构，设立服务于国家首脑的监察、审核机构，建立政策研究组织，为政治家配备专业政策顾问，实行预算改革等。

在德罗尔看来，尽管政府中枢决策系统对逆境作出的反应并不仅仅限于以上所列的十种，还有其他一些反应方式，如扩大各级政府的职能范围和规模、建立应急体制等，但从根本上来看，只有极大地改变政策制定系统乃至

① ［以］德罗尔：《逆境中的政策制定》，王满船、尹宝虎、张萍译，上海：上海远东出版社1992年版，第56页。

整个统治系统的有关组织、过程及其构成要素的主要特征，才能真正提高政策制定的质量，有效地应付逆境。

（四）应付逆境的政策原则

德罗尔认为，面临逆境时，通常情况下，应当遵循的诸如渐进主义等原则往往不再适用，为了有效地应付逆境，还需要探索一些不同常规的原则，这些原则规定了应付逆境的政策应遵循的方针和所应采取的态度，它们也为更详尽地探讨逆境中政策制定的特点、必要条件和应付逆境的具体对策提供了指导。

1. 社会改造原则

社会改造原则是指对一个社会的机构、制度、政治和经济生活的运行过程实行广泛而彻底的调整和变革。应当注意的是，这种调整与变革不是社会自发的行为，而是政府中枢决策系统自上而下的、经过认真规划设计的自觉行动。在德罗尔看来，社会改造原则的主要特点包括：对不断发展的现实实行广泛的干预，综合而长远的规划，积极合理的奋斗目标，足以达到临界质量的政策手段，不断调整决策模式以适应急剧变化的形势以及使现实得到超渐进变化的能力等等。德罗尔认为，社会改造原则是应付逆境的纲领性原则，其根本出发点在于支持应付逆境的创新方案出台以及支持不同于常规的超渐进主义变革出现。但是人们在现实中常常看到的却是僵化的政府机构和低效率的运行机构像一张无形的网，通过各种社会互动过程妨碍着政策创新。在德罗尔看来，这种现象既是逆境产生的原因又是社会走出逆境的阻力，为此，社会改造原则的核心就是国家政治和经济体制的改革。

2. 达到临界质量的原则

德罗尔认为，逆境的特征都有变化阈限，其阈值取决于逆境特征的原动力、规模、复杂程度以及社会状态是稳定还是动乱等因素。在德罗尔看来，“政策若要取得效果，必须达到一个适当的临界质量，足以对其对象产生预期的影响”①。这里，临界质量主要指资源投入的数量、决议涉及的范围、方案作用的时间跨度、使用政策手段的数量、政策方案设计的完备程度，政策干预的范围和力度等。逆境中政策制定的特点就是往往面临一个要求政策质量相当高的政策问题，要想对它产生影响就必须使政策质量达到一个临界点（阈值）；否则（例如政策干预的力度不够或投入资源的数量不足）就不能奏效。这就是所谓政策方案必须达到临界质量的原则，它实际上反衬出逆

① ［以］德罗尔：《逆境中的政策制定》，王满船、尹宝虎、张萍译，上海：上海远东出版社 1992 年版，第 106 页。

境中政策制定的困难和复杂。如果没有大量的最低规模的资源、时间、组织基础的保证和高质量的政策分析人员，逆境中的政策制定与执行就难以成功。但德罗尔说，这并不是说任何具体的政策领域都呈现“最低阈限”，有的政策领域，例如文化艺术领域还会呈现“最高阈限”，超过了这个阈值，对它进行力度过大的干预，就会走向事物的反面。因此，临界质量原则是一种强调适宜临界点的原则。不过，德罗尔特别强调：“无论临界质量多么难以达到，它都是应付逆境所绝对必需的一条政策原则。对于某些主要困境，如果政策不达到临界质量，那么根本就没有摆脱这些困境的可能。”①

3. 有选择的激进主义原则

德罗尔认为，利用政策制定的手段应付逆境存在着一个两难困境：渐进主义对阈值高的政策问题无能为力，对受传统束缚很深的公共机构也影响甚小。相反，实行全面、激进的改革要付出高昂的代价，要冒较大的风险，因为大规模改革会使得社会变化难以驾驭，产生无法预料的不良后果。这样，有选择的激进主义就成为一条切实有效、可行的途径。在德罗尔看来，所谓“有选择”是指认真分析逆境的特征，挑选那些足以改变逆境的主要社会变量（这些社会变量也常常是造成逆境的主要社会变量）；而所谓“激进”，则指的是对挑选出的社会变量集中政策资源，采取强化的干预手段，促使其朝着良性转化，从而对逆境产生重大的影响。与此同时，要注意不能受未被挑选的社会变量的惰性所阻碍。德罗尔认为，有选择的激进主义原则与社会改造原则是相辅相成的两条政策原则。在逆境不十分严重、有可能通过少量社会变量的改良而得到纠正的条件下，就不必要进行全面的社会改造；反之，当逆境较为严重、必须进行整个社会改造时，有选择的激进主义也不失为一种较为稳妥而有效的策略。

4. 准备承担风险同时避免万一的原则

逆境意味着社会局势的紧张状态并伴随着极大的不确定性。德罗尔认为，在这种社会条件下，政策制定不仅存在很大的风险，而且还呈现出模糊赌博的特征，如果此时仍一味遵循渐进主义原则，采取保守主义态度，而不采取果断干预的措施，那么逆境将会继续存在并且可能加剧恶化。这也就意味着，面对逆境的渐进主义对决策者而言具有更大的风险性，因为逆境不会自行消失，此时的渐进主义选择必然会导致悲剧性的后果。在这里，德罗尔明确指出，准备承担风险的原则并不是鼓励冒险，更不是主张轻举妄动、孤

① ［以］德罗尔：《逆境中的政策制定》，王满船、尹宝虎、张萍译，上海：上海远东出版社 1992 年版，第 109 页。

注一掷，不是主张对待逆境采取轻率的态度，而是要求决策者对待逆境必须有一个清醒的态度，打破那种认为可望推行诸如渐进主义方案这种没有风险的对策就可以走出逆境的幻想，从而正视现实，采取积极的、自觉承担风险的、更为有效的政策方案。此外，德罗尔还指出，承担风险的原则还要求十分注意可能出现的小概率的灾难性后果。为此，他告诫人们要注意分析各种不良后果出现的可能性并预先采取措施，防患于未然，或者通过主要社会变量的调整和资源的投入使其出现的概率进一步降低。这就是“避免万一”的含义。

5. 产出价值优先原则

德罗尔认为，政策制定的全过程受到两套不同的价值、目标与要求的支配。一套是作为政治系统输出的产出价值，或者说“也就是政策对现实的影响方面的价值、目标和要求”①；另一套是政策的制定与执行的形式方面的价值，或者指民众参与、公开性、达成一致的组织基础、民主性、合理性等属于较为抽象的价值、目标、需求等。从系统分析的角度看，由于产出价值与形式价值的交叠以及不同人的价值观的差异，使得政策目标的追求处于两难的境地。因此，德罗尔认为，有必要在不同的政策环境下，对上述两套价值观的相对权重给以适当的估价。一般地说，在社会呈现承平、稳定的顺境时，应给形式价值较大的权重；而在逆境中，则要赋予产出价值较大的权重。这就是逆境中应当遵循的产出价值优先的政策原则。对于产出价值优先原则，德罗尔还作了如下说明：（1）价值优先权只是一个程度问题，产出价值优先并不等于无限制地压低形式价值或者广泛地转移形式价值的权重。实际上，产出价值优先是以满足最低限度的形式价值为基础的，如果丧失了最低限度的形式价值，那本身就是一种严重的逆境。（2）在逆境中，产出价值优先原则实际上给出了政策方案选择的优化标准。两种价值都得到满足的方案是最优方案，当不能兼顾、两全时，应首先考虑产出价值的满足。只要一项政策方案保证了最低限度形式价值的满足，它也可以算是满意可行的方案。而一切损害产出价值、一味追求形式价值的方案，在逆境中都是不可取的方案，因为它无助于克服逆境。

6. 积极性强制干预的原则

德罗尔认为，对社会进行积极主动并且带有强制性的干预是政府中枢决策系统发挥能动性的行为方式，也是政策制定的本质特征之一。在德罗尔看

① ［以］德罗尔：《逆境中的政策制定》，王满船、尹宝虎、张萍译，上海：上海远东出版社 1992 年版，第 112 页。

来，这条原则用最直接的术语可以表述为："要应付逆境，政府中枢决策系统就必须享有发号施令的权威，并且可以制定和执行带有强制性的政策。"① 在这里，一切无政府主义、绝对自由化的行为都是与这一原则相悖的，必须予以反对。德罗尔说，实际上，前述的社会改造原则和达到临界质量的原则都需要积极性强制干预原则作为保证，因为在逆境条件下，政策方案必须带有创新的特点，必然要改变社会的主要变量，必然要克服保守、僵化的组织机构的惰性，也一定会触及旧有体制的改革。所有这些都会使得逆境中的政策制定遇到来自各方的阻力，而且逆境所固有的风险性也使得对许多重大决策都难以像常规情况下那样容易达成妥协和统一，有时还会出现巨大的分歧，甚至合法性的方案也难以贯彻执行。德罗尔指出，在这种情况下，除了重新依靠政治权威、推行强制性的决议之外，别无选择。因此，必须将逆境中的政策制定的强制性视为必须遵守的政策原则。

德罗尔认为，上述六项基本原则总括在一起，构成了逆境中高质量政策制定应遵循的总的指导方针，在这个总方针的指导下，我们可以继续针对不同的逆境特征去寻求具有可操作性的具体对策。

（五）应付逆境的对策

逆境的一个显著特征是政策制定本身固有的无能与克服逆境所需要的高质量政策制定之间存在着巨大的政策质量赤字。德罗尔认为，为了缓解直至克服逆境，就必须减少这种赤字。不幸的是，逆境正是这种赤字不断加大的结果；换言之，逆境正是政策制定固有的无能所造成的低质量政策的产物。因此德罗尔说，应付逆境的对策必须从消除政策制定的无能入手，它应当是一种包括改进政策制定系统在内的复杂结构。具体地说，这种结构应包括以下三个方面：

1. 改进应付逆境的基础条件

具体来说，就是要做到：（1）对包括各种政策原则、价值观、政策制定的程序和要素在内的政策范式进行不断的反思，鼓励就逆境中所面临的具体情况创造新的政策范式，为摆脱逆境创造条件；（2）发展具有学科知识和群体智慧的新型政策研究组织，培养高素质的政策研究人才，为应付逆境奠定坚实的科学和智力基础；（3）对公众进行启蒙教育，包括进行广泛持久的政策科学的知识普及教育和利用大众传播媒介对各项政策进行宣传教育，为逆境的消除奠定广泛的群众基础；（4）完善包括大政方针的制定、

① 参见［以］德罗尔：《逆境中的政策制定》，王满船、尹宝虎、张萍译，上海：上海远东出版社 1992 年版，第 114 页。

政策战略与政策原则的确立、政策制定机构的调整与政策制定程序的选择在内的元政策制定，变革统治方式，为政策资源的有效利用、最大限度地提高应付逆境的能力，确保应付逆境的各项具体政策得以顺利贯彻执行提供前提条件；(5) 建立政策案例库，提高政策制定系统的自我学习能力，为改进政策分析、提高政策制定系统本身的政策制定水平提供必要的手段。

2. 改进政策制定过程

具体来说，包括：(1) 提高包括政策制定者和辅助决策者在内的政策制定系统在应付逆境过程中分析问题和作出判断的准确性，在认知模式上不断创新，在逻辑推理与认识能力上不断突破，减少因分析判断的不足而造成的失误；(2) 完善议程安排，减少乃至消除议程安排上存在的严重质量赤字，确保政策问题得到恰当的处理；(3) 打破陈规、拓宽渠道，充分发挥各方面的积极性和创造力，健全民主决策体制，大胆稳妥地进行政策方案的创新；(4) 规范政策执行，改革执行机构，加强执行过程的监督和指导，保证既定政策目标的圆满实现。

3. 变革决策观念和决策方式

做到拓宽视野，从长计议，完善组织，健全制度；正确地调整政策制定系统自身的认知模式和行为方式，使其在实践中不断提高处理复杂化问题的能力；集中力量，把政策资源优先投入到亟待解决的政策问题上，实行强制性干预，以便迅速解决这些问题并带动相关因素向良好方向转化，从而缓解和消除逆境；建立危机决策机制，提高危机决策能力。

五、宏观政策分析思想

德罗尔的所谓“宏观政策分析”，简言之，即是指能够应付高层大政方针的政策分析。德罗尔通过对 24 个政府首脑机构的比较研究，发现政策分析在高层领导人那里几乎没有得到应有的重视，究其原因，固然有某些权力、政治等方面的因素影响，但在德罗尔看来，政策分析在高层领导人那里遭到冷落的最主要原因则是目前它在技术水平上的不足使其在高层领导人面临的关键性问题上无能为力。为此，他认为有必要在政策分析领域进行一场大刀阔斧的革新，发展他所说的“宏观政策分析”。德罗尔的宏观政策分析思想主要体现为以下 22 条原则。他认为，虽然这些原则的注意力是集中在政府最高层次上，但是若作些适当的调整，它们也适用于其他决策层次和组织。

(一) 以判断和行为的哲学而不是科学的哲学作为基础

科学的宗旨在于追求真理，这一点对于各门学科来说都是无可争议的。

尽管政策分析同真理问题具有一定的相关性，但是它却肩负着不同的使命，其目的在于改善决策，亦即作出比其他可能的决策更好的决策，再加上政策分析具有诸如由决策的特殊节奏造成的时间约束等特征，因而通过实际推理和行为哲学这面镜子来看待政策分析更为重要。虽然政策分析应尽可能地寻求科学的标准，利用科学的方法，但从根本上讲，它则是一项“实践的”而不是“科学的”工作，所以，德罗尔认为把政策分析建立在科学哲学以及与之相伴而行的实证主义方法基础之上的倾向是不恰当的，宏观政策分析不能死抱着“硬性”方法论和实证主义方法不放；相反，它在处理隐晦朦胧的难题，例如最高层次的关键性问题时，有必要更多地依赖玄妙的理解技巧和其他的“软”方法，其目的在于对重大抉择方案作出倾向性选择。为此，宏观政策分析常以启发型原则、定性化的备忘条文以及推理的准则等形式出现，该方法使用的是推理而不是计算。这里所谓的模型制作，更多的是指一种比喻而不是具体的计算模式。当然，德罗尔也承认宏观政策分析的这些特性给人们带来了严重的问题，如像过多的主观性以及由于缺乏质量控制措施而造成的危险等。但是，他认为，如果要在这些问题和对关键性抉择无所作为之间作一选择的话，他仍主张从恰当的行为和判断哲学的角度出发推行宏观政策分析。

（二）高度重视超理性的作用

由于政策分析中过多地浸渗了实际行动者具有理性这种简单化的理性假设，因而人们常常忽视了“非理性的合理部分”所具有的重要作用。然而，即使是具有牢固理性基础的狭义政策分析，也不应避讳“非理性”是实际行动者的重要特征这一事实。因此，德罗尔认为，必须彻底认识到各种形式的非理性和反理性行为是现实的一个重要特征，有必要用更加复杂和优越的“超理性”观念作为宏观政策分析的依据。

（三）以宏观政策为焦点

“宏观政策分析”这一术语本身就表明其视野的焦点是总体性的政府指令、战略性的大政方针等宏观政策。在德罗尔看来，目前在政策制定中实际上大多存在着这样一种倾向，即从特定的和局部的微观决策向综合的、不甚明确的总体宏观政策发展，并伴之以有关目标和期望的空泛宣言。然而，这些都没有多大的行动意义。与此相对应，宏观政策分析，包括对政策模式的选择，均应以总体政策为视野焦点，这一点无论是对不发达国家还是对发达国家都具有重要意义，因为在许多国家，具有不可替代作用的宏观政策则常常被日常的具体决策和临时的权宜之计所淡化。

（四）对政策模式的考虑

政策模式是政策科学研究者在对公共政策的研究中为了帮助人们理解和解释社会政治生活、思考公共政策的原因和社会效果、预测未来的发展而不断总结出来的各种模式，它们不仅体现了对公共政策思考的不同角度，而且还可以为政策分析提供各种途径。然而，政策模式在政策分析中并没有受到应有的重视，尤其是许多国家在政策分析中往往不分青红皂白地盲目照搬其他国家采用的政策模式。为此，德罗尔认为，宏观政策分析应根据当地的实际情况和现实要求选用恰当的政策模式，该渐进的就渐进，该激进的就激进。随着客观条件的不断变化，即使是对过去被认为"显然正确"而接受或制度化了的政策模式，也应加以重新考虑和修改。

（五）从国家兴衰、革命和政权的命运、发展规划以及类似的"宏观事业"之成败这一高度来思考问题

由于社会发展过程中常常存在着种种不确定性因素而且许多变量又具有一定程度的历史唯独性，因此以决定一个国家命脉的大政方针为视野焦点的宏观政策分析不仅抱负远大，而且难度高深，如果宏观政策分析不对那些宏观事业的命运至少提出一些突出存在的问题并由表及里地探求其兴衰之原因，那么它就很难对其关注对象——如国家命运以及一些重要措施等——产生效力。所以德罗尔认为，宏观政策分析应以历史和理论假设作为最广阔的思维框架来思考国家与政权的兴衰、革命运动的远期影响、发展计划的成败以及类似的宏观事业之前途。

（六）未来因素的设计

为了帮助政策制定摆脱当前的压力和逼近眼前的逆境，为了提供远期的和动态的方向指针以便进行宏观政策分析，设计远期的、全面的、可能出现的各种未来状态，乃至未来的"实际远景"设想都是不可缺少的工作。逆时间的"脚本"描述，即从未来推及现在，是宏观政策分析中的根本方法之一，它可以同人们惯常使用的从现在推及未来的思维方式互为补充。

（七）在历史中思考

在历史中思考，是指从长远的角度考虑问题，并且注意到一定的时间过程所具有的不确定性和各种变迁，这是宏观政策分析的重要原则之一。该原则包含着一个元历史学假设，即未来并不在很大程度上由过去所决定，政策制定享有较大的自由度，并能对现实世界的演化起积极作用，乃至具有从根本上决定未来状态的潜在能力。因此，宏观政策分析应该进行一些透彻的、触及历史过程深层的认识，包括对所有相关的不可能性和疑问以及相关的"历史重演"等情形的推测。

（八）对形势进行广泛的、远期的以及动态的预测，尤其要注意衰落曲线、转瞬即逝的机会和意外事变

决策是以未来为导向的，预测作为宏观政策分析必不可少的组成部分具有关键作用。宏观政策分析水平的提高有赖于对形势进行更加准确的预测，其中包括能涵盖主要政策领域的大面积的全国性预测，为准确把握社会时期而进行的远期预测以及集中注意趋势转化、不确定性和盛衰突变的动态预测。这里尤其应加强对衰落曲线、转瞬即逝的机会和突发事件等方面的研究，因为它们能够为宏观政策分析提供意味深长的启示，例如是否有必要进行革新性的干预，是否需要采取突破性战略而不是渐进性政策。

（九）以协调的观点为指导集中注意关键性抉择

每一个国家均或多或少地会面临着有限数量的、可能会对未来产生深远影响的关键性抉择，乃至牵系社稷命运的“历史的十字路口”。宏观政策分析应着力于鉴别关键性抉择并给它们配备尽可能充足的资源以便改进政策。通常，在某一重大的国家事务处于衰落曲线上时，必然会产生出一些进行关键性抉择的机会。遗憾的是，多数政策分析都忽视了这种情况，宏观政策分析必须竭力捕捉关键性抉择的机会并促成和利用这种机会。这里，德罗尔特别指出对关键性抉择的研究必须有协调一致的观点与之相配合，即要把单个的决策放到国家整体中加以考虑，必须从整体统一的立场出发去看待每一项单个的抉择，注意维持各项互不关联的具体抉择之间的平衡。他说他之所以专门提到这一点，是因为目前政策制定的趋向和许多政策分析都只是缺乏远见地处理单个决策项目而不顾作为一个整体的决策系列及其发展趋势，而作为一个十分重要的观点，协调理应成为宏观政策分析的一个重要特征。

（十）避免不利结局，争取良好绩效

在德罗尔看来，宏观政策分析应该沿着两条部分地分离而又部分地相互交织融合的线条进行，即：在降低最坏的和不良的情况出现的几率的同时，增大期望效果出现的可能性。德罗尔认为，全面把握这一原则对于宏观政策分析十分重要，因为，（1）意识到坏情形的可能并就如何避免坏情形达成一致意见比实现好的情形相对要容易一些；（2）从人类决策的历史来看，避开一些危害甚大的选择会极大地有助于取得重大进步。

（十一）清除弊病

宏观政策分析往往会掺杂进一些病理因子，例如强烈的感情色彩、希望和期待、潜伏着危害性的占统治地位的意识形态、多讹的推理等。德罗尔认为，在宏观政策分析中可以通过强化自我意识、进行反向思维、利用多种语言以及吸收决策心理学家和研究心智与判断的哲学家进入政策分析班子等多

种途径来克服谬误。同时，他指出，对此我们必须避免出现简单化的倾向。从理论上讲，宏观政策分析应该是“冷酷”的，与政治“炽热”的本性恰好相反；但感情因素也并非总是宏观政策分析的冤家对头，比如有时各种热情对于激发创造性就具有不容忽视的作用，确切地说，感情因素是一个重要但易出问题的合作因素。因此，对宏观政策分析之“冷酷”性的相对作用以及各种感情过程的精细理解是进行宏观政策分析并为其清除弊病的基本要求。在此，德罗尔专门提到宏观政策分析需要抱谨慎态度来对待妥协问题，妥协如果使用恰当，它的确在政治上具有重要性，它有助于建立和维持联合与共识。反之，妥协若使用不当，则很容易被滥用来作为代替艰苦思索的捷径，并使政治变得更加投人所好，而远远超出维持最低联合和基本共识的需要，甚至还可能会集各种方案的弊端于一身，进而导致所有的决策参与者均只能得到低于其原先期望的收益。

（十二）在与动态环境交互作用的意义上进行分析

宏观政策分析倾向于从主体与反应灵敏的环境之间动态的交互作用这一角度来思考问题，它同那种低估环境和对象系统之反作用的倾向形成鲜明对照。德罗尔认为，我们不仅在处于竞争性的，或是敌对性的，或是侵犯性的环境时应当分析诸如预先调试、事后调试、主动改造环境以及同环境保持相对独立性等各种策略的恰当配合，而且当环境具有合作性或相对缓和性时，我们也要对一系列交互作用的关系链进行分析。他以法国政府关于保护民族文化免遭国际大众传播环境冲击的政策为例说明了在有些问题上，分析同动态环境的交互作用对于宏观政策分析来说是至关重要的。

（十三）深层复杂性的处理

德罗尔认为，与一般的政策分析不同，宏观政策分析远不止是对付表面上的复杂性，而是要发掘出问题的缠结错综之处，并正确地对待其最内在的特点——即他所谓的“处理深层复杂性”。在德罗尔看来，面对深层复杂性就意味着处理矛盾，宏观政策分析必须承认并处理各种矛盾，这里，他明确指出深层复杂性的处理必须采用正确的策略，具体地说，就是要在宏观政策分析中利用多种学科知识、理论框架、研究手段、视角取向、认识方法以及各种分析工具的组合，只有这样才能有效地把握住深层复杂性。为此，他说，作为一种难度极大且万般复杂的活动，宏观政策分析必须依靠各种手段方法的适当组合，在一个统一连贯的主导思想下开展具体工作。

（十四）政策赌博

由于社会发展过程和物质运动过程中都包含着大量的不确定性，决策行为在本质上带有赌博的色彩。当不确定性涉及不同决策的未来形态和决定变化的原动力时，决策就成了一种模糊赌博，其中掺杂着不可知量和一些尚未确定的回归函数关系，最终结果可能是违背期望的或是未曾料及的，甚至会一发而不可收。换言之，按照宏观政策分析所接受的世界观，未来乃是由某些动态的并且在很大程度上是不可知的，目前甚至更无从知晓且不断变化的需求、机会和选择等混合因素决定的。宏观政策分析主要针对抉择问题，它同需求和机会等因素打交道，其方式包括多种政策赌博。在此，德罗尔还特地指出，他所提出的其他宏观政策分析原则大多依赖于其“政策赌博”的观点，如在历史中的思考、研究深层复杂性以及考虑环境反应等，均会导致更多的不确定性因素，因而他认为“政策赌博”也许是其宏观政策分析的所有原则中最大胆且最重要的一条。

(十五) 价值分析和目标探索

“价值”一词在此不同于经济学所讨论的价值概念，它是指一个系统的偏好。价值分析的基本目的是确定某种目标是否值得为之争取、采取的手段是否能被接受以及改进系统的结果是否良好。而目标是决策者通过其决策试图完成或实现的东西，当个人或政府部门需要通过政策分析来作出决策或选择政策时，必须假设该决策或政策要实现的某些对象，这就是目标。目标是政策分析五大要素中最重要的因素，作为政策分析过程中最重要的一步，目标的确定与阐释本身就体现着一定的价值偏好。由于决策的本质是资源分配而且价值也相应地成为资源分配指导原则的核心，所以透过优先等第显现出来的价值分析和目标探索在宏观政策分析中便格外重要。因而德罗尔强调指出，无论宏观政策分析怎样需要定性处理、怎样依据历史性思维、怎样鼓励创新，它都无一例外地必须考虑目标与资源之间的关系，必须注意在使用稀有资源时设置分配优先顺序的必要性。

(十六) 了解新情况，修改旧决定

德罗尔认为，作为宏观政策分析的一条基本原则，我们一方面必须把了解情况的过程基于环境监测和环境反馈之上，必须将仔细设计的了解情况过程与分析本身融为一个连续的过程。唯有这样，宏观政策分析方可改善其组织的应变能力，健全其危机控制体系。另一方面，我们不应机械、呆板地看待宏观政策分析，而应将其视为一个认识不断得到修正的过程。宏观政策分析的重要特点就是它具有冲破传统观念、推翻偶像的需求，包括突破旧有的政策范例、有明文表述的或隐含的正统教条和政策公理。宏观政策分析应该去思考那些似乎是不可想象的事情，将它们付诸讨论、予以阐述，有时还可以举荐方案加以处理。

（十七）创新与创造性

尽管政策的创新性并不是宏观政策分析的专利，但是与某些正统的分析方法相比，宏观政策分析则往往更注重创新，更强调用全新的眼光评价政策，而不是在原来的思路上进行优化。德罗尔说，本着求实主义的态度，我们可以通过诸如详尽阅读有关文献以求广征各家观点，广泛研究他国的类似经验，考虑政策分析班子成员在文化、学科背景以及性格方面的多样化，力争吸收一些开拓性人才，密切注视有关社会的新政策思想以及态度鲜明地肯定对创新思想的需求和鼓励半成品的观点等做法来突出宏观政策分析的创新性。

（十八）政治上的周密性和相对独立性

德罗尔认为，宏观政策分析必须在做到政治上周密的同时保持自身同政治的相对独立性（但不是相互隔绝），具体来说：（1）应把政治现实视为一种约束，但不能过于狭隘或刻板，应把国家领导人当做使必需的东西成为可能的一种手段。（2）必须了解政策分析的政治，包括政治推理的需要和方式与宏观政策分析基本世界观之间的矛盾，例如，政策改善需要大量全新方案，而实际中出于政治上的便利往往存在着渐进主义以及冲破传统所需的政治代价，等等。（3）要避免使政策分析沦为有关如何摄取权力、建立权力和维持权力的政治建议，警惕政策分析被人误用或被用于政治目的；同时，政策分析专业人员还应避免超越其专业工作领域去介入政治上的政策辩论。

（十九）危机决策的相关性

德罗尔认为，宏观政策分析同危机决策的关系常为人们所忽视，然而，由于危机决策具有关键性的特点，宏观政策分析者必须充分认识到危机决策是一种重要的关键性抉择模式，应当给予分析和利用，以便在宏观政策分析的协助下为提高政策质量服务。这里，德罗尔特别强调要避免把控制危机的概念简单化地看做以恢复原先状态为目的，因为那不仅不可能，而且还会因此而错过具体的机会。为此，德罗尔进一步指出了把宏观政策分析与危机决策联系起来的主要途径，即不仅要将危机系统的改进和吸收职业分析人员参与危机决策机构纳入宏观政策分析的视野中，要调整宏观政策分析原则以适应时间极度受限的危机决策模式，更要全面深入地思考那些可以充当危机决策之基础、依据、背景以及评鉴框架的主要政策变化原理、方向和思想。

（二十）同政策探索的广泛社会过程保持富有成果的联系

由于宏观政策分析专家往往身兼多重角色，他们既是专业的政策分析人员，又是机关公务人员，还是具有社会独立性的知识分子；他们同政策探索的广泛的社会、知识、文化和政治过程保持着富有成果的联系，因而社会过程中的诸如急功近利的方案、脱离实际的假设、阐释性的探索、社会批评以及其他思维产物等各种社会信息都会成为宏观政策分析的重要输入材料。对此，宏观政策分析决不抱拒斥态度，而是力求从中发现真知灼见以及有价值的观点和方法，并纠正其中的错误和偏见。

（二十一）有关元政策的制定

元政策是指有关政策制定的策略，包括政策制定的结构、过程、人员和方针原则等。德罗尔认为，在这方面宏观政策分析面临着一个两难困境：一方面，由于利用各种方法手段提高政策质量的过程有赖于恰到好处的结构、人员和文化，因而若想在政策变化领域突破陈规，就必须具备带有独立性的智囊机构，它们同政治保持距离，同时又享有把政策分析渗入实际政策制定的机会；另一方面，在组织的策划者、决策过程的管理者、宏观政策分析人员以及其他职能人员之间必须有所分工。而要克服这种两难局面，则需要有某种程度的职能重叠、群体合作和任务分工，所有宏观政策分析人员都必须具备有关组织设计和部分决策程序管理的主要知识，而决策程序管理领域的所有专业人员也要具备扎实的宏观政策分析知识；此外，还应把具有不同专业知识的专业人员组织成项目小组或研究班子来处理重要的元政策制定项目。

（二十二）沟通的针对性

德罗尔认为，宏观政策分析者应有针对性地将复杂的研究成果转化成容易被忙碌而又缺乏政策分析专业知识的决策者们理解的形式，同时还不能过于简单化，从这种意义上讲，沟通的针对性是宏观政策分析的一条重要原则，其目的不是诉诸兴趣和感性来兜售研究成果，而是给决策者提供机会，让他们能通过透彻理解高质量的政策分析及其含义而从中受益。为此，宏观政策分析者首先要运用恰当的途径和组织结构使研究成果接近主要决策者以及那些为他们出谋划策并能左右其思维的人；其次，要设法将复杂的分析以适合现有信息处理能力并且符合高层决策者口味的形式呈现出来，德罗尔说他曾调查过多位国家领导人，发现他们的办公室几乎都缺乏恰如其分的扼要说明和显示信息的设备，并且有些可算很先进的显示装置在处理国防事务、不确定性等问题时也暴露出严重缺陷，这表明在提高宏观政策分析的关键性沟通能力方面仍有大量工作可做。

六、简评

以上是德罗尔政策科学思想的主要内容，通过考察，我们不难发现其中的确含有许多颇具启发性的见解，这些见解在某种程度上对于我们的决策实践具有重要的参考和借鉴价值。当然，我们也应该看到，其政策科学思想尚存在着一些缺陷，比如说，他对政策科学研究范围的界定就过于宽泛了，其界限不够明确，以至于使人们对政策科学怀有似乎无所不包的感觉；其思想中也不乏理想化乃至错误的东西，例如，他的宏观政策分析思想，就连他自己也承认其不论从知识角度还是从实践角度看，难度都是颇大的。然而，这并没有影响他在整个政策科学发展过程中所具有的重要地位，正是由于他提出了较为完整系统的政策科学理论，并且为政策科学的学科建设做了大量的组织工作，为政策科学的发展作出了重要贡献，所以他的思想被誉为政策科学发展史上的重要里程碑之一，他本人也被公认为现代政策科学的奠基人之一。

第二节　彼得的《彼得原理》

人事行政是行政管理的核心内容，是行政管理的最重要的基本环节之一。古人云："为政之道，首在得人"，"政无大小，以得人为本"，"人存政举，人亡政息"。行政管理包括的内容很多，但无论哪一方面的管理活动，都需要人去完成。能否科学地选人、用人，能否在人事行政过程中真正做到知人善任、扬长避短、适才适用，是各项行政管理活动成功与否的关键。在这方面，美国著名管理学家劳伦斯·J. 彼得的《彼得原理》为我们提供了十分有益的启示。

一、生平与著述

劳伦斯·J. 彼得，1919 年出生于加拿大所属的范库弗，就学于美国华盛顿州立大学，主要学习教育学，他的研究对象主要是感情上受伤害和智力迟钝的儿童。彼得还当过学生的心理学教师、监狱的指导员、律师和顾问。1957 年获华盛顿州立大学学士学位，1963 年获华盛顿大学教育哲学博士学位，现任教于美国南加利福尼亚大学教育学系。彼得阅历丰富、博学多才、著述颇丰。除《彼得原理》外，他还著有《彼得计划》、《彼得处方》、《彼得金字塔》、《彼得语录》以及《彼得的人民》等"彼得系列"著作。另外，他还撰写有《幽默处方》、《名人的惊人之论》等著作。他的名字被收入《美国名人榜》、《美国科学界名人录》以及《国际名人传记辞典》等书中。

二、《彼得原理》内容述要

彼得从比比皆是的组织管理者平庸无能的现象中，抽样出数百个典型的案例，并且对这些案例逐一进行了分析和研究，结果，在深入分析和细致研究的基础上，他提出了所谓的“彼得原理”，即“在实行等级制度的组织中，每个组织成员都会晋升到他所不能胜任的那一级”。彼得认为，他所提出的这一原理对于所有的组织都具有适用性。

彼得原理假定，孜孜不断地追求，要其成员取得更多的成就。为此，组织提升了那些胜任原来工作的人，以便他们干得比以前更为出色。这样，胜任新工作的人又有资格提升到更高的职位，直到他所做的工作超出他的能力范围，而他的所为无法再使他提升为止。可是，这时他已被提升到了他所不能胜任的那一级职位。不过，彼得原理的成立需要以下两个条件：一是组织的等级机构中有足够的职位供其成员提升；二是组织成员有充裕的时间去完成这些提升。假如组织具备了这两个条件，那么，所有的组织成员就会被提升到他们无力胜任的那一级职位上，并且将一直从事着他们力所不能及的工作。由此，彼得原理的推论可以表述为：“最后，组织中的每一个职位都将为一个无力胜任该职位的人担任。”每一个组织成员都将进入彼得所说的平稳时期，在这一期间，他得到提升的商数为零。

那么，组织中的工作又是怎样完成的呢？彼得原理的回答是：组织中的工作则是由组织中的那些尚未被提升到其无力胜任那一级职位的组织成员来从事和完成的。在某些特殊的场合，可能存在着“最高的能力”，即那些胜任的公司经理和在战场上得胜的常胜将军尚没有足够的时间使自己晋升到无力胜任的那一级职位上。通常，这些人要等到他们转业改行以后，新的工作单位才使他们晋升到他们所无力胜任的那一级职位上。彼得认为，从总体上说，以阶层界线为基础，采用典型的金字塔结构的组织，较之于实行无层级的或平均主义的等级制度的组织，要更为行之有效。这是因为，在阶层界线分明的情况下，许多组织成员停留在原有的职位上，而未能提升到为自己所无力胜任的那一级职位上。这些组织成员终身所从事的职业就是他们能够较好地胜任的工作。在阶层界线之上，金字塔尖急剧变窄，吸引着那些尚未被提升到其无力胜任那一级职位的组织成员奋发努力地工作。他们中的许多人由于机遇开始了向等级制度的制高点迈进。在彼得看来，对拟被提升的候选人进行智力、才能等方面的测验实际上未必就能够促进工作效率的提高，这样做所导致的结果可能只会是那些被测验的人能够更早地被提升到其无力胜任的那一级职位上去。

彼得认为，有两种主要的方法可以使组织成员更快地被提升到其无力胜任的那一级职位上，这两种方法分别被称为“拉”和“推”。在他看来，所谓“拉”的方法，就是指“组织成员通过与等级制度中其职位在其上面的一个人的血缘、婚姻或熟人关系”而得到提升；而“推”的方法则常常从组织成员对培训和全面的自我完善那种变态的兴趣中显示出来。现在的问题是这两种方法中哪一种更为有效。在彼得看来，“推”的作用被夸大了，因为在实际情况中，“推”的力量常常被“论资排辈”的反作用力所抵消；而相对来说，“拉”的方法受论资排辈的影响当然要小得多。他认为，在这个问题上，人们所奉行的名言是：“当你能得到‘拉’时就千万别‘推’。”

也许，那些不研究等级制度的学者有时会因为彼得原理所具有的明显的例外情况而感到迷惑。结果，名升实降以及带着很多的头衔到偏僻的办公楼工作的人往往会被错误地认为与彼得原理相违背。然而，值得注意的是，彼得原理只适用于从胜任的那一级职位向上级职位的真正的提升，而上述的这两种情况均属于组织成员在无力胜任的等级之间的假提拔。

另外，还有一个值得注意的有关成功的错误观念。俗话说：“一事成功，事事顺利。”而事实上，有关等级制度的理论却向我们说明：“一事成功，诸事不顺。”研究等级制度的学者往往把他们所说的“成功”看做是对组织成员最后的安置，亦即这种所谓的成功会给组织成员带来的是溃疡、结肠炎、失眠症以及皮肤炎等疾病。可见，身体的失调和精神上的不安构成了这些“成功者”的最后安置，而患有这些典型的综合病症者则是那些业已被提升到其难以胜任的那一级职位的组织成员。显而易见，组织的等级制度建立的时间越长，有益的工作就会干得越少，到最后，组织终于什么也干不了了。在这个问题上，帕金森理论认为，工作的增加只是为了填满完成这一工作时可资利用的时间，为此，组织任命了更多的下级人员。这是因为随着更多的人被补充到组织中来，组织的工作量也必然会有所扩张，而下级人数的增多又势必会导致等级机构中层次的增加。然而，彼得原理却与帕金森理论的上述观点有所不同。彼得原理认为，组织中等级层次的增加确实是因为组织对工作效率的追求，那些业已被提升到无力胜任的那一级职位的人正在拼命地寻求着解决自己力不从心这一问题的方法，而且他们只是把任命更多的组织成员作为提高工作效率的最后方法。在彼得看来，这才是组织中工作人员的多少与所完成的工作量没有直接关系的原因。

美国著名管理学家W. A. 德莱尼在其《管理诀窍》一书中对彼得原理作了进一步阐释。他说，在我们的生涯中，我们都无法到达希望的顶峰。他认为，有许多原因阻碍了我们，使得我们无论多么刻苦努力，也无济于事。

高职位需要人们多方面的综合能力，极少有人能将之集于一身。在他来看，阻碍我们升至顶峰的原因很多，其中一个基本的事实是：这样高的职位超出了我们的能力，或者更糟，那就是目前的职位已使你力不从心。他认为，按照著名的彼得原理来说就是，如果某人被提升到他不胜任的职位上，他不仅不能获得成功，反而时时被工作困扰，痛苦不堪。

的确，在现实生活中，彼得原理所描述的这种情况不乏其例。例如，有一位教授本是一位杰出的学者，但是当他因学有成就而被晋升为系主任之后，他却反倒因为缺乏组织才能而惨遭失败。再比如，一位精明的推销商本来在其工作岗位上干得很有成绩，然而当他被提升为经销部经理之后，他却因为没有能力领导别人工作，只好败下阵来。……简言之，把人用错了地方，只能给工作带来危机。实际上，在这些悲剧人物身上，早已显示出事情变坏的信号，但遗憾的是，它们常常没有引起人们的注意。这就犹如大地震发生前总有一些预兆，但震前的轻微晃动却往往被人们忽略了一样。石油井喷酿成火灾，使我们一时惊慌失措，实际上这在几年前就会有征兆，不过也被我们忽视了而已。

值得注意的是，在人事行政中，在某人陷入困境之前，就已露出了一些端倪。如果行政领导留心观察，体味出这些端倪意味着什么，及时采取行动进行补救，往往可以挽回不必要的损失。这里尤其应当指出的是，作为行政领导不要指望下属给你提供情况，因为有时下属发现某些迹象，表明他的头儿并不胜任其领导工作，眼看就会导致工作失误，但是他不敢说出来，他害怕由此引起上级的注意，最终会对他自己不利。显然，在无能的领导者手下，下属们充当着可悲的角色，怕受惩罚的心理加上对上司的忠诚，会使他们安于现状，不敢声张。例如，某部门经理十分无能，下属人员害怕失去工作，他们对经理的无能闭口不言，后来由于该部门的工作越来越混乱，客户大量减少，这才引起了上级主管领导的注意，最后，上级主管领导更换了这个部门经理，才挽回了败局。为什么在工作陷入困境时不把实际情况说出来呢？他们一致的回答是：不想给自己添麻烦。因此，行政领导应该自己去发现不称职者的种种迹象。为此，德莱尼列出了不胜任工作的人所具有的一些典型征候：

（1）总是说："我太忙了。"这种人实际上是在白白浪费精力，而不是事务过多。例如，刚刚被提升到某一新职务的人，为了显示自己的精力和工作效率，整日在无益的琐事、小事上浪费时间，好像忙得不亦乐乎，实际上，他们并不能有目的、有效地开展工作。当然，这对新手来说是一种通病，一般来说，一旦熟悉了新的工作，能够处理自如之后，大部分人身上的这种现象就会消失。如果几个月后，这一症状仍未消失，作为行政领导就要考虑，这个任命是否错了，是否应该换人，以避免更大的工作失误。

（2）过分关心细枝末节。这种症状是前者的延续，只不过表现形式不同而已。这些无能之辈为了在表面上装饰自己，把大部分精力都花在毫无意义的工作细节上。他们似乎要求每个人都要迅速、守时，但往往抓不到点子上，他们只会在细枝末节上做文章。看起来，这种人好像对工作的每个细节都作了认真的安排，实际上，他们并没有能力从工作中分析出什么是重要的，什么是次要的，他们专注于追求工作的表面形式，以掩饰自己的无能。他们干扰了别人的工作，制造了一大堆问题，却没有能力解决。遗憾的是，对这种人一开始很难觉察，等到他们给工作带来了麻烦时再进行撤换，就已为时太晚了。因此，对于这种征候，作为行政领导，要倍加留心，若是让这种人在高职位上待得太久，只能给其工作造成更大的混乱。

（3）不知道应该干什么。如果你交给某人的工作已明显地超出了他的能力，这种症状就会暴露出来。这时，他会不知道应该做什么，往往只按着自己熟悉的方式去做，即使明知是错的，他也难以自拔。例如，一个会计师被提升为筹划部经理。由于这个职位需要有较宽的知识面和综观全局的才干，包括技术、管理、财经等方面的知识和能力，但是他对技术工作却知之甚少，只熟悉财经业务，于是他就只把时间花费在财务计算方面。显然，筹划部经理这一职位已经超出他的能力和知识范围，为此他感到不知所措，所以只好干他熟悉的事。他所提的建议从财经方面来讲往往是无懈可击的，但是都有一个通病，即忽略了技术因素。因此，这类职务一般应留给通才型人才，而不宜由专门型人才来担任。如果任命一个仅懂技术的人来担任此职务，情况也不会比这位会计师更妙。因此，行政领导一旦发现自己的下属有这种征候，就应该尽快采取行动。如果新的工作的确已经超出了这种人的能力极限，那么即便是通过更多的锻炼也很难将其矫正过来。为了不给工作造成更大的损失，唯一可行的办法只能是将其调离。

（4）过于敏感和不安。一些人担任新的职务后，对于别人的批评十分敏感，害怕自己的无能被人知晓，往往拒斥批评，这可能出于一种潜意识的自卫心理。如果是因一时的不适应，而以后工作顺利的话，他依然会恢复自信。但有些人往往不是一时对工作不适应，而是根本就不胜任自己的工作。这类人对单位的工作十分害怕，他们往往嫉贤妒能，压制下属的创造性工作。

（5）工作津贴问题。一个人被提升后，为了新的工作而申请一些费用是正常的。最初，为了熟悉新环境，交结新朋友，开销自然大一些，这也是情理之中的事情。但是，如果他过多地申请工作经费，甚至挪用公款用于交际，这就应该引起注意。这表明，这个人的各方面素质都不适合于担任领导角色。

(6) 逃避责任。一般来说，优秀的行政管理人员往往欢迎别人指责他的过失，因为他知道自己应该为其行为负责，一旦出了差错，他就必须承担全部责任。但是，也有一些人却恰恰相反，如果出现了失误，他便嫁祸于人。他们忽视了组织成员齐心协力的价值，也不懂得对自己的行为不负责任是十分可耻的。若发现这种症状，最好尽快将其免职。

(7) 急躁和软弱。一个人在接管新的工作时，总有一个适应期，这种情况并不足以为怪。但是，如果他因感觉工作压力太大而变得急躁易怒，那么，这一征兆便已经表明他并不胜任新工作，经常被工作所困扰。还有一种情形就是遇事变得犹豫不决。如果新的职务确实已经超出一些人的工作能力，他们便会变得不会决策，缺乏自信，不知道应该怎样开展工作。许多人都不愿意把工作中的问题告诉别人，有时他们甚至不敢正视自己；事情发生后，他们又会极力掩盖自己的问题。尽管如此，他们还是会露出种种迹象。因此，行政领导必须善于发现这些征候，及时采取行动，避免造成更多的不必要的损失。

上述所有这些征候都蕴含着一个基本的事实：这种人并不胜任他所从事的工作，他们到处寻找借口以掩饰自己的无能。

三、简评

综上所述，彼得原理实际上揭示了一个最基本的人事行政原则，这就是知人善任、适才适用。具体地说，就是要根据每个人的专长和能力、志向和条件，做到才以致用、大才大用、小才小用、各尽其才、各得其所。我们知道，每个职位都有其要求和条件，行政领导和人事部门应该根据这些条件和要求来选拔人才。一个人的能力、专长只有在与工作职位要求相一致时才能得到充分发挥，因此，人事行政必须做到知人善任、适才适用、因事用人；否则，不仅会造成人才的浪费，更会给工作造成损失。这也许是我们能够从彼得原理中得到的最重要的启示吧!

当然，彼得原理也明显地存在着一些不当之处。首先，彼得原理强调每个人都会走上无能之途的说法，本身是错误的。它违背了人类与人性发展的基本规律，否认人的潜能是无限的这一客观真理；否则，人类将不会进步，彼得所说的组织也不能发展到今天这种现代化的程度，这种说法实际上是为领导者错误的提升寻找一个轻易的借口。从实质上来看，这个原理是在遵循着这样一个逻辑：在组织发展中，每个人迟早都会江郎才尽、力不能及而把事情办糟的，即任何事情都会出错。这种逻辑当然是荒谬的。如果任何工作总是出错或经常出错，这不是对现代组织和现代社会的一种否定吗？由此可见，彼得原理闪烁其词、玩弄概念，大有危言耸听之嫌。在现实生活中，绝大多数人在力所能及的岗位上勤勤恳恳地为人类进步作着贡献，而不是相反。其次，我们假设彼得原理在某种范围内适用，看是否能解释部属的失败。为此我们假定，不论领导者是凭借自己的个人情感来寻找"人才"，还是客观公正地从组织中寻找最优秀的人才，如果选用的人才是胜任的，他就沾沾自喜，根本不会想到彼得原理；而如果选任之人不能胜任，他就用彼得原理去解释部下的失败和自己的无辜。这不是有随心所欲、似乎是在表明自己就是真理化身的嫌疑吗？这实际上也就否定了应用彼得原理解释选才失误的前提。最后，彼得原理的一个基本着眼点是讨论组织成员的能力问题，即力所能及或力所不能及。从表面上来看，组织工作的好坏确实与个人能力直接相关，但问题的关键是：不是个人的能力决定他能够干什么，而首先是这份"事"需要具有什么样能力的人去做，即因事设职、因职谋人的组织原则。所以说把部下的失败归结为能力问题，起码对当事人来讲是不公正的，因为这不是能力本身而是领导者如何运用部属能力的问题。人各有能、人各有才，但要看是针对什么工作、什么环境而论。要人尽其才，首先是使人才适其职位、容短用长、秉公用才、任人唯贤，而不应当以个人情感好恶去选任人才。部下成功了，自己喜悦自满；部下失败了，就用彼得原理去追究部下的能力问题，这显然是超越了"能力"问题的范畴。事实上，在彼得原理的叙述中，没有遵循以事设职、以职位所需的能力去谋人的原则，所以犯错误的是上级，而并非被选任的部下，更不能责怪部下的能力。而且，把人的能力作为批评对象，实质上是对人格的一种不尊重。因此，我们说彼得原理对人才能力的观点是错误的。要防止真正的"无能之人"成为高层干部候选人，应当首先明确什么是"无能之人"。因此，掌握无能干部的征兆，是预防起用人才失误的前提。

第三节　里格斯的行政生态学说

行政生态学是 20 世纪 60 年代在西方行政学界兴起的一门以生态学的方法研究行政现象、行政行为与行政环境之间相互关系的行政学分支学科，它要求对行政系统作整体的观察与精密的分析，作宏观研究和微观研究，从而正确地揭示行政这一主体生长和发展的规律，以从整体上把握行政过程与行政运行规律。从时间上来看，在西方行政学的发展历程中，最早将行政问题与生态环境联系起来进行研究的是美国哈佛大学的约翰·高斯教授。他于1947年出版了《政府的生态学》一书，提出政府组织与行政行为必须考虑到生态环境。但是高斯的理论在当时并未引起理论界的重视，而真正使行政生态学成为一门系统的行政学分支学科并在行政学研究领域产生重要影响的，则是运用生态学的理论与方法研究发展中国家的行政问题并设计了行政系统三大模式的另一位美国著名行政学家——里格斯。

一、生平与著述

里格斯，全称弗雷德·W. 里格斯，美国著名的行政学家，比较行政学和行政生态学的创始人，他于1917年出生于中国桂林，1948年，获得美国哥伦比亚大学政治科学博士学位；1948—1951年，他是美国对外政策协会的一名非正式研究会员；1951—1955年，他曾担任纽约公共行政—政府情报交换所所长助理；1956—1967年，他在美国印第安纳州立大学政治学系任教；从1967年起，他一直担任美国夏威夷大学东西方研究中心的资深研究员并同时兼任美国斯坦福行为科学高级研究中心的研究员。里格斯曾经担任美国公共行政学会比较行政分会的第一任主席，他在公共行政学和政治科学方面，尤其是在行政生态学、比较行政和发展行政方面发表了一系列文章并出版了许多专著，其中比较具有代表性的著作有:《行政生态学》（1961）、《发展中国家的行政：棱柱型社会的理论》（1965）、《泰国：一个官僚政体的现代化》（1965）、《发展行政的新领域》（1971）、《重访棱柱型社会》（1973）等。其中，《行政生态学》一书是里格斯最重要的代表作，也是行政生态学领域最重要的著作，在这本书中，里格斯把传统泰国、现代泰国、菲律宾以及现代美国作为分析单元，通过分析它们各自的社会经济结构及文化、历史与公共行政之间的相互影响，系统地阐述了他的行政生态学观点。

二、里格斯行政生态学说的产生背景

生态学原本是生物学的一个分支学科，它研究的是生命有机体在其生长过程中相互之间以及与其周围物质环境之间所发生的相互关系、相互作用。由于生态学具有多学科性，所以它在很大程度上具有重要的思维方法论功能。正是基于这种思维方法论，里格斯把行政生态学定义为研究“自然以及人类文化环境与公共政策运行之间的相互影响情形"① 的一门行政学分支学科。他认为，要了解一个国家的公共行政，不应该仅仅局限于行政系统本身，而应该跳出行政系统，从社会这个大系统来考察行政，亦即考察一国的行政与该国的社会环境的关系。诚如他所言："在现代的、过渡的社会里，一直有一种建立正式的政治和行政制度的趋势，但是这些制度却仍然只是一种形式主义的制度。这就是说，有效的行为绝大部分取决于传统的结构和压力，诸如家族、宗教以及一些继续存在的社会和经济成规。因此，只有以生态学的观点——亦即从非行政的因素去观察，才能了解这些国家的政治和行政。"② 在里格斯看来，行政生态学的研究范围包括两个方面：一是探讨各国所特有的社会文化以及历史等诸因素是如何影响并塑造该国的公共行政；二是反过来研究各国的公共行政又如何影响该国的社会变迁与发展。

里格斯的行政生态学说起源于他的比较行政学研究。里格斯在他发表的一篇题为《公共行政比较研究的趋势》的文章中颇有见地地指出，现代公共行政比较研究的重要发展方向之一就是从非生态的研究转向生态的研究。早在1955年普林斯顿大学主办的"比较政治研讨会"上，里格斯就形成了农业的与工业的观念，尔后他在印第安纳州立大学政治学系出版的一本名为《公共行政的比较研究》的划时代著作中发表了一篇长达93页的纯理论性文章《农业社会与工业社会——建立比较行政的类型》。在这篇著名的论著中，他借用社会学的结构—功能分析的概念，把人类社会分为两种主要的类型并建立了一个可以用来描述最欠发达社会与最发达社会的"政治行政制度"的"两极模式"，以观察和预测这两种类型的社会在行政方面各自具有什么显著的特点。在这个"两极模式"中，里格斯已经自觉地意识到，在现实世界中，既没有纯粹的农业社会，也不存在纯粹的工业社会，他并且意识到在"农业社会与工业社会"之间存在着一个"中间的"社会形态，或可称之为"过渡的"社会形态。尽管里格斯的"两极模式"有其不足之处，但是它却为他后来提出的"棱柱模式"做了最好的准备工作。1956年，里格斯又参加了耶鲁大学的"比较行政学研讨会"，这使他的理论性工作又向前推进了一大步。之后，他以社会科学研究理事会比较政治研究会会员的身份到泰国研究其公共行政，在泰国的这段时间使里格斯的模式建构工作获得

① 参见［美］里格斯在台湾政治大学的演讲词，转引自彭文贤：《行政生态学》，台北：三民书局1988年版，第19页。

② ［美］里格斯：《公共行政比较研究的趋势》，载［美］《国际行政科学评论》1962年第2期，第9~15页。

了印证的机会，进而为他的“棱柱模式”找到了坚固的奠基石。1958—1959年，里格斯被菲律宾大学聘为客座教授，这使得他更有机会对“棱柱模式”作更深一层次的思考。在这几年中，里格斯一直都在为他的“模式建构”持续不断地进行发掘工作，并为此发表了一系列重要的学术论文。最后，里格斯终于放弃了他最初提出的所谓“农业社会和工业社会”的“两极模式”，而以归纳的思考建立了一个更富有逻辑性的模式，这个模式已不仅仅以“最欠发达或最发达”的社会为适用对象，而是可以适用于传统社会、现代社会以及过渡社会等各种类型的社会形态，这个新建的模式就是构成里格斯行政生态学说核心内容的“融合的—棱柱的—衍射的模式”。正是基于对诸如传统泰国、现代泰国、菲律宾以及现代美国等不同形态的国家公共行政的比较研究，里格斯创立了他的行政生态学说并得出了如下结论：当我们研究一个国家的行政制度和行政行为时，不能只是从行政本身作孤立的描述和比较，而必须进一步了解它与周围环境的相互关系。里格斯认为，在发达国家，社会的各个方面，例如经济、政治、行政等，多少都有各自的范围，所以比较容易个别地抽离出来研究。但是，在发展中国家，这些方面往往纠缠在一起，彼此密切地相互影响着，因此研究者必须把眼光扩展到整个社会政治系统的各有关因素，才能够把公共行政的真实情况勾画出来。

三、里格斯提出的三大行政模式分类

里格斯对行政生态背景的比较分析建构在他对社会形态划分的基础上。他认为，人类历史上存在着三种基本社会形态，即传统的农业社会、过渡社会和现代工业化社会。他把现代美国、英国、苏联等国称为工业化的、生产力高度发展的、社会流动的并且具有有效的政府和行政系统的现代工业化社会；把传统泰国、古代中国等国称为传统的农业社会，而把现代泰国、菲律宾和19世纪前的英国和法国等国称为处于现代工业化社会与传统农业社会两极之间的过渡社会，在这类社会中，其领袖们皆以为人民创造新命运的面目出现，他们推动现代化、工业化发展，为进步而鼓吹，促进传统向现代的变迁。这些构成了过渡社会的特征。里格斯通过对泰国和菲律宾等国的行政行为的研究，提出了其著名的三大行政模式并且运用物理学光谱分析上的光折射概念对这三种行政模式及其相互关系作了形象的说明。

（一）农业社会的行政模式（亦称融合型行政模式）

里格斯对农业社会的行政模式是在《农业社会形态与工业社会形态比较行政研究》一文中与工业社会的行政模式相对照进行分析的。他强调指出，农业社会的行政模式具有如下特征：（1）经济基础是农业生产力；（2）土地的分配和管理是政府的重要事务；（3）官僚的职位重于行政政策；（4）行政风范带有浓重的家族和亲族主义色彩；（5）流行世卿世禄的行政制度；（6）政治与行政不分，权力来源于君主，行政官吏在政治和经济上自成特殊的阶级；（7）政府与民众较少沟通，而且同一阶级成员的交往也受到空间上的限制；（8）行政活动以地域或土地为基础，行政的主要问题是维持行政的一致和统一。里格斯认为，就像折射前的自然光是一道白光一样，传统农业社会的社会结构是混沌未分的，没有明确的、细致的社会分工，与之相适应，行政行为与诸如立法、司法、军事、经济等其他的社会行为是混杂在一起的，更谈不上有专业化的行政机构，所以里格斯将这种类型的行政称为“融合型行政”，而在里格斯看来，这种所谓“融合型行政模式”的行政效率是极为低下的。

（二）工业社会的行政模式（亦称衍射型行政模式）

与传统农业社会的融合型行政模式相比，里格斯认为，工业社会的行政模式的特征则主要表现在以下几个方面：（1）经济基础是美国式的自由经济或苏联式的管制经济；（2）民众有影响政府决策的渠道，政府与民众的关系密切；（3）行政风范体现平等主义、成就导向和对事不对人的原则；（4）高度的社会流动，发达的沟通渠道；（5）由于社会高度的专业化，因而行政的主要问题是谋求专业化基础上的协调和统一。里格斯认为，不同于一道白光般的传统农业社会结构和功能，工业社会的结构和功能犹如白光经过三棱镜的折射后表现出来的各色光谱，整个社会有着明确的、细致的分工，所以政府职能也是十分明确的，有着分工极细的行政机构，执行着各自不同的行政职能，各个行政部门各司其职、互不混杂，讲求的是行政效率与科学性。里格斯将这种行政模式称为“衍射型行政模式”。

（三）过渡社会的行政模式（亦称棱柱型行政模式）

里格斯通过对泰国、菲律宾等发展中国家公共行政的研究发现，仅有农业社会的行政模式和工业社会的行政模式尚不足以全面、完整地刻画发展中国家多姿多彩的行政特色，为此，他又在进行大量实证研究的基础上重新建构了一个可以用来刻画和描述介于传统农业社会和现代工业社会之间的过渡社会公共行政的分析模式，即他所说的“棱柱型行政模式”。里格斯认为，过渡社会的行政模式既具有农业社会行政模式的一些特征，又具有工业社会行政模式的一些特征，明显带有新旧并存、稻稗混杂的特点。尽管行政行为已经逐渐与其他社会行为分化开来，但是却尚未完全分化；尽管专业化的行政机构已经设立，但是它们还不能正常运作，其功能还很有限；尽管许多行政制度业已建立，但是它们在实际的行政过程中因仍然受着各种传统势力的影响而不能起到约束和规范作用。这种情形如同白光在三棱镜之中，虽然光线已经开始折射，但是折射尚处在未完成的过渡状态，此时，光在棱镜中的折射过程既具有融合的白光的特性，又含有衍射光的因素，所以里格斯将这种类型的行政模式称为“棱柱型行政模式”。由于对过渡社会公共行政的研究既是里格斯创建行政生态学的起因，也是其行政生态学说的核心内容，所以我们将在后面专辟一小节对过渡社会公共行政的特点作更为详细的介绍，在此恕不赘述。

在里格斯看来，利用上述的三种行政模式的理论几乎可以分别解释所有社会中的行政行为，但是，在使用任何理论之前，必须先了解社会究竟属于何种社会形态，是农业社会、过渡社会还是工业社会，然后才能利用正确的理论达到了解行政行为的目的。不过，这里我们应当注意的是，行政模式的发展本是一种漫长的、连续不断的过程，它形成了一个发展的连续体。在这一连续的发展过程中，任何一种行政理论都只能解释这一连续发展过程中的一个片断，所以，利用任何行政理论来解释一个行政制度中的行政行为，其结果都不可避免地具有片面性。为此，我们可以通过里格斯的以下图示来完整地了解上述三种行政模式的发展过程。

四、对五种主要行政生态要素的分析

公共行政与其生态环境之间相互依赖、相互影响的关系具体表现为与其生态环境中的某些要素发生相互作用。里格斯认为，影响一个国家公共行政的生态要素是多种多样的，其中最主要的生态要素有五种，即经济要素、社会要素、沟通网络、符号系统以及政治构架。他在《行政生态学》一书中以泰国作为融合型行政模式的典型代表，以菲律宾作为棱柱型行政模式的典型代表，以美国作为衍射型行政模式的典型代表，结合三种不同行政模式的特点，对以下五种主要的行政生态要素与公共行政的关系作了深入的分析。

（一）经济要素与公共行政

社会经济机制和生产力发展水平是影响公共行政最主要的生态因素，一个国家的公共行政模式基本上是由该国的经济结构所决定、所塑造的。所以，里格斯认为经济要素是影响一个国家公共行政的第一位要素。在他看来，与传统农业社会、过渡社会和现代工业社会这三种社会形态相对应，也存在着“互惠—重配”、“集市—有限市场”和“市场—企业”这三种经济结构，里格斯并且详细考察了这三种经济结构对公共行政的影响。

1.“市场—企业”结构

这是现代工业社会的经济结构，在这种经济结构中，社会经济遵循价值规律进行运作，根据“功利”与“理性”的市场原则进行交换，力图用最少的投入获得最大的产出。在里格斯看来，这种经济结构下的整个行政制度也呈现出市场化、商品化的特点，他以美国为例对此作了详细的分析。里格斯认为，作为现代工业社会典型的美国，不仅有惊人的经济生产力，而且它的经济制度乃是一种特殊的制度设置，这就是自由竞争、自由选择的市场经济机制，这种经济特点对美国公共行政产生了直接和间接的影响。美国市场社会把经济市场中的基本价值运用到行政上去，市场取向成为公共行政的基石。例如，在市场里一切都是可出售的，公务员的薪俸也可以看做他劳动力的价格，同工同酬的人事行政原则由此而产生；在市场的自由竞争中，选择自由和契约关系是永远被重视的，这一精神移入人事行政中，一个公民可以出卖劳务换取职位，如果他发现更多的机会，则可以辞职而去，在政府方面，如果发现公务员提供的服务低于他的薪俸，便予以解雇；另外，政府用人，不依据社会、家庭、学校及种族的背景，而是凭择优录用的专业考试。这些行政原则都是市场经济原则在行政领域的反映。里格斯认为，甚至可以把美国行政机构看做一个“市场”，在这个“市场”里，每个行政官员以最经济有效的方法，最大限度地完成其规定的任务，实现其特定的目标。粗略地说，行政机构就是经济市场的相对物，二者都是功利的、理性的，也都是经济有效的。里格斯进一步分析了美国的行政发展，指出美国公共行政的成长正是市场经济制度扩张与增进的需要，公共行政的内涵亦取决于市场社会的经济需要，行政制度亦为市场上的需要所塑造。同时，庞大的行政机构和扩展的行政职能所需要的巨额财政支出，也只有现代经济才能给予有效的支持。总之，任何一个工业发展的社会，都必须依赖一个功利的、理性的制度，以支持其经济。对于一个工业社会来说，市场经济与行政官僚机构都是必要的。从深一层次上来看，现代社会之所以必须有一个理性的、以才能为取向的行政机构，其关键的决定因素倒不是市场本身，而是工业化的结果。

2.“互惠—重配”结构

所谓“互惠—重配”结构，是指传统农业社会的经济结构。里格斯所说的“互惠”，泛指国家或地区之间互赠国产，地方官吏向国王“进贡”以及民间以物易物、互补不足的交易形式。这种交易主要是基于情感的、宗教的或者主仆的关系而进行的，它不同于市场经济条件下以营利为目的的商品交换。在这种“互惠”行为中，实际上完成了社会经济活动的“重配”功能，即在一定程度上实现了社会财富的重新分配。里格斯以传统的泰国为例说明了这种经济结构对公共行政的影响。他认为，正如美国公共行政受市场经济的支配一样，传统泰国的行政则受它自己的经济生态环境的制约。传统泰国的经济是自给自足的农业经济，虽然存在着一定的交换，但主要的经济交往则是在分配制度中进行的。在这种由政治权力进行分配的经济体制中，国王是最后的"重配"中心，对于他，上至贵族，下至百姓，都有效忠尽力的义务，国王从他们身上获得的贡物，再恣意地分配给他的廷臣、皇族及僧侣。每一个官吏又是小皇帝，接受孝敬和施行保护。这样"陈陈相因"，形成分配的经济结构。古典泰国的行政制度是与这种经济结构紧紧契合的。由于国王和官吏都一方面靠其被保护者贡献的货物与人力而生活，另一方面又将它们重新分配给部属，因此重新分配结构是一元的结构，不能清楚地划分经济制度和行政制度。据此，里格斯断定，这种经济结构决定了传统农业社会的行政只能是一种"重配"的行政制度，经济机构也就是行政机构，经济行为与行政行为是重合的，它们"可以说是一个钱币的两面。……'重配的行政制度'的特质也就是'重配的经济制度'的特质：任何一个行为都是同时包含两者之性质的"①。

3. "集市—有限市场"结构

这是介于传统农业社会和现代工业社会之间的过渡社会的经济结构。里格斯认为，在这种过渡社会中，尽管已经有了市场化的"集市"，有了以货币为媒介的交换行为，但是社会经济并未完全商品化，政治的、社会的、宗教的以及个人地位等因素仍然强烈地影响着经济行为。可见，过渡社会的经济是一种有限的市场经济，这种经济结构的一个最明显的特征是"价格不可决"，即商品的价格并非完全取决于其价值，它常常要受到诸如交换双方的社会地位、家庭出身、名声威望以及关系亲疏等非经济因素的影响。这种"价格不可决"对公共行政的影响最突出的表现为在确定行政职务的授予以及荣誉和薪水时，"市场"和"身份"同时在起作用。在现代工业社会的衍射型行政模式中，行政"职位分类"的基础是市场因素，即根据一个人的能力、才干以及所能提供的服务数量和质量来确定职位并付给薪水；在传统农业社会的融合型行政模式中，行政职位的授予以及荣誉和薪水的确定则主要是看其身份，所谓"出身高贵"的人可享有各种特权，至于他实际上做了什么工作则无关紧要；所谓"出身贫贱"的人是很难跻身所谓"高贵阶

① ［美］里格斯：《行政生态学》，金耀基译，台北："台湾商务印书馆"1978年版，第54页。

层”圈子的。而在过渡社会的棱柱型行政模式中，“职位分类则是综合了职责与身份、成就与关系的”①，一个人职位和报酬的获得既取决于其能力强弱、贡献多少、绩效大小，又要受其资历深浅、教育水平以及家庭地位、社会背景乃至宗教信仰、种族肤色等因素的影响。

（二）社会要素与公共行政

里格斯所说的社会要素，主要是指各种社会组织。他把各种社会组织分为两大类：一类是以血缘关系为纽带结成的自然团体，如家庭、家族；另一类是以利益关系为纽带结成的人为团体，如教会、政党、工会、商会等，他将此通称为“社团”。里格斯认为，在不同类型的社会中，家庭和社团对行政所发生的影响也不一样，在融合型行政模式和棱柱型行政模式中，家庭的作用很大，而社团的作用则微不足道。在衍射型行政模式中，情况却恰恰相反，社团起着重要的作用，而家庭的作用则微乎其微，无关紧要。里格斯结合美国和传统泰国等国的情况对这一点作了进一步阐述。

里格斯认为，在现代工业社会中，由于社会分工极为发达，社会结构高度分化，因而代表着各种不同社会利益的功能性社团也种类繁多、十分活跃，对社会生活的各个方面都具有重要的影响，尤其是与行政的关系非常密切，彼此之间互相影响、相互作用。一方面，社团成为各种利益和要求的汇聚点和表达者：“社团变成了一个‘媒介’，通过它的作用，许多特殊的利益都可从公民转迁到政府。”② 即社会各阶层、各种利益集团都可以通过社团向政府施加压力，影响行政；另一方面，政府也利用社团来表达自己的目的：“政府机构常常会发觉应该并必须依赖社团协助，以实现各种计划和政策。”③ 在美国，社团对政府的作用甚至达到了这样的程度：政府政策的拟定，必须事先征得各社团的同意和支持，而政策的推行，如果没有社团的帮助，则寸步难行。谈到这种现象时，里格斯说：“美国的社团模式提供了一特殊有力的聚汇与表达特殊利益的方法，所以它是一个使官僚组织对人民负责的重要机关。从一广阔的观点说，社团模式是任何发达工业社会所不可或缺的。因为它提供了一个方法（应该可以说是功能），保证政府对社会各种

① ［美］里格斯：《行政生态学》，金耀基译，台北：“台湾商务印书馆”1978 年版，第 111 页。

② ［美］里格斯：《行政生态学》，金耀基译，台北：“台湾商务印书馆”1978 年版，第 14 页。

③ ［美］里格斯：《行政生态学》，金耀基译，台北：“台湾商务印书馆”1978 年版，第 15 页。

利益团体不能忽视而必须予以回应，并且也保证人民对政府的政策与计划不会冷漠，而愿意协助合作，以维持工业经济的平衡与发展。”① 相比之下，里格斯则认为，在传统的农业社会和过渡社会中，家庭的作用就异常明显。政府的行政行为常常为家庭，尤其是为一些显赫家族所左右，行政官员的任命和升迁在很大程度上并不是取决于其能力和才干，而看重的是其家庭背景，这样便导致制约官吏行政行为的不是其所属的行政机构而是其家庭，所以，官吏首先考虑的便是家族的利益而不是公众的利益。因此，里格斯认为，这种建立在家庭背景之上的融合型行政模式和棱柱型行政模式必定是裙带风盛行、结党营私、行政封闭、效率低下。

（三）沟通网络与公共行政

里格斯所说的沟通网络，包括社会的文化水平、适用语言的状况、社会舆论的力量以及通信和交通的状况等使整个社会互相“沟通”的手段。他认为，一个国家的沟通网络是否畅通，对其公共行政具有重要影响。这里，里格斯借用卡尔·多伊奇的“动员”和“同化”这两个变项来讨论社会沟通问题。所谓“动员”，是指全社会的人口参加庞大的沟通网络的程度，它受语言的同一性、知识和电话、报纸等大众传播媒介的普及以及都市化和新交通工具的出现等方面因素的制约。“同化”则指的是社会普通民众和精英分子共享同一符号，认同于同一的基本价值与目标的程度。根据这两个变项，他从社会沟通的角度把社会分为一元化社会和多元化社会。他指出，在像美国这样一些现代工业化国家中，工业发展的种种后果使社会不仅高度动员，而且高度的同化，成为一元化社会。一元化社会虽然也存在不同的利益集团，但没有分裂的社区。在这种社会里，在社会大众与行政官员间的行政沟通中，双方都能使用共同的语言和价值系统。这样，相互之间比较容易互相信赖，比较容易接受对方的观念、表达思想并彼此了解对方的需要。他认为，行政问题的解决是十分复杂的，必然有许多的信息、资料需要交换、表达，这在一元化社会中是非常有利的，因为在一元化社会中，多种利益集团可以顺利地凝聚他们的需要，形成他们的公共舆论，并且把他们的需要与事实用来提起行政官吏或政务官的注意，而当行政官吏考虑如何执行法律或者提出何种政策建议时，他们也能够制定出相当可靠的不同方案以及预估它们的可能结果。就执行法令来说，行政官吏也应该向公众说明他们的意愿以及可能提供的服务等。凡此种种，莫不需要大量的沟通工作，这又唯有在一元

① ［美］里格斯：《行政生态学》，金耀基译，台北：“台湾商务印书馆”1978 年版，第 17~18 页。

化社会中才是可能的。

而在诸如古代泰国这样的传统社会中，既无现代的大众传播工具，人与人的交往也只限于亲朋好友等，此外就只有主仆之间的关系，至于人们对京都的了解，则最多只有依稀恍惚的认识，而皇帝大老爷究竟为神为人皆非所知，“天高皇帝远”。再加上所有的语言形式都因地位而有所差异，对上级讲的是一套，对下级讲的则是另一套，而对同僚讲的却又是一套，即便男人和女人也必须使用不同的说话方式。这种低动员状态又影响着同化，于是朝廷中的政策观念、符号只对朝廷小圈子中的人具有真实感。这种传统的多元社会对于公共行政具有双重影响：一方面往往会限制行政机关对于公众利益的聚合和表达的范围；另一方面往往会抵消强加政府责任和对公意尊重的任何努力。反过来，这一现象也妨害了政府制定政策、执行法令的功能。由于政府与社会之间没有一条灵活的通道，社会不能形成真正的力量，不能将责任强加给政府，这样，政府所面对的民意只能是虚假的。所以，里格斯说，一个社会如果不是“动员的”，则无法使统治者自动地或被动地实行“法治之治”。

（四）符号系统与公共行政

里格斯所说的符号系统是指包括政治神话、政治准则、政治法典在内的一整套政治符号系统。在里格斯看来，政治神话是“指用以表明主权的最后源泉、人之天性与命运、人之权利、义务以及主要的关系等等”① 的信念。例如，在美国，政治神话便是指根植于美国人心中的主权在民、人生而平等、天赋人权神圣不可侵犯等观念；而在一些传统的或过渡的社会中，政治神话则指的是在上帝面前人人平等、君权神授、君臣名分不可逾越等。里格斯认为，这种神话提供了政治统一的一种“理论依据”。所谓“政治准则”，是指一套决定政府结构以及统治者的选择方式及其应承担职责等的规则，里格斯认为，诸如规定了美国实行两院制、总统制、普选制等政治结构的美国宪法、独立宣言等文件便属于这种“政治准则”。而“政治法典”则是指将“政治准则”进一步具体化、规范化的各种法律制度。

里格斯认为，符号系统对行政的影响主要体现在，由符号系统所提供的“共同意识”是形成行政权威所不可缺少的东西，“共同意识的基本重要性

---

① ［美］里格斯：《行政生态学》，金耀基译，台北：“台湾商务印书馆”1978年版，第35页。

在于它给予公共行政一高度的‘权威’”①。而“共同意识”的形成又受到符号系统诸因素，尤其是“政治神话”的影响。例如，在一些较古老的传统社会中，“政治神话”认为“君权神授”，统治者被认为是神的代理人，统治者的权威是建立在神意之上的，人民对统治者的顺从也就是顺从神的意志，人民的意见无足轻重，甚至不起作用。因此，在这种社会中，整个行政系统便只对专制统治者负责而不向人民负责，行政的权威不是来自人民高度的认同感，而是来自武力的强制。相反，在诸如美国这样的现代社会，依据“主权在民”的政治神话，政府的权威来自于人民的同意，行政机构只对人民负责。用里格斯本人的话来说就是，“行政官员必须随时表明他们是真正的公仆，而非执行权力的‘官老爷’。当然，在实际上，美国的官吏并不是百分之百地符合了‘公仆’形象的，而事实上，美国也的确不乏颐指气使，上下其手的官僚。不过，值得注意的是，他们这种行为永远逃不了公众的指责，而舆论也必然会对他们构成一种压力”②。因此，里格斯认为，美国的“主权在民”的政治神话及负责的政府创造了一种特殊的行政模式，“美国行政的结构——它的甄拔、升迁与组织的方式——是的确反映了她的政治神话”③。

（五）政治构架与公共行政

里格斯认为，政治与行政应该是分离的，政治是决定政策的过程，行政是执行政策的过程，换言之，行政靠政治来领导，而政治则要依靠行政来实现其目标，行政制度的有效与否是决定政治目标能否圆满实现的关键。尽管行政与政治具有不同的功能，但二者之间实际上存在着一种“功能依存关系”，而正是这种“功能依存关系”决定了政治构架是对公共行政具有重要影响的行政生态要素。

里格斯认为，在传统社会，由于社会结构尚未分化，没有专门的行政机构，政治权力与行政权力是合二为一的，人们无法在“政客”与“官僚”之间作出明确的划分，从国王到各级地方官员实际上往往都是“身兼二任”的。这样，由于行政权力与政治权力合为一体，行政官吏可以不向任何人或

① ［美］里格斯：《行政生态学》，金耀基译，台北：“台湾商务印书馆”1978年版，第37页。

② ［美］里格斯：《行政生态学》，金耀基译，台北：“台湾商务印书馆”1978年版，第39页。

③ ［美］里格斯：《行政生态学》，金耀基译，台北：“台湾商务印书馆”1978年版，第41页。

任何机关负责而专横独断、为所欲为。里格斯将这种现象称为“官僚政治”，他认为，这种“官僚政治”的特点是“专横但非有效”，“国王的权力型态虽然专断恣睢，但其权力幅度却极为有限”①，一方面由于缺少一部专职的“行政机器”，另一方面又没有健全的沟通网络，无法及时了解各方面的情况，所以行政效率极为低下，用里格斯的话来说就是：“一方面，人民对于国王与官吏固然无法加以控制，反过来，从另一方面看，朝廷对于全国百姓也缺少有效的控制。”② 而在现代社会，行政是服从于政治的，行政官僚的权力是有限的，是受着“非官僚权力”制约的，因此可以保证较高的行政效率。正如里格斯所言：“只有在‘非官僚的权力’强大得足以控制并奖惩官僚的成绩表现时，以及政策之执行步骤能很清晰地被规制时，我们才能期望一个高水准的行政的产出的获得。”③

里格斯认为，上述五种因素是影响并决定一个国家公共行政的主要因素，这几种因素的作用是交叉的、互动的，它们彼此之间相互作用、相互影响，例如，经济要素对沟通网络具有重要影响，社会要素、符号系统影响着政治构架，而政治构架也影响着经济、社会等诸要素。因此，在考察一个国家的行政生态环境时，既要认真、细致地分析这每一种要素，又要注意它们之间的这种“互动性”。

五、过渡社会公共行政的特点

如前所述，对过渡社会公共行政的研究是里格斯创造比较行政生态学的起因，他有感于在各种形态的社会中的行政环境具有不同的特点，而西方行政学者在研究发展中国家行政时却以西方发达国家的行政环境作为前提并且往往导致错误的结论，因此他强调应具体分析发展中国家的社会、经济特点，并在此基础上再分析它的公共行政。里格斯认为，20 世纪，许多传统社会在西方科学技术的冲击下，急速地或缓慢地向现代社会转变。在这一转变过程中，一方面，这些社会已经从传统社会走了出来，另一方面却又未能顺利地进入“现代”的范畴中去。在这一过渡阶段中，社会结构、价值系

① ［美］里格斯：《行政生态学》，金耀基译，台北：“台湾商务印书馆”1978 年版，第 61 页。

② ［美］里格斯：《行政生态学》，金耀基译，台北：“台湾商务印书馆”1978 年版，第 61 页。

③ ［美］里格斯：《行政生态学》，金耀基译，台北：“台湾商务印书馆”1978 年版，第 45 页。

统、行为模式等都进入内发的或外发的巨大变迁之中。而且，各种行政生态环境中都同时融会着传统生态和现代生态的许多特质，呈现出并存、冲突的态势，例如，经济中自给自足的小农经济和市场经济形式并存。过渡社会行政生态的特殊性，使作为附属文化的行政文化、行政制度具有哪些适应性特点呢？里格斯在《行政生态学》一书中重点分析了现代泰国、菲律宾的公共行政并据此提出了过渡社会公共行政的三个基本特点。

（一）异质性

里格斯认为，所谓“异质性”，是指一个社会在同一时间里，同时存在着不同的制度、行为和观点，这就犹如在同一街区，摩天大厦与木房共存，豪华轿车与牛车并行一样，极不协调，表现出强烈的反差。过渡社会的多元社区、多元经济形式以及多元价值使其公共行政具有明显的多元性，即异质性特点。从行政组织方面来看，一方面，中央政府在航空、电子、通信等部门设有专门的机构并且配备有现代化的管理设施，而另一方面，在一些偏远的地区却根本没有专门的行政机构，在那里，宗族、宗教、宗派团体支配着一切。从人事行政方面来看，过渡社会的异质性特点表现为一种奇特的“西化分子反精英现象”，在那里往往出现一些深受西方文化影响的、被称为“西化分子”的青年知识分子，他们雄心勃勃，力图通过在政府中谋求职位而进入“精英集团”，但是由于传统势力强大，而且“精英”的地位往往是与家庭出身、种族血统等因素联系在一起的，所以这些“西化分子”很难进入“精英集团”。于是，他们常常因其欲望得不到满足或因其位卑职微，不足餍其欲望而成为社会的“反精英”分子，“西化分子反精英现象”的出现，进一步加剧了过渡社会公共行政的“异质性”。

（二）重叠性

过渡社会的行政异质性使行政受到各种冲突的行政因素的影响，进而造成了公共行政的重叠性特点。在里格斯看来，公共行政的“重叠性”即行政机构的重叠现象，具体地说是指，行政机构并不一定产生其应当有的功能，行政行为往往受非行政标准所主宰，而不受行政标准所决定。当一个行政机构不能发挥其应有的功能，不能完成其行政任务时，不得不由另外一些非行政的组织来完成它的任务。里格斯认为，这种重叠性是过渡社会的公共行政所特有的现象。在他看来，在传统的农业社会，由于所有的功能都是由一个机构来执行的，行政不会出现这种重叠性现象；在现代化的工业社会，由于社会机构分工明确、各司其职，行政也不会出现这种重叠性现象；而在介于这两者之间的过渡社会，尽管有了相当程度的社会分工，但是其社会分工尚未达到高度发展的程度；尽管专业化的职能机构及相应的制度已经建立，但是其功能尚不能很好地发挥。例如，在许多发展中国家，我们常常可以看到这样的现象：虽然有了宪法、议会、政府机关、选举制度等，但是它们却不能正常地发挥作用，有的甚至成为一种徒有虚名的“装饰品”。本应该由它们执行的功能，却不得不由诸如家族、宗教团体、同乡会、同学会乃至黑社会组织等非正式组织来执行。于是，合法的组织成了“影”，而非正式组织却成了“形”。里格斯认为，这种行政重叠性必然导致合法机构受控于非法机构以及派系林立、政出多门、相互扯皮、彼此排斥等行政行为多元化的恶果。

（三）形式主义

里格斯认为，过渡社会公共行政的重叠性和异质性特点必然导致其整个行政系统的形式主义。在他看来，所谓“形式主义”，即是指政府所制定的法令和政策不能付诸实施，形同虚设、徒有虚名。他认为，任何一种行政制度都有理论与实践脱节的形式主义，都可以找到政策、法令不能贯彻的事例，但是只有在像现代泰国和菲律宾这样的过渡社会，形式主义才达到了它的顶峰。

他认为，过渡社会公共行政的形式主义的首要表现便是宪法的形式主义。在泰国和菲律宾，虽然议员通过公正竞争选举产生，但是他们对政府的政策根本没有影响力，国会只是装饰品，议员们的主要工作只是任用私人，这种形式主义造成了行政权威合法性的危机。过渡社会在变迁过程中，旧有的权力基础——神圣的君主权力已经逐渐消解，替代的人民主权的权力基础没有生成起来。这种权力基础的危机影响了统治和政府管理权力的社会合法性。而这种合法性的缺乏，不仅使社会经常反抗政府的非法之治，而且官僚机构内部也因为没有主权权力者的监督和潜在的制约而很容易发生非法的权力斗争。官僚统治者只有从主权者那里获得承认，他的赤裸裸的权力才能被承认为合法的权威，但是人民主权的新原则并不代表泰国社会内部权力的实态。同时，由于议会不能有效地行使制定法律的权力，这使得行政官僚在政策制定中扮演着更为活跃的角色。他们努力地并且不得不努力地去影响目标与政策，这种行政对政治决策大量干预的现象，基本上动摇了行政与政治分开的原则。里格斯认为，这将在官僚集团中造成政治斗争，并由此形成多种“小帝国”。这种派别的存在致使行政的性质受到根本歪曲，任命与升迁不再取决于能力与资格，而取决于是否有利于加强对“小帝国”的控制。官僚间的政治比重越高，则诸如效率、理性等纯行政标准便可能越低。与行政政治化相关的一个现象是程序的仪式化，即过去所推行的一切法规、官僚习惯都逐渐固定成为一种内在的价值。

里格斯认为，形式主义一旦与官僚权力相接触，就会产生许多矛盾和弊病。首先，一方面官僚完完全全地墨守成规，另一方面他们则常常蔑视法令，他们可以随意作决定，而不受任何有效政治控制的约束。其次，形式主义深深地影响行政行为的品质，促使贪污腐败愈演愈重：倘若政策、法令普遍被侵犯，那么行政贪污的机会也必然会随之增加，同时在政策、法令不能得以有效贯彻、执行的情况下，老实的守法者将处于不利的地位。于是，商人行贿、行政官员待遇低、政策和法令贯彻受阻，官员受贿等现象层出不穷。再次，成就取向很有限。在过渡社会中，虽然依门第、种族、身份等关系的用人标准已经被放弃，一种以成就为取向的考试制度已经建立起来，但是，往往因为整个人事政策是不确定的，因此，要决定怎样考试才能测验一个人的真才实学，则是相当困难的，而这一时期，社会又十分重视证书与文凭，所以出现了有人专为文凭而考试的不良倾向。凡此种种，在里格斯看来均为形式主义所导致的后果。

六、简评

作为当代西方最享盛誉的行政学家之一，里格斯继高斯之后把生态学观点引入行政学领域，用生态学的方法研究行政现象，即从公共行政的社会环境、文化背景、意识形态等外部关系上着手，去了解一个社会的行政制度和行政行为。他对于非西方过渡社会的一般社会有普遍而深入的了解，而对那些社会的公共行政原则更具有独特的锐见与洞察力。无怪乎美国行政家黑迪称赞里格斯说："里格斯见广识博，立论精深，诚乃当代最具代表性的理论家。"①

当然，里格斯的行政生态学说也具有一定的局限性，甚至在某些方面尚存在着一定的缺陷，例如，他热衷于模式的建构，而缺乏对整个行政生态环境作系统、完整的考察，进而使其理论有"挂一漏万"之嫌；他过于追求术语的新奇，而忽视了其理论的可读性和可接受性，进而容易使人对其理论产生费解难懂、故弄玄虚、故作深沉之感；他试图建立一种所谓价值中立的行政生态模式理论，而不符合实际地忽略了具有明显价值取向的公共行政研究目标；等等。

然而，尽管里格斯的行政生态学说存在着诸如上述这样一些不足之处，

① 转引自彭文贤：《行政生态学》，台北：三民书局 1988 年版，第 43 页。

但是这并未削弱其在西方行政学发展史上所具有的重要地位，特别是他在行政学方法论方面的贡献和创造，为行政学开辟了新的领域，使行政学摆脱了那种就行政论行政，抽象地讨论行政原则，难以科学地反映和指导行政实践的学术研究作风。用一种生态的观点来考察行政，无疑这是正确的认识途径。尤其值得一提的是，里格斯20世纪三四十年代曾在中国生活和研究过很长时期，他关于过渡社会公共行政的许多观点，都来源于他对中国的研究。当前，正值我国进行行政体制改革的重要时期，里格斯的许多见解对我们行政管理的理论与实践是应该有所启发的，特别是从行政环境来研究行政的生态学方法尤其值得我们借鉴。此外，里格斯还把行政生态学的方法运用于对各种形态的社会公共行政的比较研究，开创了比较行政学这一新的学科，为行政学研究提供了一种新的方法论。

第四节　黑迪的比较公共行政理论

黑迪（Ferrel Heady，1916—2006）是现代西方公共行政学研究领域具有广泛影响的著名公共行政学家。他出生在密苏里的费罗维尤（Ferrelview），自1933年从堪萨斯城高中毕业后，他便开始在华盛顿大学（圣路易斯）攻读学位并相继获得了政治学和英语专业的双学士学位（1938）、政治学硕士学位（1938）和政治学博士学位（1949）。他先后在密苏里大学、布鲁金斯学会、密西根大学和新墨西哥大学从事公共行政管理的教学与研究工作，并且担任过密西根大学公共行政研究所所长、新墨西哥大学的学术副校长和校长。作为美国公共行政学界的领军人物之一，黑迪教授曾担任美国公共行政学会会长（1969—1970），并于1968年——美国国家公共行政研究院成立的第二年当选为该院院士进而成为美国国家公共行政研究院最早的资深院士之一。他撰写有大量的学术著作、教材章节、学术论文、研究报告以及书评和演讲稿，其中，最著名的著作也许当数《公共行政：一个比较的视角》这本比较公共行政研究的奠基之作，该书于1966年首次出版，后来经过了6次修订，现已成为一部具有世界性影响的比较公共行政学著作，正是这部比较公共行政学的经典著作奠定了黑迪在西方比较公共行政研究领域的权威地位。

一、公共行政及其比较研究的重要性

（一）公共行政的本质

对于公共行政的本质含义，西方公共行政学界长期以来一直都存在着不

同的看法，正如黑迪所言："尽管公共行政经过了数十年的发展，但是迄今人们在公共行政学范围上仍然未能达成一致意见，这个研究领域的特征一直都被描绘为不是正统而是异端。"① 黑迪认为，从一般意义上来看，公共行政是其属概念"行政"的一个方面，行政的本质一直都被人们视作"为了追求有意识的目标而采取的确定行动"②，它涉及的是实现既定目标的手段，行政活动在各种背景下都可能会出现，因为只要有人们为了完成相互认为值得联合行动的任务而合作，就会有行政活动发生，行政活动既可以发生在企业公司、工会、教会，也可以发生在教育机构和政府部门，而公共行政则是行政在政治背景下发生的那一部分，它是政府活动的一个方面，只要政治系统开始运行并力图实现政治决策者确立的政策目标，就有公共行政。在黑迪看来，由于公共行政主要涉及的是贯彻实施由政治系统中的权威决策者所做出的政策决策，所以它大致可以与私营部门或非公共部门的行政区别开。不过，黑迪指出，在过去很长一段时期里，美国公共行政学界在传统的政治—行政二分法支配下大多采用的是狭义的公共行政概念，即主要涉及的是"政府行政部门有效完成其使命所必需的组织、人员 、实践和程序"，但由于这个定义过于限制了公共行政的范围。所以这种狭义的公共行政定义后来不断地遭到了人们的质疑，有人甚至还试图抛弃政治—行政二分法。例如，著名的美国行政学家保罗·阿普尔拜（Paul H. Appleby）在其著名的《政策与行政》③（1949）中就最早强调了治理过程的政策制定与政策执行之间的相互关系。从那时起，西方公共行政学界的主流观点主张行政学者不能把自己局限于公共政策的执行方面，有人甚至认为"公共行政的核心就是政治与公共政策"，"公共行政可以被界定为公共政策的系统阐述、执行、评估和修正"。④ 与主流的公共行政学观点一样，黑迪也认为，如果在文化上过窄地界定公共行政，也不利于跨国界的比较公共行政研究，他说，"正如我们所看到的那样，比较公共行政研究已经不再局限于二战前人们普遍认可的

① ［美］黑迪：《公共行政：一个比较的视角（第 5 版）》，纽约：马塞尔·迪克出版社 1996 年版，第 1 页。

② ［美］弗里兹·摩斯坦·马克思：《公共行政的要素（第 2 版）》，新泽西：普伦蒂斯-霍尔出版社 1963 年版，第 4 页。

③ 参见［美］保罗·阿普尔拜：《政策与行政》，阿拉巴马：阿拉巴马大学出版社 1949 年版。

④ ［美］小詹姆斯·戴维：《公共行政导论：政治、政策与官僚制》，纽约：自由出版社 1974 年版，第 4 页。

狭义公共行政范围，而是转向了对公共行政范围更加综合全面的探讨"①。

值得注意的是，尽管黑迪充分地认识到了公共行政学者们在看问题的角度、方法以及所强调的重心上尚存在着鲜明的观点差异，但是他明确地指出我们不应该否认学者们在公共行政研究的下面这样一些核心问题上也存在着共识：（1）公共行政人员的特点和行为——即行政过程参与者的动机和行为，特别是公务员队伍中的职业官员；（2）政府大规模行政活动的制度（机构）安排——即行政行动的组织；（3）行政的环境或生态——即行政子系统与作为其母系统的政治系统以及整个社会之间的关系。在黑迪看来，这些问题结合在一起便可以为我们分析某一特定国家的公共行政系统以及对不同国家公共行政系统进行比较研究提供一个基本的框架。

（二）比较公共行政研究的重要性

黑迪认为，他从事比较公共行政研究的目的是要为人们比较分析当代民族国家的公共行政系统提供一个入门的工具。他承认比较公共行政研究其实并不是一项全新的事业，在他看来，普鲁士和法国等欧洲国家的公共行政学者早在200多年前就曾做过比较研究，即便是在他所处的美国，早在立国之初，就有一些仁人志士为了借鉴外国的经验而进行了比较公共行政研究。正如我们在本书的第一章探讨威尔逊的公共行政管理理论时所指出的那样，诸如威尔逊这样一些西方公共行政管理学的创始人在公共行政管理学的创立时期就力图利用欧洲国家的经验来改进美国的公共行政学；但遗憾的是，随后的多数公共行政管理学者把关注的焦点放在了地方公共行政上，而对于其他国家的行政系统只是偶尔才有所提及。黑迪认为，从美国公共行政管理学的研究文献来看，20世纪40年代以前的学者们大多不太重视公共行政研究的比较方法和历史视角，不过，现在人们已经认识到这种狭隘观念的局限性和危害了，而且，随着人们对比较公共行政研究之重要性的认识不断提高，西方的公共行政研究已经进入了一个强调比较分析的新时代。对于比较公共行政研究的重要性，黑迪分别从学科发展和实践意义两个方面进行了阐述。

从公共行政学的学科发展方面来看，黑迪认为，那些试图构建一门行政科学的人们已经认识到，行政科学的构建在某种意义上取决于我们能否成功地就行政行为来确立超越国家边界的命题。这个要求最早是由美国著名的政治学家和公共行政学家罗伯特·达尔（Robert Dahl）在他1947年发表的著名论文《公共行政科学的三个问题》中提出来的，达尔在该文中明确地指

① ［美］黑迪：《公共行政：一个比较的视角（第5版）》，纽约：马塞尔·迪克出版社1996年版，第1页。

出："公共行政的比较方面都大量地被人们忽视了；只要公共行政不具有比较性，那么宣称要'建立一门行政科学'的断言听起来就很空洞。尽管我们可以想象可能会有一门美国公共行政学和一门英国公共行政学以及一门法国公共行政学，但是，是否能够在不依赖于特定国家背景的普遍原则意义上有一门'行政科学'呢？"①在这一点上，黑迪认为，我们的确很难就美国、英国和法国的公共行政来系统地阐述普遍的原理，但是，在一个包含有各种国家行政系统的世界中，仅就美国、英国和法国的公共行政来系统地阐述普遍的原理也还是不够的，我们必须对分布在世界各地的各类国家行政系统给予必要的重视。我们只要粗略地观察一下，我们就可以深切地感受到在各种背景下发展起来的行政变革和创新是十分复杂的，唯有通过全面的比较分析，我们才能从中找到对于公共行政科学的构建具有普遍意义的东西。

除了公共行政学的学科发展需要之外，黑迪认为，通过对跨国界的公共行政进行比较研究，对于更加深入地认识不同民族国家的行政特点进而相互借鉴彼此的成功经验，也不无益处，因为世界各国和各区域之间日益增强的相互依赖性使得对行政行为的理解比过去重要得多。例如，扎伊尔、玻利维亚以及印度尼西亚在组织行政行动方面的成功程度已不再只是令人感到好奇的理论问题，它不仅对发展中国家具有重要的影响，而且对于发达国家也具有重大的现实意义。在他看来，在某个或某些国家发展起来的行政手段在另一个或另一些国家也可能会具有借鉴和采纳的价值。也许，我们很容易看到西方发达国家的行政模式在新独立的民族国家所产生的重要影响，其实，现在有些所谓的大国也越来越关注起源于一些小国家的行政方法了，对此，黑迪举了一系列颇具说服力的例子予以说明。例如，斯堪的纳维亚国家的检察官办公室就是专门为保护公众不受行政权力滥用和误用而设置的机构，而这种行政制度现在已经被美国、英联邦国家、日本等发达国家以及某些新兴的民族国家所广泛地学习乃至移植。再比如，印度尼西亚总统的内阁中设立了一些负责跨边界职能的"小部长"，其职责是在实施涉及两个或更多国家部委以及省级政府机构的重要开发项目（例如，粮食作物、移居以及社区住宅）时以整个政府范围为基础实现更好的协调。此外，从更大的范围来看，一些发展中国家已经在某种程度上对政府公司进行了最广泛的利用，而且伴随着世界范围的民营化浪潮，这些公司也开进了发达国家的市场。而且，黑迪还认为，许多新兴国家所提供的行政实验室在未来应该可以继续提供许多

① ［美］罗伯特·达尔：《公共行政科学的三个问题》，载［美］《公共行政评论》1947年第1期。

值得其他国家关注的行政创新经验。

二、比较公共行政研究的历史发展

如前所述，黑迪认为，比较公共行政研究其实并不是一项全新的事业。黑迪认为，从美国公共行政管理学的研究文献来看，20 世纪 40 年代以前的学者们大多不太重视公共行政研究的比较方法和历史视角，尽管美国公共行政领域的学者和实际工作者从一开始就比较关注其他历史政治体系和当代政治体系的行政经验，但是这从未成为美国公共行政研究领域关注的主要焦点，而对于美国公共行政学界的多数学者来说，他们一直更为关注的是美国的问题以及对这些问题的美国答案。当然，黑迪也承认，在美国独立后的头一个世纪里，也有一些政治家和公共行政学者涉及过比较公共行政方面的研究，例如，麦迪逊（Madison）、汉密尔顿（Hamilton）和杰弗逊（Jefferson）这样一些政府体系的创立者就曾经对外国的行政体系进行过一些零星的研究，并从中借鉴了一些有益的东西；法国著名政治学家托克维尔（Alexis de Tocqueville）作为一个对美国制度进行评论的外国评论家，也曾经常把美国的制度与欧洲国家的制度进行比较分析；英国实施功绩制的经验也对美国内战后的文官制度改革运动起到了重要的指导作用；著名公共行政学家伍德罗·威尔逊和弗兰克·古德诺等人早在 19 世纪末期也曾帮助塑造了“行政国家”，并且促进了公共行政和行政法的研究。这些表明他们对欧洲的先例已有所认识，而且他们还极力主张通过使这些欧洲的经验适合于美国的需要来使美国人受益。但是，在从 19 世纪末、20 世纪初到第二次世界大战结束这几十年间，伴随着美国公共行政学作为一个自觉且公认的学术研究领域出现，比较研究的成分反倒减少了。在黑迪看来，只是到了 20 世纪的后半个世纪里，比较公共行政才最终成为公共行政学的一个重要分支，这个重要的分支研究领域不仅显现了它的重要性，而且还得到了认可，并且于二战后在西方世界形成了一场具有深远影响的比较公共行政“运动”，尤其是在 20 世纪六七十年代，比较公共行政研究得到了惊人的发展并且已经明显地被确立为公共行政学科不可分割的组成部分。然而，到了 20 世纪 80 年代，比较公共行政运动的前景明显地不像以前那样光明，在这个时期，公共行政方面的大规模技术援助已经结束，二战后美国公共行政学会比较公共行政小组原先启动的一些项目或是被终止或是被削减。但值得一提的是，到了 20 世纪 80 年代和 90 年代，比较公共行政领域的活动又开始复兴，这一时期的比较公共行政研究较之以前似乎更加成熟，大量的比较公共行政研究文献从更广泛的意义上探讨比较公共行政问题，在人们探讨被黑迪称为核心比较公共行政问题的同时，还出现了发展行政和比较公共政策这两个与比较公共行政密切相关的分支研究领域。最近一段时期，随着全球化进程的日益加快，甚至还出现了以比较公共行政研究为基础的国际公共行政研究新领域。

三、比较公共行政研究的核心问题

黑迪的比较公共行政理论观点主要是基于对西方比较公共行政研究发展的历史考察而提出的，他认为，综观比较公共行政研究的历史发展，其核心问题主要包括以下几个方面。

(一) 比较公共行政的研究焦点——官僚体制

黑迪关于比较公共行政研究焦点的认识是在对“功能主义”和“新制度主义”这两种比较政治研究方法进行批判性评析的基础上得出的。

从前述黑迪对公共行政本质的理解中我们不难看出，黑迪不赞成基于政治—行政二分法的狭义公共行政观，他明确指出，作为政府活动的一个方面，公共行政就是行政在政治背景下发生的那一部分，只要政治系统开始运行并力图实现政治决策者确立的政策目标，就有公共行政。在他看来，只要我们试图对国家行政系统进行比较，我们就必须承认行政只是政治系统运行的一个方面，比较公共行政与比较政治密切相关，比较公共行政必须以对整个政治系统的比较研究为前提。黑迪认为，从最近几十年比较政治的研究文献来看，似乎更多的人强调功能并且将其认同为主流比较政治研究，但是目前正在出现一种相反的趋势，已经有越来越多的人主要关注的是政治结构。这两种研究取向按照它们出现的时间先后分别被人们放在“功能主义”和“新制度主义”的名下进行探讨。

鉴于比较政治与比较公共行政之间的联系具有核心意义，而且随着世界各国经济社会状况的不断发展变化，比较政治研究因各国在人口、意识形态、经济发展水平、历史背景、政治制度、未来的发展前景等诸多方面存在的多样性而变得十分复杂，所以黑迪提醒人们应该充分认识到对国家行政系统进行比较是很不容易的一件事情。他指出，我们首先必须找到某种方法来把政治系统的行政部分挑选出来作为进行专门比较的基础，但是，倘若我们不涉及与整个政治系统比较有关的问题，那么我们就无法找到这种方法。长期以来，主导的趋势一直都是用一种功能比较方法来代替强调政治结构和制度（机构）的比较方法。就功能方法被人们接受为整个政治系统比较的恰当基础而言，对比较行政研究也产生了一个问题，因为作为一个学术研究领域，公共行政所涉及的全部范围不太容易用功能主义框架中的一种功能或更多种功能加以识别，而就新制度主义方法而言，尽管它的发展使我们可以更容易强调结构的作用，但是要真正运用这种方法来进行比较分析也不是一件很容易做到的事情。因此，黑迪认为，尽管人们认识各国公共行政的方式有多种，但是他选择了官僚体制作为他进行比较研究的焦点。他认为自己之所以做出这种选择，其原因并非简单地在于功能方法与结构方法哪一种更好，而是因为官僚体制作为一种特殊的政治结构可以为我们进行比较研究提供一个更好的基础。他说自己的目标不是对整个政治系统进行比较，而是要在各个政体之间对公共行政进行比较，而对于公共行政学者来说，官僚体制的结构要比规则应用的功能更有优势。

尽管功能主义比较政治学的代表人物阿尔蒙德认为结构可能会因系统不同而有所差异而且不同系统中的相似结构也可能会有一些被忽视的重要功能差异，但是黑迪认为这似乎并不能排除结构方法在比较公共行政研究中的效用，因为作为一种特殊结构的官僚体制显然是当代各民族国家所共有的。另外，黑迪认为，把比较研究的焦点放在公共官僚体制上也并不就会自动地忽视其发挥功能的可能性。其实，如果所有的结构都像阿尔蒙德所假设的那样具有多种功能的话，那么我们恰好就更应该把比较的焦点放在一种普遍存在的功能上，并且要探讨它所履行的不同功能。在黑迪看来，无论是采用功能方法还是结构方法，任何对政治系统的不完全比较分析都会造成一种困境。也许，这个问题在西方发达国家并不是那么严重，因为在西方国家，各个系统的结构与功能具有高度的相关性，但是黑迪认为，在发展中国家，这两种方法都会遇到严重的困难。根据功能来进行分析可能在实践上要比在理论上更困难，因为我们对此知之甚少而且这种比较也要求我们要识别所研究的功能可以发挥作用的模糊结构或奇怪结构。另一方面，结构比较也具有一些比较明显的危险，其中包括缺乏可比较的机构，而且它还有一种危险，就是假定类似的结构将会永远具有相同的功能。不过，他也指出，如果所研究的机构在所研究的政治系统中真正以相符的形式存在并且我们能够注意到这些机构在不同系统中的功能角色变化的话，那么以结构为基础进行比较便具有可行性。

从另一个角度来看，人们也可能会认为对官僚机构和行为进行比较也有缺陷，因为它只能涉及传统公共行政学研究的部分论题，例如，行政组织与管理，财务管理与人事管理，不同层级政府与不同层级行政之间的关系，以及行政法。然而，黑迪认为，进行跨国界的广泛比较往往需要某种有组织的概念以避免掩埋关于各种行政系统的大量资料，而官僚体制则恰好可以提供这样一个有组织的概念，因为即便是公共行政与公共官僚体制不是同义词，官僚体制也肯定是处于公共行政的核心。当然，对于官僚制这个词，不同的人从不同的角度可能会对其有不同的理解，在黑迪看来，对官僚制的主流解释往往是从组织的基本结构特性进行界定，也有人在基本结构特性的基础上再加上行为特征。而黑迪认为，看待官僚制概念的最有用的方法就是将其视为根据基本结构特征加以界定的一种体制，官僚制是一种组织形式，组织要么是官僚制的，要么不是官僚制的，这要取决于它们是否具有官僚制的组织特征。把官僚制当做一个组织的结构特征并不意味着所有的官僚机构具有相同的结构。他认为，选择一个结构焦点来界定官僚制的主要优点在于，这样可以允许我们考察真正在官僚机构中发现的同样值得称之为官僚行为的所有行为模式。当然，他所选择的这种方法并未忽视或贬低官僚机构中行为趋势的差异。相反，它还便于对这些行为模式的识别和分类，而这一点对于比较分析极为重要并且应该成为比较分析的首要目标。

不过，应当指出的是，黑迪并没有断言这种把比较研究的焦点放在官僚机构上的比较研究视角就是唯一的比较方法，也未必是最好的方法，他说自己之所以选择这种比较的视角，是因为这种方法比较具有可控性，因为它能够依靠比较充分的资料积累并且很有可能导致未来的比较研究既更加准确又更加全面。在他看来，正是由于比较公共行政研究的主题很复杂并且所能获得的信息也很有限，所以他将自己的研究重心放在了以下三个方面：(1)官僚体制中有哪些内部运行特征反映了其构成、层级安排、专业化模式以及行为趋势？(2)官僚机构在多大范围内具有多功能性，即它既参与制定重大的公共政策又参与执行这些公共政策？(3)从外部控制官僚机构的主要途径是什么，如何有效地实施这种控制？

黑迪最后强调，他所关注的是不仅要比较结构的变化，而且还要比较不同官僚体制行为模式的差异。为此，他指出，在进行具体的比较研究之前必须弄清楚两个一般性的问题：一个问题是公共行政的组织背景问题，即分部的模式、公共部门雇员的规模以及公务员制度的变化；另一个问题是官僚体制运行的政治、经济和社会环境，即行政生态问题。至少，我们必须识别那些对于官僚体制的塑造和重塑具有最大影响的环境特征。

(二) 比较公共行政的研究框架

黑迪认为，比较公共行政研究的第二个核心问题是研究框架的确立问题。在他看来，在比较公共行政研究的发展过程中，人们对比较公共行政不断关注的主要问题一直都是要寻求最恰当的分析框架或曰分析范式，他把自二战后出现的跨国比较公共行政研究框架概括为四种主要类型。

第一种比较公共行政研究框架被黑迪称为“修改的传统型比较公共行政研究”，因为这种比较研究框架同更多地基于地区范围的传统比较公共行政研究差别最小，这种比较公共行政的研究框架主要是把人事管理、总部/实地关系，卫生和农业计划等传统公共行政管理主题的研究从特定国家的行政体系扩展到各个国家行政体系之间的比较，除此之外，这种“修改的传统型比较行政研究”还包括许多从根本上对西方发达国家公共行政管理进行的制度比较，这种比较研究所强调的是它们在中央政府的组织安排和文官系统方面的差别。黑迪认为，尽管这种类型的比较研究不断地在进行并且也常常会取得一些有用的研究结果，但是一直以来，很少有人将这种比较研究框架视为最有前途的比较研究模式。

相比之下，被称为“发展行政”研究的第二种比较公共行政研究类型，似乎更为有效一些。从“发展行政”这个词我们就不难看出，它明显强调的是人们希望集中关注改进发展中国家的行政能力。黑迪认为，这种比较公共行政研究的优点在于它符合多数比较公共行政的先驱学者们所公认的两个目标：一个目标是把比较公共行政研究的范围从西方发达国家扩展到以全球为基础；另一个目标则是帮助新独立的民族国家满足它们建设和发展自己国家的需要。就美国公共行政学会所属的比较公共行政小组而言，这种强调还有一个优点，那就是，它可以吸引到财政支持，特别是来自福特基金会的财政支持，作为二战后比较公共行政运动的组织基础，比较公共行政小组（CAG）在其最活跃的时期便得到了福特基金会的资助。结果，在20世纪60年代，发展行政与比较行政几乎成了同义词，而且比较公共行政小组主办的刊物标题上也包括“发展”或“发展的”这样的字眼。不过，黑迪也认为，这些考虑掩盖了发展行政作为比较公共行政研究领域发展的一个基本框架所固有的问题，尤其是发展行政这个术语的语义尚有待于进一步澄清。就发展行政的倡导者对该术语的理解来看，尽管他们在集中关注欠发达国家的同时也认识到发达国家也有发展问题，但是他们并没有明确地区分“发展”行政和“非发展”行政。黑迪发现，已经有学者承认了这种歧义性，认为“发展这个概念一直都是并且仍然是含糊不清的，而且，它具有多维性”①，发展行政是“一个缺乏明确边界和学科精确性的论题，它所涉及的实用问题可能需要我们集中我们所能搜集到的各种分析技巧和才能方可解决”②。在黑迪看来，更为根本的困难在于，无论怎么定义，发展行政都是某种较之

① ［美］M.J. 艾斯曼：《发展的管理方面：视角与战略》，哈福德：库马里安出版社1991年版，第5页。

② ［美］希芬：《发展行政的问题》，见［美］法拉兹曼德主编：《比较公共行政与发展公共行政手册》，纽约：马塞尔·迪克出版社1991年版，第12页。

作为一个整体的公共行政更加有限的东西，而且，局限于发展行政问题的跨国比较研究也必然会将许多合法的论题排除在比较之外。因此，他指出，正是由于人们认识到了这种缺点，再加之有越来越多的证据表明旨在帮助发展中国家的技术援助项目的工作效果不佳，所以，近年来，这种研究方法作为一种基本研究范式的吸引力也随之减弱了。黑迪认为，尽管人们对发展行政仍然还有兴趣，但是他们所强调的重心却已经转向了对技术援助目标和策略的再评价，而且这种再评价所根据的已不再是一种集中关注行政组织和程序改革的模型，而是转向根据一种更为直接地把公共政策与行政技术联系起来并且强调分权和地方参与之重要性的模型。

黑迪所区分的第三种比较公共行政研究框架是基于行政生态的行政模式比较研究，这种比较研究框架的倡导者就是我们前面提到的著名行政生态学家里格斯。由于里格斯一直都十分偏好一般系统论，所以这种比较公共行政研究框架所依据的概念认为，比较公共行政研究必须是以对整个社会的比较分析为出发点，然后才能接着对诸如政治系统及其行政子系统这种社会部门的研究。里格斯提出了一个从两个方面——即整合度与分化度——来刻画社会的框架。所谓整合是指该社会中各构成结构之间的协调合作，而分化则指的是这些结构的细分程度以及这些结构的功能特性。由于里格斯受到结构功能主义学派社会学家的影响，所以他提出了把棱柱形社会模型及其构成要素作为认识当代民族国家特别是那些欠发达国家行政特征的手段。实际上，里格斯对这种分析框架的使用一直都主要限于对他称为“直棱柱”社会以及他认为最符合许多发展中国家特征的社会形态的分析。里格斯特别关注这种社会的“撒拉”（sala）行政子系统并且对它的特性进行了详细的探讨，而且他还出版了一份关于泰国的案例研究报告。黑迪认为，尽管里格斯在这份很有价值的案例研究报告中把泰国当做一个具有典型直棱柱特征的“官僚政体”，但是他并未使用他的这个模型来准确地把许多当代国家都置于这个二维分析框架之中（关于里格斯基于行政生态对不同行政模式的划分，参见上一章“里格斯的行政生态学理论”的有关内容。）。

黑迪所划分的第四种比较公共行政研究类型是“中程理论”（Middle range theory）研究框架。所谓“中程理论”，亦有人将其翻译为“中距理论”或“中观理论”，它是相对于宏观抽象的宏大理论和微观具体的经验事实而言的。作为一种研究方法论，它最早是由美国著名社会学家罗伯特·默顿在20世纪40年代与其老师帕森斯进行论战时提出来的，当时，帕森斯的研究目光所对准的是综合性的一般理论，他企图建立一种包罗万象的模式来解释一切社会现象和社会行动。而默顿则反对这样做，他认为，在社会学中寻找一般社会行为的规律是徒劳的，社会学研究应当避免两种极端：无事实的概括和无理论的事实，应该努力找出扎根于研究或观察并切合实际地限定其应用的解释，这种解释处于对日常事件的观察与包罗万象的统一理论之间，即中观研究理论；这种理论的作用就是要连接宏大理论与经验事实之间的鸿沟，在微观具体与宏观抽象的中间位置建立起一种中介，因为，没有理论和调查研究之间的交替作用，理论性方案依旧只能是仅仅具有启发性作用，但却经不起反驳的概念堆积；同样，经验性调查也只能停留在不完整、无条理的层次，对知识的增长毫无作用。用默顿的话来说就是，“我们有理由去设想，社会学将会在这个程度上提升：它主要关注的是，要和中间环节的发展中理论联系在一起；而如果它把注意力集中到泛泛的理论上，那它就将会受挫。我相信，今天我们的主要任务是去发展应用的、特殊的理论以限定理论——数据的范围。——社会科学家排他地投入于高度抽象化的探索，便会冒上风险。就像现代的舞台布置一样，在他的心目中，家具将会是缺少的、没有装饰的和不舒适的：所谓一般理论和特殊理论都需要的说法，是‘正确’而陈腐的”①。“如果特殊的探索在于找出这些行为方式之间的理论联系，那就可能发展出一种属于中间环节的理论。”② 的确，从实践上来看，这种中程理论一方面可以在较低的抽象层次上将经验事实表达出来，另一方面还具有进一步综合为总体理论的潜力。默顿提出的这种中程理论研究框架不仅对于其后的社会学研究起到了指导作用，而且也对其他社会科学领域的研究产生了重要的方法论影响。黑迪认为，在公共行政领域，最早提出并倡导将“中程理论”研究框架引入比较研究的是美国学者普里休斯（Presthus）和沃尔多。由于“中程理论”在比较公共行政研究领域的应用是以官僚制为基础的，所以黑迪也将这种比较公共行政的研究框架称为“官僚中程理论”，黑迪于1966年出版的那部比较公共行政学的经典著作《公共行政：一个比较的视角》正是运用“中程理论”研究框架选择当代各国官僚体制进行比较研究的成功典范。尽管官僚中程理论到20世纪70年代仍未在公共行政这个一直很看重的不是正统性而是多样性的研究领域中获得标准范式的地位，但是黑迪认为，此时的官僚中程理论已经被承认为利用率最高并且最受欢迎的比较分析框架，甚至有学者将其描述为“比较公共行政

① ［美］罗伯特·默顿：《社会理论和社会结构》，纽约：自由出版社1968年版，导言第9页。

② ［美］罗伯特·默顿：《社会理论和社会结构》，纽约：自由出版社1968年版，第280页。

研究唯一最重要的概念框架”①。

不过，黑迪也注意到，最近在比较公共行政领域所出现的一种创新就是把公共政策取向用作比较分析的主要基础。在他看来，尽管自20世纪70年代中期以来，跨国公共政策研究一直都很热，而且他也承认，作为比较公共行政的一种重要发展趋势，这种跨国公共政策研究可以进一步拓宽比较公共行政研究的发展范围，但是他还是认为公共政策与其他部门的研究焦点一样都有一个局限性，那就是它在研究的题材范围上很有限，很少对整个国家行政系统进行比较研究。因此，他认为，从可行性上来看，跨国公共政策研究似乎替代不了前面的那些研究框架并且也不可能比前面那些研究框架更成功地成为大家达成共识的基础，至少到目前为止，还看不出它在这方面会比前面的那些研究框架更好。

（三）知识的获得

黑迪认为，比较公共行政研究所关注的第三个核心问题是知识的获得问题。其实，这个问题与前面的研究框架问题密切相关。在黑迪看来，最近几十年来，与许多其他社会科学一样，比较公共行政学也在获得知识的努力中力求获得更多的“科学性”。作为达到这一目标的指南，库恩的研究成果一直都很有影响。尽管库恩主要关注的是像天文学和化学这样的“硬”科学而不是像政治学和社会学这样的“软”科学，但是他对一门“科学”之构成要素的说明却已经被人们广泛地接受为评估社会科学之科学进步的标准。按照库恩的观点，一个研究领域要宣称成为一门常规科学的必要条件就是已经出现了一个标准的研究范式或曰理论框架而且这个研究范式已经被该研究领域的专业人员认同为是恰当的。② 那些力图为其研究活动建立科学凭证的人们一直都非常强烈地渴望能够符合这种范式共识的标准，人们经常引用来说明不能取得令人满意进展的证据便是不能达成这样的共识。

就知识的获得而言，黑迪认为，另一个需要考虑的关键性问题一直都是我们能否从科学或准科学的研究中得出具有普遍意义的专业知识。在这个方面，达尔曾强调公共行政的比较研究对于评估一些关于存在有或者可能存在有一门公共行政“科学”的断言具有重要意义，他指出，只能应用于一个特定国家行政系统的知识是不够的，而且作为一门科学，公共行政学必须具备

① ［印度］阿罗拉：《比较公共行政》英文版，新德里：联合出版社1972年版，第168页。

② 参见［美］库恩：《科学革命的结构（第2版）》，芝加哥：芝加哥大学出版社1970年版。

的条件应该是具有“一批独立于其特定国家背景之外的普遍原则”①。这一点也是许多比较公共行政文献经常告诫人们要注意的问题。其实，在比较公共行政研究领域，人们在某种程度上都是在努力地响应这些对接受范式和普遍应用性的号召，例如，前面提到的里格斯等一般系统理论的倡导者们在强调生态学研究方法的优点时就指出，生态学方法在对各国行政系统进行比较研究之前首先将其置于它们各自的政治和社会背景之中，进而再通过比较概括出具有普遍适用性的原理；而像黑迪本人这种更喜欢韦伯官僚制理论的比较公共行政管理学家则认为，韦伯的官僚制理论不仅对于直接集中研究行政制度和行政行为很有用，而且这种理论也允许我们对影响官僚体制的环境因素进行全面透彻的考察；此外，在 20 世纪 80 年代以来的发展行政研究中，也有人集中阐述了改进执行发展项目的系统战略并且把这视为是对一般管理科学原则的应用。② 然而，在黑迪看来，尽管比较公共行政似乎尚未成功地决定一个正统的范式并且也尚未最终证实已经发现了有效的科学原则，但是这并等于说比较公共行政领域在 20 世纪上半叶没有取得实质进展；尽管人们对于比较公共行政领域所取得的成绩最经常发出的抱怨就是一直都未能富有成效地寻找到一个普遍接受的范式，但是那些为此而感到痛惜的人们对于这个框架应该是什么样却提出了不同的意见：比较公共行政显然还处在库恩所说的“前范式”阶段，因此它还不够格被视为成熟科学的范畴。黑迪强调，对于比较公共行政研究来说，也许更为重要的问题在于到底已经积累了多少可用的知识，无论这种知识是否是一门科学的产品，他引用著名行政学家沃尔的话说，“科学的本质意义就是知识”，“科学的知识已经与自然科学的方法和研究成果相联系，更严格地说是与物理科学的方法和研究成果相联系，而且不符合这个模式的东西就被贬为二流的知识或者是非知识”，但沃尔多断言，物理科学在其研究成果与技术的有效结合方面一点都不比社会科学先进。③ 在黑迪看来，如果按照这种方式而不是根据更严格的所谓“科学”标准来评价的话，比较公共行政研究的记录也许更令人难忘。他说，萨维奇（Peter Savage）就曾对比较公共行政运动的成果作过一个客观的总

---

① ［美］罗伯特·达尔：《公共行政科学的三个问题》，载［美］《公共行政评论》1947 年第 1 期。

② 参见［美］科顿：《社区组织与农村发展》，载［美］《公共行政评论》1980 年第 5 期。

③ 参见［美］沃尔多：《公共行政的事业》，加利福尼亚：钱德勒与夏普出版社 1980 年版，第 22 页。

结：这场运动之所以未能达到以前的期望，其原因“更多的是与它所选择的领域错综复杂有关，而不是因为它的目标有误”①，就连一些对比较公共行政运动的总体结果持严厉批评态度的人也承认，这场运动所迸发出的生产力在很短的时间里已经大大地促进了可获得知识的增长。

（四）欠发达国家的行政能力

欠发达国家的行政能力被黑迪视为比较公共行政研究的又一核心问题，他认为，从实际应用的角度来看，开发公共行政知识的宗旨就是要改进公共行政的实际运作，在比较公共行政领域，人们已经把改进所选择领域的行政能力当做具有决定性意义的问题给予特别关注。

黑迪通过对比较公共行政领域的文献考察发现，多数研究者认为，民族国家的公共官僚机构应该满足两个基本的绩效标准：其一是它们应该有效率，其二是它们应该具有工具性。换言之，一个有效率的官僚机构应该能够有效地利用资源来满足公共政策目标，而一个工具性的官僚机构所充当的应该是代理人，而不是主人，它要对其等级外选择这些公共政策目标的政治领导做出回应。与多数研究者一样，黑迪也认为，一个国家要属于发达国家或曰现代化的国家，其必要的特征之一就是其公共官僚机构应该很有效率并且应该是政治领导的一种回应性工具。在他看来，按照传统上常用的“三个世界”的分类方法，在像美国这样的第一世界国家或者像苏联那样的第二世界国家，尽管它们满足这些条件的方式各有不同而且它们都还有进一步改进的余地，但是应该说这些国家还是基本上满足了这些条件的；另一方面，所谓的第三世界国家之所以被称为发展中或曰正处在现代化过程中，其主要原因正是在于它们的官僚机构常常被认为既无效率又无工具性。比较公共行政持续关注的焦点一直是并且仍然是如何按照这两个标准来改进这些欠发达国家官僚机构的行政能力问题。黑迪注意到，在20世纪50年代和60年代初期，为了顺应一些只具有基本行政体系的国家急剧地进行社会改革的需要，许多国家迅速建立了一些双边和多边的技术援助项目，而且人们的关注焦点也转向了发展行政问题，发展行政的倡导者们需要“把不同的行政角色，行政实践，行政组织安排以及行政程序与最大限度地实现发展目标联系起来”②。在这一时期，像里格斯这种基于一般系统理论的行政生态学家也

① ［美］彼得·萨维奇：《比较公共行政的乐观主义与悲观主义》，载［美］《公共行政评论》1976年第4期。

② 参见［美］维德纳：《发展行政：一个新的研究焦点》，见［美］黑迪等主编：《比较公共行政论文集》，密西根：密西根大学公共行政研究所1962年印行，第107页。

提出这些公共官僚机构所具有的获得政治权力的机会与它们的行政绩效不佳有关系。而到了20世纪70年代初期，越来越多的证据表明，与官僚精英政治统治相结合的行政无效率问题不是在减少，而是在增多。通过技术援助项目进行的行政改革努力已经很令人失望并且经常产生一些意想不到的有害后果。尤其值得注意的是，此时的军政权越来越流行，结果，到20世纪70年代中期，联合国有三分之一多的成员国使政府施行了军事干预，这些政体的共同模式是倾向于军职官僚和文职官僚协力合作，而实际上军方具有最终的控制权。这样的"官僚政体"一般被比较公共行政研究者视为既无效率又无工具性。

不过，黑迪发现，自20世纪70年代后期以来，这种趋势已经开始发生了转变，人们对于技术援助的实质和程序均给予了特别的关注。当然，对于在一些公共官僚机构已经支配了政治机构的国家是否还应该鼓励通过外部产生的项目来提升行政绩效这个问题，人们一直还存有争议。例如，支持所谓"不均衡论"的人们就认为，在这种情况下进一步强化官僚机构反倒只会使这个问题更加恶化并且会进一步阻碍未来政治均衡发展的可能性。作为这一观点的主要代言人，里格斯就曾多次强调目标应该是实现一个均衡的政体，这个政体在官僚机构与他所谓的"制宪系统"之间具有一种稳定的平衡，这个系统由诸如选举系统、民选的立法机关以及政党系统组成。而对于"不均衡论"持怀疑态度的人们则认为，即便所寻求的援助在一个因官僚统治而失去平衡的政体中有利于行政能力的改进，提供技术援助的国家通常也应该承担起帮助弱者的责任。① 在黑迪看来，关于行政改进与实现政治发展平衡的竞争性策略的争论仍在继续进行②；与此同时，人们也在努力地对这种"不均衡论"的观点进行检验，例如，美国学者希格尔曼（Sigelman）就通过对不均衡论观点进行的两次独立检验（一次检验涉及57个国家，另一次检验涉及38个国家），并进而就许多发展中国家官僚成熟与政治参与过度之间的关系进行的数据分析发现，与那种假定官僚发展与政治统治之间将会有一种正相关关系的不均衡论相反，倾向于抓政治权力的正是那些欠发达国家

① 参见［美］里格斯：《官僚与政治发展：一个相悖的观点》，见［美］拉帕罗巴拉主编：《官僚制与政治发展》，新泽西：普林斯顿大学出版社1963年版，第120~167页；［美］里格斯：《比较视野中的官僚政治》，见［美］里格斯主编：《发展行政学前沿》，达勒姆：杜克大学出版社1970年版，第375~414页。

② 参见［美］黑迪：《公共行政：一个比较的视角（第5版）》，马塞尔·迪克出版社1996年版。

的官僚机构①，虽然后来有人通过另一项研究纠正了希格尔曼的研究所存在的缺陷，但是他还是断定不均衡论的各种形式均未得到经验检验的支持。

总之，黑迪认为，尽管比较公共行政一直都很关注改进欠发达国家的行政能力，但是人们在如何实现这个目标的焦点和途径上仍然尚未达成共识，这个问题不仅过去和现在存在，而且将来也会继续存在，它仍然是需要比较公共行政研究者进一步探讨的核心问题。

（五）体制的转型

如前述，作为政府活动的一个组成部分，公共行政是政治系统运行的一个方面，比较公共行政与比较政治密切相关；正是比较政治与比较公共行政之间的这种密切联系决定了对各民族国家特别是欠发达国家公共行政及其发展的比较研究必须以对其社会政治体制变迁的研究为前提。因此，黑迪认为，至少在短期内，很少有人会认为作为世界政治秩序主导形式的民族国家将会消失，目前乃至在未来的很长一个时期，主权国家仍将是主要的政治实体。正因为如此，民族国家现行社会政治体制正在出现和即将出现的转型及其对比较公共行政的影响长期以来一直都是比较公共行政研究所关注的重要问题之一。

黑迪发现，早在 20 世纪 50 和 60 年代比较行政运动全盛期，人们就一致假定所有的国家都基本上具有同样的发展愿望，欠发达国家将会采取同样的发展途径来仿效发达国家并且欠发达国家在仿效过程将会通过输入可能促进其发展项目的行政技术而得到援助。后来，“依附”理论、“社会系统分界”理论以及“后工业社会”理论的倡导者又对此进行了不同的解释。

在这方面，依附理论家们所作出的是一种基本否定和悲观的预言，他们从根本上认为，不发达或缺乏发展是某些社会对其他社会依附状态的后果，他们断言来自“大都市”发达国家的外部因素对“边缘”发展中国家的影响基本是消极的影响，在苏联解体之前，这种依附状态的理由被他们说成或是资本主义的“帝国主义”或者是“超级大国的权力”（当时被视为超级大国的是美国和苏联），他们哀叹外来行政技术援助项目的影响并且贬低公共官僚机构对于国家发展所能够作出的贡献，而且他们强调，如果不从根本上改变这些关系，那么改善这种状况的前景就很渺茫。在黑迪看来，尽管依附理论家目前仍然还有影响，但是鉴于苏联的解体以及号称亚洲“四小龙”

① 参见［美］希格尔曼：《现代官僚支配了欠发达政治吗？对非均衡论点的一种检验》，载［美］《美国政治学评论》1972 年第 6 期；《官僚发展与统治：对非均衡观点的一种新检验》，载［美］《西部政治学季刊》1974 年第 4 期。

的新加坡、韩国，以及中国香港、中国台湾的崛起，他们不得不对其论点进行了重大的调整。

社会系统分界理论的主要倡导者是巴西著名学者 A. G. 拉莫斯（Ramos），他在其《组织新科学》一书中提出了一个对发展中国家具有启示意义的社会系统分界模型，该分界模型不承认发达国家的历史经验具有指导作用并且提出了一种可以提供各种社会飞地的替代性“超经济范式”。拉莫斯认为，国家的角色将会是促进一种多中心的社会，这种社会的分配政策“不仅支持市场取向的追求而且也支持适合于公民的个人价值实现、交际关系以及社区活动”①。按照他的观点，发展的意义将会被改变，而且公共政策的目标也会随之改变。人们所强调的将会是向前规划而且公共政策制定者和执行者的角色也将得到进一步扩展。而在黑迪看来，尽管国家公共官僚机构显然将需要得到加强和重新定向，但是拉莫斯和其他分界理论家们对于应该怎样来做到这一点却没有发表什么意见。

相比之下，以贝尔为代表的“后工业社会”理论家们则基于对目前发达国家的未来所做的社会预测而认为，在不远的将来会出现一种重要的过渡，这种过渡不会严格地按照一种全新社会的特征来进行，到那时，理论知识和技术将变得越来越重要而且受过高等教育的专业技术人员将会占主导地位。② 在黑迪看来，虽然按照“后工业社会”理论家的观点，政治决策和行政执行的范围到那时也许会得到进一步扩展，但是，至于这一点怎样才可能会实现，关于后工业社会理论的研究文献尚未给予重要关注。

总之，黑迪认为，随着时间的流逝，上述每一种观点的预测效度所受到的怀疑似乎都要多于其所得到的证实。依附状态似乎至多只能部分地解释发展的缺陷，社会系统分界理论的倡导者们一直都没有明确地发现其建议业已被采纳的实际例证，而且已经有学者论证了后工业社会正在不是更有可能而是更不可能成型。③ 正是基于对已有相关研究成果的考察，黑迪认为，这个问题尚有待于人们进一步研究。

四、简评

纵观黑迪的人生经历，应该说，其一生都与公共行政有着不可分割的联

① ［巴西］拉莫斯：《组织新科学》，多伦多：多伦多大学出版社 1981 年版，第 135 页。

② 参见［美］贝尔：《后工业社会的到来》，纽约：自由出版社 1973 年版。

③ 参见［美］埃兹奥尼：《是谁扼杀了后工业社会?》，载［美］《下一步》1980 年第 1 期。

系，他对公共行政的热爱可以间接地追溯到他早年在农场的那段日子，他在那里就对公共行政怀有兴趣并且梦想将来会成为一名享誉全国的政治家；他不仅在美国政府机构有过从事实际公共行政工作的经历，而且长期从事公共行政学方面的教学与研究工作；他不仅对美国大学的公共行政学教育和组织作出了杰出贡献，而且还在国际公共行政学界具有重要的影响，尤其在比较公共行政学研究领域，黑迪已经被公认为是现代西方比较公共行政学研究领域少有的几个权威人士之一。

当然，通过对黑迪在比较公共行政学研究方面的上述理论贡献的考察，我们也许会感觉到黑迪的比较公共行政理论还不够全面，他对诸如政府职能、行政权力配置、行政决策体制、公共人事管理、公共预算与财政、政府间的关系、行政组织绩效以及具体的行政管理方法这样一些具体的公共行政管理问题尚缺乏深入、系统的比较研究。然而，我们也应该看到，正是由于比较公共行政的主题有许多分枝细节，所以黑迪的比较公共行政研究焦点有所侧重。在他看来，尽管研究比较公共行政问题的不同视角之间未必不相容，但是我们的确可以从不同的视角对它进行研究；尽管人们选择的研究视角可能有所不同，但是人们一般普遍认为比较公共行政研究需要在方法论上作进一步改进，这也就意味着人们都承认比较公共行政研究内在地尚存在一些问题。也正是基于这样一种认识，黑迪在试图处理比较公共行政研究固有的这些复杂性时更倾向于鼓励采用多种方法进行研究，而不应该只是固守所谓的正统方法。他强调自己之所以极力赞成把比较公共行政研究的焦点放在公共官僚体制上，正是因为他觉得这样可以有助于发现在当代民族国家可能广泛存在的影响官僚特征的因素，而且他明确地承认，任何一种比较焦点的选择都会有长处和不足，但是，要对公共行政进行全面的比较研究，就不可避免地要作出这种选择。因此，他选择了将现代民族国家的公共官僚体制作为主要的研究焦点，而且他主要关注的还不是整个官僚机构及其内部工作特征，而是较高层级的官僚机构及其与政治系统其他组成部分的外部工作关系，他更多关注的是探讨在各种其政治系统特征具有鲜明对比的背景下官僚体制的作用。他通过比较研究发现，尽管现代民族国家确实把一个满足官僚制这种组织形式起码结构要求的公共行政部门当做其政治机构之一，但是在公共官僚制与政治系统这个政体之间并不存在任何标准的关系模式，而对于影响这些关系至关重要的因素是错综复杂的，它们不仅包括民族国家政治发展的阶段和民族国家的政治体制特征，而且还包括民族国家已经选择要通过行政工具加以实现的项目目标的本质。在他看来，认识到这种多样性的存在是更加充分地认识和理解特定国家行政系统以及在不同国家行政系统之间进行更有意义比较的第一步。由此可见，黑迪对比较公共行政理论的贡献可能正在于他从宏观上为后人对具体国别行政系统各个方面的比较研究奠定了方法论基础。

第五章　挑战与创新时期的西方行政学说

20 世纪 70 年代，英美等西方国家的经济陷入“滞胀”的困境中。在美国，经济的显著特点是低速增长与结构性经济危机相交织，结束了美国历史上第二个经济高速发展时期（1939—1969）和美国称霸资本主义世界的黄金时代；公民权运动、越南战争、水门事件、能源危机等带来的社会政治问题，使公众对政府丧失了信心。现实对行政学理论提出了挑战。人们纷纷提出所谓“新的模式”或“中心理论”，以取代“旧的传统理论”。由美国青年行政学者发起的“新公共行政学”运动在 70 年代得到发扬光大。以此为基础，英国学者提出了重视行政道德规范和社会需要的“社区服务模式”。受政治学后行为主义思潮的影响，行政学研究更加注重政府行政的社会和政治意义。另一方面，由于系统论、控制论等一系列具有方法论功能的理论学说在管理实践中广泛且成功的应用，也为西方行政学的进一步创新奠定了重要的方法论基础。尤其是诸如经验主义学派、权变理论学派等新的管理学派的相继诞生以及目标管理理论、权变学说等在政府行政管理实践中的直接应用，更使西方行政学的创新获得了现实的可能性。在这样一种历史背景下，西方行政学便进入了它的第五个发展阶段——挑战与创新时期。西方行政学在这一发展时期的代表人物主要有：在对传统公共行政学理论进行了全面反思和批判并运用新的研究方法、从新的视角对公共行政的现实与未来做了深入研究的美国行政学家弗雷德里克森等新公共行政学者；将权变管理理论应用于领导科学研究领域并提出了著名的权变领导模式的美国管理学家菲德勒；在对企业组织和社会公共服务机构进行深入研究的基础上提出了具有广泛影响的目标管理理论的美国著名学者德鲁克等。

第一节　以弗雷德里克森等为代表的“新公共行政学”

20 世纪 60 年代末、70 年代初，以美国为代表的西方国家连续出现了一系列社会、经济与政治危机，政府改革的呼声此起彼伏，传统的公共行政学说面临着严峻的挑战。对此，西方行政学界作出了积极、有力的回应。他们反观传统公共行政的固有缺陷，开始用全新的视角、全新的理性价值审视和研究公共行政的今天以及未来的发展，从而引发了新公共行政运动，并形成了一个新的公共行政学流派——新公共行政学派，其主要代表人物就是曾担任过美国公共行政学会会长（1977）的乔治·弗雷德里克森（1934—）和我们前面已介绍过的著名行政学家德怀特·沃尔多等。以下我们主要依据他们的思想和观点来简要地介绍一下“新公共行政学”的主要内容。

一、新公共行政学的产生背景与基本含义

当人类进入 20 世纪后半叶时，整个世界几乎处在一种急剧变革和纷扰不安的时代。科学技术的迅猛发展，不仅使生产率得到了快速增长，使经济发展水平得到了不断提高，而且也导致了全球文化的日益普遍化和理性化。所有这些既对人类社会的进步具有重要的促进作用，也对人类社会的发展造成了许多不良的影响。例如，科学研究的态度促使人类原有的终极信仰转变为对客观知识和工具理性的信仰，导致意义的沦丧，形成现代人内在的空虚感，促使人类社会更加世俗化、更为功利；科学技术的发展还造成当代规范系统的混乱——原有的价值规范丧失权威，而新的价值规范系统尚未确立，于是便导致现代人对价值无所适从。

面对社会出现的种种变化，现代政府的确已经无法再用过去的管理模式来控制局势和解决问题，因为传统的公共行政理论是实证科学的产物，它自然也就无法指导行政管理的实践，应付现代科学技术的发展所造成的各种危机。正是在这样一种历史背景下，1968 年，新公共行政学高举“社会公平”的旗帜应运而生，它倡导关注意义和价值、着重建立规范理论，以期促使未来的人类社会放射出一线曙光。

所谓“新公共行政学”，是相对于“传统公共行政学”而言的。在弗雷德里克森等公共行政学者看来，所谓“传统公共行政学”，是指 1968 年弗雷德里克森等一批年轻的公共行政学者在纽约锡拉丘兹大学的明脑布鲁克会议中心召开会议采用新的研究方法探讨公共行政学的发展趋势，进而形成了一场新的公共行政运动之前的正统时期的公共行政理论和第二次世界大战后重新建立的公共行政理论。他们将这些公共行政理论称为“旧的公共行政学”，而把 20 世纪 60 年代末期和 70 年代产生的运用现象学方法、本土方法论、符号互动论以及解释学和批判理论等新的研究方法并且强调以公共行政的“公共”部分为研究重心的公共行政理论称为“新公共行政学”。传统的公共行政学所追求的是一个有效的、经济的和协调的行政管理系统，而且它

往往把研究的重点放在高层管理机构以及政府重要的职能部门中，例如，放在城市管理、国家预算、宏观计划、人事及组织结构等方面。而新公共行政学则不然，它不仅认为公共行政应当以经济、有效的方式为社会提供高质量的服务，而且更强调把社会公平作为公共行政所追求的目标。正如弗雷德里克森所言：“新公共行政学把社会公平加入到传统的目标和基本原理中。实用的或传统的公共行政学试图找出下列两个问题中任何一个问题的答案：(1) 我们怎样才能够利用可以利用的资源来提供更多的或更好的服务（效率）？(2) 我们怎样才能够花费更少的资金来保持我们的服务水平（经济）？而新公共行政学则增加了这样一个问题：这种服务是否增进了社会公平？”①这实际上也就意味着行政管理人员不能是价值中立的，他们应当担负起对社会的责任，应当把出色的政府管理与社会公平作为一种新的公共行政的基本原理、应履行的必要职责和应遵循的社会准则，而且社会公平这一社会准则本身又赋予了新的公共行政以新的使命，即它有责任改革那些在制度上、功能上、效果上妨碍社会公平的政策与影响实现社会公平目标的政府行政管理体制。换言之，新公共行政的使命是对影响和削弱社会公平、出色管理、经济的和有效率的各种因素和组织结构进行变革。

二、新公共行政学对传统公共行政学“效率至上”观的反思和批判

“效率”是一个既十分重要而又颇具歧义的概念。19世纪末期，效率的特定意义只应用于工程方面，自20世纪初起，效率便开始应用于经济界和企业界。由于政府资源的有限而且人民的需求日益增长，效率观念也逐渐地在公共行政的理论研究和实际工作中得到广泛的应用。然而，即使是在公共行政领域，人们对效率也有着不同的理解。如果将各种不同的意见加以归纳，对效率的解释大致可以分为以下两种基本类型：

(1) 机械性效率：指可以用具体数字表示的投入与产出之比率，它强调的是以最少的投入取得最大的产出。这种效率亦称“技术效率”或“生产效率”。传统公共行政理论的效率观大致就属于此类。

(2) 社会性效率：指以社会价值观念为目标，规范地予以衡量的效率，也就是说，效率必须与公共利益、个人价值、平等自由等价值目标结合起来才有意义。新公共行政学的兴起即代表着这类效率观的发展。

新公共行政学正是在不断地对传统公共行政的所谓“效率至上”原则

① [美] 杰伊·M. 沙夫利兹、阿尔伯特·C. 海德：《公共行政学经典》，伊利诺伊：多尔西出版社1987年版，第426页。

进行反思和批判的基础上发展起来的。新公共行政学对传统公共行政学的“效率至上”原则的反思和批评是从理论和实践两个方面进行的。

从理论方面来看，新公共行政学主张公共行政不仅仅是执行政策的工具，而且还是对广大民众生活的各个方面都具有决定性影响的重要因素，它担负着广泛的社会责任。反观传统公共行政理论将效率当做基本价值，强调非人性化和客观化的所谓理性效率，促使组织对人与人之间的互动采取机械性的控制，个人只是惯性地服从并且专注于生产或工作过程，人与人之间变成了工具般地相互操纵，以追求有效率地完成组织目标；而个人则失去了自我反思和自我了解的意识，缺乏创造精神和人格的健康发展，甚至造成组织成员与服务对象之间的疏远和隔离，进而失去了组织应该表现出的社会价值和责任。鉴于传统公共行政学“效率至上”原则固有的缺陷，新公共行政学采取解释学和批判理论的模式进行研究，以期超越传统公共行政学的所谓“理性模式”，它主张公共行政组织通过“了解”和理想情境的沟通对话来促使公共行政与其服务对象——人民产生诚挚的互动，以通过增加其对广大民众的需求作出积极反应来抵消传统公共行政理论下的无效率观，引导社会价值，进而实现公共行政的民主政治责任与义务。也就是说，与传统公共行政学不同，新公共行政学强调建立规范价值，关注人民需要，提高社会性效率，以改善人民的生活，实现行政管理工作的最终目标。

从行政实践方面来看，新公共行政学认为，首先，公共行政的最重要的目的在于促进人类幸福，然而，传统公共行政学理论所强调的指挥统一、层级节制等原则虽然促进了效率，但是它们却面临着发展的困境，而且由于社会的急剧变迁，传统公共行政理论与实际之间的鸿沟愈来愈大，它无法担负起社会责任，更缺乏适应社会发展的能力，自然也就谈不上能够有效地改善人民群众的生活水平了！其次，传统公共行政的效率观也促使一些行政学研究者以机械性效率为标准来评估公共服务的绩效。这些行政学者被训练得如同专业的经济学家，专注于成本利益分析，并且被假定为“国家意志”的先知者，成为伦纳德·怀特早期对公共行政所下定义的典型例证，即成为“政府目标完成过程中的管理者和材料”。而如此定义下的公共行政，其行政实践的成果又怎么样呢？新公共行政学的另一个代表人物奥斯特罗姆以美国胡佛委员会所提出的 PPB 预算法案为例对此作出了回答。他说，1969 年由胡佛委员会所提出的 PPB 预算法案，经由国会通过，它以产出作为决策的基础，即假定某一方案的选择要基于对资源的有效利用，然而事实上，这种所谓完全科学的假设根本站不住脚。在他看来，PPB 犯了根本性的错误，而且它导致了总体上的无效率。最后，传统公共行政学理论过分迷信效率，造成了长远性的缺乏效率并且已经明显地造成了更多的问题。尽管它强调的行政原则为罗斯福执政时期强化行政权力以及集权控制联邦行政系统提供了依据，但是这种强调“指挥统一”的效率行政的设计也导致了尼克松执政时期著名的“水门事件”成为公共行政上的一大丑闻。由此可见，新公共行政学者们认为，效率虽然在某种层次上有其积极的作用，但是在公共问题的解决上却一筹莫展，究其原因，这正是由于按照传统公共行政理论设计的政治制度并没有表达公共利益，而只是考虑机械性的量化概念，它未曾顾及社会性的公平分配，其结果往往促使社会上有组织者、有权势者以及既得利益者受益最多，而造成越来越多且差距日益增大的不公平、不平等现象。

三、新公共行政学对社会公平价值观的提倡

如前所述，传统的公共行政学是把效率和经济作为公共行政的两个基本原则的。所谓效率是指利用有限的资源提供更多更好的服务，而所谓经济，则是指花费更少的资金保持和提高服务水平。在传统的公共行政学视野中，经济，特别是效率，毋庸置疑，是公共行政的出发点和终极目标。新公共行政学提出了与此不同的看法。它认为，实现以较少的投入换取较大的产出即经济和效率目标固然是公共行政的价值追求和目标之一，但绝不是其核心价值，更不是唯一的价值准则和终极目标。传统的公共行政机关在执行立法和提出计划时，常常以牺牲社会的平等来强调效率和节约，与其说它照顾一般利益，倒不如说它照顾特殊利益，它以献身于争取公众福利和民众的面貌出现，但实际上却反其道而行之。而新公共行政学则强调，公共行政的核心价值在于社会公平，在于促进公民社会所拥有的、以社会公平为核心的基本价值。

何为“社会公平”？何为公共行政的“社会公平”？“公平”一词本是社会心理学的一个概念，早在1965年美国著名社会心理学家亚当斯就曾从行为科学的角度提出了著名的公平理论。他认为，一个人不仅关心个人的收入（工资标准、奖金数量、工作成绩的认可以及其他因素）和付出（如个人的努力程度、付出劳动量的大小以及经验、知识的多少等），而且还关心自己的收入、付出与别人的收入、付出的关系，亦即人们不仅关心个人努力所得到的绝对报酬量，而且还关心自己的报酬量与别人的报酬量之间的关系，即相对报酬量。人能否受到激励，不仅会由他们得到了什么而定，还会由他们看到别人得到了什么而定，他们总是首先进行一番“社会比较”，全面衡量自己的收入和付出。从某种意义上说，工作动机激发的过程，实际上就是人与人之间进行比较、作出判断并据以指导行为的过程。如果一个人发

现自己的收入和付出的比例相当，他就会心理平衡，认为公平，于是心情舒畅，努力工作；相反，如果一个人发现自己的收入和付出的比例不相当，或低于别人，他就会产生不公平感，内心不满，影响其工作积极性的发挥。亚当斯用公式将他的公平理论概括如下：

设 Ix 代表个人的付出，Ox 代表个人的收入，Iy 代表作为比较对象的他人的付出，Oy 代表作为比较对象的他人的收入：

则，(1) 公平状态为：$\frac{Ox}{Ix}=\frac{Oy}{Iy}$

(2) 不公平状态为：$\frac{Ox}{Ix}\neq\frac{Oy}{Iy}$

以上公式表明，当一个人的所得与其付出的比值等于作为比较对象的他人的这项比值时，就存在着公平状态，如果二者的比值不等，那么就存在着不公平状态。后来，人们将其纳入伦理学和政治哲学的范畴内加以讨论，认为，“公平”概念的完整含义应当包括“收入与付出相符合、贡献与报酬相一致、权利与义务相对称，也就是责权利相结合”①，进而使“公平”概念进一步获得了社会意义——“社会公平”。新公共行政学者正是在伦理学和政治哲学意义上讨论“公平”概念的，例如，弗雷德里克森就明确指出：“公平意味着人与人之间的一种公正、正当和公道的精神或习性……它与自然权力或正义同义。”② 而对于“社会公平”的含义，新公共行政学派则作了更为具体的解释，并且将其视为公共行政的“公共目的”，赋予它作为核心价值的意义。正如弗雷德里克森在《新公共行政学》一书中所指出的：“社会公平包含着对包括组织设计和管理形态在内的一系列价值取向的选择。社会公平强调政府提供服务的平等性；社会公平强调公共管理者在决策和组织推行过程中的责任与义务；社会公平强调公共行政管理的变革；社会公平强调对公众要求作出积极的回应而不是以追求行政组织自身需要满足为目的；社会公平还强调在公共行政的教学与研究中更注重与其他学科的交叉以实现对解决相关问题的期待。……总之，倡导公共行政的社会公平是要推动政治权力以及经济福利转向社会中那些缺乏政治、经济资源支持，处于劣

① 参见拙文《政策的公平性》，载《中国软科学》1993 年第 6 期，第 20 页。

② ［美］弗雷德里克森：《新公共行政学》，亚拉巴马：亚拉巴马大学出版社 1980 年版，第 38 页。

势境地的人们。”①

在新公共行政学者看来，社会公平应该具有极其丰富的内涵，为此，他们直接从美国当代著名政治哲学家和伦理学家约翰·罗尔斯的“作为公平的正义”思想体系中获取坚实的理论依据。他们完全赞同罗尔斯关于公平的基本观点，即公平的自由处于高于一切的地位，理想的“正义”社会应拥有最大的公平自由，每一个社会成员都应该享有公平的自由，包括言论、集会、结社的自由等。一个民主立宪政体的首要原则就是保证公平的政治自由。当公平的自由原则在由宪法规定的政治程序中得到运用时，就成为公平的“参与原则”。而参与原则要求所有公民都拥有公平权利参与立宪过程、决定立宪结果，要求所有的成年人都有权参与政治事务，每一个有选举权的人都有一张选票，而且“每张选票在决定选举结果中具有大致相同的分量”，要求“所有公民至少在形式上应有进入公职的公平途径”②，要求“所有的公民都应有了解政治事务的渠道”。因此，宪法规定必须采取有力措施，不仅要保证社会所有成员享有参与政治的公平权利，保证“在机会平等公平的条件下职位和地位向所有人开放”③，“确保一种参与、影响政治过程的公平机会”，而且要让最少受惠的社会成员获得最大的利益，要改革社会和经济的不公平状况，避免由于“资产和财富分布上的不均等”而导致“社会中的较不利者”“不能有效地行使他们那一份与别人相同的影响力”④。可见，这里所说的公平，实际上不仅指法律的公平，而且指事实上的公平、结果的公平，为此就需要对最少受惠者予以必要的补偿，以减少社会中的不公平。新公共行政学派的社会公平价值观所依据的正是罗尔斯的这种作为正义的公平观念，因为这种公平观念恰好适应了新公共行政学派改造理论体系、推动政府变革的需要。否定传统行政片面追求效率、经济，而忽视公平这一首要价值的理论体系，将使为全社会，尤其是为社会的最少受惠者提供公平的公共服务这个“社会公平”价值全面运用到当代公共行政管理的理论与实践中。诚如新公共行政学者哈特所说的那样，公平理论赋予现

① ［美］弗雷德里克森：《新公共行政学》，亚拉巴马：亚拉巴马大学出版社 1980 年版，第 6~7 页。

② ［美］罗尔斯：《正义论》，何怀宏等译，北京：中国社会科学出版社 1988 年版，第 213 页。

③ ［美］罗尔斯：《正义论》，何怀宏等译，北京：中国社会科学出版社 1988 年版，第 79 页。

④ ［美］罗尔斯：《正义论》，何怀宏等译，北京：中国社会科学出版社 1988 年版，第 216 页。

代公共行政以伦理的内容，它将有效地指导行政官员的行为，即明确了官员及组织的行为应保障公民基本平等自由权的实现，更明确了他们有责任和义务为最少受惠者获得公共服务所进行的各种努力。①

新公共行政学不仅期待政府能够通过观念与行为转换解决社会存在的尖锐矛盾，更期待着公共行政进入一个全新的领域，即当代民主社会中，建立民主行政之模型。② 民主行政要求公众需要是行政体系运转的轴心，即公众的权利或利益应高于政府自身的利益扩张和利益满足。政治的民主必须实实在在地体现在民主的行政过程之中。民主行政是现代社会的大势所趋，是社会进步的体现。新公共行政学认为，民主行政、实现“社会公平”并不是空洞的伦理道德，亦不是乌托邦的梦幻，它完全可以通过行政改革得以实现。因此，新公共行政学派没有停留于理论的思辨和各种假说之中，他们以推动政府行政改革为己任，努力寻求发展公共行政的良方，从而使新公共行政不仅是一种社会思潮，同时也逐渐成为一种社会运动。由此可见，新公共行政学者所理解和倡导的“社会公平”价值观，旨在通过理论的应用、制度的设计以及政策的执行来促使人们都能够心悦诚服地生活，从而达到美好的境界。

纵观新公共行政学的整个发展历程，从 1968 年新公共行政学的诞生，一直到 1988 年第二次新公共行政学会议止，在这 20 年间，新公共行政学者对社会公平的倡导，可谓不遗余力。他们通过对传统公共行政效率观的批判来唤起整个公共行政领域的全面变革，进而整合各种理论观点，以期建立公共行政理论与实践的新典范；他们强调以伦理、民主、政治互动，公民参与以及回应性等观念为基础设计出一种新的组织体制或制度，以增进社会公平实现的可能性。他们的这种种努力不仅体现在他们所撰著的一系列学术著作中，而且更表现为在很大程度上对公共行政实践所起到的改进作用。实际上，“社会公平”俨然已经作为当代公共行政的重心而取代了传统技术性效率的地位。

四、新公共行政学对传统政治—行政二分法的突破

我们知道，传统公共行政学的产生是建立在对政治—行政二分法的基本

① 参见［美］戴维·K. 哈特：《社会公平、正义与公平的行政官员》，载［美］《公共行政评论》（1974 年 2—3 月号）第 34 期。

② 参见［美］文森特·奥斯特罗姆：《美国公共行政的理性危机》，亚拉巴马：亚拉巴马大学出版社 1973 年版。

假设之上的。我们在本书的第一章中曾谈到，19 世纪末，西方行政学的创始人、美国著名行政学家伍德罗·威尔逊率先主张应当将行政学从政治学中分离出来成为一门独立的学科，第一次提出了政治—行政二分法的思想。他认为，政治的职能是制定政策，而行政的职能是执行政策；随后，另一位著名的美国行政学家弗兰克·古德诺又对威尔逊提出的政治—行政二分法思想加以系统化、具体化，并且明确提出了“政治与政策或国家意志的表达相关；行政则与这些政策的执行相关”①，“在所有的政府体制中都存在着两种主要的或基本的政府功能，即国家意志的表达功能和国家意志的执行功能。……这两种功能分别就是：政治与行政”②，从而将国家的政治功能与行政功能相对地区别开来。而建立在这种政治—行政二分法基础之上的传统公共行政学则一直将公共行政局限于与政治截然不同的“中立性”的行政领域，即执行政策而不是制定政策。第二次世界大战以后，在行为主义的影响之下，行政学研究更加强调价值与事实的区别与分离，更加醉心于运用自然科学的技术手段对错综复杂的公共行政活动作微观上的“数量确定”和精确描述，试图使公共行政成为一种独立于政治和社会之外的“非人格化”的东西，使公共行政学成为一门与政治分离的、以管理技术和工艺为主的科学。

然而，对于这种建立在政治—行政二分法基础之上的公共行政学科的发展状况，新公共行政学派极其不满。他们指出，由于传统行政学的政治—行政二分法观念使行政学研究局限在一个非常狭窄的领域内，尤其把研究焦点放在行政机关预算、人事、组织以及大量其他的所谓“中性”问题上，相反却很少重视与社会、政治密切相关的政策制定与政策分析等问题的研究，致使公共行政游离于社会政治现实之外，远远不能满足解决社会问题、处理社会危机的需要。诚如新公共行政学者拉波特所说的那样，当代的公共行政学仍然停留在传统的分析模式和规范呆板的不良适应中，这使得它对于实质问题或分析模式几乎无法提供同意或不同意的基础，以拯救政治—行政的危机或学术风格。在他看来，行政学的教学和研究如果仍然趋向于以过去的问题为基础，或者只是满足于对“现存制度”的问题观感作出及时的回答，这种做法将会限制行政视野、政治领导或严谨知识的发展，并且会对行政学

① ［美］古德诺：《政治与行政》，王元、杨百朋译，北京：华夏出版社 1987 年版，第 10 页。

② ［美］古德诺：《政治与行政》，王元、杨百朋译，北京：华夏出版社 1987 年版，第 12~13 页。

研究者、实际行政部门的工作者与未来的相关性产生彷徨无依的作用。

因此，新公共行政学派首先致力于突破传统公共行政的思维框架。他们认为：(1) 政治—行政分离只是一种理论虚构，而在现实的政治与行政运行中，行政体系游离于政策制定之外的状况根本不存在。例如，新公共行政学派的代表人物弗雷德里克森就指出，威尔逊提出政治—行政二分法的目的只是为了改革当时美国极度腐败的吏治和推行公务员新政策所做的必要的理论或舆论准备，是策略的需要。① 在新公共行政学派看来，当代西方国家的政治与行政相互渗透的事实已经证明，传统的政治—行政二分法在现实的政治生活中是行不通的，因为实际上国会、总统或其他政治机构对于政策问题往往只是提供原则性目标，而具体的政策方案则是由行政机构及其行政人员制定并通过行政机关人力、物力、财力规划得以落实或实施的。而这个过程本身无疑就是一种对各种权力、价值、利益进行交换或分配的过程，换句话说，也就是一种政治决策的过程。新公共行政学派认为，在民主社会中，对行政人员决策地位的认识应该采取积极的态度，这样有助于提高行政机关及其行政人员的自觉意识，即除在执行政策中尽职尽责外，更应以主动的态度设计政策议程，并且善于运用裁量权来发展公共政策，使政策能够更加有效地解决社会问题。(2) 公共行政的研究应适应现代社会的要求，在研究领域乃至研究方法上做一次飞跃。就研究领域而言，新公共行政学派主张跳出研究行政程序的狭窄圈子，趋向于相关问题的公共行政研究，亦即用更加广阔的视野、开放的行政系统观念来研究行政组织运作中遇到的社会问题，尤其是动荡不安时期的相关问题。由于公共政策的形成过程也就是行政组织与相关问题发生联系的过程，因此，新公共行政学将当今与未来公共行政发展的焦点主要定位于如何发展公共政策。在促进公共利益、建构民主行政的目标下，公共政策与行政组织演进、公共政策的制定、公共政策的分析与评估以及公共政策的执行等一系列问题便成为当代公共行政学的热门课题，从而引起了政策研究的热潮。

与此同时，新公共行政学派还确立了一套与其思想体系相配套的研究方法。他们认为，传统公共行政学奉行价值中立准则，避免对所研究的行政问题作出“好”与“坏”、“应该”与“不应该”的价值判断，它普遍使用了“逻辑实证主义的”研究方法。这种逻辑体系是以接受现存制度与现存价值为前提的，它将研究局限于资料汇集和统计分析的经验性理论，以表现其客

---

① 参见［美］弗雷德里克森：《新公共行政学》，亚拉巴马：亚拉巴马大学出版社1980年版。

观性。新公共行政学派指出，纯粹的价值中立不仅在学术研究中不存在，因为每一个学者都不可避免地会将自己的价值观纳入其学术思想之中，而且它还对行政学的研究产生了误导作用，它使行政学研究者高居象牙塔之中，远离社会生活，接受既定制度阉割的学术的批判精神，使研究不能影响或参与到决策过程之中。而新公共行政学派鲜明地主张社会科学家应该以其专业的知识和才能从事价值判断。他们强调批判理论、道德哲学对公共行政研究的意义。因此，他们推崇“后逻辑实证主义”哲学流派的思辨方法，将价值理论放在优先考虑的地位。他们甚至指出，在实证分析方法与实质价值两者不可兼得的情况下，宁可重视对价值判断的追求，唯有如此，行政学研究者才能深入社会与政治，关心行政相关问题，并且使其积极地宣传自己对现实问题的认识与批判。在他们看来，行政学者不仅仅是学术研究者，而且更应该是改革社会、推进社会发展、促进社会进步的倡导者。

五、新公共行政学的动态、开放组织观

传统的公共行政学注重研究行政组织本身，特别是研究政府内部的组织与管理，如预算、人事、编制等，而新公共行政学则把政府的内部行政管理置于次要地位，它运用行政生态学的广阔视角去认识组织的运作和对行政现象的分解。他们认为，公共行政组织中存在着分配过程、整合过程、边际交换过程和社会情感过程这四种基本的运作过程①：

（1）分配过程是指新的公共行政必须关心分配形式，必须依据从公共行政项目中获得的效益来处理人的物质的和服务的分配问题，成本—效用分析和成本—效益分析是其最常用的方法。公共行政组织内部的权力、资金与利益的分配形式是组织理论的系统内容，由此引发的分配过程的分析也必然和组织的决策方式联系在一起。

（2）整合过程是指通过权威层级来协调组织中成员的工作的过程，而其中每个成员都可以视为在该层级中扮演的角色，其各自的任务通过权威层级联系在一起，整合的目的在于建构一个有凝聚力的、能够有效实现目标的组织整体，并使其运行机制更加有利于各种行政任务的完成。

（3）边际交换过程是指公共行政组织与其他相关组织及目标群体之间建立共生关系的过程。与公共行政组织相关联的组织有立法机构、辅助参谋

---

① ［美］杰伊·M. 沙夫利兹、阿尔伯特·C. 海德：《公共行政学经典》，伊利诺伊：多尔西出版社 1987 年版，第 429~436 页；张文寿、张金马等：《中国行政管理体制改革——研究与思考》，北京：当代中国出版社 1994 年版，第 13~14 页。

机构、上级行政长官以及利益集团等。由于公共行政组织处于一种竞争的环境中，各级政府也有相互依存的关系，它们都需要上述那些关联组织的支持，因此，边际交换过程不仅要求由行政机构与立法机构的领导人发展共生关系，而且鼓励在各级政府之间建立新型的关系，同时还要重视少数群体的参与，这样有利于缓和和减少相关群体的社会冲突与挫折。

(4) 社会情感过程，实际上是一种社会情感训练的过程，它也可以被视为行政管理体制改革的一种基本工具，还可以被视为一种技术，例如敏感性训练、T 技术以及组织开发方法等。社会情感训练能使行政人员降低对权威层级的依赖，能接受各种风险的挑战，也能对各方袭来的冲突采取宽容大度的态度以提高行政机构整体适应各种社会环境的能力。

正是基于上述对公共行政组织运作过程的动态、开放的认识，新公共行政学派认为，当代公共行政发展的动力来源于对行政组织进行变革的需要。之所以如此，其原因在于：第一，公共行政组织是提供各种公共服务的具体承担者，显然，公共行政组织结构与功能状况与公共服务的质量密切相关。第二，由于传统组织理论所强调的官僚层级制体系与制度规范仍在公共行政组织建设中起重要作用，因而，公共行政组织的结构趋于呆板、僵硬，与激变的社会环境形成巨大反差，使公共行政组织无法对所发生的社会变化作出迅速而有效的反应。第三，现有公共行政组织将自身利益扩张看成组织发展目标，忽视其服务对象——公众的需要；强调组织效率，忽视公民平等自由的权利，尤以忽视缺乏政治、经济资源支持的最少受惠者权利为甚，这使公共行政组织运行偏离了航道，违背了民主政治的基本准则。可见，公共行政组织的改革势在必行，而公共行政组织变革正是当代公共行政发展的核心内容。为此，新公共行政学派提出了公共行政组织设计方案应该基于的两个目标：第一，顾客导向的组织形态，即将公众（即接受公共服务的顾客）的需求作为组织存在和发展的前提。第二，应变灵活的组织形态，即加大组织结构的弹性，以便能够对外界的刺激作出迅速的反应。在新公共行政学派看来，这种“反应”能力是评价现代政府组织结构与功能的重要指标。

六、简评

综观新公共行政学的基本思想内容和学术主张，我们不难发现，它不论是在理论研究方面还是在行政实践方面，均对当代公共行政的发展作出了重要的贡献。

从理论研究方面来看，新公共行政学的贡献主要表现为：第一，超越了实证主义的研究模式。新公共行政学借鉴和运用解释学方法和批判理论，强调民主行政下的有效沟通和意识形态的解放，着眼于对意义和价值的关注，俨然摆脱了传统“理性模式”的束缚。第二，迈开了公共行政学独立发展的步伐。1950—1970年，行政学已经沦为政治学和管理学的附庸，新公共行政学兴起之后，便不再局限于对制度和技术的研究定向，它并且试图从政治学和管理学中独立出来，许多专门的公共行政研究机构和学会的建立便是公共行政学独立发展的典型例证。第三，扩大了公共行政的领域范围。新公共行政学认真细致地研究和界定了“公共”的意义和范围，它着眼于建立公共哲学，倡导民主行政，不仅扩大了公共行政学的研究范围，而且也扩大了公共行政实际工作者的权力与责任。第四，完善了公共行政组织理论的内容。传统公共行政理论的研究范围过于狭窄而且比较空洞，而新公共行政学者重新界定了公共行政组织的目的和意义，为公共行政组织理论奠定了一种规范性的基础并且提出了理论建构的方向。第五，深化了公共行政教育的内容。过去按照传统公共行政学理论培养的行政管理人员大多为“效率机器人”，而新公共行政学者则强调应当培养一种德才兼备、高瞻远瞩、积极主动的行政通才。

从行政实践方面来看，新公共行政学基于社会公平原则所提出的诸如减少层级节制、分权、参与、民主行政、对社会民众的需求作出积极回应以及面对面的沟通等观念和主张，从公共服务的平等分配、公务员权利的解放、利益与价值代表的多元化、参与观念的增强、内省伦理道德意识的建立以及人事行政的分权化等方面，均对当代美国政府及其行政管理产生了重大影响。自20世纪70年代至80年代，美国公共部门的改革正如新公共行政学派预示的那样展开着，政府部门广泛地推行了全面质量管理运动，倡导政府部门积极地寻求公众的基本需求，尽力追求产品与服务的品质，并通过不断发展的组织体系与能力稳定地改进服务品质；1978年，美国《文官改革法案》就明确强调了公务人员的培训与教育；1987年，美国国会通过了“马康包力治安法”，决定在公共部门设立质量改进的总统奖，以激励那些提供优质的公共服务的组织与公务人员；1988年，美国政府建立了“联邦质量学院”作为培养公务人员增强“顾客服务意识”、发展优质服务技术管理手段的机构，由此将公共部门的全面质量管理运动推向高潮。

总之，由于新公共行政学在研究方法上匠心独运，使公共行政科学的面貌焕然一新，而它对社会公平价值观的极力倡导不仅使美国政府在参与性、分权化以及变通性等方面进行了一系列行政管理体制的改革，而且同时也对世界各国的行政管理理论与实践产生了间接的影响。当然，我们也应该看到，新公共行政学在解决了问题的同时也提出了不少问题，例如，怎样妥善地解决政治与行政之间的权力冲突？如何培养合适的公共行政教育家？怎样建立一个类似于经济理论或经济模型的“社会公平模型”？诸如此类的种种问题都对社会公平的实现具有极其重要的影响。由此可见，新公共行政学只是迈向社会公平的开端和起步，而如何进一步探讨、建立各种理论，以理论研究指导行政实践，用行政实践丰富行政理论，促进理论与实践有机结合，进而彻底实现社会公平，则有待于公共行政理论研究者与实际工作者进一步共同携手努力。

第二节　菲德勒的权变领导理论

领导活动一向都是行政管理活动的重要组成部分，对领导模式的探讨也一直都是行政管理学的重要研究内容之一。到20世纪70年代，一方面，随着西方国家政治、社会和经济环境的不断变化和科学技术的迅猛发展，各种社会组织都面临着种种新事物的冲击，组织形态和管理方法也出现了向多样化发展的适应性反应；另一方面，随着系统科学的理论与方法在诸多领域里的广泛应用和新形势下社会实践对理论研究提出的新要求，使得以往的种种管理理论均面临着新的挑战。权变理论学派就是在这样一种历史背景下于20世纪70年代在西方国家形成的一种新的管理学派，最早且最成功地将权变理论应用于对领导问题研究的便是美国著名的管理学家菲德勒。

一、生平与著述

弗雷德·E. 菲德勒（1922—）是美国著名的管理学家、权变领导理论的奠基人，是国际上公认的领导科学和管理绩效问题的研究权威。菲德勒于1949年毕业于美国芝加哥大学，并获得哲学博士学位。毕业后，他一直致力于组织管理学，尤其是领导科学方面的研究。1951—1969年，他担任美国伊利诺伊大学心理学教授并兼任群体效能研究所所长；1969年，他担任美国华盛顿大学心理学和组织管理学教授并兼任组织研究所所长；与此同时，他还应聘担任福布赖特基金研究员和阿姆斯特丹大学客座教授（1958—1959）、福特基金会特别研究员和比利时卢万大学客座教授（1963—1964）、伊利诺伊大学高等教育研究会副理事长（1969）以及牛津大学坦普利顿学院客座研究员等职。菲德勒著述甚丰，仅在领导科学方面就已出版了8部著作并发表了180多篇学术论文，其中较为著名的著作有：《领导效能论》（1967）、《领导效率的个人因素和环境因素》（1968）、《如何使领导更有效率？对老问题的新解答》（1972）、《领导方式训练和经验的效果：对一种权变模型的说明》（1972）、《领导方式和管理效率》（1974年，与马丁·切默斯合著）、《领导效能新论》（1987，与约瑟夫·E. 加西亚合）。菲德勒博士还获得了多项科学和职业荣誉，其中包括：1953年获美国人事指导协会颁发的"杰出成就奖"、1960年获同一协会颁发的"荣誉状"、1971年获美国心理学协会咨询心理学分会颁发的"研究奖"、1979年获"军事心理学杰出科学贡献奖"、1978年由于他"对领导科学的卓越贡献"而获斯道戈迪尔奖、1979年他被列入科学文献中最经常引用的100位心理学家的名单、1985年他当选为美国佐治亚大学"二百周年纪念讲演人"，他是美国心理学协会会员、美国管理学会会员、组织行为学会会员，并且担任职业心理学会分会主席、国际应用心理学协会会员，他还被推选加入Sigmaxi科学荣誉协会并成为Sigma lota Epsilon工商荣誉协会荣誉会员。另外，菲德勒博士还领导过很多由政府机构和私人基金会授予或指定的研究任务，这些机构包括：美国国家心理健康研究所、美国教育部、海军研究所、陆军研究所、国防部高级研究室、计划总署、矿产局等。美国各联邦、地方政府及私人企业都经常向他进行咨询。他还经常应邀到欧洲、亚洲和澳洲等地去讲学。1980年，菲德勒博士在华盛顿州州长约翰·D. 斯佩尔曼的"人事选拔和技术转让协作组"任职。他是华盛顿研究基金会的创办人之一。1981—1985年，他担任华盛顿州医学规章理事会的消费委员。

二、菲德勒权变领导理论产生的历史背景

第二次世界大战以后，资本主义世界的经济危机时有发生。在这种情况下，各种社会组织的兴衰严重地受到社会环境的制约，而领导者的领导绩效也主要取决于环境条件。组织为了求得生存和发展，领导者要取得良好的工作绩效，必须重视对环境的研究。在此之前，各种领导理论着重研究的是组织内部的人事和组织结构，而很少涉及环境对组织及领导的影响。因此，这些理论研究不能有效地帮助各种社会组织解决环境变化给它们及其领导者带来的困难。这些组织及其领导者希望能够有一种理论来帮助、指导他们摆脱困境，重新振兴，取得优良的工作绩效。这就成为权变领导模式产生的一个重要时代背景。

此外，随着社会结构和社会生活的日益复杂，人们很难辨别人与人之间的实际性差异。这时，若不采取情境性的观点，不研究特定群体中的特定领导者的行为规范和生活价值观，就无法理解受多种因素影响的领导效率问题。正如美国著名的行为科学家和领导理论专家麦格雷戈所指出的那样，"除非我们能对牵涉某一行为的全部影响因素都能了解，否则，我们便无法

了解人的行为"①。这些因素也成为权变领导模式产生的重要因素。

三、菲德勒权变领导模式的理论渊源

任何科学理论的产生，总会受到前人理论的影响和启迪，菲德勒的权变领导模式也毫不例外地受到前人理论的孕育。正如菲德勒本人所指出的那样，"权变模式并不是全新的"②，它是在广泛吸收多种领导理论成果的基础上开始创造的。

菲德勒的权变领导模式是在吸收了特质论和行为论的合理成分的基础上发展起来的。

20世纪以来，西方的领导科学研究经历了三个发展阶段：首先是领导者特质研究阶段。其研究的重点在于认定领导者的素质或特征，从而了解究竟何种人才适合充当、担任领导者。这类研究在领导理论研究中开始得最早、研究得最多。最早的人格特质理论主张，一个成功的领导者是由于他本人具有某些非凡的、常人所不及的人格特质的缘故。有人将这种理论称为传统特质理论。其次是领导者行为研究阶段。随着现代科学的发展，尤其是现代心理学的发展，人们对人类的智能和人格的认识不断深入，一些心理学家和管理理论家开始运用心理测量的手段分析有效领导的心理素质和行为，并设法培训有效领导者所需要的素质及行为。在这一研究阶段，研究者们的研究旨趣在于描述领导者的行为或领导方式，即了解作为一个领导者应该做些什么以及如何做好。尽管特质论和行为论受到封建主义传统的影响，是从封建的个人迷信和人身依附关系出发来苦心寻求有效领导者个人人格特质和最佳的领导行为类型的，但是它们无疑为后来的领导理论研究奠定了一定的基础。菲德勒就深受特质理论和行为理论的启发，在他的《怎样提高领导效能——一种突破性的领导方法——权变理论》一书中特别重视领导特质在领导绩效上的作用。其理论研究是第三个发展阶段。他认为，领导的特质比任何其他因素更能决定一个组织的成败，他举例说，若没有华盛顿的手腕和决心，美国独立革命的结果恐怕就跟当初的不一样；南北战争时若没有林肯的领导，也许北方早就被消灭了。福特、爱迪生以及摩根等人对美国工商业的贡献，正如安东尼与马丁路德·金等改变了美国许多大团体的社会角色一

① 转引自愈克纯等：《激励·活力·凝聚力》，北京：中国经济出版社1988年版，第143页。

② ［美］菲德勒、加西亚：《领导效能新论》，纽约：约翰·威利父子出版有限公司1987年版，第16页。

样，产生了巨大的影响。菲德勒权变理论模式中的LPC量表（即“最不喜欢的同事”打分表）编制的理论依据，正是反映了他受到特质理论影响的痕迹。

菲德勒的权变领导模式也受到情境论的影响，他的“情境控制”与“情境论”的环境变量有许多相同之处。①

情境论极为重视组织结构和组织所处的环境条件，强调组织沟通系统和工作与任务设计。工作绩效是根据组织目标完成的客观情况进行评估的，人员的提升是依据其工作绩效而非人际关系的优劣。菲德勒对情境因素进行了划分，通过定量分析，得出了“情境控制”的标准尺度。

理论的困境孕育了菲德勒的权变领导模式。

理论的困境是孕育新理论的肥沃土壤。1964年是领导理论向权变理论转变的时机，菲德勒代表了这一潮流，成为“权变模式的早期倡导者”②，他抛弃了两种传统领导理论研究中的形而上学观点，吸取了两者的合理成分，并且试图把两者融为一体，建立起一种人格与情境互动的有效领导模式——菲德勒权变领导模式。

四、权变领导理论的主要内容

（一）权变领导模式的基本点

“权变”，亦即“权宜应变”、“随机应变”之意，也就是在不同条件下适当地区别对待某种事物的意思，由于“权变观点的最终目标是提出最适合于具体情境的组织设计和管理活动”③，所以贴有“权变”标签的概念、学说、理论和方法有时也被称为“情境学说”。菲德勒经过长达15年的艰苦研究工作，提出了他关于有效领导的权变模式。这一模式以其客观的实验、调查数据为基础，科学地阐明了领导者的人格特质和领导情势控制力以及它们之间是如何相互作用而取得最佳领导绩效的。菲德勒在这一模式中提出：领导是否有效，既不是仅由领导者的人格特质所决定，也不只是由领导情势所决定。领导绩效取决于领导特质与领导情势的适当匹配：任务导向型

① 参见［美］菲德勒、加西亚：《领导效能新论》，纽约：约翰·威利父子出版有限公司1987年版，第13~21页。

② ［美］菲德勒、切莫斯合著：《提高领导效能》，纽约：约翰·威利父子出版有限公司1984年版，第21页。

③ 参见［美］弗里蒙特·E. 卡斯特、詹姆斯·E. 罗森茨韦克：《组织与管理——系统方法与权变方法》，李柱流译，北京：中国社会科学出版社1985年版，第140页。

（低 LPC）的领导者在高度控制或低度控制的领导情势下绩效最佳；关系导向型（高 LPC）的领导者，在中度控制的领导情势下绩效最优。

（二）领导方式的分类与 LPC 量表

菲德勒受特质理论和行为理论的启发，对有效领导者的研究，首先从领导者方面入手。他设计出一套对领导者领导方式进行测量的有效量表，称为 LPC 量表①（即"最不喜欢的同事"打分表，表 5-1）。菲德勒认为，领导者对其同事和下属的看法和感觉会影响领导者同被领导者之间的关系。如果领导者认为自己的下属善于合作、热情、友好、有能力，他们的关系会更和谐一些；反之亦然。而领导者对其同事和下属的看法又与其个性有关，有一定的模式，所以可以利用根据领导者对其下属的看法和感觉将领导者划分为不同的类型。表 5-1 分为 16 个项目，每个项目有两个"相反的方面"，分为 8 个等级，即 1 分到 8 分。把这 16 个项目的分数加起来再除以 16，就得出"相反方面类似点"。"相反方面类似点"的分数表示各种不同描述类型之间的差异或"距离"，用来测定一个人对其他人的态度，也可以说是感情或心理上的距离，其平均分数在 4. 1~5. 7 的为高分，在 1. 2~2. 2 的为低分。菲德勒认为，LPC 量表中所得分数的高低可以表明领导者的领导类型，尤其是它可以显示出领导者在一个工作环境中的主要动机或目标。在他看来，得分高的人亦即用表示赞许的词句评价他最不喜欢的同事的人。这类人以人际关系为中心，他们所关心的是建立良好的人际关系并且通过这种人际关系来维持自己的地位和满足自尊的需要，他们对下属往往持体谅和支持的态度，当其各种需求的满足受到威胁时，他们将加强自己同群体里成员的交往作用，以求巩固他们之间的关系，菲德勒把这部分人称为关系导向型的领导者；得低分的人亦即用表示嫌弃的词句评价他最不喜欢的同事的人，这类人以任务为中心，他们所关心的是工作任务的完成，即使为此而损害了人员之间的关系也在所不惜，他们重视的是通过完成任务来达到自尊心的满足，当其各种需求的满足受到威胁时，他们也会利用人际关系来促成工作任务的顺利完成，但是，这有别于得高分的人通过关心工作任务来搞好人际关系，菲德勒把这种人称为任务导向型的领导者；而居于这两类得分之间的中等得分者被菲德勒称为社会—独立型的领导者，这种类型的人很少对他人的品质发表意见和看法，对下级和上级都不冷不热，对于自己的人格特点对他人的影响满不在乎。不过，菲德勒指出，有研究表明，这种类型的人"处世比较

① 参见［美］菲德勒、切莫斯：《提高领导效能》，纽约：约翰·威利父子出版有限公司 1984 年版。

灵活而且通常工作效率高，在工作中他们对任务或其他事情都不过分看重。因此，他们在工作中很少受情绪的影响，这使得他们能够比高 LPC 分和低 LPC 分的人从培训和工作经历中学到更多的东西”①。

表 5-1　　**LPC 量表**

令人不舒服	1	2	3	4	5	6	7	8	令人舒服
不友好	1	2	3	4	5	6	7	8	友好
拒绝	1	2	3	4	5	6	7	8	接受
不愿帮助人	1	2	3	4	5	6	7	8	愿帮助人
执行不积极	1	2	3	4	5	6	7	8	执行积极
紧张	1	2	3	4	5	6	7	8	轻松
疏远	1	2	3	4	5	6	7	8	接近
冷漠	1	2	3	4	5	6	7	8	热情
不合作	1	2	3	4	5	6	7	8	合作
敌对	1	2	3	4	5	6	7	8	支持
讨厌	1	2	3	4	5	6	7	8	有趣
好斗	1	2	3	4	5	6	7	8	幽默
犹豫	1	2	3	4	5	6	7	8	自信
无效率	1	2	3	4	5	6	7	8	有效率
低沉	1	2	3	4	5	6	7	8	愉快
戒备	1	2	3	4	5	6	7	8	真诚

（三）领导效能与情境控制三要素及三种领导情境

菲德勒认为，要确定领导情境，就要考虑到领导“对情境的控制度”，对情境的控制度高则能使人畅所欲言、行为自如。他把影响领导效能的情境因素分为三类：

第一，领导者与被领导者的关系。这是决策情境控制的最重要的因素。当领导者拥有值得信赖的下属时，他们会感到非常轻松、自在；如果领导者

① ［美］菲德勒、加西亚：《领导效能新论》，何威等译，北京：生活·读书·新知三联书店 1989 年版，第 100 页。

对于给下属们所下达的命令或指示能否得到实施毫无把握时，他们会感受不到轻松和自如；而在领导者对下属不信任时，他们将对下属的行为感到困扰并且将采取监督下属的行动。

第二，任务结构性。这是情境控制中的另一重要因素。任务结构性是指表明任务目的、方法和绩效标准的清楚程度。含义模糊不清的任务会带来一种不确定性，从而降低领导者对情境的控制度。他认为，任务结构性表现在以下四个方面：

（1）目标的明确性：即必须给出明确的任务。假如你不知道别人要求你去做什么，你是很难获得成功的。而实际生活中，很多任务既没有明确的目标，也没有衡量完成任务情况的标准。当然，在某些情况下，要提出明确的目标及绩效评定标准是不可能的，但是，我们也看到一些领导者并不总是愿意付出时间和精力来确定目标。

（2）目标-途径的多重性：即有些任务可以用一种方法去完成，而有些任务却可以用多种方法去完成。如果一项任务只能采用一种指定的方法进行，该任务并不一定就能够较好地完成。

（3）结果的确定性：即应对任务确定有多少种可能结果。如果不能确定结果，那么对任务说明、完成情况的判断便存在很大的不确定性。

（4）决策的可验证性：即在完成一项任务时，通常需要了解是否沿着正确轨道前进。如果一项任务可以进行阶段性检验以证实每个步骤都是按计划实施，那么便会使人感到心中有数，反之则会使人产生焦虑。

第三，职权即组织为完成任务而授予领导者的权力。这是情境控制中的又一重要因素。在大多数情况下，领导者的权力是相当有限的，无论在理论上领导者能够具有多么大的权限范围，实际上，领导者对于不服从自己的下属很难达到绝对控制的转变。领导者的顶头上司在确定其权限方面起着不容忽视的作用，支持下级的上司总是给他们提供许多处理群众具体事务的权力，而如果上司不支持下级工作，组织成员便会很快知道他们的领导空有其名，真正的控制权掌握在高一层的领导手中。

当然，除了领导者与被领导者的关系、任务结构性和职权三项因素的变化之外，还有其他因素也可以增强领导者对情境的控制力，例如，培训、工作经验、领导者工作环境的稳定性等等，而且有些人在某些情境下工作效率很高，而在另外一些情境下工作效率却相当低。正因为如此，我们不能断然评价一个领导是“好”还是“差”，有效的领导取决于领导者的人格和对情境的控制两个方面。

五、权变领导模式的新发展——认知资源理论

菲德勒的权变模式在领导研究界引起了热烈的讨论。比较一致的肯定意见是：(1) 领导效果如果是随情境而定的，要看领导者个性或风格是否符合情境；(2) 总的说来，有效领导既需要严格监督的能力，也需要懂人情、讲方式，而这后一点似乎告诉我们，有必要进一步研究重任务与重关系这两者的组合效应。对其批评的意见主要集中在三个方面：第一，为验证此模式而进行案例研究并非都得出了支持性的结论。例如，菲德勒本人在 1971 年又考察了 45 个单位，其中大约有 20%的单位不符合这个模式；还有一些人的研究结果与该模式的偏差更大。第二，包括菲德勒本人在内的一些管理学家指出，这个权变模式还存在着衡量指标上的问题，LPC 打分法不够精确，带有一定的任意性。第三，这个模式基本上是一个“黑箱”，它尚未告诉我们，LPC 值所反映的个性究竟是如何影响领导效果的，为什么不同类型的领导者均获得成功，究竟是怎样获得成功的。为了从建立描述性理论的角度修补原有模式的缺陷，菲德勒又同加西亚一起提出了他的认知资源理论。

所谓“认知资源”（或认知来源），指的是通过接受正式培训和进行实践而获得的与工作有关的个人本领、技能和经验知识。认知资源理论的基本思想可以表述为：领导者的智能和经验是指导团体活动的计划、策略和决策的源泉。这些计划、策略和决策将以指导性行为的形式传达给团体，并且受到两大影响：一是团体是否支持领导目标（或组织目标）；二是领导者的注意力是否会被压力所分散。认知资源理论有两个基本假定：

(1) 领导者是通过精心思考提出计划和制定决策的，领导者越是聪明、能干，其计划和决策就越是有效。

(2) 领导者是以指导性行为将其计划和决策传达给团体的。这里所谓的指导性行为，指的是具有直接影响力的行为，比如下命令、发指示。对于军队式的管理来说，这一假定基本上没有问题，但是对一些研究性的团体来说，计划职能和决策职能常常是领导人和下级人员共同担当的，因此这个假定似乎有些不合理。菲德勒等人对此解释说，尽管领导人可以和组织成员共同担当计划职能，但领导人的最终决策作用毕竟是独特的和有指导意义的，所以这个假定还是可以保留的，它意味着：如果领导者的指导性行为很弱，则无法有效传达决策。

在这两个假定的基础上，菲德勒和加西亚提出了 7 个主要命题，现分述如下：

(1) 领导者的智能只有在其没有受到压抑的情况下才能促进团体功效。

事实已经证明，一个人在受到压抑的情况下会分散注意力，把心思用在个人得失上。例如，领导者的上司如果要求他多出成绩，同时又不提供必要的信息和指示，他就会背上包袱。压抑会使领导者的注意力从任务上转移开，影响计划和决策的质量；或不向团体提供指导，任其放任自流；或把团体引向歧途。当压抑程度达到了使领导者背离组织目标的程度时，领导者的智能同团体功效之间会产生负相关的关系，也就是说，领导者越聪明、越能干，团体功能反而越糟。除去有意捣乱或怠工不谈，领导者在压力面前可能会产生危机感，从而使他把领导任务放在一边，去考虑采取减少压力或消除危机的行动。在这种情况下，领导者越能干，他在背离组织任务方面可能会走得越远。因此可以说，领导者如果承受着使其注意力脱离了任务的压力，他的工作能力对团体功效便没有什么积极作用，甚或会起到负面作用。

(2) 在压力不大的情况下，领导者的指导性行为越强，其智能对团体功效的贡献就越大。这一命题强调的是传达指示、计划和决策的重要性。领导者的主意再高明，如果不能准确而及时地传达给有关执行者，也就等于零。因此，在智能相当而压抑较轻的情形下，指导性强的领导者将比指导性弱的领导者更加有效。通俗地讲，在上述条件下，作出明确指示的领导者将比拘泥于作姿态、提建议的领导者更加有效。我们可以把前者称为指导型的领导者，把后者称为非指导型的领导者。

(3) 在压力不大的情况下，团体越是支持领导，指导型领导者的智能越能提高团体功效。正如前面介绍权变模式时说到的，领导者与团体成员之间的关系是决定情境控制程度的最要紧的因素，团体成员支持领导者、服从领导者，就有利于领导决策的实施，进而使领导者的能力和团体功效之间存在正相关的关系；如果团体成员不服从领导者、不按领导者意图办事，一是会使领导决策无法实施，二是会造成人与人之间的矛盾，给领导者造成不良的压力。

(4) 如果领导者不具备强有力的指导性行为，但团体支持他，那么，团体成员的能力越强，团体功效就越好。按照第 (2) 个命题，如果领导者是非指导型的，其能力便不易发挥出来。但是，只要团体成员支持领导、支持组织目标，团体功效不一定比拥有指导型领导者的团体差，因为在前一种情况下，团体成员可以担负起实际的计划职能。当然，如果团体成员不支持领导者，团体成员的能力就可能不对团体功效发生好的作用，或起到反面作用。

(5) 领导和团体成员的能力对团体功效起促进作用，这是就团体任务需要哪些能力而言的。这里的“能力”是广义的，包括分析能力、组织能力和识别问题的能力等。有些工作任务需要参与式的领导风格，如果领导者在这方面没有经验，不会组织大家一起研究、解决问题，他的分析能力就不会对团体功效起什么好作用。对于团体成员的能力，也可以这样看待。

（6）当压力很大时，出成绩靠的是领导者的经验和技巧，而不是认知能力。智能、认知能力并不是领导者和团体成员唯一的认知资源，领导者还可以运用其经验和习惯化的技能去解决问题。心理学家指出，人在压力面前倾向于采用先前的经验和技能，而领导者在压力面前便是靠这些去影响团体工作的。

（7）领导者的指导性行为部分地依赖权变模式中的那些因素：LPC 值和情境控制程度。这个命题是将认知资源理论同权变模式联系起来的关键，它实际上是菲德勒权变学说的核心之一：即可以用领导者的个性（以 LPC 值表示）和领导者的情境控制程度来预测领导者的指导性行为。同样的条件，可能使有些领导者寻求团体成员的支持，又使其他一些领导者更加关注任务本身；在同样的压力下，有些领导者能较好地独立思考，而另外一些领导者则更多地产生局促感。所以说，领导者个性和情境因素两者均强烈影响管理方式。领导者个性及情境控制程度越是能导致指导性行为，领导者就越是能有效地利用其智能。但是菲德勒等人承认，LPC 值和情境控制程度仅仅能说明指导性行为差异的一部分。

菲德勒等人的认知资源理论吸取了现代组织理论中的诸如决策质量取决于认知能力及经验和知识水平等因素，决策不传递便起不了作用，情感和压力对注意力有控制作用以及“参与式管理”有时是必要的等重要思想，这个理论比较明白地解释了菲德勒权变模式，并已经获得了初步的实验证据，它是权变学说在领导研究领域的新进展，为今后的研究提供了检验和修正的对象。认知资源理论出自著名的权变论者之手，这也进一步说明了权变论者并不否认存在普遍理论的立场。

第三节　德鲁克的目标管理理论

20 世纪 70 年代是西方管理科学思想发展十分迅速的重要时期，一方面，由于五六十年代发展起来的诸如系统论、信息论等具有方法论功能的理论学说经过在管理实践中广泛而有效的应用，为管理科学的发展提供了有益的启示；另一方面，由于日益复杂的管理实践也向管理科学的理论与方法提出了新的、更高的要求。于是，这一时期相继出现了诸如经验主义学派、权变理论学派等新的管理学派，一些新的管理学理论也应运而生，其中比较具有代表性且对于公共行政管理产生了重要影响的一种管理理论就是德鲁克在其于20世纪50年代提出的目标管理概念基础上进一步创立的目标管理理论。

一、生平与著述

彼得·德鲁克（1909—2005）是当代最负盛名的美国经济学家、管理学家和政治学家，亦为现代西方经济管理理论中经验主义学派的代表人物。他出生于奥地利的维也纳，先是在奥地利和美国接受的基础教育和普通高等教育。1929年，他成为伦敦一家由欧洲若干家银行主办的报纸的通讯员和经济顾问。1931年，他在德国法兰克福大学获法学博士学位。1937年，他为了逃避纳粹的迫害而移居美国。起初，他是以一名由若干家美国银行和保险公司组成的金融集团的学者身份出现在美国经济学界的。1942—1949年间，他在美国本宁顿学院担任政治学和哲学教授。1950—1972年间，他在纽约大学工商研究院担任管理学教授，并于1972年被纽约大学聘为高级教授。从1971年起，他在克莱蒙特研究生院担任社会科学克拉克讲座教授。此外，他还担任过美国、加拿大、日本等国政府的顾问，并且担任过美国通用汽车公司、克莱斯勒公司、国际商用机器公司等多家著名大型企业的顾问。1963年，他荣获克拉克国际管理奖；1967年，他荣获了管理促进会泰勒金钥匙奖。

德鲁克在管理学的诸多方面都作出了具有深远影响的贡献。他与戴尔、纽曼、斯隆等人一起，从企业管理和公共管理的实际出发，以大企业和社会公共服务机构的管理经验为主要研究对象，对经验加以概括和理论化，向从事企业和社会公共服务机构实际管理工作和研究的人们提出了许多具有重要实践价值的建议，并且形成了具有鲜明特色的“经验主义”管理理论学派。德鲁克在管理的职能、管理活动和目标管理、管理的任务、管理的组织结构和对“泰勒制”的评价等方面均有独到的见解。他的主要著作有1954年出版的《管理的实践》和1973年出版的《管理：任务、责任、实践》，此外还有《效果管理》（1964）、《有效的管理者》（1966）、《动乱时代的管理》（1980）以及《技术、管理和社会》（1970）等两本论文集。

二、目标管理理论的基本内容

目标管理这一概念最初是由德鲁克在其于1954年出版的《管理的实践》一书中作为一种新的管理方法提出来的，其依据的管理理论就是“注重自我控制，促进权力下放，强调成果第一”，其宗旨是用“自我控制的管理”代替“压制的管理”。后来，他又在其《有效的管理者》、《效果管理》等著作中，尤其是在他于20世纪70年代出版的《管理：任务、责任、实践》一书中对此作了较为全面、系统的阐述，进而建立了他关于目标管理的理论学说。

德鲁克的目标管理理论既吸取了泰勒科学管理理论和人际关系学说的长处，又避免了它们的不足，其内容主要包括以下基本方面：

（一）组织中目标的性质

德鲁克认为，组织中的目标可分为战略性目标、策略性目标以及方案和任务，它们分别由组织中的各级管理人员和一般工作人员来制定，如图5-1所示：

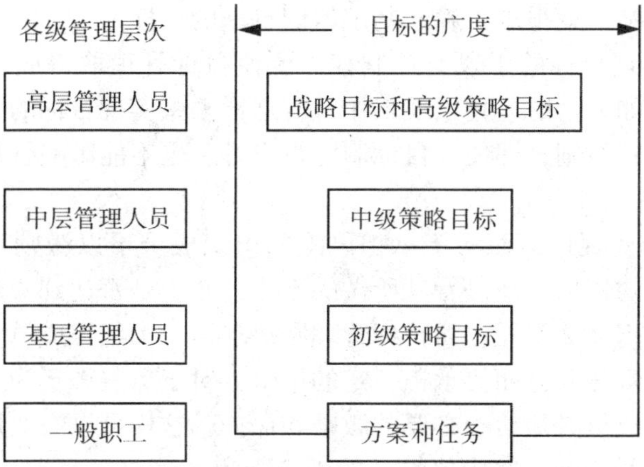

图5-1

其中，战略目标是由组织中的高层管理人员来制定的，它们所涉及的是一些对于组织的成功具有关键意义的问题。战略目标可以使组织中较低层次的工作人员了解组织取得成功的意义，激励士气。

策略目标是次一级的目标，有复杂程度和层次高低的不同。例如，为了达到减少工作人员跳槽率这一目标，可以制定以下策略：（1）修改工资报酬制度，以便鼓励监督人员从事减少工作人员跳槽率的工作，鼓励工作人员长期为组织作贡献；（2）提高监督人员在人际关系方面的技巧；（3）通过对一般工作人员的谈话来了解人们跳槽的原因；（4）在招收新的工作人员时便研究各自的情况，以便对今后可能出现的跳槽情况作出预测；（5）改善物质环境。德鲁克认为，策略目标对于战略目标的实现起着重要作用。

在德鲁克看来，所谓方案和任务是指一般工作人员为其本身的工作制定的目标。

（二）目标管理成功的先决条件

德鲁克认为，目标管理要取得成功，必须满足以下前提条件：

（1）高层管理人员的积极参与。即组织的最高行政领导者和其他高层领导人员必须积极参与制定和执行组织的战略目标和高级策略目标。

（2）下级人员的参加。即吸引组织中的各级管理人员和广大工作人员参加制定目标，并为目标的实现承担责任，这样可以对组织成员起到激励作用并且能够有效地改善组织内的人际关系。

（3）有充分的情报资料。正确有效地制定目标，必然要求具有充分而精确的情报资料作为信息基础。组织中的各级管理人员如果不了解其高层领导者制定的目标，就很难正确地制定他们自己的目标。

（4）对实现目标的手段有控制权。要使目标管理取得成功，一个管理人员应该对诸如人、财、物以及工作过程这样一些实现目标的手段具有一定程度的控制权；否则，即便是目标制定得再好，也不能影响管理行为并取得成果。

（5）对为实现目标而勇于承担风险的组织成员予以激励和保护。过去评价组织成员的依据往往是看其所做的工作，至于是否达到一定的目标，组织成员并不承担什么责任，而目标管理则要求每一个组织成员要为实现一定的目标而承担责任并进而要承担一定的风险，对于那些勇于为实现目标而承担风险的组织成员必须给予必要的激励和保护，这样可以有效地制止目标管理过程中“口是心非、暗中捣蛋”的不良行为。

（6）相信广大组织成员的责任心和创造性，以 Y 理论的观点来看待组织成员。即要相信组织成员能够制定目标并且能够承担实现目标的责任，相信人的本性愿意承担责任、能够自治、愿意上进和发展。只有管理人员和一般工作人员能够在态度上适应目标管理的要求，目标管理才能取得成功。

（三）目标管理的三个阶段

德鲁克认为目标管理包括制定目标、实现目标和对成果进行检查和评价三个阶段。它可以分为 8 个相互联结的步骤：（1）准备，即向参加目标管理的人员提供有关的系统的情报，使之了解各自的地位、职责和利益，消除其疑虑。（2）制定战略目标，使其具有足够的机动余地，并明确表述各类标准。（3）制定试探性的策略目标，旨在征求各方面的意见并使策略目标逐步完善。（4）由各级管理人员对策略目标提建议、相互讨论并修改，集思广益，以增强每一个人的参与感和实现计划的积极性。（5）对各项目标和评价标准达成协议，以形成一个完整的目标体系，并将达成协议的目标和评价标准报送上一级。以上5个步骤属于目标管理第一阶段的工作。第二阶段，即步骤（6）在一般监督下为实现目标而进行过程管理。与以往的传统管理方法不同，这种过程管理主要是由组织中的一般成员自我管理或自我控制，上级只是根据例外原则对重大问题过问和监督，并对他们加以支持和诱导，鼓励工作人员充分发挥自己的积极性、创造性和主动性，为实现其目标而努力。由于组织成员的个人目标和各级管理的策略目标是以整个组织的战略目标为依据的。所以，当组织成员的个人目标和各级管理的策略目标都实现时，组织的战略目标也就实现了。目标管理的第三个阶段，即步骤（7）把实现的结果同原来制定的目标相比较，对成就予以各种形式的奖励；对问题，尽量实行由各级管理人员和工作人员自己总结，上级给以指导的方法，以利于总结经验和教训。（8）将经验应用到下一个目标管理的周期之中，不断提高目标管理工作的水平。我们可以用图表的形式将目标管理的这三个阶段简略地表示（图5-2）。

通过图5-2所示内容，我们不难看出，目标管理具有以下主要特点：

（1）以目标为中心。围绕目标制订计划、建立机构和制度规章，通过组织工作保证各项活动都导向组织的目标，使组织内的每一个单位和个人心往一块儿想、劲往一处使。

（2）重视成果的管理。目标的内容要具体，能够体现出应取得的成果，通过对目标成果的评价得到奖惩的依据。这就促使人们重视成果，凭成果说话，克服“花架子”作风和“大锅饭”的弊病。

（3）重视人的管理。目标管理是把任务转化为目标体系，动员每一个工作人员参与管理，启迪其事业心、成就感，使其在各自的岗位上以主人翁的态度来从事工作。

德鲁克的上述观点为目标管理勾画了总的蓝图，因而世界各国的管理学者均承认他是目标管理理论的创始人。

三、目标管理理论在公共行政管理中的应用——公共服务机构管理理论

如前所述，目标管理是一种要求管理者在事先确立目标的基础上，通过层层分解、展开目标，并且经过分权而使下层享有充分的自主权，以创造性地达到预定目标的一种新的管理理论和管理方法。它有别于传统的管理方式，它所强调的不是自上而下的控制与监督，也不注重下层完成任务的过程和具体手段，而是立足于部下的自我控制，并且以达到目标的好坏、优劣作为考核、评估的标准。目标管理的理论和方法最初在企业中推广，然后又在

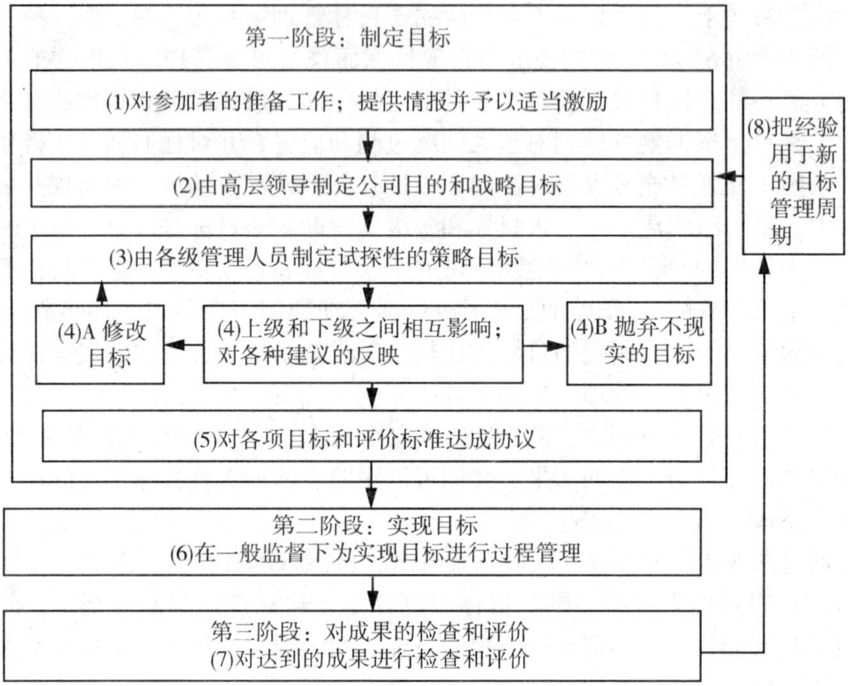

图 5-2

政府机构中广泛运用。德鲁克后来提出的关于公共服务机构的管理理论就是以其目标管理理论为理论基础的。①

与以往的政府管理思想研究者不同，德鲁克作为世界闻名的经营管理顾问，他是从经济学的观点来看待政府及其各司、局等“公共服务机构”的，他并且把这些机构同商业企业对比，以便进行具体的分析。在德鲁克看来，政府机构是“用经济活动所得的盈余来支付的服务性设施”②，其“管理的目的在于‘出色的服务’”③。然而，政府机构的现状却不能令人满意。他认为，工作效率低下、回避矛盾、墨守成规、不顾改革等弊端十分突出，本

① 参见［美］德鲁克：《公共服务机构的管理》，载［美］《公共利益》（1973 年秋季号）第 33 卷，第 43~60 页。

② ［美］德鲁克：《公共服务机构的管理》，载［美］《公共利益》（1973 年秋季号）第 33 卷，第 43 页。

③ 转引自［美］斯蒂尔曼：《公共行政学》下册，李方等译，北京：中国社会科学出版社 1989 年版，第 109 页。

来应为公众服务的机构，却成了不务正业的官僚机构，究其原因，就在于政府机构不同于商业机构，它不以使顾客满意为基点，也不以赚钱为目的，而是完全依靠编制预算取得拨款，其经费多少与它的工作和服务态度的好坏无关。对此，德鲁克明确指出："在以预算（拨款）为基点的机构中，'效率'意味着更大的预算开支；'工作'意味着保持或者增加其机构预算数字的能力。对于一个依靠预算的机构来说，首先考虑的，或者说其赖以生存的就是取得预算的拨款。而预算，从定义上来说，与其所达到的目标无任何联系，只要有一个想达到目标的'愿望'就行。"① 可见，在德鲁克看来，一个政府机构并不像一个商业企业那样对手如林、竞争激烈，而是独此一家、别无分店，"顾客"即公众非光顾不可。同时，它的钱也不是通过竞争"挣来的"，而是"理所当然的"，只要有一个好的"意愿"或一个好的"计划"，就可以得到钱（拨款）。所以，政府机构无需专门去"讨好"所有公众，只要对与预算拨款的有关部门、人员保持联系，搞好关系即可。这样一来，政府机构的主要精力便不是放在其真正的工作目标——"为公众服务"上，而是放在讨好有关各方面甚至弄虚作假之上，其结果必然把政府管理引入歧途。正是基于对预算拨款与政府机构所应达到的目标之间这种反差的分析。德鲁克认为，政府机构和商业企业都应该采取同一的管理方法即目标管理方法。"要使服务机构把工作做好，并不需要'伟大的人物'，而需要的倒是一种制度。这种制度的本质与一个企业机构并没有太大的区别"②，其基本要求就是，政府机构有效的工作一开始，就必须有明确的目标和任务。只有规定了要求，才能拨给资源、安排先后次序、限定日期和指定专人负责。

为了真正地体现"服务机构应有出色的工作"这样一个当代管理业务中"最重大、最主要的任务"，德鲁克认为，政府机构也应该像商业企业一样采取实际步骤，以达到上述基本要求。这些实际步骤包括：（1）必须认真考虑和回答自己本身的任务、目的和使命是什么；（2）必须从任务、使命的定义中提出能获得行政效益的明确目标；（3）必须围绕着重点工作规定达到目标的日期、权责和达到最低效益的标准；（4）必须制定衡量、考核政府工作的标准；（5）必须对获取效益进行自我控制，以形成整个机构及其所有人员达标的系统；（6）必须加强对"目标和效益"的检查、考核

① 转引自［美］斯蒂尔曼：《公共行政学》下册，李方等译，北京：中国社会科学出版社 1989 年版，第 113 页。

② 参见［美］德鲁克：《公共服务机构的管理》，载［美］《公共利益》（1973 年秋季号）第 33 卷，第 60 页。

和评估，发现和解决达标过程中的问题，以便防止把金钱和精力浪费在没有效果的工作之上。德鲁克所提出的上述步骤，实际上概述了包括目标的制定、分解、实施、评估等环节在内的整个政府机构目标管理的过程。

四、简短的结语

综上所述，目标管理是一种比较具体、细致的管理理论和管理方法，它的基本出发点是，通过让下级单位及人员参与制定组织目标和组织计划，以增强他们的责任心。它包括制定组织目标或战略、制定部门目标、讨论部门目标、制定个人目标、定期开会评议目标的完成情况等基本步骤。这就是通过目标的层层分解，让组织成员参与制定分解方案，明确自己的任务，达到使组织目标深入人心的目的。

目标管理方法直观易懂，实用效果比较好。不过，它当然不是能够自动生效的。一般来说，运用这种方法应注意如下问题：（1）要严肃认真地做好准备工作，把实施目标管理当做一项大事来抓；（2）目标要制定得比较明确，尽量用数量指标表示，并且要规定完成任务、达到目标的时间；（3）应当将这种管理方法用于比较长期的组织任务；（4）落实到个人的目标必须符合实际情况，每个人的目标均不应超过其自身所具有的实际承受能力；（5）对目标完成情况的检查方式很重要，对能力较低和缺乏自信心的组织成员来说尤其重要；（6）应充分开发和利用人际交流技能，特别是上下级之间信息沟通的技能。有些组织试用这种管理方法之所以见效不大或根本无效，其原因就在于没有做到以上几点。

从本质上来说，目标管理可以说是一种参与式管理方法，但它是那种“民主集中制”的参与管理。它的优点是多方面的，例如，它能够使组织活动明确指向组织目标、加强计划工作、提供比较清楚的控制标准、更好地利用人力资源、有助于上下级之间的交流，等等。但是，相比之下，它的最大优点恐怕还是在于能够提供有效的内心激励。从管理者的观点来看，这种方法富有条理性，突出了计划、决策、组织和控制等管理功能，因而它尤为可取。所以有人说，这种方法是有着很强生命力的好方法，它不仅适用于企业管理，而且适用于公共行政管理。① 前述的公共服务机构管理理论就是德鲁克本人将其目标管理理论运用于政府公共行政管理研究的典型例证。

---

① 参见［美］杰克·孔札萨克：《目标管理法效果的研究》，载［美］《美国管理学评论》1981年第7期，第419~430页。

第六章 总结与探索时期的西方行政学说

到20世纪八九十年代，西方公共行政学已经走过了一个世纪的历程。尽管它仍然缺乏一个为人们所公认的、明确的中心和体系，但作为一门学科与专业，其地位已经在争论和探索中得到了巩固。与促进行政实践和深化理论研究的需要相适应，西方公共行政学出现了一些新的发展特点：一方面，在新管理主义思潮的影响下，许多在工商企业管理领域行之有效的新管理理论与方法又一次被引入公共行政学领域；另一方面，在新一波的民主政治思潮的推动下，出现了一些更加关注公共行政的公共本质、更加强调公民参与的新型公共行政学理论。在这一时期，西方行政学理论无论是在广度上还是在深度上都得到了进一步的拓展，并且最终出现了由传统意义上的公共行政向现代意义上的公共管理转型的发展趋势。西方行政学在这一发展时期的代表人物主要有：运用经济学方法分析政治决策过程并对政府的本质，尤其是对政府的失败及其改进作了深入探讨的美国著名经济学家布坎南；对政策分析的理论与方法作了系统阐述的美国政策分析家奎德以及倡导用“企业家精神”来克服政府官僚主义并为政府的改革开出了10种“药方”的美国学者奥斯本等；基于对公共行政理论概念的后现代诠释和对现代公共行政理论的反思与批判而探寻后现代公共行政理论的美国行政学家戴维·J. 法默尔；基于对新公共管理理论的反思，尤其是针对作为新公共管理理论之精髓的企业家政府理论缺陷进行批判而提出新公共服务理论的美国著名行政学家罗伯特·登哈特；提出应从管理、政治和法律等多元认识视角和研究途径来认识和探究公共行政并试图对这些不同的研究途径进行整合的美国著名行政学家戴维·H. 罗森布鲁姆。

第一节 布坎南公共选择理论的“政府失败说”

公共选择理论是旨在将市场制度中的人类行为与政治制度中的政府行为纳入同一分析的轨道，即“经济人模式”，从而修正传统经济学把政治制度置于经济分析之外的理论缺陷的一种新公共经济理论。它不仅是当代西方经济学的一个分支，而且也是现代政治学的一个极为重要的研究领域。在这一研究领域中，其主要代表人物布坎南的“政府失败说”可以算得上是对于当代政府管理的理论与实践具有重要影响的研究成果之一。

一、生平与著述

詹姆斯·麦吉尔·布坎南，当代美国著名的经济学家，1986 年诺贝尔经济学奖获得者。他于 1919 年出生在美国田纳西州；1940 年毕业于田纳西中部大学，获理学学士学位；1941 年于田纳西大学获硕士学位。第二次世界大战期间，布坎南参加了海军，服役 5 年，经历了太平洋的几次战役。退役后，他进入芝加哥大学深造，受教于著名经济学家 F. H. 奈特，1948 年，布坎南获博士学位。1949 年，布坎南在田纳西州大学任教，开始其学术生涯。1955 年，他以研究学者身份赴意大利进修，受到意大利财政学派的影响，对于政治决策问题有了新的兴趣和看法，为其以后的政治分析奠定了基础。1956—1968 年，他在弗吉尼亚大学任经济学教授，并领导研究政治经济学和社会哲学的托马斯·杰斐逊中心。1968 年，他任加州大学洛杉矶分校教授。1969 年，布坎南与戈登·塔洛克在弗吉尼亚理工学院创建和领导了公共选择研究中心，并担任该校教授。1982 年，他随该研究中心迁到弗吉尼亚州的乔治·梅森大学，并担任该校经济学教授。此外，布坎南还在 1963 年担任美国南部经济学会主席，并分别于 1977 年和 1982 年出任美国经济学会副主席和美国西部经济学会副主席。1977 年，布坎南曾获迈阿密大学法学经济学中心颁发的法学经济学奖，并且于 1986 年荣获了诺贝尔经济学奖。

布坎南之所以获得 1986 年诺贝尔经济学奖，是因为他对于政治决策及公共经济的理论作出了贡献。正如瑞典皇家科学院评价的那样：“布坎南的贡献在于他将人们从互相交换中各自获益的概念应用于政治决策领域。”布坎南致力于研究经济和政治决策理论的契约和法制基础长达四十余年，因而成为公共选择理论、非市场决策的经济研究的奠基者。他运用经济方法去分析政治决策过程，因而创立了公共选择理论，使公共选择理论成为经济学的一个分支，即“公共部门经济学”。布坎南把经济分析用于政治领域的成果表明，在社会科学研究人员目前所掌握的全部工具中，经济工具可能是最有效的工具。

布坎南著述甚丰，其代表性著作主要有：《财政理论与政治经济学》(1960)、《对赞同的计算》(1962，与戈登·塔洛克合著)、《成本与选择》

(1969)、《公共选择论：经济学的政治运用》(1972，与R. 托里森合著)、《自由的限度：在无政府主义状态和极权主义国家之间》(1975)、《民主过程中的公共财政》(1976)、《民主政治的赤字财政：凯恩斯爵士的政治遗产》(1977，与R. E. 瓦格纳合著)、《立宪契约中的自由》(1978)、《政治活动的经济学》(1978)、《征税的权力》(1980)、《自由、市场与国家——20世纪80年代的政治经济学》(1986)。除此之外，布坎南还发表了许多颇有影响的学术论文，例如，他的《俱乐部经济理论》(1965)一文就构成了其公共选择理论的一个重要组成部分。作为公共选择理论的主要代表人物，布坎南的理论较之其他公共选择理论家的思想具有更为广泛和深远的影响，所以其理论往往被人们称为公共选择理论之母。

二、公共选择理论的基本假设

所谓公共选择是指非市场的集体选择，实际上就是政府选择。公共选择理论的基本特点是以经济人的假定为分析武器，探讨在政治领域中经济人行为是怎样决定和支配集体行为，特别是对政府行为的集体选择所起到的制约作用。所谓经济人假定，即是指：作为一个人，无论他处于什么地位，其人的本性都是一样的，都以追求个人利益，使个人的满足程度最大化为最基本的动机，亦即假定人都具有经济人特点。基于这一假定，布坎南认为，通过类似的行为假设，我们也能够对集体选择的结构特征进行一些基本的预测。他指出：国家（政府）不是神的造物，它并没有无所不在和正确无误的天赋。因为国家（政府）仍是一种人类的组织，在这里做决定的人和其他人没有什么差别，既不更好，也不更坏，这些人一样会犯错误。因此，建立在道德神话基础之上的国家政治理论一遇上“经济人”这一现实的问题便陷入难以解决的困境，为此，我们必须从一方面是利己主义和狭隘个人利益所驱使的经济人，另一方面是超凡入圣的国家这一逻辑虚构中摆脱出来，将调查市场经济的缺陷和过失的方法应用于国家和公共经济的一切部门。这样便使所有的分析有了一个共同的出发点：经济人——当人们必须在若干取舍面前进行选择时，他们将更愿意选择那种能为自己带来较多好处的方法。

三、政府的失败及其根源

“政府的失败”是公共选择理论的研究重点，分析政府行为的效率以及寻找使政府最有效率工作的规则制约体系，是公共选择理论的最高目标。公共选择理论对西方所谓民主社会的政治结构进行了全面的分析，它的中心命题和全部的理论意义可以归结为一点，即政府的失败。所谓“政府的失败”，是指国家或政府的活动并不总是像应该的那样“有效”或像理论上所说的能够做到的那样“有效”。在布坎南看来，政府作为公共利益的保证人，其作用是弥补市场经济的不足，并使各经济人员所作决定的社会效应比政府干预以前更高；否则，政府的存在就无任何经济意义。但政府决策往往不符合这一目标，有些政府的作用恰恰相反，它们削弱而不是改善了社会福利。于是就提出了一个问题：为什么有些公共行动对社会的作用明明是“负效应”而不是“正效应”？产生这类问题的原因是什么？哪些是有缺陷的部门？我们应该怎样在制度的确定上弥补这些缺陷？为了对这些问题作出回答，布坎南对政府失败的主要表现形式——政府政策与政府工作机构低效率及其根源进行了较为深入的分析并就如何补救这种“失败”提出了具体的政策建议。

布坎南认为，所谓政府政策的低效率是指所执行的政策不是最好的政策，换言之，这种政策不能确保资源的最佳配置。一般来说，美国政府的政策在理论上可分为三类：第一类是由政府有关部门拟订方案，最后由选民投票确定的政策，像重大税收政策的调整，对国家前途影响较大的对外政策的制定等。第二类是由政府的高级领导层拟订方案，如联邦政府或地方州政府拟订的方案。第三类是由政府部门全权独立制定与实施的政策，这种政策的合理性通常是由宪法等法规来保障的，政府部门的职责是照章办事。在此，我们仅以第三类政府政策——由政府主管部门独立地全权制定与实施的政策——的拟定方式为例来对政府政策的低效率作一简要的考察。就政府的这类政策而言，布坎南认为，由于每个政府部门或公用事业部门所遵循的政策通常是由该部门领导人根据自己对共同利益的理解来决定的，因而，一方面这些部门政治家的行为具有相当大的自由，他们有意或无意地为自身的经济人动机所左右。因此，他们对共同利益的理解常常难以符合公共利益的要求。另外，由于部门政治家行为的灵活性与他们自利动机的强刺激性、制约性，他们的行为实际上也不倾向于为最大限度地增进共同利益服务，而是依据自己获得的信息和个人效用最大化原则来决策。在布坎南看来，产生这一政府行为的外部原因是缺乏一种约束机制制约政府行为方式。如果约束机制不能提供一种良性压力，以确保任何人处于某一特权地位时均不能过多地牟取私利，那么再高尚的执政官也不能保证公共利益不被他或他的后继者有意或无意地损害。正是在这个意义上，公共选择理论强调，不应该把增加社会福利与保证人人平等的权力随便交给某一特权机构或阶层，然后再虔诚地等待特权机构或阶层的恩赐。理性的做法应该是使这些特权机构或特权人物受制于某一硬约束机制并且由公民真正地而非形式地掌握该约束机制的最终决策权。

接着，布坎南又对政府工作机构低效率的原因进行了分析。他认为，导致政府机构工作低效率的原因有以下几个方面：（1）缺乏竞争机制。在美国，由选民直接选举产生的代表只占政府工作人员总数的很小比例。例如，总统、副总统、州长、副州长等国家和州一级的领导以及监督这些领导的参、众两院的议员是由直接选举产生的，而其他部门领导则由国家和州一级领导人任命并由相应的参、众两院认可。由于部门领导与当选代表之间存在着密切的利害关系，不会因工作低效率而遭到解雇，所以他们也就没有压力去高效率地工作。另外，由于约束政治家个人活动的限制体制不以营利为目的，提供公共服务的各部门之间也不存在竞争，因此政府官员拥有的自由比私人企业经理要大得多，而过多的自由又使他们没有努力工作的积极性。可见，从纵向（逐级任命）和横向（部门之间）来看都缺乏竞争压力。

（2）缺乏降低成本的激励机制。从客观上看，由于政府部门的活动大多不计成本，而且即使计算成本，也很难做到精确，这样就有形或无形地促使政府部门对公共物品的供给超出社会财富最优分配时所需要的数量，进而导致社会资源的浪费。相对于私人垄断情形，这种过量供给相当于公众支付给某些特权阶层一种变相的集体补贴。集体补贴的成本最终是由纳税人承担的。从主观上看，政府所属各部、局的工作大多具有一定的垄断性，一方面，各部、局可以利用这种垄断地位在供给公共产品与劳务时尽可能降低服务质量，提高服务价格，并在此基础上扩大生产规模，使其所提供的服务数量与范围超过最优的生产水平；另一方面，由于政府部门所承担的任务较为复杂，它们可以利用所处的垄断地位封锁一部分公共产品生产职能及资源成本等信息，从而使承担制约任务的议员和执行管理预算职能的部门无法了解真实成本，不能准确评价运行效率，也就无法充分行使监督权。

（3）政府机构自我膨胀。包括政府部门组成人员的增加和政府部门支出水平的增长。之所以会出现这种情况，在布坎南看来，是因为政府官员也是个人利益最大化者，他们总是希望不断扩大机构规模，增加其层次，扩大其权力，以相应地提高其机构的级别和个人待遇，同时也使他们去制定更多的规章制度，增加自己的俸禄和享受。政府机构扩张的直接结果是财政赤字，当赤字压力过大时，便会迫使政府增加货币发行，诱发通货膨胀。

（4）监督信息不完备。从理论上看，政治家并不能为所欲为，而是必须服从公民代表的政治监督，从而保证政府部门运行的效率。然而，在现实的社会政治生活中，这种监督作用将会由于信息的不完备而失去效力。监督机构为了执行监督职能，必须对被监督部门的运行情况了如指掌，但是向它们提供运行情况信息的正是被监督部门。由于前面所提到的垄断性，监督者可能为被监督者所操纵，从而使被监督者能够实现自身利益最大化的政策得以实施。

(5) 政府的寻租行为。寻租即寻求租金。我们知道，租金最早是用来描述土地这一生产要素的报酬的，又称地租。可是，布坎南这里所说的“寻求租金”，不是指地主收取地租，而是指为人们凭借政府保护进行的寻求财富转移而造成的浪费资源的活动，其本质在于获得更大的利润。用布坎南自己的话来说就是：“租金是支付给资源所有者的款项中超过那些资源在任何可替代的用途中所能得到的款项的那一部分。租金是超过机会成本的收入。从某种意义上说，这是不需要吸引资源用于特定用途的一种分配上不必要的支付款项。……只要资源的所有者想多得而不愿少得，他们大概就要去寻求租金，寻求租金无非是寻求利润的另一说法。”① 所以，他说他常常“故意把‘寻求租金’一词换成‘寻求利润’一词”②。布坎南认为，由于政府的各项经济决策往往以某种公共利益需要为解释而为某些利益集团服务，特殊的利益集团为谋求政府保护，逃避市场竞争，实现高额垄断利润，往往进行各种“寻租活动”，于是便会产生政府的寻租行为，而前述因信息不完备所导致的监督失效则常常会进一步导致政府的寻租行为，进而导致政府的权力滥用、行贿受贿等腐败现象和社会资源的巨大浪费。

四、补救“政府失败”的政策建议

布坎南等公共选择理论家不仅深入地剖析了政府的失败及其根源，并且在此基础上就如何对这种失败进行补救提出了一些颇有启发性的具体建议。

(一) 创立一种新政治技术，提高社会民主程度

公共选择理论对政府失败的分析，其逻辑的结果是必须通过社会制度的改革，约束和限制政府权力。布坎南设计的社会改造模式是：改革政治结构，创立一种新的政治技术，重建基本宪法规则，并通过新的宪法规则来约束政府的权力。布坎南坚持了他的基本思维逻辑，即重要的是选择产生结果的程序和规则，而不是结果本身。因此，约束政府权力，只能在其形成的过程中，必须要有公共选择的程序和规则来规范政府权力的形成。如果让政府

① [美] 布坎南：《寻求租金和寻求利润》，见《经济社会体制比较》编辑部编：《腐败：权力与金钱的交换》，北京：中国经济出版社 1993 年版，第 112~113 页。

② [美] 布坎南：《寻求租金和寻求利润》，见《经济社会体制比较》编辑部编：《腐败：权力与金钱的交换》，北京：中国经济出版社 1993 年版，第 113 页。

能够自由地改变基本的制度，那么就不可能对政府产生任何约束。布坎南等公共选择理论家认为，在目前已知的选举制度中，多数投票法则并不是最佳的，因为它不考虑个人偏好的程度，实际上，这种多数制对政治权力的分配极不平均，只有利于积极性最高和组织得最好的少数人。于是他们提出要借助于“需求显示法”来完善选举制度，因为“需求显示法”可以提供这样一种机制，使所有参与集体选择的个体都有充分的激励，说出他对某一公共物品的真实需求状况，从而使投票者得到公共物品的数量与质量，最大限度地接近投票者的实际偏好结构。因此，这种方法不仅可以大大提高制定集体决策的社会效率，而且还必然会加强为使政治决定权力分散化而活动的力量，进而制止政府不断扩张的倾向。

（二）在公共部门恢复自由竞争，改善官僚体制的运转效率

具体来说，就是：（1）在行政管理体制内部重新建立竞争结构。公共选择理论的另一位代表人物威廉·奈斯凯南认为，政府不应该再像过去那样把各行政部门的活动范围规定得死死的，而是应该允许若干个“办事机构”在某些行政工作的分配问题上彼此展开竞争，这样，政府便可以对其各个行政部门的实际生产费用形成一个更加准确的概念。在他看来，现行制度下的预算主管部门实际上几乎成了各行政部门提出的运转费用估算的俘虏，它不可能了解向它提出的财会计划是否就是保证所需公共产品生产的最有效办法。假如允许办事机构就完成某些工作提出相互竞争的预算，那么这种竞争机制便可使人们对实际的最低费用有一个更为准确的把握。当然，这样做自然会打破部门间的分工，但是它将使社会获得更有效率的公共生产。

（2）在最高行政级别恢复发挥个人积极性的激励制度。例如，在能够做出明细账的公共部门中，可以采用最高负责人个人占有本部门节省下来的部分预算费用的方法；在行政部门的中间级别，可把晋级的可能性同每一位官员所负责部门的节约程度联系起来；允许办事机构的负责人把他们的“节约资金”用于“预算外”活动的投资，从而进一步加强各公共事业部门之间的竞争；采用由私营企业承包公用事业的政策，依靠市场经济来生产某些“公益”；等等。这样便可以提高公共生产的效率。

（三）改革赋税制度，约束政府权力

布坎南构想了约束政府权力的赋税制度的选择机制。他认为，政府活动依赖于赋税，赋税制度被看成是表明政治框架的永久性特点之一。因此，赋税制度的公共选择对于约束政府权力和规模的无限增长具有关键作用。在这里，改革税制的基本思路不是在某种效率和平等的伦理规范约束下选择政府最优的赋税量，而是通过公民寻求施加于政府的某种制度性约束，把它的征

税数量限制在某个既定的水平上，即以税基和税率结构为特征的税赋制度的公共选择先决地提供了对政府无限权力的宪法约束的可能性。在其他条件都不变的情况下，公众对税基形式和税率结构的公共选择，事实上将在公众愿意的效用水平上，限制政府的税收收入，从而限制政府的权力。

总之，布坎南等公共选择理论家认为，一旦发生公共生产低效率的问题，就应该从现行体制上寻找原因，从制度创新上去寻找对策，以便从根本上减少政府的失败。

五、对我国政府管理的启示

作为一种新的经济学运动，公共选择理论的出现体现了经济自身内在逻辑和外部世界发展的要求，是令人鼓舞的。面对这一新兴的思潮，妄加评说是不足取的。从目前社会发展的趋势来看，资本主义社会和其他形态的社会一样，也存在调整自身结构以适应发展需要的内在力量。公共选择理论的出现和被人们日益接受，正是社会自我调整的结果。一种理论能够顺应产生它的社会环境，并且能够推动它的发展，就应该被认为是可以接受的理论，相比于简单的“借鉴”，它所起的作用自然重要得多。作为凝结着人类共同智慧的结晶，公共选择理论绝非资本主义的专利品，它对于我们社会主义中国的政府管理无疑也具有重要的启示作用，因为组成政治个体的自利动机与理性决定了我国的政府部门也有一种内在的超编、超支倾向，而且政府特许权等所导致的寻租行为在我国的政府管理实践中并没有完全消除掉。因此，正如邓小平同志所说的那样，“社会主义要赢得与资本主义相比较的优势，就必须大胆吸收和借鉴人类社会创造的一切文明成果，吸收和借鉴当今世界各国包括资本主义发达国家的一切反映现代社会化生产规律的先进经营方式、管理方法”①。而对于公共选择理论来说，其“政府失败论”尤其应该引起我们社会主义中国政府管理的实践者去思考。当前，在我国的政治体制面临改革，现代民主化进程正日益加快的时候，西方人也感到他们自己的代议制的民主政体已经“失败”，而要设计更有效率、更加民主、更加平等并且更受限制的政府结构，这是很有启发性的。在我们加快政治体制改革和经济体制改革，尤其是作为二者结合部的行政管理体制改革步伐的时候，布坎南等公共选择理论家的先驱性工作，无疑给我们在“摸着石头过河”时带来了一些可以借用的光线。

众所周知，当今世界各个国家之间的竞争日益激烈，其中政府作为治理

① 《邓小平文选》第3卷，北京：人民出版社1993年版，第373页。

国家的公共机构至关重要。我国在建立和完善社会主义市场经济体制的过程中，政府职能的转变严重滞后，无论在理论认识上还是在实际进展上，都需要加速迈开一些关键性的步子。严峻的现实需要我们的政府管理理论有新的突破，公共选择理论中的“经济人”假设对我们正确地审视传统政府管理理论的缺陷，构建能够有效地解决实际问题、促进经济和社会健康发展且充满生机和活力的社会主义市场经济体制下政府管理模式的理论基点，有着重要的理论价值和现实意义。历史和现实都告诉我们，即使在我们社会主义国家里，“经济人”的行为特征依然存在。西方发达国家的经验和我们社会主义建设中的教训都有力地说明，建立社会主义市场经济体制必须承认“经济人”假设，应该在此前提下从以下几个方面来重新确立社会主义市场经济条件下政府管理模式的理论基点：（1）在社会主义市场经济条件下，政府官员与其他社会成员一样都是个人效用最大化的追逐者，在政府官员的效用函数中，包括他自己的利己目标和他的委托人希望他达到的最大化的目标，而这两个目标对政府官员的行为有着不容忽视的影响。承认市场经济就是承认人的个人目标效用最大化的合理性，承认个人具有充分的选择权利的合理性，实际上这也是市场经济的内生要求，因为个人充分的经济选择自由是市场经济充满生机活力的基础保证。（2）政府的认知、行为能力是有限的。我们要清醒地认识到选举规则和个人的多元目标追求决定政府行为不一定以社会公众利益为行动目标，加上政府在行使其职能过程中必然存在的信息障碍、认识局限、管理成本及政策时滞等一系列问题，都可使政府行为无效甚至产生负效应。(3)“寻租行为”依然存在。特殊的利益集团谋求政府保护，实现自己利益，往往进行寻租活动。它可能导致政府想方设法干预市场的自然运行，结果降低了市场效率，造成了资源的浪费，这是产生政府腐败的重要原因。而以上这些理论基点决定了转变政府职能的根本指导思想应包括：（1）减少政府干预的范围。凡是市场调节能较好发生作用的领域，政府不应干预；凡是市场力所不及或力不从心的事，则以政府干预为补充，同时，应对政府干预行为进行收益—成本对比分析，选择收益大于成本的干预措施，要尽量少干预，让市场机制充分发挥作用。（2）优化政府的干预行为。市场经济要求某些必要的政府干预行为，而政策又可能失效，因而唯一的出路在于尽力改善决策行为，建立相应的制度，约束政府的不合理行为，保证政策的有效实施，减少或避免寻租活动，优化政府的干预行为。

因此，为了更有效地发挥政府管理的作用，预防“政府的失败”，在我们建立和完善社会主义市场体制的过程中特别有必要注重法制建设和制度建设。在我国政治生活中，公共选择理论有关政策失误的因素依然存在，科学决策和决策的有效实施还困难重重，政府干预引起寻租活动依然存在。而且由于经济发展是一个连续函数，不同模式的政府行为也不可能在时间上截然分开，很容易出现将计划经济体制下政府管理经济的行为简单地植入市场经济体制。从我国的实际情况看，这种情况还在相当范围内存在。要解决这个问题，基于公共选择理论“政府失败说”的启示，我们需要从以下四个方面去努力：（1）转换观念。即要通过广泛的宣传和学习，逐步消除已经十分明确的与旧体制相关联的政府行为和思想观念，克服传统将自己行为视为完全理性和必要的想法和做法，逐步熟悉适应市场经济要求的行为方式和思想观念。（2）引入竞争机制。在以经济建设为中心的今天，政府的经济职能已成为政府的首要职能，政府对其经济职能的垄断性是导致滥用经济职能的最重要原因。因此我们在确定政府经济职能时，在确定其下属机构的经济职能时，应尽可能引入竞争机制，打破垄断的局面。例如，在需要政府提供产品及服务的场合，应允许其他市场主体进入，与之竞争；在那些确系不宜其他市场主体进入的公共产品供给领域，应尽可能由多家政府企业提供；尽可能放宽管理权限，将审批制改为登记制。（3）政府行为法制化。即要求行政机关加强行政法规和规章的制定，使尽可能多的政府行为有具体规则可循，以最大限度地降低政府行为的任意性及任意性导致的不公正和腐败。（4）健全和完善监督机制。监督机制包括自律机制和他律机制。自律机制是指政府内部的自我监督机制；而他律机制则指的是权力机关、司法机关、社会舆论机构和人民群众对政府行为实施监督的外部监控机制。相对而言，在我国，他律机制作用更重要、更有效。体制转轨的顺利进行迫切需要抓紧制定有关政府行为监督的法律和法规，使政府的行为更有效、更规范，在社会主义市场经济体系中发挥主导作用。

最后，应当强调指出的是，尽管以布坎南为代表的公共选择理论学派特别是其“政府失败说”“弥补了传统经济理论缺乏独立的政治决策分析的缺陷，有助于解释预算赤字为何难以消除的原因”①，指出了政府行为存在着缺陷，其中的许多思想对于我们进一步完善政府管理体制，提高行政管理效率具有重要的借鉴意义。但是，我们应该清醒地认识到，公共选择理论产生于市场经济比较发达的美国，其产生的社会经济环境和历史背景与我们的国情毕竟有着本质的区别，因此，盲目地崇拜、照抄照搬、不顾国情，自然是行不通的。我们所说的“借鉴”，应该是在去除该理论糟粕的基础上，吸取

① ［美］丹尼斯·缪勒：《公共选择》，王诚译，北京：商务印书馆1992年版，第2页。

对我们有益的东西，绝不是照搬公共选择理论的各种观点和对策。

第二节　奎德的政策分析理论

政策科学自20世纪50年代初期兴起至今，在西方国家，尤其是在美国得到了长足的发展，特别是对政策分析理论与方法的研究日趋系统化，相继产生了一批新的政策分析理论和方法，其中比较有代表性的当数美国著名政策分析专家奎德的政策分析理论。

奎德，全称爱德华·S. 奎德，是一位十分著名的应用数学专家和系统分析与政策分析专家。他长期在享誉世界的公共政策思想库——兰德公司从事政策分析的理论与实践研究，曾担任兰德公司数学部主任，并与著名政策科学家叶海卡·德罗尔一起创办了著名的《政策科学》理论刊物。自20世纪80年代以来，奎德在其《公共政策决策分析》等著作中系统地阐述了他的政策分析理论。

一、政策分析及其必要性

政策分析是政策科学的研究方法，它使用各种分析方法和分析技术来帮助决策者制定政策。在奎德看来，一方面，政策分析是一种应用的分析形式，它既不同于像运筹学、系统分析和成本—收益分析这样的一般性分析理论和方法，但又为了达到自己的目的而使用这些理论和方法；另一方面，政策分析是政策科学的研究方法论，其目的在于帮助决策者制定和改进政策，它在广泛搜集信息和资料的基础上，帮助决策者阐释目标、寻找备选方案、预测方案的效果、建立模型并对方案作出评估，从而为决策者选出最佳行动方案。正如奎德所言，政策分析的目的在于寻求既出色又节省地完成任务的方法。政府之所以得益于政策分析的应用，是由于政策分析“从分析的角度为决策者（某个人或某机构）提供了帮助”，“决策者想尽可能地干得漂亮”①。

奎德认为，政策分析是在运筹学和系统分析的基础上发展起来的。他引用英国运筹学会的运筹学定义说：“运筹学是现代科学为解决复杂问题而建立的理论。这些问题是在工业、商业、政府和防务中对人、机器、物资和资金的大系统进行指导和管理中产生的。运筹学的特殊方法是开发科学的系统

① 参见［美］爱德华·S. 奎德：《公共政策分析》，见［美］斯蒂尔曼：《公共行政学》下册，李方等译，北京：中国社会科学出版社1989年版，第262页。

模型，结合对诸如机会和风险等要素的计量，从而对可供选择的各种决策、战略或控制的结果作出预测和比较。运筹学的目的是帮助管理者科学地确定其政策和行动。”他认为，“运筹学有一种类似于医学、工程学以及大多数社会科学的，所谓非精确科学的性质”①。在他看来，运筹学与系统分析很难严格区别开来，二者的区别仅仅在于：前者处理的是“低层次”问题——效率问题，而后者则处理的是“高层次”问题——目标选择问题，因为目标选择往往与高层决策相联系。对于任何给定的问题，如果存在的目标越多，这些目标越是冲突，要考虑的参数和要素的数目越多，它就越需要判断和直觉，这样的问题就越是被归于系统分析，而不是归于运筹学；而一项工作越是依赖于定量分析和计算，这种工作就越是归于系统分析和政策分析，都是通过改进决策者行使判断的基础或根据来帮助决策者作出最佳选择。因此，在奎德看来，系统分析和政策分析只能从它们研究问题的内容和环境上来区别。当政治的和社会的因素占支配地位时，我们更多地称这种研究为“政策分析”，因为政策分析要更多地研究决策的政治因素和社会因素。奎德对运筹学、系统分析和政策分析作了如下区分：“运筹学想要帮助人们把事情办得更好；系统分析也试图做到这一点，另外，它还要找出那些不仅能办得更好，而且要少花钱的目标；政策分析试图做到系统分析所寻求的一切，此外，它还要求把事情办得公道。因此，系统分析可以被视为包括了运筹学，再加上经济的考虑和目标的调查以及与此有关的方法。政策分析可以被视为包括了系统分析，此外，它还要关心政策的分布影响。政策分析还更多地重视执行，重视政治和组织方面的考虑。……政策分析在很大程度上是作为系统分析的扩充而发展起来的，而系统分析又是运筹学的扩展。”②

奎德认为，政策分析的必要性可以从决策失误以及决策机构的低效上得到说明。在他看来，决策失误有两种形式：一种是可以避免的决策失误，即决策所必需的信息、资料、证据完全具备，但由于缺乏科学的决策方法和程序造成的决策失误；这种决策失误虽说不是政策分析的责任，但缺乏政策分析是一个重要的原因。决策失误的另一种形式是难以避免的决策失误，这种决策失误是由于决策所必需的信息、资料、证据不充分或者有关事件的未来发展尚未充分展现出来或者决策所涉及的问题复杂并带有大量的不确定性因

① 转引自［美］爱德华·S. 奎德：《公共决策分析》，纽约：诺思·霍兰出版社1982年版，第22页。

② ［美］爱德华·S. 奎德：《公共决策分析》，纽约：诺思·霍兰出版社1982年版，第24页。

素而导致的。奎德认为这种决策失误虽然难以完全避免，但是运用政策分析可以把损失控制到最低程度。事实上，在所有的决策过程中，政策分析都能帮助决策者作出更好的选择。

奎德认为，几乎所有国家的政府部门中都常常表现出决策上的低效。在他看来，造成这种现状的原因是多方面的。首先，政府部门中参与决策的决策者或潜在的决策者人数多，他们又各自代表不同的利益集团，这时就很难就目标达成一致意见；其次，政府机构使用的决策程序和决策方法十分落后，官样文章、公文旅行、议而不决等是这种决策程序的一般特征，而引起巨大社会危害的“试错法”是最常见的决策方法，这样，频繁的决策失误及其带来的严重后果便可想而知；最后，政府工作人员的不称职也是政府决策失误的一个重要原因，许多政府工作人员几乎没有任何政策科学的知识，几乎没有受过任何政策分析方面的训练，而且在有些政府机构中几乎没有任何专职的政策分析人员。上述原因归结到一点就是缺乏政策分析，也就是说，我们没有充分和恰当地运用政策分析方法去发现我们的目标，去理解并解决我们的问题。从理论上说，政策分析可以在一切决策领域为我们提供帮助，例如，它可以帮助我们提高业务效率，可以帮助我们合理地分配资源，可以帮助我们管理环境，可以帮助我们有效地进行方案评估，可以帮助我们更好地制订计划和预算，可以帮助我们更好地进行战略选择。

二、政策分析的要素

奎德认为，政策分析人员在帮助决策者制定决策时，一般要遵循的程序是：(1) 帮助决策者确定他所需要实现的目标；(2) 找出实现决策者目标的各种可能方法，或称备选方案；(3) 推断出根据各种备选方案制定的决策可能产生的结果；(4) 采用适当的标准将各种备选方案按优排序，或将这些备选方案提交给决策者，让他们根据自己得到的合适信息对方案进行排序；(5) 对选出的备选方案制定一个程式，它能告诉我们，该方案的实施会产生什么结果，它又将在何种程度上实现我们最初选定的目标。因此，政策分析一般包括目标、备选方案、效果、标准和模型这五个要素。在奎德看来，当一个人面临决策时，他要考虑这些要素；当一个人帮助别人作出决策时，他也要考虑这些要素。认真考虑这些要素是任何一项优秀决策的必要条件。

(一) 目标

奎德认为，目标是决策者通过其决策试图完成或实现的东西。当个人或政府部门需要通过政策分析来作出决策或选择政策时，必须假设该决策或政策要实现的某些对象，这就是目标。在奎德看来，目标可以分为不同的类型：有些目标是明确陈述的，而有些目标是模糊的或只能被决策者感知；有些目标是单一的，而有些目标是多元的或相互冲突的；有些目标是短期的，而有些目标是长期的或需要经过几代人的努力才能实现；有些目标是定量阐述的，而有些目标是定性阐述的，还有些目标甚至不能定性阐述。奎德认为，目标的选择十分重要，只有选择正确的目标，关于备选方案、成本和效益的信息才会有意义、有价值；如果选择的是错误目标，则意味着我们处理的是错误的问题，在这种情况下，我们再去花费大量的时间和金钱来制定并有效地执行各种备选方案，当然是荒唐可笑的。他说，经济分析、运筹学和管理科学通常假设决策者的目标是清楚明确的，而政策分析却不一样。在政策分析看来，决策者的目标并非总是清楚明确的，因此不能把目标视为一种已知的假设，而要首先弄清楚目标是什么。他认为，政策分析的本质不仅是要考虑应该怎么办，而且更要首先考虑应该干什么。

（二）备选方案

奎德认为，备选方案是可望用来实现目标的可供选择的办法或手段。在他看来，备选方案根据问题的特性不同可以是政策、战略或行动。备选方案必须是彼此不同的，它不仅包括决策者一开始就知道的选择，还包括以后新发现的或构想的选择。他认为，备选方案的选择和确定一般要经过寻找、筛选、检验和准备实施这样几个阶段。在寻找备选方案这一阶段，政策分析必须尽可能多地找到备选方案，或构想和设计出更多的备选方案，如果遗漏某一备选方案的话，我们就不能保证从那些不完全的备选方案中找出最佳方案。此外，奎德认为，决策者的目标与备选方案紧密相关，决策者的目标便确定了备选方案的范围，而且他还指出，决策者或政策分析人员必须发挥创造性和想象力去构想新的备选方案，因为，有时候，改变阐释问题的方式或用不同的观点看问题，都能使我们找到新的备选方案。至于备选方案的筛选，其目的是要把所拟定的备选方案数量减少到易于处理的范围内，其方法通常是根据某种规则来审查各个备选方案，从而把不符合这种规则的那些方案剔除掉。通常，对备选方案的筛选并不是单一的操作过程，而是重复的操作过程。不过，奎德认为，因为对于某种目标来说，筛选备选方案的标准很难确定，所以用确定的标准来筛选备选方案并非总是行得通。因此，他特别强调指出，在筛选备选方案的过程中，我们必须小心谨慎。在他看来，稳健保守比操之过急更好，也就是说，我们宁愿失之于保留的备选方案太多，也不愿失之于保留的备选方案太少，因为前一种过失不过给我们下一步的工作带来困难，而后一种过失则可能将那些比我们保留下来的方案更好的备选方案葬送掉，这是十分危险的。在备选方案的检验或审定阶段，奎德认为对筛选下来的备选方案进行最终审定应该包括各种可行性研究以及与我们的决策有关的其他效果分析。可行性研究要回答某一政策方案在政治上、经济上、技术上、法律上可行或不可行的问题。此外，他认为，对人口、生态、伦理道德、文化传统等各种社会因素的可行性研究也值得注意。并且他指出，对备选方案的检验或审查必须要对方案进行比较，例如，对于效用相同的备选方案，我们要比较哪些方案需要更少的成本；对于成本相同的备选方案，我们要比较哪些方案有更大的效用，等等。在他看来，通过比较，我们可以找到成本较低而效用较大的方案，或可能得出经过修订的新方案。由于新方案集中了原来方案的优点而避免了其缺点，所以它也可能以较低的成本实现较大的效用。选定备选方案的最后一个阶段是准备实施备选方案，奎德将经过审定、准备实施的备选方案称为行动方案。他认为，我们首先要把这些行动方案按照审定的先后顺序排列起来，然后再对各个行动方案作进一步的展开和调整，这一过程使用的方法叫做“执行分析”。在奎德看来，执行分析主要考虑的是政策实施过程中可能发生的政治、组织、环境和人的因素，其中最重要的是人的因素。

（三）效果

奎德认为，用以实现目标的某种方案一经确定，就意味着一系列特定的后果，他把这些后果称为“决策的效果”。在奎德看来，决策的效果有正负之分。正效果是指方案所得到的收益超过成本，它有助于目标的实现；而负效果则指的是方案所耗费的成本超过收益，这是决策者所要避免或尽量减少的一类效果。奎德认为，我们也可以把收益视为正效果，而把成本当做负效果。在有些情况下，收益和成本均可以用货币单位来计量，但是在另一些情况下，收益或成本却难以用货币单位来计量。奎德举了一个例子来说明难以用货币单位计量的政策成本：“假定一项决策的目标是要降低汽车交通事故，采用的方案是强制低速驾驶。这时，在人不多和相对安全的路段上低速行驶所造成的对乘车人的耽误，就会被大多数驾驶员视为一种成本。这种耽误不仅是一种难以用美元表示的负价值，它还会引起驾驶员情绪激动，并使他在别的路段上加速行驶，这样就会导致事故率的增高，甚至导致对法律的蔑视，这一系列后果是很难用数量化方法来说明的。”①

① ［美］爱德华·S. 奎德：《公共决策分析》，纽约：诺思·霍兰出版社 1982 年版，第 46 页。

（四）标准

奎德认为，标准是一种规则或尺度，使用它能够把各个备选方案按照适当的顺序排列起来，并且能够计量各个备选方案的效果。标准可以表明目标、备选方案和效果之间的相互关系。在奎德看来，标准在政策分析中十分重要，它直接影响到我们对备选方案的选择和对效果的计量，在执行中还影响到对政策的评估。政策标准属于政策分析中价值研究的范畴，它涉及决策者的价值观，或者说，决策者的主观价值直接决定政策标准的选择。但他认为，尽管如此，政策分析仍然可以有所作为，例如，政策分析人员可以根据决策者的优先选择确定适当的标准并把备选方案按一定的顺序排列起来。他特别提到，政策分析人员不要掺和到政策标准的选择中去，而要让决策者自己作出选择。政策分析人员的责任是根据决策者的标准去排列和比较备选方案。尽管政策分析人员有时候可以对政策标准提出建议，但是当他这样做时，他已经不是一个纯粹的政策分析人员了。因此，要求政策分析人员必须把自己的价值观与决策者的价值观严格区别开来。

（五）模型

奎德指出，所有政策分析的核心都在于找到或构造出这样一种程序，它能够预测或者至少能够简单地说明采取某种方案将会产生什么后果。也就是说，如果我们考虑将一个行动方案付诸实施，就必须有一个程式，它能告诉我们该行动方案会产生什么效果以及我们将在何种程度上实现目标。这项任务是通过模型来完成的。在他看来，政策分析采用的模型同“自然科学”模型十分相像，它们是由一个逻辑关系的系统构成的，试图以一系列数学方程式或计算机程序展示决定各种方案结果的程序。不过，奎德认为，目前，我们设计这种有效可靠模型的能力是有限的，在涉及公共政策问题时，由于社会和政治方面的考虑总是占据着支配地位，设计这种模型便愈加困难。在这种情况下，就不得不使用从某种意义上说不那么令人满意的模型去预测备选方案的后果，而这种模型更多地且更直接地依靠判断力和直觉，因而其精确性较差，处理起来比较困难，显示的反馈也不那样明确。

三、政策分析的过程

奎德认为，所谓政策分析的过程，即是指政策分析工作的先后次序，它是由问题本身及其内容决定的。但是，无论问题属于何种性质，政策分析过程都要包括以下这五个基本阶段：

（一）总体概述

在奎德看来，“总体概述”是这样一种尝试：即试图阐明目标，解释有关问题和限定问题范围。他指出，在这个阶段的分析工作刚开始时，人们可能缺乏足够的经验和有关的知识，因此许多问题常常会带有极大的假设成分，但是试图以报告的形式阐述问题，这本身就会有助于把分析工作的逻辑结构整理得更加清楚。奎德认为，从某种意义上说，总体概述是政策分析过程中的最重要环节，因为政策分析人员在这个阶段要努力以不同的方式对问题进行重新阐述或对问题重新加以解释，这样不仅可以阐明这个问题是否合乎逻辑和有无价值，而且还可能指出解决问题的方向，因而奎德将总体概述视为整个政策分析工作的出发点。

（二）广泛探索

奎德说，政策分析工作在总体概述之后——从某种意义上讲是与此同时——便进入了调查研究阶段，他把这个阶段称为“广泛探索”。在他看来，这个阶段的任务是搜集作为分析依据的材料，找出它们之间的相互关系以及寻找新的备选方案。他认为，在这个阶段，我们要对可能适用的备选方案进行研究并通过建构模型来展示每一个备选方案的效果，以此作为比较的依据。他认为，建构模型不是一个陈陈相因的过程，它不仅是一种技能，而且是一种富于创造性的活动，是一种艺术。在他看来，建构模型必然是一个反复的、适应的过程，人们从中由知之甚少变为知之较多。他指出，为了设计或评估一个政策系统，我们往往要建构很多不同种类的模型，至于在特定的情况下应该使用哪一种模型，这需要经验的指导和正确的判断。

（三）多方比较

奎德认为，在多方比较过程中，我们根据可能产生的效果，即每个方案可能涉及的成本、效益及其他后果，依据不同的标准对各个方案进行比较并列出优劣顺序。在他看来，系统分析中用来排列备选方案优劣顺序的理性方法主要有两种：一种方法是先确定任务或效用水平，然后按照成本递增的顺序来排列方案，成本低者列前，成本高者列后；另一种方法是先确定成本或预算水平，然后按照效用递减的顺序来排列方案，效用高者列前，效用低者列后。如果方案涉及时间因素，则应该使用成本—收益分析方法，将与备选方案有关的成本和收益表示为一个时间函数，并以合适的贴现率将未来的成本和收益进行贴现，然后根据成本和收益的限值对备选方案进行比较。不过，奎德也指出，有很多公共政策的效果很难纳入成本—收益的分析框架，例如，在一项公共交通规划中，我们几乎不可能用货币价值来计量增加旅行的舒适性这种优质服务的效果的收益；在一项城市建设规划中，我们也很难计量因搬迁或拆毁一处历史遗迹而付出的代价。在某些规划中，还会出现有一些人支付费用，而另一些人获得收益的情况，我们往往很难清楚明确地将备选方案排列起来。奎德说，这时我们最好列出各种备选方案的特征和效果，让决策者凭自己的判断和直觉来排列方案的优劣顺序。

（四）说明解释

奎德认为，在这一阶段，政策分析人员又要重新面对现实问题。在他看来，说明解释的工作应当贯穿于整个分析过程的始终，它可以在任何一个阶段进行，不过，它最主要还是在比较阶段之后进行，它在本阶段更得到了加强，因为这时分析人员要考虑告知委托人一些什么结论以及如果委托人要求他就采取何种行动提出建议时自己将如何作答，而且分析人员在此之前的工作中获得了材料，具备了洞察力，可以得出结论并且或许能够就不同条件下最为可取的行动方针提出自己的见解。奎德认为，决策者的反应可以促使分析人员对模型显示的现实图景进行修正，因为这种图景并非总是准确无误的。他说，在本阶段，我们必须依照实际和现实的考虑对各种模型所展示的结果加以说明。

（五）测试检验

奎德认为，政策分析过程的最后一个阶段便是要对作出的结论进行测试检验。在他看来，从某种意义上说，对于决策者是否根据分析结果作出了正确的决策这一点是永远无法进行检验的，因为总会出现一些决策者所无力左右的情况，但是他仍然认为根据一种或若干种模型显示的结果，尤其是在形势稳定的时候，我们确实可以进行一些检验工作。他举例说，假设分析人员试图为某个中心商业区确定较好的交通格局和交通管理方式，他将会利用计算机模拟对各种方案进行试验，然后选择看上去最好的方案加以实施。这样，只要不发生模型未曾考虑进去的情况（比如，一块计划用做停车场的地皮被卖出去了，并立刻动工，在上面修建了一幢十层高的办公大楼），便可以运用以往的经验对模型作出的预测进行检验。①

最后奎德指出，上述这五个阶段是相互渗透、不能分割的，通常，“最初着手分析时是按照这个顺序进行这五项工作的，但也许很快就不得不齐头并进了”②。因此，这五个阶段的顺序并不重要，重要的是，根据决策内容和分析工作的需要，这五个阶段可交叉、重复、循环，直至我们彻底弄清问

---

① 参见［美］爱德华·S. 奎德：《公共政策分析》，见［美］斯蒂尔曼：《公共行政学》下册，李芳等译，北京：中国社会科学出版社1989年版，第290页。

② 参见［美］爱德华·S. 奎德：《公共政策分析》，见［美］斯蒂尔曼：《公共行政学》下册，李芳等译，北京：中国社会科学出版社1989年版，第272页。

题，找到合适的决策方案。奎德将政策分析的重复过程用框图①表示，如图 6-1所示：

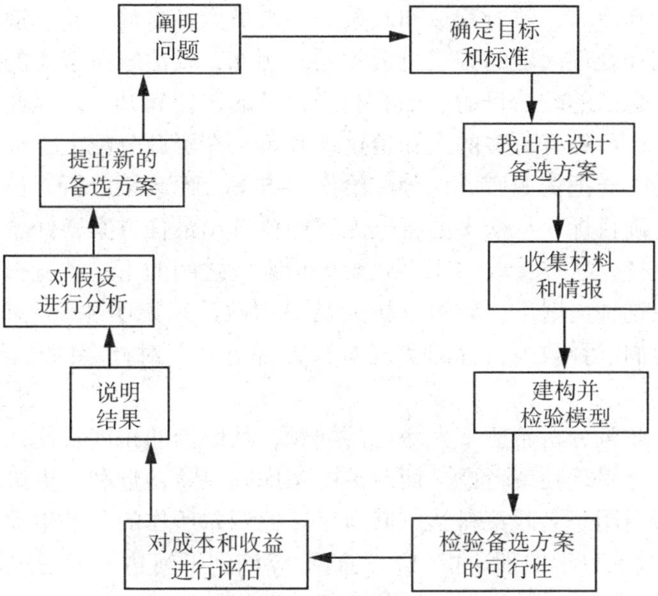

图 6-1

四、政策分析与政治因素

政策是一种政治行为，在政策的整个生命过程中，政治环境的影响及政治体制的制约无时不在、无处不有。换言之，政策作为一定政治系统的产物，必然与各种政治因素相关联。因此，奎德认为，政策分析人员在整个政策分析的全过程中始终应该妥善处理政治问题，把它放在政策分析的首要位置。在奎德看来，与政策分析密切相关的政治因素主要表现在以下两个方面：

（一）政治可行性

政治可行性是指某项政策在政治上被接受的可能性，这里既包括政府机构和政治组织内部的政治，也包括选择的政治，即当事人是否接受解决问题

① 转引自［美］斯蒂尔曼：《公共行政学》下册，李芳等译，北京：中国社会科学出版社 1989 年版，第 273 页。

的方式、方案和结果。奎德认为，要使一项政策在政治上被接受，政策分析人员和他所作的分析一开始就必须面对各种政治因素。在他看来，政治可行性与下面这些政治因素有关：

第一，政治家、政府官员和政策分析人员因各自的利益、追求不同，他们考虑问题和处理问题的方式也会不同。例如，政治家所考虑的政策目标首先要有利于自己的政治目的，如有利于自己的连任和升迁。因此，他总是尽力扩散目标，希望有更多的人知道这项政策。在资源分配上，政府官员总是像撒胡椒粉一样把资源广泛地分配给许多方案。而政策分析人员则不同，他们要努力明确目标，从众多的备选方案中挑选出最佳方案，并希望优先方案得到优先支持。这样，政治家与政策分析人员之间的不一致就很难避免。奎德认为，在这种情况下，政策分析人员要向政治家说明他们之间的一致性，例如，向他们解释政策目标的实现对双方都有利，对社会的长治久安有益，等等。

第二，政策分析希望事先考虑的问题，从政治的角度看往往并不都是当务之急，不值得现在就考虑，而政治的考虑则更急功近利，更讲眼前的利害得失。奎德引用著名政策科学家叶海卡·德罗尔所作的一个生动比喻对此作了说明："政策科学的理论指出，人们不应该到了河边才考虑过河问题。相反，应事先考虑行动的区域，确认流经该区域的河流，决定是否完全有必要过河——如果有必要过河的话，还要决定从什么地方过。然后，事先准备好建桥材料，并设计合理的工作计划，以便到达那条河时，建桥工作已准备就绪。而讲求实际的政治理论却认为，过河问题应该到了河边再说，最好是水已淹到喉咙时再说——大祸临头时，人们终归会完全同意，必须立即过河，必须竭尽全力办好安全过河所需的一切事情。"① 奎德认为，在这种情况下，政策分析人员应该说明政策分析的性质和未雨绸缪的好处。例如，与其过河时全军覆没，不如事先就把桥建好，两相对比，前者损失更大。

第三，一项政策往往同时受到多种政治因素的影响。奎德认为，政策的接受者是多重组织，包括特殊的利益集团、官僚和民众。在这种情况下，要制定有关各方都能接受的妥协方案，尤其要制定一些既能提高政策的可接受性而又不降低政策目标的妥协方案。在奎德看来，通过政策分析，我们可以找到合适的方案。

第四，有些政策会碰到政治上的反对者。奎德认为，决策者这时应该争

① 转引自［美］爱德华·S. 奎德：《公共决策分析》，纽约：诺思·霍兰出版社 1982 年版，第 342 页。

取更多潜在的支持者。在他看来，有时，反对者仅仅是由于经济上的利益而反对某项方案，在这种情况下，可以采取给损益人利益补偿的办法，或者让他们得到其他方面的收益，这样往往能使方案成为可接受的，因而在政治上是行得通的。

（二）谁是真正的委托人

奎德认为，当政策分析人员接受一项政策分析时，他当然知道谁是他的委托人——一些个人、一家公司，或者一个政府机构。但是，当分析人员着手进行政策分析时，由于涉及不同的政治派别和利益集团，他又不得不面对整个社会。他必须把自己视为整个社会的代表或国家的代表，甚至整个世界的代表。他意识到，只有这样才能保证公正，才能使他的政策分析不带偏见。而且，他会根据这些原则去影响委托人或支持者，而不是仅仅去帮助他们。这样就产生了一个重要的问题：谁是真正的委托人？当分析人员或专家顾问为政府机构工作时，他尤其看不清他的委托人是谁。他容易这样理解：他为之工作的政府机构就是国家的代表，因此他是在为国家工作。事实上，正确的理解应该是：政府机构对国家负责，国家对人民负责。因此，如果他真正对这一政府机构负责的话，他就应该首先对人民负责。从这里我们可以看出，当政策分析人员为某些个人或团体工作时，他应该把自己视为一个更广泛社会的代理人，从而是民众的代理人。换言之，不论他事实上的委托人是谁，他的真正委托人应该是整个社会和全体民众。然而，奎德认为，要真正做到这一点是十分困难的，或者说根本不可能。如果委托人发现分析人员偏离自己的利益太远，或者明显地在照顾别人的利益，他就会停止对分析工作的资助，甚至停止分析人员的工作。在奎德看来，政策分析人员的现实态度似乎处于这两种极端情形之间。他引用另两位美国学者 R. 萨格登和 A. 威廉斯的话说：“分析员必须忠诚于理智和正直的事业。例如，分析员不应该不加批判地接受那种与决策者接受的政策不一致的目标。但是应该说，分析员作为一个公民，可以适当考虑委托人提出的目标的优劣；作为一个自由人，他有权拒绝雇主要他以他认为是不妥当的方式来施展才能的要求。但是，作为一个分析员，他又要按照委托人的目标去工作。”① 奎德认为，一般来说，政策分析员的价值天平更应该倾向于社会和公众一边。分析员所做的工作是改善政策，而不是帮助委托人，尽管资助者施加压力，分析员还是应该把自己视为更加广泛的政治利益的代言人，而不仅仅是某个组织的代言

① ［美］爱德华·S. 奎德：《公共政策分析》，见［美］斯蒂尔曼：《公共行政学》下册，李芳等译，北京：中国社会科学出版社 1989 年版，第 264 页。

人，分析员应该关注公共福利事业。

五、简评

通过上述内容，我们不难发现，奎德对于政策分析的认识不仅十分系统，而且也不乏深刻之处。他不仅对政策分析的本质、政策分析与系统分析和运筹学等相关概念之间的关系以及政策分析的必要性等基本问题作了深入的阐述，而且对政策分析的要素、政策分析的过程以及政策分析与政治因素的关系作了比较系统的归纳。他所提出的政策分析理论与方法为当代政府决策的科学化奠定了重要的方法论基础，其政策分析理论中所包含的许多思想和观点颇有见地，例如，“人们不应该到了河边才考虑过河问题”，“政策分析员的价值天平更应该倾向于社会和公众一边”，“分析员所做的工作是改善政策，而不是帮助委托人”，以及“分析员应该关注公共福利事业，应该把自己视为更加广泛的政治利益的代言人，而不仅仅是某个组织的代理人”等论述均不失精辟。他提出的许多方法已被社会实践证明是行之有效的，例如，他提出在政策碰到政治上的反对者，而且反对者如仅仅是由于经济上的利益而持反对态度的情况下，可以采取给损益人利益补偿的办法，或让他们得到其他方面的收益的方法已经被广泛有效地运用于城市建设中处理搬迁户的问题。比如，我们往往采取给他们经济补偿或给新住房的方式使他们不至于反对某项建设计划。当然，我们也应该看到奎德的政策分析理论也并非十全十美，由于他所处的社会背景和阶级立场不同，所以其理论中所含有的某些偏激观点是我们所不能赞同的。因此，正如奎德本人所说的那样：“从很大程度上讲，对政策问题分析的成功应用乃是一种艺术。虽然某些原理和程序有着重要的指导作用，但这些原理和程序还不具备足够坚实的理论或专业基础，因而不能机械地套用。”①

第三节 奥斯本的企业家政府理论

20 世纪 90 年代伊始，伴随着西方经济危机的加深，发达国家政府又掀起了新的一轮行政改革的热潮，其间出现了一种对美国政府行政改革产生很大影响的行政学说，这就是由奥斯本等人在其风靡一时的《重塑政府》一书中提出的企业家政府理论。正如该书封套上引用克林顿的一句话所说的那

① 参见［美］爱德华·S. 奎德：《公共政策分析》，见［美］斯蒂尔曼：《公共行政学》下册，李芳等译，北京：中国社会科学出版社 1989 年版，第 272 页。

样：如果我们要在 90 年代中激发出政府的活力，我们就必须重新塑造它。

一、生平与著述

奥斯本，全称戴维·奥斯本，现任美国著名的进步政策研究所研究员，同时兼任美国州长政策顾问委员会成员和内布拉斯加州研究和发展局顾问委员会委员。他曾经担任旧金山的太平洋新闻社主编，美国首都华盛顿的《新共和》周刊的正式撰稿人。他以优异的成绩毕业于著名的斯坦福大学，多年来曾经担任耶鲁大学的客座讲师。他曾于 1988 年出版了其著名的《民主实验室》一书。1992 年，奥斯本又与曾经担任过美国加利福尼亚维塞利亚市和俄亥俄州万达利亚市的城市经理、现任盖布勒集团（公营部门管理咨询公司 MCR 的分部）总裁的特德·盖布勒合作出版了《改革政府——企业精神如何改革着公营部门》，该书在美国乃至世界范围内均产生了较大的影响。奥斯本极力主张高效率的政府，他长期为包括时任美国总统克林顿在内的共和党和民主党主要政府领导人和候选人担任顾问。他还在《治理》、《哈泼斯》月刊、《大西洋》月刊、《新共和》周刊、《纽约时报》以及《华盛顿邮报》上发表过许多颇有影响的文章。

二、企业家政府理论产生的背景

（一）政府的本质及其存在的必要性

什么是政府？政府的本质问题长期以来一直是政治学家、行政学家乃至经济学家们试图回答但又没有取得一致看法的问题。尽管人们在政府的本质这一重要问题上存在着不同的见解，但是他们都曾从各自不同的学术背景出发从某种程度上对政府的本质作了有益的揭示。而在奥斯本看来，所谓政府，它“是我们用来作出公共决策的一种机制”。他不赞成历史上曾有过的一种“把政府视做一种不得不忍受的邪恶”的错误观点。他说，我们要决定在哪里造公路，怎样处理无家可归的人，给我们的孩子提供什么样的教育。在他看来，政府可以向我们大家提供有益服务的方式，这些服务包括国防、环境保护、警察保护、公路、水坝、供排水系统。政府是我们解决共同问题的方式。他认为，对于一切文明社会来说，政府都是必不可少的，他对政府充满着信心。他指出，我们怎么解决当今世界各国所面临的诸如吸毒、犯罪、贫困、文盲、有毒废物、全球气温升高的幽灵、医疗保健成倍剧增的费用等种种社会问题呢？靠集体行动。我们怎样集体行动呢？那无疑要通过政府采取行动。从某种意义上看，奥斯本对政府本质及存在必要性的见解不失为一种颇有见地的观点。

（二）传统的政府官僚体制的危机与企业家政府理论的出现

奥斯本认为，政府对于社会的存在和发展固然是必不可少的，但遗憾的是，政府的现状并不令人满意，它并没有像人们所期望的那样有效地运作。正如他所言："我们相信没有一个有效的政府，文明社会就不能有效地运作，不过今天有效的政府实属凤毛麟角。我们相信，工业时代的政府官僚机构既庞大又集权化，提供的服务千篇一律地标准化而又不看对象，因而不足以迎接迅速变化的信息社会和以知识为基础的经济的挑战。"① 奥斯本引用美国著名政治学家和管理学家德鲁克的话描述了政府管理体制存在的严重问题及其根源："掌管公共服务机构，尤其是掌管政府机构半年以后，即使那些最有企业家创新精神的人，其行为也会变得像最糟糕的混日子的官僚和争权夺利的政客一样。"② "我们相信问题不在于政府中工作的人，问题在于他们工作所在的体制。撰写本书不是为了去贬低政府雇员，而是要给他们以希望。书中有些段落也许会使人感到我们是在攻讦官僚主义者，但我们的用心乃在于攻击官僚制度和作风，对事不对人。多年来，我们结识了上千名政府公务员，他们中的大多数，虽然肯定不是全部，是负责的，有才能的，立志献身的人，只是受制于陈旧体制的桎梏，创造性得不到发挥，精力遭到浪费。我们相信这些制度可以改变，释放出政府公务员身上巨大的能量，提高他们为公众服务的能力。"③ 在他看来，"如果一个组织的结构是鼓励企业家精神和行为的，那么几乎人人都可以成为企业家。反之，如果一个组织的结构是鼓励官僚主义行为的，则几乎任何企业家都会变成官僚主义者"④。可见，体制的作用多么巨大！改进政府工作效率，从根本上说就是要改革政府的不良体制。

企业家政府理论就是伴随着西方传统政府官僚体制的危机而出现的。我们在本书的第二章中讨论韦伯的"官僚制"理论时曾经指出，"官僚制"这个词原本并不是一个贬义词，从某种意义上来看，这个词还带有一定的褒扬意味，它代表了一种理想的、高效的组织形式，用以取代传统的独裁政权。

① ［美］戴维·奥斯本等：《改革政府——企业精神如何改革着公营部门》，周敦仁等译，上海：上海译文出版社 1996 年版，前言第 4 页。

② ［美］戴维·奥斯本等：《改革政府——企业精神如何改革着公营部门》，周敦仁等译，上海：上海译文出版社 1996 年版，前言第 7 页。

③ ［美］戴维·奥斯本等：《改革政府——企业精神如何改革着公营部门》，周敦仁等译，上海：上海译文出版社 1996 年版，前言第 4 页。

④ ［美］戴维·奥斯本等：《改革政府——企业精神如何改革着公营部门》，周敦仁等译，上海：上海译文出版社 1996 年版，前言第 7 页。

它的层级组织形式与专业化管理使高效地完成大规模的复杂任务成为可能。正如奥斯本所言："那时，这个词意味着组织方式的理性和效率，是集权主义统治滥用权力的取代物。官僚制度给政府工作带来的逻辑规范，如同装配传送线给工厂带来的逻辑规范一样。官僚主义制度利用其层次系统的权威和功能的专门化，使大规模的复杂任务得以有效地完成。马克斯·韦伯这位伟大的德国社会学家描述官僚主义制度使用的词汇是今天美国人做梦也想不到的。'推进官僚主义制度的决定性理由一直是它超过其他任何组织形式的纯技术上的优越性……精确、快速、明确……减少摩擦、降低人和物的成本，在严格的官僚主义治理中这一切都被提高到最佳点。'"①

我们知道，任何一种类型的政府体制都是特定社会环境的产物。奥斯本认为，官僚制的政府组织形式之所以在过去的很长一个时期内经久不衰，其原因并非仅仅在于它的高效率，在很大程度上更在于它适应了当时社会的需要，它向人们提供了相对稳定的职业，向社会显示了公开、平等的精神，提供了最基本的社会服务。在经济萧条和两次世界大战期间，官僚制便是以它中央集权、令行禁止的特征来表现出其优势的。

然而，他认为，今天的社会环境与官僚组织产生的环境大不相同。当官僚组织产生时，人们的生活节奏较慢，整个社会处于一种金字塔式的结构之下，居于塔尖上的人们比其他人更能获得信息、作出正确决策。当时劳动力水平很低，手工劳动是主要形式。地理位置严重影响经济发展，市场很不发达。而这一切在今天似乎都消失了，我们今天生活的社会瞬息万变，全球市场的形成使原来的经济体制面临巨大的挑战，信息技术的发达使普通百姓也能像他们的领导一样获取知识和信息，教育水平的提高使脑力劳动成为经济发展的主要因素，人们对市场的需求也趋于多样化。这一切都要求体制必须是灵活的、适应性强的；要求产品和服务必须是高质量的、多样化的；要求政府能给予其人民更多的权利和利益。在这种环境下，传统的官僚体制显然越来越不适应了。在他看来，"行动迟缓，效率低下和刻板而且无人情味，这就是今天政府这个词在人们脑子里的形象，也是大多数美国人认为美国政府的本质所在"②。这里，奥斯本清楚地认识到传统的政府官僚体制已经远远不能适应社会环境的变化，正如他所言："本世纪30年代和40年代设计

---

① ［美］戴维·奥斯本等：《改革政府——企业精神如何改革着公营部门》，周敦仁等译，上海：上海译文出版社1996年版，序第13~14页。

② ［美］戴维·奥斯本等：《改革政府——企业精神如何改革着公营部门》，周敦仁等译，上海：上海译文出版社1996年版，序第16页。

出的官僚体系，中央集权，层次繁多，在变化迅速、信息丰富、知识密集的90年代已不能有效地运转。"① 当然，他也并没有完全否定官僚制行政组织机构的应有作用，他认为，传统的官僚制度在某些特定的场合仍能发挥作用。比如，在环境比较稳定、任务比较单一、服务需求不高、顾客要求相似的社会保险、图书馆、公园以及其他娱乐设施等方面，政府的管理仍很有效。但是，随着竞争日趋激烈、千变万化，人们对服务质量的要求越来越苛刻，政府面临重重困境；教育、医疗、住房建设等步履维艰。

尽管奥斯本清醒地认识到政府现行的管理体制存在着严重的弊端，但是他并未因此而对政府产生悲观的态度；相反，他对政府的未来充满信心。他说："今天我们政府失败的主要之处，不在目的而在手段。……许许多多的这类书籍目的是批评政府，而我们的目的不是批评政府而是重新改造政府。我们对政府的未来持牛市看涨的态度，正如我们对政府目前状况持熊市看跌的态度一样。"② 在奥斯本看来，从某种意义上讲，政府面临重重困境，这正是变革的信号，"这是进步的一种表征，是新的种种现实正面猛烈冲击旧体制时发生的破坏性冲突的表征。我们的各种信息技术和以知识为基础的经济给我们许多机遇去做也许是50年以前无法梦想的事情。为了抓住这些机遇，我们必须对我们工业化时代的体制机构的残余加以重塑改造"③。他引用著名哲学家艾尔弗雷德·诺思·怀特海的名言说："智慧的第一步就是认识到，人类文明的主要进步便是破坏其所处时代的社会结构的过程。"④

到20世纪八九十年代，当美国经济萧条乃至更加不景气时，一些地方政府的行政首长们便首先对新的社会现实作出了反应，纷纷开始寻找出路，他们自愿抛弃旧的管理方法，遵循市场规律，与私营企业进行合作，以多种方式提供服务。城市之间也展开了竞争，公共管理人员也大谈企业经营之道，各州也开始重新设计它们的公共制度和社会福利。于是乎，"重新塑造政府"的呼声日益高涨。正是在这种背景下，奥斯本提出了他的所谓企业家政府理论。如同奥斯本所言："正因为我们已经看到许多公立机构把自己

---

① ［美］戴维·奥斯本等：《改革政府——企业精神如何改革着公营部门》，周敦仁等译，上海：上海译文出版社1996年版，序第12~13页。

② ［美］戴维·奥斯本等：《改革政府——企业精神如何改革着公营部门》，周敦仁等译，上海：上海译文出版社1996年版，前言第8页。

③ ［美］戴维·奥斯本等：《改革政府——企业精神如何改革着公营部门》，周敦仁等译，上海：上海译文出版社1996年版，序第17页。

④ ［美］戴维·奥斯本等：《改革政府——企业精神如何改革着公营部门》，周敦仁等译，上海：上海译文出版社1996年版，序第17页。

从陈旧落后的官僚主义机构转变成为革新的、灵活的、反应灵敏的组织，所以我们相信肯定有解决的办法。”① 在他看来，“无论是传统的自由主义还是传统的保守主义，都不是解决我们各级政府今天面临问题的有效之道。我们解决我们的问题，既不靠大把花钱增加政府的开支，也不靠节制支出缩小预算；既不靠新建一批政府官僚机构，也不用对现有的官僚机构实行‘私有化’。在某些时候在某些地方，我们确实需要多花钱或者少花钱，需要制订一些新的计划或者把一些政府功能私有化。但是，为了使我们的政府重新变得有效，我们一定要重塑政府”②，亦即用企业家精神来改革或重新塑造政府。奥斯本提出企业家政府理论的宗旨就是试图把企业管理的精髓移植到政府中来，通过改变官僚政府内部的管理机制和内部驱动力，来达到重新塑造政府形象的目的。

三、企业家政府的本质含义

“企业家政府”或许是一个颇容易引起人们误解的概念。为了明确这一概念的本质含义，奥斯本对此专门作了说明，他指出：“我们使用‘企业家政府’一词来指我们目睹在美国各地出现的新模式。这个词也许会使许多读者感到意外，读者们认为企业家就是男、女生意人。但是，‘企业家’一词的真正含义要更加广泛得多。1800 年法国经济学家 J. B. 萨伊创造了这个词。萨伊写道：‘企业家把经济资源从生产率和支出较低的地方转移到较高的地方。’换言之，企业家运用新的形式创造最大限度的生产率和实效。”③ 在奥斯本看来，“萨伊所下的定义，既适用于私营部门，也同样适用于公营部门和志愿者参加的第三部门。有胆有识的督学和校长用新的方式来使用资源，创造最大限度的生产率和实效。具有革新精神的机场管理者也是这么做的。福利事业的专员们，劳工部长们，商业部的官吏们都能够把资源注入生产率和产出更高的地方。我们说到公共事业的企业家，指的正是那些这般行事的人。我们说到企业家式的模式时，指的是习惯性地这般行事的公营部门

---

① ［美］戴维·奥斯本等：《改革政府——企业精神如何改革着公营部门》，周敦仁等译，上海：上海译文出版社 1996 年版，前言第 8 页。

② ［美］戴维·奥斯本等：《改革政府——企业精神如何改革着公营部门》，周敦仁等译，上海：上海译文出版社 1996 年版，前言第 4~5 页。

③ ［美］戴维·奥斯本等：《改革政府——企业精神如何改革着公营部门》，周敦仁等译，上海：上海译文出版社 1996 年版，前言第 5 页。

的机构，不断地以新的方式运用其资源来提高其效率和效能”①。可见，奥斯本采用的企业家政府这一概念，实际上是试图把企业经营管理的一些成功方法移植到政府中来，使政府这类公共组织能像私人企业那样，合理利用资源，注重投入产出，提高行政效率。奥斯本长期在美国政府机关任职，具有较为丰富的行政管理经验，他在其书中引用了大量的案例来支持其观点。

为了进一步揭示“企业家政府”的本质特征，以免引起人们对这一概念的误解，奥斯本还对政府组织与企业组织的差异进行了比较分析。他认为，政府和企业是两种性质根本不同的机构组织，政府不能像企业那样运作。他说：“许多人认为政府简直可以‘像企业那样来运作’，他们也许会以为我们的意思也是如此。那就弄错了。”② 在他看来，政府组织和企业组织的区别主要体现在以下几个方面：

第一，政府领导者与企业领导者的行为动机不同。企业领导者的行为动机是获取利润；而政府领导者的行为动机则是连任。

第二，政府与企业的主要收入来源和方式不同。企业的大部分收入来自其顾客，它往往是通过其顾客自由挑选购买其商品和劳务来挣得收入的；而政府的大部分收入则来自纳税人，政府是通过征税取得其主要收入的。奥斯本说：“这就是为什么广大公众的注意力如此强烈集中在政府服务的成本上的原因，从而不断地产生要求实施控制的欲望——规定官僚们在每个项目上花多少钱，以此来避免官僚们可能浪费、滥用或者侵吞广大纳税人的钱。”③

第三，政府与企业的动力不同。政府的动力往往来自种种垄断，而企业的动力则通常来自竞争。

第四，政府部门与企业组织对其成员的考核标准不同。政府部门对其成员进行考核的一条最根本的标准是看其是否能讨好当选的政客；而企业组织对其成员进行考核的根本标准则是看其是否能够产出产品或获得利润。奥斯本指出：“由于政客们倾向于受到利益集团的驾驭，政府的管理者与他们私

① ［美］戴维·奥斯本等：《改革政府——企业精神如何改革着公营部门》，周敦仁等译，上海：上海译文出版社 1996 年版，前言第 5~6 页。

② ［美］戴维·奥斯本等：《改革政府——企业精神如何改革着公营部门》，周敦仁等译，上海：上海译文出版社 1996 年版，序第 21 页。

③ ［美］戴维·奥斯本等：《改革政府——企业精神如何改革着公营部门》，周敦仁等译，上海：上海译文出版社 1996 年版，序第 22 页。

营企业中的同行不一样，必须在每一个关系中考虑到利益集团的因素。”①

第五，政府雇员与企业雇员对风险和报酬的看法不同。对此，奥斯本引用福特基金会的卢·温尼克的话解释说：“在政府中，一切激励因素是以不犯错误为定向。你取得了九十九个成功也没有人注意，但只要犯一个错误你就完蛋了。公司企业激励雇员的标准手段在这种政府中效果不佳。”②

此外，奥斯本认为政府与企业“还有许多其他的不同。政府是民主的和开放式的，所以它的行动比公司企业缓慢，而公司企业的经理们可以关起门来迅速作出决定。政府的基本使命是‘办好事’，而不是挣钱，所以企业中的成本效益计算到了公营部门就变成了道德的绝对准则。政府必须常常替每个人平等服务，不管这个人支付的能力和对服务的需要如何，于是政府也就做不到公司企业那样的市场效率”③。

在奥斯本看来，正是由于政府与企业存在着上述种种区别，所以政府不能像企业那样运作。然而，奥斯本强调指出：“政府不可能像企业那样运作这一事实并不意味着它不可能更有企业家精神。任何机构，无论是公营私营，都可以有企业家的精神，正像任何公私机构，都会出现官僚主义。很少美国人会真的要求政府像一个企业那样行事——因为私人利润而关起门来迅速作出决策。如果它真的这么干，民主将首先受到损害。但是大多数美国人要求政府减少官僚主义。在官僚主义行为和企业家行为之间是一个巨大的连续体，政府肯定可以在这个区域内调整自己的位置。”④

奥斯本认为，对于政府部门的领导者来说，面对政府存在的种种问题，绝不是仅仅靠增点儿税、节点儿支、砍点儿计划、撤点儿机构和辞退点儿雇员就能解决的，关键是要更新旧观念、吸纳新思想。他说：“我们那些企业家精神较强的政府已经为我们指明了方向，但是却没有什么领导人在注意倾听。他们忙于在升官的阶梯上攀爬，没有时间停下来用新的眼光重新看待事物。于是，他们就陷在用老眼光看待问题的框框里，对于近在眼前的解决办法视而不见。也许这就是我们最大的绊脚石，陈旧的思想在作怪。正如伟大

① ［美］戴维·奥斯本等：《改革政府——企业精神如何改革着公营部门》，周敦仁等译，上海：上海译文出版社 1996 年版，序第 22 页。

② ［美］戴维·奥斯本等：《改革政府——企业精神如何改革着公营部门》，周敦仁等译，上海：上海译文出版社 1996 年版，序第 22 页。

③ ［美］戴维·奥斯本等：《改革政府——企业精神如何改革着公营部门》，周敦仁等译，上海：上海译文出版社 1996 年版，序第 22 页。

④ ［美］戴维·奥斯本等：《改革政府——企业精神如何改革着公营部门》，周敦仁等译，上海：上海译文出版社 1996 年版，序第 23 页。

的经济学家凯恩斯曾经指出的，困难与其说在于提出各种新思想，不如说在于摆脱旧思想的束缚。我们大多数政府领导人和政治记者仍然抱住不放的旧思想，乃是仍旧把我们应有多大的政府而不是应有怎样的政府作为重要的问题。……但是今天我们问题的根本之处不是政府太大或者政府太小。……我们问题的根本之处在于我们政府的类型错了。我们不需要什么大政府或者小政府，我们需要一个更好的政府。说得更加精确一点，我们需要更好的政府治理。……政府治理指的是我们共同解决自己的问题和满足我们社会需要的实施过程。政府是我们使用的一种工具。一旦这个工具过时了，重新发明的过程就开始了。我们不需要再来一次新政，也不需要再来一次里根革命。我们需要的是一种美国的改革。"① 即用企业家精神来重新塑造政府，奥斯本进而提出了政府改革的十项具体原则，亦即企业家政府的十大特征。

四、企业家政府的基本特征与改革政府的十项原则

奥斯本认为，对传统的政府官僚体制的改革应当遵循以下十项原则，在他看来，这十项原则所规定的内容也正是他所谓的企业家政府的基本特征。

（一）掌舵而不是划桨

长期以来，政府的领导人一直都误以为政府的主要职责就是收税和向社会提供服务，而奥斯本则不然，在他看来，政府的中心工作应该是"掌舵"，而不是"划桨"。向社会提供各种服务是划桨，政府并不精通此道。尤其是在当今社会环境瞬息万变、社会需求多元化的情况下，政府再试图向社会提供垄断性的服务已经不可能了。他说："具有企业家精神的领导人都懂得……如果让其他人干更多的划桨工作他们就能更有效地进行掌舵。如果一个组织最佳的精力和智慧都用于划桨，掌舵将会很困难。"② 他引用著名政治学家和管理学家彼得·德鲁克在其 1968 年的名著《不连续的时代》中的话解释道："任何要想把治理和'实干'大规模地联系在一起的做法只会严重削弱决策的能力。任何想要决策机构去亲自'实干'的做法也意味着

---

① ［美］戴维·奥斯本等：《改革政府——企业精神如何改革着公营部门》，周敦仁等译，上海：上海译文出版社 1996 年版，序第 24~25 页。

② ［美］戴维·奥斯本等：《改革政府——企业精神如何改革着公营部门》，周敦仁等译，上海：上海译文出版社 1996 年版，第 7 页。

'干'蠢事。决策机构并不具备那样的能力，从根本上说那也不是它的事。"① 为此，他提出政府应该集中精力做好决策工作（即掌好舵），而把具体的服务性工作承包给私营企业和非营利性机构去做。这样，政府可以居高临下，用政策吸引竞争者，保持最大的灵活性来应付变化着的环境，出色地扮演好自己的角色。他认为，企业家政府应该"转向一种把政策制定（掌舵）同服务提供（划桨）分开的体制"②。谈到政府的作用，他反对曾经风靡一时的"私有化"观点，他明确指出："私有化实际上是一个错误的出发点。具体的各项服务可以承包或转移给私营部门，但是治理则不能这样做。我们可以把个别的掌舵性职能加以私有化，但是我们不能把治理的全过程都私有化。如果这样做，我们就会失去作出集体共同决定的机制，就没有为市场制定规章条文的途径，就会失去强制执行行为规范的手段。我们就会丧失社会公平感和利他主义精神，不管是为无家可归者提供住房还是为穷人提供健康医疗，任何不能赚钱盈利的社会服务都将不复存在。"③ 为此，他再一次引用彼得·德鲁克的话强调说："我们面对的不是'国家的逐渐消亡'。相反，我们需要一个有活力的、强大的和非常活跃的政府。但是我们面临着选择，选择一个庞大的但软弱无力的政府，还是选择把自己局限于决策和指导从而把'实干'让给他人去做的强有力的政府。（我们需要）一个能够治理和实行治理的政府。这不是一个'实干'的政府，不是一个'执行'的政府。这是一个'治理'的政府。"④

（二）重妥善授权而非事必躬亲

奥斯本认为，在一个民众自治的国家里，政府的行政专家们不应事必躬亲，而应善于授权，鼓励公众参与管理。但遗憾的是，当我们管理公益事业时，却忘记了这一条，致使公共服务领域逐渐被官僚机构所控制。我们依靠专家来解决问题，让警察、医生、教师和其他社会工作者掌握一切，却把那些被服务对象的主动性忘在脑后。当我们做这一切时，我们实际上是在破坏广大民众的自信心和能力，并导致了市民对政府的严重依赖心理。

① ［美］戴维·奥斯本等：《改革政府——企业精神如何改革着公营部门》，周敦仁等译，上海：上海译文出版社 1996 年版，第 7 页。

② ［美］戴维·奥斯本等：《改革政府——企业精神如何改革着公营部门》，周敦仁等译，上海：上海译文出版社 1996 年版，第 11～12 页。

③ ［美］戴维·奥斯本等：《改革政府——企业精神如何改革着公营部门》，周敦仁等译，上海：上海译文出版社 1996 年版，第 23 页。

④ ［美］戴维·奥斯本等：《改革政府——企业精神如何改革着公营部门》，周敦仁等译，上海：上海译文出版社 1996 年版，第 25 页。

奥斯本举了一个生动的例子：在20世纪30年代经济大萧条时期，政府建立了公共住房制度，为那些无业或失业的穷人提供廉价租房。一旦房客们找到工作，他们就必须迁出去。这种制度顺利地实行了20年。到20世纪50年代，当南部农村大批穷人涌入时，政府开始招架不住了。房客们意识到一旦离开政府提供的住房，他们将要多付三四倍的房租，许多人宁肯不去找工作。后来政府改变政策，公共住房只提供给那些没有父亲的家庭，想以此减缓住房压力。没想到这一政策不但没有解决问题，反而导致更多家庭分裂。更有甚者，这种公共住房逐渐变成了吸毒、犯罪的场所。政府对此束手无策。

但在华盛顿特区东北部一个叫肯尼沃思的小地方，当市长在居民的压力下让他们自己管理这些公共住房时，情况却大不一样了。居民们自愿组成管理委员会，定期召开居民全体大会，设立严格罚款制度，选择专人负责监督执行。他们还设立课程，培训居民房屋维修和保养知识。要求孩子已上学的母亲去参加工作或接受培训。他们还在居住区内开展经营，创造就业机会，共同组织起来对付各种犯罪，等等。

奥斯本认为，这种市民自治组织之所以能有效地管理，因为他们更了解问题的关键所在，更关心其成员的生活环境，更经济也更具创造性。当然，奥斯本也并没有简单地说要抛弃政府或专家的服务。相反，他认为政府有许多事情要做，例如，制定政策、消除阻力、鼓励自治、提供资助、培训人员、提供咨询、合理配置资源等。

（三）注重引入竞争机制

奥斯本认为，政府是最习惯于采取垄断方式进行管理活动的，它常常把竞争看做是一种浪费和重复。尽管人们对私营企业的垄断深恶痛绝，但人们对政府的垄断行为却习以为常。在他看来，政府之所以没有商界那样富有效率，其主要原因就在于它缺乏竞争机制。他说，竞争有种种好处，而其中"最明显的好处是提高效率：即投入少产出多。……竞争迫使公营的（或私营的）垄断组织对顾客的需要作出反应。……竞争奖励革新；垄断扼杀革新。……竞争提高公营组织雇员的自尊心和士气"①。"竞争是促进革新的永恒动力，而政府通常是缺乏这种动力的。"② 为此，他提出政府应通过各

① ［美］戴维·奥斯本等：《改革政府——企业精神如何改革着公营部门》，周敦仁等译，上海：上海译文出版社1996年版，第58~62页。

② ［美］戴维·奥斯本等：《改革政府——企业精神如何改革着公营部门》，周敦仁等译，上海：上海译文出版社1996年版，第71页。

种形式引入竞争机制，改善行政管理。在他看来，“商界总是比政府更富有效率的老生常谈并不正确。主要的区别不在于公营对私营，而在于垄断对竞争。‘哪里有竞争，哪里就会取得较好的结果，增强成本意识，提供优质服务。’”①。虽然“竞争不能解决我们的一切问题。但是在解开使许多政府机构陷于瘫痪的官僚主义死结方面，它也许比本书中的其他任何概念更加关键”②。当然，竞争也不是放任自流。奥斯本认为，不经规范的竞争可能导致严重的社会问题。比如，一个以营利为目的的医院可能拒绝一个没有社会保险的患者。不经规范的竞争也可能导致垄断或其他不公平。为此，公共政策必须规范什么样的竞争可以开展，什么样的竞争不能开展。这就是政府在竞争中的责任。

（四）注重目标使命而非繁文缛节

奥斯本认为，长期以来，大多数公共组织被它们的规章制度和预算所左右，因而常常被称为“规章驱动的政府”。它们制定出无数个规章来防止可能的错误发生。每当事情出错，它们又习惯地制定出更多的规章。一定的规章制度固然必要，但是这种东西如果太多，就会使政府的活动慢得像个蜗牛，难以对瞬息万变的环境作出反应。规章制度的建立是为了防止坏的事情发生，但它也可能窒息好事情的活力。在很多情况下，为了惩罚5%的不良行为，政治家们所创造出来的繁文缛节实际上约束了其他95%的活力。这就好比一匹马从圈栏里逃跑了，主人便从此锁上了圈门。结果受惩罚的不是那匹逃跑的马，而是其他的马。

在奥斯本看来，应该承认，规章制度在建立之初，其出发点肯定是好的。但当这种制度发展得越来越复杂时，一系列问题便出来了。比如，19世纪后半期，政府建立了文官制度，旨在改变当时盛行的官爵恩赐制和政党对行政的控制。随着文官制度的发展，这种制度却变得越来越僵化。在录用上，考试得高分的人不一定是具有创造力的人；在晋升上，权力被人事部门控制，而非为该部门的负责人所控制；在解雇上，文官被比做“无头蜗牛”，只能进不能出，等等。所有这些又都被一份长达6000页的人事管理规章所规定着。

奥斯本认为，企业家政府是有使命感的政府，它摆脱了这种繁文缛节的

---

① ［美］戴维·奥斯本等：《改革政府——企业精神如何改革着公营部门》，周敦仁等译，上海：上海译文出版社1996年版，第57页。

② ［美］戴维·奥斯本等：《改革政府——企业精神如何改革着公营部门》，周敦仁等译，上海：上海译文出版社1996年版，第58页。

束缚，它只是简单地界定它的基本目标和任务，再根据这一目标和任务制定必要的规章和预算，然后就放手让其雇员去履行各自的责任。如果事情出错，只是解雇肇事者。这就是“任务驱动的政府”。在他看来，改变政府行为的这种内部驱动力，关键是要将庞大的机构分解成较小的部分，每一部分设定相对单一的责任目标，然后界定其权限和预算，并授予其自主管理的权力。这是变官僚政府为企业家政府的关键。可见，奥斯本所强调的是要改变政府行为的内部驱动力——以“任务驱动的政府”取代“规章驱动的政府”。不过，这里应当指出的是，奥斯本并不是要完全取消规章，他反对的是“繁文缛节”而非必要的规章，在他看来，“当然，政府是需要一些规章的。政府的航船需要一两层油漆。如果我们去掉油漆，那就剩下光秃秃的金属，将会生锈腐蚀。问题是大多数政府的航船上了几十层油漆，上面又有一层又一层的附着物。取消控制的目的，是要重新恢复到我们真正需要的一两层保护层，使这艘航船能重新航行”①。

（五）重产出而非投入

奥斯本认为，传统的官僚制度注重投入，而非产出。它资助学校的依据是该校有多少学生，而不是学校之间质量的差异；它划拨福利款项的依据是该区有多少穷人，而不是该区帮助了多少穷人找到工作；它建立警察系统的依据是对付犯罪需要多少警力，而不是犯罪率的升降和人们安全感等因素。其结果是，这些学校、慈善组织或警察局的工作做得越糟，就越能得到更多的政府拨款。这种重投入而不重产出的观念，导致在政府机构里，雇员的年资、机构的规模、权力的层次（这些都可以看做是一种投入）等为最重要的因素，进而致使官僚机构只想着去设法追求多预算、多编制、多权力，营造自己的“帝国”。

奥斯本认为，产生这种现象的主要原因是政府工作好坏的根本标志不是它的表现，而是它能否连选连任。企业必须注重产出，因为产值一下降，企业就要倒闭，但政府不必担心这个问题。政府的成败不是能否取得预期目标，而是能否再度当选。政治家们能否当选，又取决于选民和利益集团是否接受他们，而非政府能否提供良好的社会服务。这种状况不改变，政府的管理水平不可能提高。

在奥斯本看来，企业家政府体制则可以避免传统政府官僚体制的这种弊端，因为企业家政府是讲究效果的政府，它是按效果而不是按投入拨款；它

① ［美］戴维·奥斯本等：《改革政府——企业精神如何改革着公营部门》，周敦仁等译，上海：上海译文出版社1996年版，第95页。

对政府各部门表现的评估和资助是以其政策效果为依据，而非依据项目的多少。奥斯本认为，尽管对政府某些行为结果的测量有一定的难度，但是，一旦适当的措施到位，政府部门便可以采取以下三种方法来利用测量提供的信息去改进自己的业绩：（1）按业绩付酬，即对业绩好的个人或集团实行某种形式的业绩加薪制度或奖金制度；（2）按业绩进行管理，即业绩信息主要当做一种管理手段，用来继续改进自己的工作；（3）按效果作预算，即把自己组织的支出同效果挂钩。他指出："最富有企业家精神的组织设法在这三个方面都加以实施。"①

（六）具备"顾客意识"

在政府中，很少有人用"顾客"一词。大多数政府雇员根本不知道谁是他们的顾客。他们只知道为部长、为议会、为纳税人服务，而无视那些真正的服务对象。而奥斯本这里所谓的"顾客"就是指政府公共组织的服务对象——公民。他说，从理论上讲，"民主政府是为它们的公民服务而存在的。企业是为赢利而存在的"②。但现实是，企业在想方设法取悦顾客，而政府却是个"顾客盲"。他认为，产生这种现象的原因很简单：企业的钱是直接从顾客那里来的；而政府是依靠议会拨款，依靠纳税人交税。政府的"顾客"是在被动地等待政府为其提供服务，因此常常不被重视。

为此，奥斯本指出，今天的时代已经不同于过去的工业时代，伴随着政府提供的垄断服务被打破，政府也应该按照企业家政府理论来对自己进行重塑。按照企业家政府理论，政府是受顾客驱使的，其宗旨是满足顾客的需要，不是官僚政治的需要。在奥斯本看来，顾客驱使的制度具有种种好处：第一，顾客驱使的制度迫使服务提供者对它们的顾客负责。因为顾客可以去别的地方办他们的事，提供者必须不断寻求有关他们需要的反馈，然后采取必要的行动满足他们。第二，顾客驱使的制度使选择提供者的决定不受政治影响。第三，顾客驱使的制度促进更多的革新。当提供者不得不参与竞争时，它们不断寻求减少成本和增进质量的方法。第四，顾客驱使的制度让人们在不同种类服务之间作出选择。第五，顾客驱使的制度浪费较少，因为它们使供求相适应。第六，顾客驱使的制度授权顾客作出选择，而被授权的顾客成为更加尽责的顾客。第七，顾客驱使的制度创造更多公平机会。当政府

① ［美］戴维·奥斯本等：《改革政府——企业精神如何改革着公营部门》，周敦仁等译，上海：上海译文出版社1996年版，第138页。

② ［美］戴维·奥斯本等：《改革政府——企业精神如何改革着公营部门》，周敦仁等译，上海：上海译文出版社1996年版，第149页。

直接为计划或机构拨款时，公平难以实施。① 因此，奥斯本强调，政府应像企业一样具备“顾客意识”。

（七）有收益而不浪费

奥斯本认为，政府长期以来都是靠财政预算过日子，很少考虑如何赚钱。当财政出现赤字，政治家们本能的反应就是提高税收。而企业却不同，企业家必须考虑支出与收入两个方面。他们不在乎花多少钱，只要这笔钱能带来利润。但政府则不行，它只注意花钱的一面而忽略赢利的一面，它绞尽脑汁在节约开支上下工夫，即使这种开支能够带来丰厚的利润。这就像一个未成年的孩子，对父母给的有数的零钱，他唯一的动机就是省着点花。这种管理方法往往导致更大的浪费。比如，政府不愿意花钱维修公路，直到这个公路完全坏了，不得不花几倍的维修费用来重建。同理，对兴修水利的忽视也是一个十分典型的例子。

奥斯本认为，企业家政府是有事业心的政府，是有收益而不浪费的政府，它不应仅仅靠预算度日，它应学会用种种形式集资、赚钱，它主张以花钱来省钱，为回报而投资。在他看来，企业家政府的一个重要特征就是具有一种“投资”观点，要变管理者为企业家，变花钱政府为赚钱政府。不过，奥斯本认为，这里面有个利益机制问题。如果管理者不能从赢利的收入中获益，他当然不愿意花时间去追究它。也就是说，“如果我们想使政府雇员有‘收入意识’，我们就需要有奖励刺激，来鼓励他们像花钱那样来赚钱”②；“如果我们想要政府管理人像企业家那样思考，我们得把那样做的奖励刺激给他们”③。比如，开发一些营利性项目，让公共组织的管理者们能享受着赚钱的利润；对适用公共设施实行收费制度；鼓励公共组织像企业那样学会投资，与企业开展竞争，等等。

（八）重预防而不是治疗

奥斯本认为，政府应该有预见能力，我们的政府曾经是很有预见力的：他们修建排水系统以防止疾病，铺设电缆以防止火灾，研究免疫方法以预防疾病，等等。然而，当政府的专业化程度越来越高时，他们的注意

① ［美］戴维·奥斯本等：《改革政府——企业精神如何改革着公营部门》，周敦仁等译，上海：上海译文出版社 1996 年版，第 164~168 页。

② ［美］戴维·奥斯本等：《改革政府——企业精神如何改革着公营部门》，周敦仁等译，上海：上海译文出版社 1996 年版，第 196 页。

③ ［美］戴维·奥斯本等：《改革政府——企业精神如何改革着公营部门》，周敦仁等译，上海：上海译文出版社 1996 年版，第 193 页。

力开始转移了，开始注重事后的处理而非事先的预防。比如，伴随着消防部门的专业化，灭火技术越来越发达；伴随着警察部门的专业化，对付犯罪的手段越来越先进；伴随着医院的专业化，治疗技术越来越发达。……与此同时，防患于未然的观念淡薄了。正如奥斯本所言："传统的官僚政府专注于提供服务以与问题作斗争。为对付疾病，它们为保健服务筹措资金。为对付犯罪，它们拨款雇用更多的警察。为同火灾作斗争，它们买了更多的消防车。……官僚政治的模式使政府全神贯注于提供服务——划船。而集中其主要精力于划船的组织就很少花精力去掌舵了。它们发展的是狭隘的想象力。因为它们的思维定势以为政府就是靠专业人员和官僚提供服务，它们要一直等到问题变成危机，然后才对那些受到影响的人——街上的无家可归者、退学学生、吸毒者——提供新的服务。因此我们针对症状花去大量的钱——雇用更多的警察，建造更多的监狱，提供更多的福利金以及更高的医疗补助支出——而对于采取预防对策却又显得资金缺乏。"① 在他看来，"在一个变化来得惊人迅速的时代，未来盲是个致命的弱点"②，这使我们的政府像一艘航行在大海里的巨轮，船上具有各种豪华设备，但是却缺少雷达和导航系统。

奥斯本认为，这种现象有其深刻的社会原因。在传统的工业时代，我们的政治体制适应当时的社会需要，权力被工、农、商等大的社会群体所共享。每一个社会群体又有其代表机构或利益集团。政治活动被这些群体所资助，政治舆论也被这些群体所左右，政府比较好把握社会的未来发展趋势。然而，这种社会组织形式在今天逐步瓦解了。整个社会越来越被分裂成无数个碎片。甚至在一个利益集团中，也会有截然不同的区别。因此，要求我们的政治体制能够从这纷繁复杂的现象中，提炼出社会未来发展的共同利益。为达到这个目的，奥斯本认为必须改变决策层的内部驱动力，包括改革预算体制、改变财务制度、建立区域性联合政府、改革选举制度等，从而达到转变政府目光短浅的根基，使政府具有企业家精神。在他看来，具有企业家精神的政府应该着眼于以预防为主，而不是通过事后服务来挽回损失；应该是有预见力的政府，而有预见力的政府应该集中精力做好"两件根本性的事情。它们使用少量钱预防，而不是花大量钱治疗；它们在作出决定时，尽一

① ［美］戴维·奥斯本等：《改革政府——企业精神如何改革着公营部门》，周敦仁等译，上海：上海译文出版社 1996 年版，第 202~203 页。

② ［美］戴维·奥斯本等：《改革政府——企业精神如何改革着公营部门》，周敦仁等译，上海：上海译文出版社 1996 年版，第 204 页。

切可能考虑到未来”①。他精辟地指出：“精明的人解决问题，有天才的人避免问题。”②

（九）重参与协作的分权模式而非层级节制的集权模式

奥斯本认为，50 年前，集权式的政府是不可避免的。当时，信息技术还很原始，地区之间的通信很慢，劳动力教育水平很低，所以政府不得不采取集中管理形式，以使公共管理更有效。然而，今天的情况则大不一样了：信息技术的发达使边远地区的通信瞬间即至，劳动力教育水平空前提高，外部环境变化莫测，坐等信息再作决策的时代一去不复返了。面对信息时代的复杂环境，企业界的领导者往往本能地采取分权的办法，他们通过减少层级和授权给雇员的方法把一些决策交给下属去作出，以便通过群策群力来减轻自己作出决策的负担；而传统的政府领导者却常常本能地采取集权方式，他们不断地聘用更多的政客、官僚、专家，使用更多的电脑来截堵溃决的堤坝。当财政吃紧，他们就强化管理、收缩权力；当信贷出现赤字，他们就建立一个最高权力机构来加强控制；当毒品泛滥，他们就委任一个全国反毒官员来应付。这种集中控制和强化中央管理的办法常常事倍功半。奥斯本认为，产生这种区别的主要原因是那种集权式的、层级式的组织，把自己划成了不同区域和不同层次，组织中的每个成员都隶属于自己的“单位”，由此使不同区域和不同层次间的沟通变得困难。而要解决这个矛盾，政府则应当仿效企业领导者的做法，要善于分权，即应削平复杂的层级组织模式，将集权式的管理权下放。在奥斯本看来，“分权的机构有许多优越性：（1）它们比集权的机构有多得多的灵活性；它们对于情况和顾客需求的变化能迅速地作出反应。（2）权力分散的机构比集权的机构更有效率。在第一线工作的人接触的问题和机遇最多，他们随时都知道问题的所在。如果得到管理者的支持，他们常常能构思出最好的解决问题的办法。这就给参与性管理的机构以极大的优势。（3）分权的机构比集权的机构更具创新精神。好的思想观点常常来源于干实际工作、同顾客打交道的雇员。（4）分权机构产生更高的士气、更强的责任感、更高的生产率”③。奥斯本明确指出分权的政府应

① ［美］戴维·奥斯本等：《改革政府——企业精神如何改革着公营部门》，周敦仁等译，上海：上海译文出版社 1996 年版，第 205 页。

② ［美］戴维·奥斯本等：《改革政府——企业精神如何改革着公营部门》，周敦仁等译，上海：上海译文出版社 1996 年版，第 205 页。

③ ［美］戴维·奥斯本等：《改革政府——企业精神如何改革着公营部门》，周敦仁等译，上海：上海译文出版社 1996 年版，第 235~236 页。

变层级节制模式为参与协作模式，为此，他还特别提出了“合作式组织”的形式，即围绕某一具体项目，组成跨组织间的合作式攻关小组完成任务。这种工作形式可以打破组织间、地域间的界限，把不同的利益统一到共同的任务上来，又可以发展组织间横向联系网络，开阔组织成员的视野，提高其工作能力。当然，奥斯本也强调指出分权并不等于放权不管，他说：“想要对其选民负责的政府不可能简单地让其雇员放任自流。选民要求政府担负某种责任。因此分权的组织机构也发现它们必须明确说明它们的使命，围绕核心价值观创造内部文化，计算成果。”①

（十）重市场机制调节而非仅靠行政指令控制

奥斯本认为，上述讨论的官僚体制的种种不足，大多可以概括为行政机制与市场机制之争。如前所述，市场机制有许多优势，如分权、竞争、顾客选择自由、资源与产出紧密相连、对外部环境反应迅速等。而行政的方法则是一种指令和控制的机制，这种机制在某些场合下是可行的，但也有其致命的弱点：它缺少像企业那样的内部驱动力；它主要依赖惩罚的威慑力量；它需要一个很慢的程序才能执行；它妨碍个人或组织的创造性；它鼓励组织扩张自己机构的规模等。正如奥斯本所描述的：“当我们想到‘政府’这个词的时候，自然而然地就联想到‘计划’这个词。就像火腿和蛋一样，政府和计划紧密相联。事实上这是说政府的工作是由许多计划和方案组成的。……不幸的是，在同市场进行比较时行政计划有一系列的缺陷：（1）计划受选民而不是顾客的推动。（2）计划受政治而不是政策的推动。（3）计划创造了‘地盘’，政府机构不惜代价全力保卫。（4）计划倾向于创造分裂的服务系统。（5）计划不是自我改正的。（6）计划难得寿终正寝。（7）计划很难达到为取得重大影响所必需的规模。（8）计划通常运用命令而不是奖励手段。”②

当然，奥斯本并没有简单地否定政府应有的作用，在他看来，如同政府存在着缺陷一样，市场也不是万能的，正如他所言：“我们并没有说市场机制总是管用。许多由政府提供的‘公享财物’如公园和公共安全就不是在市场中进行交易的。许多市场也是有严重缺陷的。当一个市场引起严重的社

① ［美］戴维·奥斯本等：《改革政府——企业精神如何改革着公营部门》，周敦仁等译，上海：上海译文出版社 1996 年版，第 237 页。

② 参见［美］戴维·奥斯本等：《改革政府——企业精神如何改革着公营部门》，周敦仁等译，上海：上海译文出版社 1996 年版，第 267~271 页。

会或经济问题的时候，往往要求政府采取行动。”① 而且他认为，世界上并不存在完全自由、不受任何控制的市场。任何合法的市场都有一定的规则，并且需要政府一定的干涉。奥斯本列举了政府在建立市场过程中所要担负的责任：（1）建立市场规则；（2）为消费者提供信息；（3）利用政策平衡供求关系；（4）刺激私营企业的生产；（5）填补市场空白；（6）鼓励新的市场因素的产生；（7）与私营企业一起分担社会风险；（8）调整公共投资政策；（9）沟通买方卖方关系；（10）利用税收政策调节市场；（11）支持建立群众自治组织。可见，奥斯本在政府与市场的关系问题上并没有走极端，他所强调的是政府要善于建立市场机制，不能只靠指令控制进行管理。

五、简评

通过以上分析，我们不难发现，奥斯本的企业家政府理论无论是在理论上还是在实践上都不乏精辟之处，他提出的政府改革的十项原则——亦即企业家政府的十大特征，对于我们重新审视现时代的政府角色、正确地认识政府的职能具有重要的启示。正是由于企业家政府理论本身所具有的价值，所以该理论一问世，便在西方国家，尤其是在它的发源地美国产生了重大的影响。1993 年 3 月，也就是在奥斯本等的《改革政府——企业精神如何改革着公营部门》一书出版的第二年，美国总统克林顿便宣布了一项为期 6 个月的计划，对联邦政府的行为进行全面调查研究，并委托副总统戈尔率领一个工作组开展这项工作。1994 年 9 月，戈尔副总统和他的工作组完成了这项使命，并提交了一份长达 100 多页的调查报告：创建一个花钱少效率高的政府。从此，揭开了克林顿政府行政改革的序幕。该报告对联邦政府所面临的危机揭露得非常尖锐，对解决危机的途径也阐述得相当详细，它清楚地表明了企业家政府理论所产生的重要而深刻的影响。正如克林顿和戈尔所言：“我们不能容忍我们的政府花钱多、效果少的现象继续存在下去了，解决这一问题的办法也不应再是多设立些项目或多投入些金钱，我们要从根本上改变我们政府的行为方式——从自上而下的官僚体制转向一种自下而上、简政放权式的企业家政府模式。”②

当然，企业家政府理论在其风靡欧美之时也遭到了一些尖锐的批评。例

① ［美］戴维·奥斯本等：《改革政府——企业精神如何改革着公营部门》，周敦仁等译，上海：上海译文出版社 1996 年版，第 266 页。

② ［美］克林顿、戈尔：《把人民放在首位》，纽约：纽约时代图书出版社 1992 年版，第 23~24 页。

如，美国怀俄明大学政治学系主任哈伯尔（Lawrence Hubbel）教授和该系的格林（Richard T. Green）教授在其合著的《论治理与重塑政府》一文中就批评说：第一，企业家政府理论忽视了美国政府治理模式中制度与分权对政府的约束作用，而且政府的各个部门基于宪法制度的安排去掌舵和划桨，并不像奥斯本所说的那样似乎只存在一个单独的或一体化的理性行为者控制着一个舵，事实上存在着许多舵，许多领航员通过竞争控制每个舵。第二，在立法、行政和司法三个部门的争斗中，各方采取的立场常常不仅是为了自己，而且是为了保护或者培育一个大致的权力平衡。政府行政的复杂性质与标准化市场基础的途径有显著的不同，而奥斯本的原则可能侵蚀这种复杂的权力平衡。第三，使命与灵活性在美国政府治理中是有位置的，但其位置需经政府部门各方联合的一致程序，以法律的力量和影响力而不是片面的意志来实现，美国政府治理模式的法治特性使得政府部门的政策与决策要符合外在的法定的保证和契约的标准，它覆盖和超越了官员本身的职位与目标。这种法定保证本质上是价值和过程的混合体：既重视结果，也重视手段，或者说两者同等重要，而不择手段的危害性甚于没有结果。正是在这个方面奥斯本的“重目标使命而非规章制度的原则”与“重结果而非投入的原则”会产生不利的影响，特别是“由于这些原则被引用在戈尔的报告中，等于促成对政府行政部门法律作用的极大曲解”，因为报告建议“从总统到直接管理人员对所谴责的法令和规章采取忽视或不予有力实施的态度”①。第四，理论上再完美的市场在实际生活中都会产生政治性与社会性的分裂，造成相应的不稳定，企业家政府理论中以市场驱动与市场刺激应用于公共部门的管理和组织原则，将会对美国制度的稳定性和合成力造成危害，因为在政治领域内，需求和组织行为与市场中不同，面临模糊性、不稳定性和歧义性的选择难题，奥斯本简单地将权威归于多数，这就涉及美国政治学的经典问题：如何保护异议者？如何保护少数及个人的权利？第五，“顾客驱动”的原则会产生分配上的重大难题，因为在政治社会活动中，政府的顾客与市场的顾客是不一样的，政府的顾客所掌握的政治资源差距很大，依照市场机制进行运作会使公共部门的管理者对不同的顾客依照其不同的价值，采取不同的对待方式，甚至抛弃那些对其相对无价值的顾客，这又涉及美国政府治理的传统价值观：限制权力集团，保护处于不利地位的少数人和个人权利问题，这些同样不是市场机制所能解决的；此外，格林和哈伯尔还批评奥斯本和盖勒

① ［美］格林、哈伯尔：《论治理与重塑政府》，见［美］万姆斯利、沃尔夫主编：《重建民主公共行政》，加利福尼亚：赛奇出版社 1996 年版，第 48 页。

布在哲学方面简单化，绝对化的二分法倾向，以至于政府与企业，官员与企业家，垄断与竞争，集权与分权，历史与现在等都被极端化地一分为二了，而他们无条件地站在一边。①

相比之下，美国弗吉尼亚州立大学的查尔斯·古德塞尔（Charles Goodsell）教授对企业家政府理论的抨击则更为强烈。他在其文章中就针对奥斯本的观点提出了反驳：难道我们需要一种体制而不惜毁坏现存的公共制度吗？难道我们需要一种参与而不惜削弱政府的责任？难道我们需要一种竞争而不管是否造成了重复和浪费？难道我们需要一种财务自由而不怕招致公众的怀疑？难道我们要把美国人看做顾客而非公民？难道我们要以市场机制来取代公共利益？难道我们要把纳税人的钱放到私人企业的腰包里吗？古德塞尔还针锋相对地提出了自己的十大原则：

1. 政府应是由人民通过选出的代表来控制的，而不是企业家；
2. 政府应该为公共利益服务，而不是满足企业家的自我；
3. 政府必须按照宪法和法律活动，而非依据目标或任务；
4. 政府应该与私营企业的主要股东合作而非任何一种合伙人；
5. 政府应该是灵活的、富有创造性，但同时也必须具有公共责任心；
6. 政府活动的社会效果固然重要，但也必须尊重那些为政府服务的雇员；
7. 在政府中，采取私营企业的管理模式必须不违背机会平等和公众监督的原则；
8. 简化繁文缛节是对的，但不能破坏基本规范和法定程序；
9. 减轻财政负担的设想是可行的，但不能无视行政工作本身对公共开支的要求；
10. 处理公共问题应该具有创造性，但不能让少数人中饱私囊。②

诚然，上述批评意见在一定程度上有其合理性，而且它们从不同的侧面揭示了企业家政府理论的局限性，但其中也不乏误解和偏颇之处。限于篇幅，在此我们仅以哈伯尔和格林对企业家政府理论关于政府应具备“顾客

① 参见［美］格林和哈伯尔：《论治理与重塑政府》，见［美］万姆斯利、沃尔夫主编：《重建民主公共行政》，加利福尼亚：赛奇出版社 1996 年版，第 38~62 页。

② 转引自蔚智前：《重新塑造政府》，载《中国行政管理》1994 年第 5 期。

意识”和“应注重市场机制调解而非仅靠行政指令控制”这两条原则的批评以及古德塞尔提出的十条原则中的第 1、2 条和第 8 条为例予以说明。哈伯尔和格林批评企业家政府理论中以市场驱动与市场刺激应用于公共部门的管理和组织的原则，将会对美国制度的稳定性和合成力造成危害，他们并且认为在政府社会活动中，政府的顾客与市场中的顾客是不一样的，政府的顾客所掌握的政治资源差距很大，依照市场机制进行运作会使公共部门的管理者对不同的顾客依照其不同的价值，采取不同的对待方式，甚至抛弃那些对其相对无价值的顾客，进而会涉及市场机制同样所不能解决的诸如限制权力集团，保护处于不利地位的少数或个人权利这类美国政府治理的传统价值观问题。其实，在这个问题上，哈伯尔和格林对企业家政府理论存在误解，因为奥斯本在这一点上并没有走极端，他所强调的是政府要善于利用市场机制，而不能只靠指令控制进行管理，在他看来，如同政府存在着缺陷一样，市场也不是万能的，正如他所言：“我们并没有说市场机制总是管用，许多由政府提供的‘共享财物’如公园和公共安全就不是在市场上进行交易的。许多市场也是有缺陷的，当一个市场引起严重的社会或者经济问题的时候，往往要求政府采取行动。”① 而且他认为，世界上并不存在完全自由，不受任何控制的市场。任何合法的市场都有一定的规则，并且需要政府一定的干涉。他明确指出，如果没有政府，“我们就会失去做出集体共同决定的机制，就没有为市场制定规章条文的途径，就会失去强制执行行为规范的手段，我们就会丧失社会公平感和利他主义精神，不管是为无家可归者提供住房还是为穷人提供健康医疗，任何不能赚钱盈利的社会服务将不复存在”②。为此，他专门列举了政府在建立市场过程中所要担负的十一项责任。同样，古德塞尔提出的第 1 条原则和第 2 条原则实际上也是由于误解了企业家政府理论中的“企业家”这一重要概念而导致的。如前所述，奥斯本在《重塑政府》一书中说得很清楚，而且，为了进一步地揭示“企业家政府”的本质特征，以免引起人们对这一概念的误解，他还对政府组织与企业组织的差异进行了比较分析，并明确指出，尽管政府和企业是两种性质根本不同的机构组织，但是这并不意味着政府“不可能具有企业家精神。任何机构，无论是公营私营，都可以有企业家的精神，正像任何公私机构都会出现官僚主

① ［美］戴维·奥斯本等：《改革政府——企业精神如何改革着公营部门》，周敦仁等译，上海：上海译文出版社 1996 年版，第 266 页。

② ［美］戴维·奥斯本等：《改革政府——企业精神如何改革着公营部门》，周敦仁等译，上海：上海译文出版社 1996 年版，第 23 页。

义一样”，“我们那些企业家精神较强的政府已经为我们指明了方向”①——即用企业家的精神来重新塑造政府体制。可见，奥斯本在此所论及的“企业家政府”准确地说指的是“具有企业家精神的政府”，他创立企业家政府理论的初衷也正是试图把企业管理的精髓——企业家精神移植到政府中来，通过改变传统政府官僚体制内部的管理机制和内部驱动力，来达到重新塑造政府体制的目的。至于第 8 条原则，与企业家政府“注重目标使命而非繁文缛节”的原则在本质上并不矛盾，如前所述，奥斯本这里并不是要完全取消规章制度，他反对的是“繁文缛节”而非必要的规章制度，所以，哈伯尔和格林的第三条批评意见同样也是因为对此存在着误解而导致的。

然而，理论上的争论往往是各自强调了同一事情的不同侧面，而且任何一种理论在其建立之初，都往往把其观点推向一个极端，奥斯本的所谓“企业家政府理论”也不乏这种极端和夸张。但正是这种夸张把传统官僚体制的弊端揭露得淋漓尽致。我们知道，任何一种制度的产生都有与之相适应的客观环境。西方人对现行政府制度不满，很大程度上是对政府的管理模式没能适应社会从传统工业时代向信息时代的转变而感到失望。尽管西方国家政府所面临的种种危机与我国改革中面临的问题不尽相同，但我国在从传统的计划经济体制向社会主义市场经济体制的转轨过程中难免会出现西方政府所面临的某些矛盾，因此，我们应该善于从它们的经验中借鉴一些有益的东西。

最后值得指出的，奥斯本并没有将其企业家政府理论视为完美无缺的终极真理，正如他自己所言：“我们所提供的十条原则…… 只是重塑政府的粗略草稿而不是最后文本。…… 我们知道先驱者们将继续进行其探索。我们企盼着在他们又发现新土地时，会画出更新更好的地图供后继者使用。”②显然，奥斯本这里实际上是希望为人们提供一种认识政府的新视角，诚如他在其书中引用法国小说家马塞尔·普鲁斯特的名言所表明的那样：“发现航程的真正之道并不在于寻找新的土地，而在于用新的眼光来看待事物。”③ 也许奥斯本企业家政府理论的最大价值就在于它可以帮助我们用一种全新的眼

① ［美］戴维·奥斯本等：《改革政府——企业精神如何改革着公营部门》，周敦仁等译，上海：上海译文出版社 1996 年版，第 23 页。

② ［美］戴维·奥斯本等：《改革政府——企业精神如何改革着公营部门》，周敦仁译，上海：上海译文出版社 1996 年版，前言第 3 页。

③ ［美］戴维·奥斯本等：《改革政府——企业精神如何改革着公营部门》，周敦仁译，上海：上海译文出版社 1996 年版，前言第 8 页。

光来看待事物、看待政府、看待政府的改革吧！

第四节 法默尔的后现代公共行政理论

法默尔（David John Farmer，1935— ）系美国当代著名的公共行政理论家，也是当代西方后现代公共行政理论流派的主要代表人物之一。他现任美国弗吉尼亚州立大学政府与公共事务学院教授，先后获得英国伦敦大学经济学博士学位（1984）和美国弗吉尼亚大学哲学博士学位（1989），并于其从事公共行政管理教学和研究工作，之前在美国政府部门任职多年。作为一位在西方公共行政管理学界具有广泛影响的公共行政理论家，他以其广博的知识背景和丰富的公共行政经验长期致力于公共行政管理理论的研究，尤其在后现代公共行政理论方面成果甚丰，不仅在《公共行政评论（PAR）》、《行政与社会》、《国际公共行政评论》、《公共行政理论与实践》、《公共行政教育》、《国际组织理论与行为杂志》以及《组织变革管理杂志》等著名学术期刊上发表了大量有关后现代公共行政的学术论文，而且还出版有《公共行政的语言：官僚制、现代性与后现代性》（1995）和《行政理论再思考：新世纪的挑战》（2001）等学术专著，其在后现代公共行政方面的理论观点主要就集中体现在其《公共行政的语言：官僚制、现代性与后现代性》这部后现代公共行政理论的经典著作之中。

一、对公共行政理论概念的后现代诠释

（一）后现代主义及其方法论功能

后现代主义是20世纪六七十年代以来，伴随西方国家在经济、科技、社会、政治、文化诸方面的新变化所形成的一种新的社会文化思潮和理论（思维方式），这种思潮和理论虽然脱胎于西方现代主义，但却具有反叛和批判现代主义的鲜明倾向，它将批判的矛头直指自启蒙运动以来直到20世纪现代主义的思想文化成果，倡导与现代性理论、话语和价值观相决裂。在西方传统和现代思想文化中，话语活动都是在某个"宏大叙事"的制约下，或参照某个"宏大叙事"而构建起一套自圆其说的元话语；而后现代主义就是对一切"宏大叙事"或"元叙事"表示怀疑，其矛头所向，都是要否定、反叛作为现代性传统的西方思想文化及其话语和理论体系。后现代主义实质上是对西方现代主义及其以前的全部西方人文传统的一次大质疑和大改写。

作为一种反对同一、推崇差异的社会文化思潮和思维方式，后现代主义

又具有解构性后现代主义和建设性后现代主义之分，前者以“怀疑”和“否定”为特征，反对任何假定的“唯一中心”、“绝对基础”。“纯粹理性”、“大写的人”、“等级结构”、“单一视觉”、“唯一正确解释”、“一元论方法”以及“连续性历史”，志在摧毁传统的封闭、简单、僵化的思维方式；而后者则以“建设性”为主要特征，倡导开放、平等，注重培养人们倾听“他人”、学习“他人”、包容“他人”、尊重“他人”的美德，鼓励多元的思维风格，倡导对世界的关爱，对过去和未来的关心，提倡对世界采取家园式的态度等。尽管这两种后现代主义在理论立场上有所区别，但是总体上来看，后现代主义都反对将所有复杂现象都万中取一地抽取本质的反本质主义、消解僵化话语，强调打破思想禁锢的反权威主义，以差异性去打破整体同一性并破除理性主义和唯我独尊之启蒙心态的反启蒙主义；将所谓神圣性绝对主体消解还原为凡夫俗子并透过他去对人间世界作出自己独特陈述的反主体性，抛弃所有形而上学大话和宏大叙事并从绝对理念和终极价值走向具体经验和个人独特阐释的反形而上学，等等。

其实，后现代主义从根本上说来是一种作为文化代码的“语言”层面上的话语解构和建构活动，是一种话语的“解码”和“再编码”活动，对后现代主义的这一概括恰好体现了后现代主义思潮在认知范式和方法论上的特点，而这一特点的形成又是和当代西方哲学中的“语言的转向”紧密相关的。所谓“语言的转向”，是指当代哲学从认识论研究到语言哲学研究的转变，这种转变被看做哲学中的一场伟大革命，它的过程可以上溯到 19 世纪末至 20 世纪初，而在 20 世纪 60 年代以后，由于结构语言学对哲学的影响，而形成一个转折点。在结构主义语言学的影响下，结构主义和后结构主义把语言问题作为研究的中心问题，并且把语言学作为一切思考的出发点。后现代主义认为，任何事物都依赖于语言，语言建构世界和非反映世界，顺理成章的便是，以语言为基础的知识总是受制于其产生的历史条件和特定环境，后现代主义把人文科学看作独立自主的话语体系，后现代主义的这种观点道出了后现代主义对人文科学领域所带来的认识范式和方法论上的根本变革。

（二）后现代语境下的公共行政理论

何谓公共行政理论？长期以来，在这个问题上可谓众说纷纭。而法默尔则基于对上述后现代主义及其方法论功能的认识，从后现代的视角对公共行政理论作出了与众不同的概念诠释。法默尔认为，所谓公共行政理论，从某种意义上来说，就是一种语言。在他看来，语言不仅仅是思维的工具，它不只是用来表达和交流思想，语言还是观念、方法、直觉、假定和强烈欲望的加工厂，所有这一切构成了我们的世界观，塑造着我们的形态和人格。在他看来，构成观察者的思维形式（或曰语言）决定着他的愿景，而且我们只能通过语言来进行观察。他赞同著名哲学家维特根斯坦的“语言游戏说”，即语言不是一种私人事务，它本质上具有公共性和社会性，语言是由一个语言共同体在人际之间创造和维系的，而且我们每一个人都要参与各种各样的语言游戏。他认为，维特根斯坦“语言游戏说”给我们的最重要的启示就是，语言的表达（言说）在某种程度上是一种活动或者说是一种生活形式。正是基于这种认识，他将公共行政理论视为一种语言，他认为，公共行政领域应该致力于通过语言解释而不是通过实证研究来发展。在法默尔看来，公共行政理论必定是对真实信息的采集物，这种采集物至少应该包括一种理论，它还应该包括——或许也可能不包括——定律、假设、解释或其他的命题。然而，公共行政理论又不仅仅是对这种真实信息的采集，因为这种反映某些人关于公共行政实践之思想和言说的真实信息是经过整理和安排了的，而公共行政信息被整理和安排的方式就是公共行政的语言。法默尔认为，这种对公共行政信息的整理和安排部分地是用我们的日常语言表达的，例如，我们的认识就是由诸如公务员、官僚机构以及私营企业这种语词的存在、外延和内涵所塑造并受其限制的。这种整理和安排的另一个重要部分就是由公共行政理论的产生方式所创造的思想型式。这些思想型式或多或少地会为公共行政共同体的成员所共有，它们便构成了这些思想者的子文化，即语言游戏或曰公共行政理论化的游戏。这种对公共行政信息的整理和安排支配着人们能够思考公共行政的方式。通过影响观念（思想）能够被增加的方式，这种整理和安排常常可以形成新的知识。由于这种整理和安排支配着我们谈论公共行政的方式，所以它也限制了对旧有老知识的审查。这种整理和安排充当着有关公共行政思想的词汇表、句法和语法。如果我们把公共行政理论视为语言，那么，公共行政理论不仅可以反映形成对公共行政的认识并指导公共行政实践的假定、直觉、方法、恐惧以及愿望的颠簸起伏状况，而且还可以通过探讨“重新整理和安排”这种重要解释活动的可能性来为恢复公共行政理论的活力寻找发展的机会。我们可以通过这种对公共行政信息的重新整理和安排来分别从公共行政语言的表层和深层探讨公共行政理论的发展。例如。对于公共官僚机构的本质、规模、范围以及运作我们能够并且应该怎么办？我们应该如何理解关于官僚机构“重负”的断言？公共官僚机构怎样才能更好地促进政府行政对公民和公务员都发挥更为积极的影响？我们应该怎样进一步促使公共部门像企业那样充满活力和效率？我们怎样才能确保一个国家的官僚机构积极地为社会作贡献？政府的管理怎样才能在不丧失其公共精神和伦理价值的同时，显现出更多的创新性和有效性？对诸如此类的种种问题的语言回答，在一定程度上均意味着公共行政理论的发展。法默尔强调指出，“公共行政理论即公共官僚机构的语言应该成为揭示这种公共行政问题的动力机制”①。在他看来，现代公共行政理论很有价值并且能够产生一些显著的成果，但是作为一种解释力量和催化力量，它对于解决有关官僚机构弊端的这种迫切问题却具有局限性。而我们通过采用一种反思性的语言范式则可以超越这些局限性。法默尔认为，反思在语法上指涉的是一个具有同一主体和直接客体的动词，他所说的反思性语言范式亦即他为公共行政所探寻的反思性解释，这种反思性的语言范式是一种就公共官僚机构语言的潜在内容进行宽松协调对话的过程，它实际上是一种既不违背现代性又符合后现代性的思维方式，它不仅可以表明陷入现代主义假定中的公共行政理论困境，而且还强调发展后现代公共行政理论的可能性。在他看来，他对现代公共行政理论的解释和对后现代公共行政理论的探寻正是对这种反思性语言范式的应用。

二、对现代公共行政理论的反思与批判

现代思想起源于古希腊追求和谐统一的传统，经过文艺复兴、启蒙运动的发扬而蔚为大观，它高扬理性与进步的大旗，追求确定性，反对偶然性，使人们从蒙昧和神秘中解脱出来，它探求历史发展的规律，追求永恒真理和终级价值。作为后现代公共行政理论家，法默尔对后现代公共行政理论的探寻是从对现代公共行政理论的反思特别是对其局限性的批判入手的。所谓现代性，简单地说，就是对前现代性、神话、宗教仪式以及基于继承传统或圣职授任的传统权力的启蒙拒斥，理性的时代拒斥了基于迷信或预言的知识并且取而代之的是基于科学的知识，在现代，理性的应用被视为产生了无限的人类进步，而且一个主要的基调就是合理化，现代性意味着自我因其摆脱了迷信的束缚而自立，所有的现代学科和科学领域都源于启蒙和一种基于对现象进行客观观察和定量或定性描述的认识论，现代主义所崇尚的是通过理性来寻求知识而且由此而产生的知识完全被假定是事实并因此而具有真理性。正如法默尔所言：“现代性反映了人们对与运用合理语言去捕捉世界的能力

① ［美］法默尔：《公共行政的语言：官僚制、现代性与后现代性》，阿拉巴马：阿拉巴马大学出版社 1995 年版，第 3 页。

信心十足。它反映的是乐观主义态度，因为它声称拥有完整理解世界的潜力。”①从现代主义观点来看，这种广泛的解释是一种先验的普遍真理，它构成了文明的基础并且为文明提供合法性；也正是这种解释让现代世界变得可以理解。这样的例子包括韦伯的层级官僚制概念、科学哲学中的逻辑实证主义以及社会科学中系统理论。另两位著名的后现代公共行政理论家福克斯（Charles J. Fox）和米勒（Hugh T. Miller）在其《后现代公共行政》一书中也引用后现代主义大师利奥塔德（Jean Francois Lyotard）的话解释说：“我用‘现代性’一词指任何一种用元话语来证明自己合法性的科学……它明显求助于某种宏大叙事。”② 关于现代性的讨论往往有一个假定，那就是我们已经继承一种明显的西方思想传统，现代性可能被视为一套把理性的范围理解为无限制的假定，而后现代性则可能被视为假定了一种限度，于是，现代性可能就象征着假定所有的事实都是可言说的，而后现代性则往往会否定这种假定，后现代主义否认那种无所不包的所谓“宏大叙事”或“元话语”。作为后现代公共行政理论家，法默尔认为，公共行政就是现代性的一个典型范例；作为一种认识和改变官僚体制的力量，公共行政理论是有限度的，沿着每一条重要的发展路线，公共行政都会被视为面临相反的事物（反例）。法默尔正是透过后现代主义的透镜，从特殊主义、科学主义、技术主义、企业精神以及解释学等诸方面对现代公共行政理论的局限性进行了阐释。

（一）特殊主义的局限性

众所周知，伴随着专业分工原则在现代公共行政领域的应用，政府的公共行政管理效率着实得到了很大的提高。然而，法默尔认为，尽管基于专业分工原则形成的公共行政领域的学科专门化和自主性——即特殊主义一直都有益于现代公共行政的发展，但是现代公共行政的这种特殊主义特征往往具有只见树木、不见森林的局限性，它往往会导致一些反例，并且会产生一些使我们无法看到备选行动方案的盲点。他分别从“美国的”和“公共的”等方面揭示了现代公共行政之特殊主义的麻痹效应。在他看来，美国公共行政主要集中关注的是一个国家的问题，而现代公共行政的这种特殊主义关注却导致了一些反例。例如，一方面，美国公共行政希望成为一门科学；而另

① ［美］法默尔：《公共行政的语言：官僚制、现代性与后现代性》，阿拉巴马：阿拉巴马大学出版社 1995 年版，第 47 页。

② ［美］福克斯、米勒：《后现代公共行政》，加利福尼亚：赛奇出版社 1995 年版，第 44 页。

一方面，现实却是美国公共行政是一个受文化约束的主题。一方面，美国公共行政希望提供最广泛的解释；而另一方面，现实却是这样的解释受制于对一个国家的集中关注。至于现代公共行政的特殊主义特征所导致的盲点，主要包括限制了理论的力量，削弱了借鉴国外有益思想的能力以及减少了对诸如腐败和政府规模这种问题的关注。因此，法默尔断言："美国公共行政的国家特殊主义从反例和盲点方面来看的确具有一些根本性的缺陷。"①

关于现代公共行政之公共特性所导致的盲点，法默尔认为主要有三个：其一是容易使人们忽视公共部门的构成和私人部门的构成都具有社会这一事实，其二是容易使人们忽视这两个部门之间必然具有相互联系这一事实，其三是容易使人们忽视每一个部门都有许多东西需要向别的部门学习这一事实。

总之，法默尔认为，正是这种特殊主义，使得于20世纪初主要产生于美国的现代公共行政理论只局限于美国的论域，局限于一种对公共生活和私人生活之间进行的狭隘、僵化的分析性划分，局限于只是关注政府的功能问题，进而使我们无法通过对不同社会的考察来传输创新举措，使公共部门和私营企业部门之间彼此难以相互学习并会忽视这两个部门之间的相互联系，而且往往还会产生一些更多地强调功能和程序而更少地强调其内容和行动的竞争性范式。

（二）科学主义的局限性

自威尔逊提出要创立一个独立的公共行政学科领域以来，建立和发展一门以实证主义为方法论基础的行政科学是许多现代公共行政学者的孜孜追求。古利克和厄威尔的《行政科学论文集》（1937）、西蒙的《行政行为》（1947），《行政科学季刊》这份在公共行政领域颇具威望的学术期刊，林德布洛姆的那篇名为"渐进调适的科学"的论文，以理性选择模式为代表的现代科学行政观以及决策理论等均是这方面努力的体现。然而，在法默尔看来，"科学"一词在公共行政领域中使用得很随便，这个词只是用来赋予某一种理念以重要性，或者只是用来以假定具有科学质量的东西来掩盖某一假设和观点。他认为，按照后现代主义的观点，"科学的理念或实证主义的思想如果是按照科学的程序得出的话，那么它们往往就享有特权，因为它们被

① ［美］法默尔：《公共行政的语言：官僚制、现代性与后现代性》，阿拉巴马：阿拉巴马大学出版社1995年版，第55页。

视为可以为真理提供更大的保证"①。在他看来，尽管"科学陈述旨在认识论上享有特权，但是，正如科学哲学的发展所表明的那样，这种科学陈述之特权地位的根据并不清楚，当公共行政研究局限于某一科学基础进而拒绝给予价值陈述以相同的认识论地位时便会出现反例"②，因为公共行政不仅需要事实陈述，而且也需要价值判断，而科学主义（即关于事实—价值二分法的思考）并没有为公共行政中的伦理提供任何空间（因为伦理考虑不容易接受严格的实证测量）。也正因为如此，近来已有越来越多的公共行政学者开始关注行政伦理问题。其实，公共行政领域本来就根本没有完全接受科学主义，早在50多年前，我们前面曾提到的两位公共行政学巨匠沃尔多和西蒙就围绕着在公共行政中应用科学的各个方面进行过争论。时至今日，公共行政仍然是科学和艺术，事实与价值，政治与行政，"西蒙"和"沃尔多"。

（三）技术主义的局限性

公共行政一直都与组织的方式和管理的方式有关，如果从最广泛的意义上来界定的话，这就是公共行政的技术。尽管技术（技术主义）在公共行政中的应用已经产生了巨大的收益，犹如法默尔所言，"把公共行政视为技术的确存在有一些优点，例如，可以缩小理论与实践之间的差距"③。然而，"作为一门技术发展起来的公共行政也会遇到反例…… 现代主义的技术理性化往往倾向于把公共行政研究从技巧转向基于科学的技术。作为技巧，公共行政更容易受经常出现的时尚影响。作为基于科学的技术，公共行政则往往会遇到我们前面谈到的科学主义的悖论"④，技术主义往往会对伦理考虑视而不见。其实，公共组织和管理在很大程度上技术含量很低，但是它在通常的情况下却总是高技术机构的管理和组织。⑤ 有许多组织和管理研究都发现，低技术含量的公共行政就其所有的形式而言主要建立在一种对现代社会的普遍化认识基础之上，而这种低技术含量的公共行政在实践中的工作状况

① ［美］法默尔：《公共行政的语言：官僚制、现代性与后现代性》，阿拉巴马：阿拉巴马大学出版社1995年版，第71页。

② ［美］法默尔：《公共行政的语言：官僚制、现代性与后现代性》，阿拉巴马：阿拉巴马大学出版社1995年版，第85页。

③ ［美］法默尔：《公共行政的语言：官僚制、现代性与后现代性》，阿拉巴马：阿拉巴马大学出版社1995年版，第101页。

④ ［美］法默尔：《公共行政的语言：官僚制、现代性与后现代性》，阿拉巴马：阿拉巴马大学出版社1995年版，第102页。

⑤ 参见［美］法默尔：《公共行政的语言：官僚制、现代性与后现代性》，阿拉巴马：阿拉巴马大学出版社1995年版，第89页。

却好得令人惊讶。在法默尔这样的后现代主义者看来，所有的现代社会系统往往都倾向于希望为社会问题、经济问题和政治问题找到技术答案。例如，当今的人们就常常认为互联网应该对公民的社区和政治参与具有促进作用，但是，这种对社会问题、经济问题和政治问题之技术答案的寻求往往都是赶时尚。法默尔尤其担心低技术含量的官僚工作和高技术系统都会丧失人性，在他的眼中，技术可能会抹杀道德和伦理界限，最好的现代例证莫过于目前关于对我们人类基因知识的利用和可能误用的争论。所以，他强调："作为技术系统之促进因素的公共行政与作为个性之促进因素的公共行政之间存在着悖论。…… 如果我们认为作为技术的公共行政能够对系统与管理和伦理考虑进行整合的话，那么我们就太乐观了。"①

（四）企业逻辑的局限性

自公共行政学创立初期泰勒的科学管理理念被引入公共行政管理领域，尤其是伴随着 20 世纪后期新公共管理运动的兴起与发展，企业管理的理念和方法对于公共行政管理效率的提高和公共行政理论的发展起到了重要的促进作用，20 世纪 90 年代美英等国各级政府的政府重塑创新通过引导公共部门朝着更加顾客导向的方向发展来号召公共行政管理者要像企业家那样行为并且要突破官僚体制，这便是一种直接取自工商企业管理教材中的理念。②然而，法默尔认为，尽管有强大的政治和经济势力普遍支持将企业理念应用于公共行政管理之中，尽管市场、民营化和企业家精神等都是提高效率的有力工具，但是它们却不是能够包治百病的灵丹妙药，将企业的逻辑应用于公共行政管理的创新举措已经受到了来自多方面的挑战。他明确指出："企业家精神或曰自由企业的资本主义精神当其被移植到公共部门时也会导致反例。…… 一方面，想要借用资本主义的自利动机但却没有资本主义制度；另一方面，自由企业对利润的追求却是理性主义的。如果没有资本主义合理化的制度，那么公共服务中的企业家精神则最终注定是要失败的。资本主义制度或市场体制是企业家精神有效发挥作用的必要条件。尽管自利的力量在某种程度上能够对公共服务起到激励作用，但是其结果却不会是最优的社会

① ［美］法默尔：《公共行政的语言：官僚制、现代性与后现代性》，阿拉巴马：阿拉巴马大学出版社 1995 年版，第 102 页。

② 参见［美］奥斯本和盖布勒：《重塑政府》英文版，宾夕法尼亚：艾迪森-韦斯利出版社 1992 年版。

福利。"①在他看来，"公共官员应有的动机是为公共利益服务，而私人部门企业家的动机则是自利"②，尽管"我们可以尝试着通过民营化和政府内部的竞争性组织来把公共部门调整得接近资本主义制度或曰市场体制，尽管民营化和政府内部的竞争能够产生一些收益，但是这两条途径都遇到了反例"。他强调："就像完全的无政府主义不能导致最优结果一样，完全的民营化也不是解决官僚制问题的可行办法，因为通过政府内部最具竞争性的重构所可能达到的最佳后果就是少数制造商对市场的控制，所以我们还是不可能得到最优结果。"③在法默尔看来，主张将企业理念应用于公共部门的最强劲力量来自现代主义经济学的理性选择理论或公共选择理论，尽管他承认"公共选择经济学已经为公共行政产生了有用的结果"④，但是，他却依然坚持认为，一种把经济理论用做自己唯一灵感的公共行政学将会与经济学一样落入同样的陷阱和死胡同。

（五）解释学的局限性

如前所述，包括现代公共行政理论在内的现代科学所寻求的是一种基于某种"宏大叙事"或"元叙事"并试图运用"元话语"来证明自己合法性的广泛解释，这种广泛的解释往往被视为一种先验的普遍真理。然而，法默尔认为，尽管这种"对公共行政中合理意义的寻求到某一时刻很有用，但是，由于特殊的解释总是更愿意接受更好的新解释，所以实际上出现了一些盲点和反例。解释不能要求一种特权地位，例如，专门给科学陈述的特权地位。当对意义的寻求遇到对理性的损害时便会遇到反例。这种对理性的损害一直都伴随着各种各样的批评，例如，语言学的批评。另一方面，批判理论曾试图对现代性进行补救"⑤。法默尔将这个解释学的话题视为现代公共行政的第五条发展路线，他说："在每一个方面（特殊主义、科学主义、技术主义、企业逻辑以及解释学），现代公共行政都面临着一些反例和盲点。沿

① ［美］法默尔：《公共行政的语言：官僚制、现代性与后现代性》，阿拉巴马：阿拉巴马大学出版社 1995 年版，第 126~127 页。

② ［美］法默尔：《公共行政的语言：官僚制、现代性与后现代性》，阿拉巴马：阿拉巴马大学出版社 1995 年版，第 127 页。

③ ［美］法默尔：《公共行政的语言：官僚制、现代性与后现代性》，阿拉巴马：阿拉巴马大学出版社 1995 年版，第 127 页。

④ ［美］法默尔：《公共行政的语言：官僚制、现代性与后现代性》，阿拉巴马：阿拉巴马大学出版社 1995 年版，第 127 页。

⑤ ［美］法默尔：《公共行政的语言：官僚制、现代性与后现代性》，阿拉巴马：阿拉巴马大学出版社 1995 年版，第 143 页。

着每一条批评的路径，现代公共行政理论都会遇到一些限制其解释能力和认识能力的墙壁。”① 在他看来，尽管这种现代公共行政理论的解释学能够对思想和统治作出解释，但是它也明显地具有局限性，因为它试图采用的是一种“元叙事”的观点，而这种所谓“元叙事”的观点不仅使得现代主义公共行政理论的解释不可避免地会通过选择一种特定的观点或“语言”来错误地描述行政现实，而且还很可能会把那些没有能力为自身的利益去操纵现代生活的人们排斥在外。

总之，从后现代主义的视角来看，现代公共行政理论因过于依赖客观理性社会科学的逻辑和认识论，过于偏爱美国的特殊主义，过度依附于功能管理和组织技术，过于受资本主义企业逻辑的影响，过于追求基于“宏大叙事”或“元叙事”的所谓“真理性”解释，其实客观地存在着局限性，法默尔正是基于对上述这些局限性的认识而开始其对后现代公共行政理论的探寻的。

三、对后现代公共行政理论的探寻

众所周知，“后现代”是相对于“现代”而言的，其中的“后”这个字是英文前缀词“post”的汉译，在此基本上是“反”的意思，但又不能完全说是“反抗”，准确地说，这个“后”是一种“辩证性的反”，亦即它跟前面所出现的原因或前面的一些现象基本上是有其连续性的，但是在连续性当中，它可能基于一种反省的态度而要去尝试反抗前面的现象。据考证，后现代（Postmodern）一词的使用，最早是由英国画家查普曼（J. W. Chapmamn）于1870年首次提出“后现代”绘画的说法，以表达他个人认为比法国印象派更加前卫、现代的绘画技巧，后来它被人们用来指称因现代社会发展到相当顶峰的阶段后出现了一反现代社会特质中的理性秩序和稳定统一的结构现象所产生的反其道而行的社会特质。按照西方后现代主义大师利奥塔德的看法，后现代是一种精神、一套价值模式，它表征为：消解、去中心、非同一性、多元论、解“元话语”、解“元叙事”、不满现状、不屈服于权威和专制、不对既定制度发出赞叹、不对已有成规加以沿袭、不事逢迎、专事反叛、睥睨权威、蔑视限制、冲破旧范式、不断地创新。② 法

① ［美］法默尔：《公共行政的语言：官僚制、现代性与后现代性》，阿拉巴马：阿拉巴马大学出版社1995年版，第143页。

② 参见［法］利奥塔德：《后现代状态：一份关于知识的报告》，曼彻斯特：曼彻斯特大学出版社1984年版。

默尔基于后现代的这些特质将后现代公共行政视为“是对现代性之核心思想的否定”①，并进而提出了可以引导我们对公共行政理论进行后现代重建的四个值得关注的方面。

（一）想象

“想象”（Imagination）这个语词曾经一度被视为美学范畴，但现在却成了一个被更广泛需要的特性。法默尔认为，想象作为动词“想象”的名词形式，可以与我们经常在马克斯·韦伯以及许多主流公共行政理论家著作中所见到的“合理化”一词相提并论。用他的话来说就是：“想象是一个用来表明后现代主要特征的语词，这个特征摆脱了韦伯式理性主义官僚结构模型的关键特征。想象在后现代所具有的催化作用犹如韦伯所描述的合理化之于现代的作用一样。随着自主领域的聚爆，想象的优势将不再仅局限于美学领域，想象也可以在科学领域和规范领域发挥更大的作用。想象将不仅在发现领域而且还在证明领域发挥一种更大的作用。在现代，想象扮演的是一种次要的角色，而在后现代，尽管合理化仍然可以发挥作用，但是一种向诗性的转变将会出现。人们的解释透镜将会解冻。”② 在他看来，对更多想象力的寻求一直都是后实证主义和后现代主义的一个特征，实际上，由于人们长期以来对僵化无回应力的官僚体制已经感到灰心丧气，所以对组织创造力的呼唤也是由来已久了。在后现代性中，这种渴望却具有一种稍微不同的语言，并且更加关涉在寻求新范式时拒斥老范式。后现代主义者把他们在公共行政领域对更多创造力的寻求建立在拒斥理性和合理化的基础之上，因为无论是在官僚实践中还是在公共行政理论中，对所谓客观理性的过于集中关注往往会限制和束缚我们在公共行政管理中可能具有的想象能力和创造能力。法默尔强调，在后现代，作为“诗法”的想象将会比作为现代特征的逻辑中心论更有价值，“就否定的一面而言，想象是一种不依赖于制定规则和遵循程序之现代主义行为的行政精神”③，而“就肯定的一面而言，想象则是一种可以为想象力的发展提供主要角色的行政精神”④。作为一种创造性管理的

① ［美］法默尔：《公共行政的语言：官僚制、现代性与后现代性》，阿拉巴马：阿拉巴马大学出版社 1995 年版，第 157 页。

② ［美］法默尔：《公共行政的语言：官僚制、现代性与后现代性》，阿拉巴马：阿拉巴马大学出版社 1995 年版，第 176 页。

③ ［美］法默尔：《公共行政的语言：官僚制、现代性与后现代性》，阿拉巴马：阿拉巴马大学出版社 1995 年版，第 176 页。

④ ［美］法默尔：《公共行政的语言：官僚制、现代性与后现代性》，阿拉巴马：阿拉巴马大学出版社 1995 年版，第 176 页。

艺术，想象将会提供现代“理性”规则导向的官僚机构所缺少的许多机会。在法默尔看来，“关于想象的讨论只是从后现代透镜描述这种观点的开端，但是这种讨论已经蕴涵着我们有可能超越现代主义公共行政理论。我们将通过对解构的考察来继续这种描述”①。

(二) 解构

我们知道，“解构”（Deconstruction）是著名后现代主义理论家德里达（Jacques Derrida）最早探讨和倡导的一个重要概念。德里达反对认为理性的语言能够表征事物本质以及能指或曰语词和语句就是清楚指称世间项目之标签的逻辑中心论，他从语言、符号本身否定文本意义的确定性，他坚持认为，不存在直接可得的确定性领域，符号也可以指称不在的东西和符号之间的关系，意义出现在语句和段落的末尾，而且意义在语境之间并不是不变的。在德里达看来，不存在脱离能指的所指世界；能指这个术语在此指称一个符号（例如，一个像管理者这样的语词），而所指则指称的是能指所指涉的事物（例如，被指称为管理者的那个人），解构性方法就是要识别一种叙事文本的断裂，通过这种断裂或临界点，解构可以表明文本因对二元对立和不可约隐喻的必然依赖而发生曲解的情况，它可以表明文本存在着多种意义而且文本还会抑制作者能够表达的意义。德里达想要打破像内-外、真-假、公-私、政客-文官以及善-恶这样的二元对立，他想要打破这种截然相反的极性，因为他认为享有特权的术语不能充当我们信念的基础或第一原理。

法默尔十分赞赏德里达的解构概念，他明确指出：“德里达最著名的解构概念对于公共行政理论研究人员和实际工作者都是一种重要的实用资源。”② 尽管解构很容易遇到困难，但是，解构可以帮助我们揭示一些支撑现代公共行政理论（及其对诸如层级制和效率这种术语）的基础假定，并且可以帮助我们认识当代政治和当代官僚制的符号特征。在他看来，“解构本质上是对文本的一种良好解读，这里的文本是在最为广泛的意义上使用的，它不仅包括文献中的叙事和意义，而且还包括隐含在情境、事件乃至生命中的叙事和意义，因此它就包括公共行政情境、事件和其他现象。我们最好把解构视为一种特殊的良好解读，因为其目的不同。解构一直都被比作对

① ［美］法默尔：《公共行政的语言：官僚制、现代性与后现代性》，阿拉巴马：阿拉巴马大学出版社 1995 年版，第 177 页。

② ［美］法默尔：《德里达，解构与公共行政》，载［美］《美国行为科学家》1997 年第 1 期。

一幅绘画进行X射线透视以便显现潜在的图像，而且这个不同的目的导致在解释和解构之间的强调重心从同一转向差异”①。他利用解构来拒绝给予源自官僚制的权力话语以任何特权地位，他强调，在公共行政语境中，解构可以被用来质疑我们据以建立现代主义公共行政的前提基础，解构表明存在着“行政与反行政”并置的可能性，而且这种并置可能会导致公共行政实践的重大变革。所谓“反行政”，是一种旨在否定行政-官僚权力并且否定韦伯式理性-等级观点的管理方法，它表明的是一种赞成无政府主义、论战性多元文化论以及多样性的观点，它是一种反映了后现代主义哲学怀疑论的管理形式。法默尔以公共行政思维中有效率与无效率之二元对立的“效率”隐喻为例对解构概念进行了阐释。他指出：“‘效率（以及类似效益和回应性这些有关的概念）是一个可行的目标’就是许多公共行政文本中的一个叙事要素。例如，在人事和绩效报告、项目评估、对政府绩效的批评等事件中，效率就是一个叙事要素。效率叙事一直都是公共行政实践和事件的一个重要目标。正因为它是一个非常有影响的现代主义隐喻，所以它肯定需要进行不断的解构。”② 法默尔通过一个三步解构的方法表明一个透明的效率概念既不能得到也不是一个适合于所有语境的概念。在他看来，解构性论证的第一步是要表明“效率概念指称的是任何可能世界的必然特征”这个陈述为假，因为效率是一个社会构造物，而不是一个给定物，“效率”这个能指并非可以完全辨别出现实的特征，更确切地说，它是一个创造意义上的问题；解构效率的第二步是要表明效率概念的文化特性和现代主义特征，效率在某种程度上是社会控制的语言，它是一种最适合于资本主义精神和目标及其分权化决策制度和集中强调效率的手段；解构效率概念的第三步是要表明有效率和无效率之间的对立是模棱两可的。法默尔认为，这样对公共行政中的效率准则进行解构之所以很重要，其原因在于它打开了一种解放准则和反行政的新视野，它为一种试图使公共行政思维摆脱官僚等级观念和偏见束缚的解放准则扫清了道路。

当然，法默尔清楚地认识到，“公共行政领域的后现代转向不仅仅是涉

① ［美］法默尔：《德里达，解构与公共行政》，载［美］《美国行为科学家》1997年第1期。

② ［美］法默尔：《德里达，解构与公共行政》，载［美］《美国行为科学家》1997年第1期。

及解构，解构只是这副后现代纸牌中的一组纸牌而已”①。除此之外，后现代公共行政理论还强调前面刚刚阐述的想象以及我们接着将要讨论的“去领地化”和“变样”等关注点。

（三）去领地化

法默尔认为，“去领地化”（Deterritorialization）这个词的意思是指消除由思维方式尤其是所谓“科学”思维方式而施加给认识的编码或格栅，用他的话来说就是“要消除由思维方式和思维活动的构建方式所施加给问题和情境研究的编码或格栅”②。法默尔说：“后现代的所有知识在特性和组织上都是去领地化的。这种情形不仅适用于其他学科，而且也适用于公共行政。给我们的认识所施加的那些假定格栅和准则都被去除了。当人们认识到进入后实证主义环境对于思维和研究所具有的意义时去领地化就会实现。当科学被视为许多会话中的一种会话时，思维的特性就会发生变化。在后现代环境中，科学研究将会失去其作为具有认识论特权信息提供者的地位。”③显然，法默尔在此所强调的是，后现代主义认为科学仅仅是诸多话语体系中的一种，因此，应该使我们的思维更自由地去探索有创造力的新可能性。他分别从思维的变化和研究特性的变化这两个方面对去领地化作了进一步的阐释。他认为，首先，思维方面的变化将会进一步推进去领地化过程，他指出，“领地化格栅的局限性需要正确评价。…… 随着人工学术边界的终止，后现代性也的确带来了学科自主性的终结。随着学科和专业之间的墙壁坍倒，公共行政的结构也瓦解了”④。再者，从研究的特性发生了变化这种意义上来看，公共行政和所有其他的学科在后现代都是去领地化的，知识的状态和可能性都会发生变化，后现代性意味着以逻辑为中心的形而上学的终结，“理论化”之所以终止了，其原因在于后现代性意味着象征主义的终结，意味着宏大叙事的终结，意味着历史的终结。他明确指出，“在过去称为公共行政的领域，现在的确出现了一些新的环境，组织理论和经济体制方面的

① ［美］法默尔：《德里达，解构与公共行政》，载［美］《美国行为科学家》1997 年第 1 期。

② ［美］法默尔：《德里达，解构与公共行政》，载［美］《美国行为科学家》1997 年第 1 期。

③ ［美］法默尔：《公共行政的语言：官僚制、现代性与后现代性》，阿拉巴马：阿拉巴马大学出版社 1995 年版，第 225 页。

④ ［美］法默尔：《公共行政的语言：官僚制、现代性与后现代性》，阿拉巴马：阿拉巴马大学出版社 1995 年版，第 226 页。

某些发展可以从认识去官僚化的非等级安排方面使人们想到一些问题"①，后现代去领地化的论点已经长期成为公共行政的一个组成部分。可见，在法默尔眼中，所谓去领域化，它本质上是一种试图打破在所有组织中都可以发现的结构领域的分析方法，这些领域体现为僵硬的部门和科局范畴，表现为为公共服务准备人才的特殊专业和教育过程，以及表现为工作划分的所有其他方式。实际上，就像公共行政领域的每一个人一样，后现代主义者也试图既破除组织地窖又打破那些伴随着范畴分类和实际领域或智力领域而出现的固定思维模式，去领地化意味着我们思维结构的一种根本变化。

(四) 变样

后现代公共行政理论强调的第四个关注点被法默尔称为"变样"(Alterity)，他说："变样是与有道德的他人——一个当事人、一个下属、一个上司，或一个旁观者——的关系。"② 他通过"变样"这个术语来探讨公共行政的道德世界，在他看来，"变样"意味着一种对行政人员应该怎样与他人相处这一问题的基本关注，意味着重新强调受压迫、被抑制的以及被排斥的群体。他指出："后现代性表明，公共行政的所有项目都应该进行变革。这些变革的根本原因在于，任何后现代行政都应该旨在以一种我们称之为反行政的方式履行自己的职责。然而，我们不能提出任何规定，因为这也必须接受解构。公共行政像任何其他的专业一样也构成了一个格栅。后现代行政人员很可能就是善于实践和发展反行政意义的人。后现代性似乎把这样的公共行政项目指向要从根本上强调和发展全美公共行政与公共事务学院联合会（NASPAA）关于创造性多元主义的概念。这样一种发展将会趋向于反思性语言范式的态度并且会指向反行政。"③ 显而易见，对"变样"的讨论把法默尔引向了突出强调对"他人"开放，偏好多样性，反对元叙事以及反对既定的秩序的"反行政"立场④，这种"反行政"的后现代道德立场，意味着公共行政的实践应该构造和实施成为一种反独裁主义的实践活动，意味着应该鼓励服务取向的态度，意味着行政应该力求将其所有的决策活动向

① ［美］法默尔：《公共行政的语言：官僚制、现代性与后现代性》，阿拉巴马：阿拉巴马大学出版社 1995 年版，第 226 页。

② ［美］法默尔：《德里达，解构与公共行政》，载［美］《美国行为科学家》1997 年第 1 期。

③ ［美］法默尔：《公共行政的语言：官僚制、现代性与后现代性》，阿拉巴马：阿拉巴马大学出版社 1995 年版，第 244 页。

④ ［美］法默尔：《公共行政的语言：官僚制、现代性与后现代性》，阿拉巴马：阿拉巴马大学出版社 1995 年版，第 245 页。

社区开放并且不应该把各种官僚文本强加给他人，意味着承认不存在任何有特权的意义，意味着在公共行政中要力求避免打棒子和陈规老套，并且最终意味着法默尔鼓励一种在公共行政体系内的反制度和反行政的态度，即以一种后现代的怀疑论去审视所有现存的政府制度和公共官僚机构。①

最后，应当指出的是，虽然法默尔对后现代性的这四个要素是分开提出的，但是他认为它们并不是相互排斥的；相反，它们在提供涉及公共官僚制问题的新理论时往往是缠绕在一起的，正如他所描述的那样，"把这四个方面放在一起便可以表明我们的确有一个机会来思考一下公共行政如何超越现代主义思想所施加的种种限制"②。这样一来，公共行政学者将不再透过现代性的单一透镜来看待公共官僚机构，如果公共行政学者接受了这种反思性的语言范式，那么在后现代性下将会产生另一个可以与前一个透镜相互交换的透镜。

四、简评

综上所述，后现代主义是一股源自现代主义但又反叛现代主义的思潮，它和现代主义之间是一种既继承又反叛的辩证关系；实际上，后现代主义是一种源于工业文明、对工业文明的负面效应的思考与回答，是对西方传统哲学的本质主义、基础主义、"逻辑中心主义"等的批判与解构，是对西方传统哲学和西方现代社会的纠正与反叛，是一种在批判与反叛中又未免会走向另一个极端——怀疑主义和虚无主义——的"过正"和"矫枉"。后现代主义不仅包含了现代主义和后现代主义在时间上的前后相继，而且还包含了后现代主义在内容方面对现代主义的反叛和矫枉。后现代主义有如一股强劲的台风，把传统哲学连根拔起，抛之于荒野；又如一把利剑，直接刺向资本主义，使资本主义的弊端在文化领域暴露无遗。后现代主义看重被现代性所忽视的一切，看重现代性之后和之外的一切，如不确定性、异质性、无序等，而对被现代性所看中的一切，例如原则、整体性、确定性、权威、同一性、规律等都加以怀疑。相对于现代性下的同一性、本质性和封闭性而言，作为现代生存危机和文化危机在哲学层面上的反映，后现代主义强调差异性、多元性以及"去中心"的边缘性和创造性、开放性等，这些都大大地丰富了

① 参见［美］法默尔：《公共行政的语言：官僚制、现代性与后现代性》，阿拉巴马：阿拉巴马大学出版社 1995 年版，第 245 页。

② ［美］法默尔：《公共行政的语言：官僚制、现代性与后现代性》，阿拉巴马：阿拉巴马大学出版社 1995 年版，第 245 页。

人们对公共行政的认识。法默尔正是基于后现代主义的这种怀疑论态度强调，对现代公共行政文本中一些“不言自明”的所谓“真理”性叙事要加以质疑，他认为这种“不言自明”的所谓“真理”，在某种程度上阻碍了公共行政理论研究进一步向纵深发展。

然而，值得指出的是，作为后现代公共行政理论家，尽管法默尔与形形色色的后现代主义者一样，其后现代公共行政理论在某种程度上也不可避免地存有诸如语言决定论、怀疑论、相对主义乃至无政府主义等后现代痕迹，但是，从根本上来看，他并没有陷入极端的相对主义和放弃一切真理与价值的犬儒主义，他更关注的是就公共行政和官僚制的思考开发一种有助于超越现代公共行政理论的局限性并且可以为未来公共服务的改善开辟新途径的新思路；他更多的是希望告诉我们在公共行政中必须学会接受反例，必须学会让矛盾站住脚，并且学会不再坚持单一的真理。他认为，达到这个目标的关键在于我们所使用的语言。在他看来，公共行政理论本质上就是学者们用来交流思想和构造问题答案的一种语言。很显然，由于学者们需要语言来思考和交谈，所以他们必然会局限于它们自己的语言范围。法默尔坚持认为，由于公共行政的语言目前有局限性，所以公共行政理论在涉及公共官僚机构的范围、规模、功能以及本质方面也有局限性。因此，他试图对公共行政的语言进行扩展以便公共官僚体制能够转变成为“一种更为积极的力量”。

我们知道，人们一般认为，由马克斯·韦伯所描述的理性思想是将现代学者与前现代思想家所提出的假定和信念分离开的根本要素。在法默尔看来，现代的理性思想已经给公共行政的语言设置了边界。不过，现代学者仍然在努力地探讨如何在理性思想的约束下将公共官僚机构转变为一种生产性的组织结构。为了对这种情况做出回应，法默尔面对种种基于理性思想的理论局限性而做了一项创新性的研究，并且为公共行政理论家们提供了一种在面对公共官僚问题时“加强能力建设”的备选方案。他在此所提出的这种创造性研究方法就是运用一种反思性的语言范式。尽管反思性在公共行政领域并不新鲜，但是法默尔在对它进行界定时给他增加了一个值得注意的方面，即他认为反思是“就该语言的潜在内容进行的一种具有游戏性和协调性的对话过程”①，其作用就是弱化现代公共行政的正统教条并给一种后现代主义公共行政的潜能增加一些实质性内容，以便两者都能同时、同地并且以同样的语气得到讨论。现代公共行政与后现代公共行政的内容不仅都没有

① ［美］法默尔：《公共行政的语言：官僚制、现代性与后现代性》，阿拉巴马：阿拉巴马大学出版社1995年版，第12页。

受到破坏甚或拒斥，反而都会引起重视。他的反思性解释旨在适合并且招致一些能够导致连续扬弃过程的进一步探究。法默尔宣称，伴随着现代性被后现代性所取代，将会产生一种扩展公共行政语言的机会，按照他所建议采用的这种反思性的语言范式，目前的公共行政语言将与后现代扩展的语言共存。

为了给他的范式建立一个框架，法默尔首先批判性地考察了现代公共行政理论——现代公共行政语言形式的五种局限性：特殊主义、科学主义、技术主义、企业逻辑以及解释学。例如，他认为，就特殊主义而言，学者们经常透过公共部门行政的语境来看待行政，所以理论往往被这样一种缺乏远见的研究方法所妨碍，因为行政是一个多方面的概念，它既适用于公共部门也适用于私人部门。然后，他又基于后现代性的辩证法探讨了可以引导我们对公共行政理论进行后现代重建的四个关注点。在他看来，通过这些探讨，公共行政的语言便可以扩展进而导致一种更富有生产性的理论主体。第一，在后现代，想象不再局限于艺术，它对于培育有能力的新理论将会具有工具意义；第二，解构将被用来给一些构成现代公共行政理论的叙事去除外衣，尽管解构不可能提供正确的解释，但是法默尔指出，解构将继续扩大公共行政的语言；第三，去领地化要求去除给我们的认识所施加的种种假定格栅和准则，要求从其他思想流派中吸取思想；第四，变样是通过反行政的概念加以描述的，通过使用诸如开放性和多样性这样一些特征，法默尔向我们描述了公共行政管理者怎样才会善于开发和使用反行政的概念。

综观法默尔的后现代公共行政理论，应该说，他的研究目的既大胆又不失恰当性。他希望能够从根本上改变公共行政领域的现状，用他的话来说就是“我们对公共行政理论的角色和本质的概念化方式需要从根本上改变”①。他把自己的研究建立在维特根斯坦的语言概念基础之上，维特根斯坦把语言视为一种生活的形式，法默尔据此确立了这样一个基本前提：为了改变公共行政领域，我们作为公共行政管理者必须改变我们正在玩的语言游戏。法默尔的语言学转向更准确地说是使语言多元化，在他看来，任何特定的语言都不能宣称自己具有普遍性或独有的特权，因而，实现公共行政领域的根本变革并不意味着拒斥一切来自过去的东西。法默尔所做的既不是一种辩论也不是一种常规意义上的批评，而是在承认现代主义的成就和逻辑限度

① ［美］法默尔：《公共行政的语言：官僚制、现代性与后现代性》，阿拉巴马：阿拉巴马大学出版社 1995 年版，第 4 页。

的基础上，从后现代主义的视角去揭示现代主义框架内在不可避免的局限性，并进而去探讨后现代主义超越现代主义公共行政思想局限性的潜能。这种对现代主义和后现代主义所做的平衡是法默尔后现代公共行政理论最显著的方法论特征。

也许，我们从法默尔的后现代公共行政理论中所感受到的哲学认识论意味要浓于公共行政管理本身，有人甚至认为法默尔有时忘记了自己是在就官僚制问题进行写作而是沉浸于后现代认识论并且忽视了他试图阐明的主题，然而，只要我们仔细品味一下其理论的意蕴，便不难发现，正是他选择的这种哲学认识论高度，才使得其理论对于公共行政尤其是行政理论的发展具有极为重要的方法论意义，在笔者看来，较之对一些具体公共行政问题的研究而言，这种方法论层面的理论探讨对于公共行政理论和实践发展所具有的意义则更为重大并且更为深远。

第五节　登哈特的新公共服务理论

20 世纪八九十年代以来，伴随着西方国家政府重塑运动的兴起和发展，新公共管理在当代公共行政理论与实践中越来越显现其主导范式的地位，其最典型的表现形式便是前述的企业家政府理论及其对美国政府行政体制改革产生的重大影响。然而，如前所述，新公共管理理论，特别是企业家政府理论在其风靡欧美之时也遭到了不少批评，但是，在这些批评声中，真正能够作为新公共管理理论尤其是企业家政府理论的一套替代性新理论模式而被提出的则是登哈特的新公共服务理论。

一、生平与著述

罗伯特·B. 登哈特教授现任美国亚利桑那州立大学公共事务学院院长，他于美国肯塔基大学获得博士学位，曾在科罗拉多、密苏里、堪萨斯、新奥尔良、特拉华、佛罗里达以及亚利桑那等州的多所大学从事公共行政与公共管理方面的教学与研究工作，其研究主要集中在公共行政基本理论、战略规划、领导与组织发展、生产率改进以及质量服务等方面，历任美国特拉华大学城市事务与公共政策学院公共行政学教授、佛罗里达大学公共行政系主任、密苏里—哥伦比亚大学副校长、两届密苏里州州长的生产率咨询委员会主席和美国其他许多州政府和地方政府在质量管理、战略规划和公共生产率等方面的咨询顾问以及加拿大管理发展中心研究员，并在波兰和芬兰等国的政府机构和公共组织担任咨询顾问工作。作为著名的公共行政学家，登哈特曾经担任美国公共行政学会（ASPA）会长，他还是美国公共行政学会全国公共服务运动组织的创始人和第一任主席，并于1992年当选为美国国家公共行政研究院院士。他曾于1990年在澳大利亚做福布赖特访问学者。

登哈特著述甚丰，迄今为止，已经出版了16本专著，其中有代表性的著作包括：《新公共服务：服务，而不是掌舵》、《公共组织理论》、《公共行政：一种行动取向》、《意义之寻求》、《公共组织和非营利组织中人的行为管理》、《公共服务中的行政领导》、《公共服务的新生》、《污染与公共政策》。其著作《意义之寻求》被美国特拉华大学公共行政系主任杰弗里·拉斐尔教授誉为现代公共行政学的经典著作，其著作《公共组织理论》和《公共行政：一种行动取向》也已经被世界各国的许多公共行政课程项目所采用，而其最新的著作《新公共服务：服务，而不是掌舵》一经出版便受到了高度评价，美国《公共行政评论》（PAR）主编拉里·D. 特里教授认为它是一部既重要又适时的著作。登哈特为“新公共服务”建立了一个颇有说服力的论点，即：我们公务员必须从民主治理理论而不是从私营部门管理理论中获得启示。美国公共行政学会（ASPA）执行会长玛丽·汉密尔顿则更明确地指出：令人鼓舞的是，与新公共管理不同，登哈特教授所倡导的新公共服务理念，不仅帮助我们重新认识到公共服务的公共性，更使我们重新认识到公共服务主体的多元化。此外，登哈特教授还在《公共行政评论》（PAR）等国际著名的专业学术期刊上发表有100多篇公共行政和公共管理方面的学术论文。

作为具有国际声誉的行政学家，登哈特因其在公共行政领域的杰出贡献而受到广泛的赞誉，美国公共行政学会前会长帕特里夏·弗洛里斯坦诺说：“不仅登哈特的研究对公共行政与公共管理的研究与分析作出了十分重要的贡献，而且他的著述也是当今公共行政与公共管理领域所发现的最具有明晰性和可读性的著作之一。他是少有的几位对实际公共行政领域具有完整认识的学者之一。”而前全美公共事务与公共行政学院联合会执行会长阿尔夫里德·扎克教授则更为赞许地指出：“数十年来，登哈特教授已经以其杰出的成就而成为公共行政学领域的领军人物。他的著作和文章已经在公共行政领域产生了十分显著的影响，而且他对公共服务意识的执著追求已经使其成为公共服务尊严的主要代言人。”正因为如此，他曾荣获美国公共行政学会德怀特·沃尔多奖（2004）等多项学术大奖。

二、新公共服务理论的产生背景

登哈特的新公共服务理论是在对包括企业家政府理论在内的新公共管理

理论进行反思和批判的基础上产生的。所谓“新公共管理”（**New Public Management**，NPM），最初在很大程度上是一种欧洲的现象，其起源可以追溯到追求行政现代化的改革实践中“管理主义”对韦伯官僚制理论的持续争论。在争论中，管理至上学说占据优势，它从管理学的角度批判官僚主义，推崇私营机构的管理技术，认为分权、放松规制、委托等是医治公共管理机制僵化痼疾的组织原则。① 以此为指导的改善公共管理的实践尝试逐渐形成一种相对一致的流派，即“新公共管理”流派。“新公共管理”成为指导欧洲各国行政改革的主要原则。英国著名公共管理学家、曾任伦敦经济学院院长的胡德教授特别将新公共管理的特质归纳为：（1）在公共部门中实施专业化管理，让公共管理者自己管理并且承担责任；（2）确立明确的目标，设定绩效测量标准并且进行严格的绩效测量；（3）特别强调产出控制，对实际成果的重视甚于对过程或程序的关注；（4）打破公共部门中的本位主义，对部门进行拆分与重组，拆除单位与单位之间的藩篱；（5）在公共部门中引入竞争机制，降低管理成本，提高服务质量；（6）强调对私营部门管理方法和风格的吸收和运用；（7）强调对资源的有效利用和开发。②

作为一种现代形态的公共行政理论，新公共管理理论是“管理主义”（Managerialism）或“新管理主义”（New-managerialism）运用于公共部门的结晶，它表明了传统形态的公共行政理论正在普遍化为一般管理哲学的理论倾向。所谓“管理主义”，是工商企业管理领域长期流行的一套管理哲学，它主要包含如下几点核心观念：（1）社会进程的主要途径在于经济学家意义上的生产力的持续增长；（2）这种生产力能力的增长以“管理”功能对劳动力要素和复杂的信息技术、组织技术、物质形态商品的生产技术的有效组织为前提；（3）管理是一项重要的、分离的和特殊的组织功能，在诸如计划、执行和衡量生产力的实质进展方面发挥着关键作用，商业的成功越来越依赖于高素质和职业化的管理者；（4）为履行“关键作用”，管理者必须拥有合理的“管理权限”。③ “管理主义”的信条就是“让管理者来管理”，

---

① 参见国家行政学院编译：《西方国家行政改革述评》，北京：国家行政学院出版社 1998 年版，第 142 页。

② ［英］克里斯托夫·胡德：《一种适合于所有季节的公共管理》，载［英］《公共行政》1991 年第 69 卷第 1 期，第 3~9 页。

③ ［英］克里斯托夫·波利特：《管理主义与公共服务：英裔美国人的经验》，剑桥：巴兹尔·布莱克韦尔出版社 1990 年版，第 7 页。

这是良好管理的基本准则。① 良好的管理可以消除繁文缛节，为人员提供高度的激励动机，使机构运作良好，有助于认清和消除浪费，有助于清楚表明资金的花费去向，将资源集中于最有效的领域，为国家复兴提供钥匙。“管理主义”认为，良好的管理可以通过引进私营部门中的良好商业实践在公共部门中实现。20 世纪 80 年代以来，“管理主义”与公共选择理论、交易成本经济学、委托—代理理论相联姻，构成了“新管理主义”，其标准范本就是新公共管理理论。

“新公共管理”理论对管理持有两个理念，即管理的自由化和市场化。(1) 管理的自由化关于管理的自由化，莱特在其著作中有详细的论述。②“管理主义”认为，公共管理人员是具有高度专业化的和通晓如何管理的掌握着信息的个人，因此，新公共管理理论倾向于认为公共官僚制的不良绩效不是缺乏管理能力和不履行职责的结果，而是“坏制度”的结果，是繁冗笨重和不必要的规则、规制及其他约束的结果。由于公共管理人员是“被制度束缚的人”，因此，为改进公共官僚制的绩效，管理者必须从政府的繁文缛节的枷锁中解放出来，政治家和其他人必须“让管理者来管理”，因此，要解除规制和分权，使管理过程如预算、人事、采购等合理化。(2) 管理的市场化取向。市场取向的管理有两个基本概念，其一是竞争，其二是私营部门管理的普遍化。竞争源于新古典经济学的市场效率观念，主要是指在公共部门创立内部市场，由于竞争所带来的高效率和低成本，它被看做是改进绩效的可靠战略。管理市场化取向的维护者相信，在市场压力下的公共管理者可以提高其绩效水平。关于私营部门管理的普遍化，新公共管理理论认为，私营部门的管理实践和技术优越于公共部门，并且可以用于公共部门，公私管理之间的区别是一种假象，“管理就是管理”。③ 新公共管理理论的这些理念在奥斯本和盖布勒的《重塑政府》一书中得到了提炼和普及，成为新公共管理理论的精髓，即前述的企业家政府理论。

作为一种试图超越传统公共行政理论的现代公共行政理论，新公共管理理论因其在一定程度上反映了公共行政发展的规律和趋势，因而对于西方国家的行政改革起到了十分重要的推动和指导作用，特别是作为其思想精髓的

① ［美］唐纳德·凯特尔：《公共管理的全球革命》，载［美］《政策分析与管理杂志》1997 年第 16 卷第 3 期，第 446~462 页。

② 参见［美］保罗·C. 莱特：《改革的潮汐》，纽黑文：耶鲁大学出版社 1997 年版。

③ ［美］B. 盖伊·彼德斯：《政府未来的治理模式》，劳伦斯：堪萨斯大学出版社 1996 年版，第 28 页。

企业家政府理论一问世便因其本身所具有的价值，在西方国家尤其是在它的发源地美国产生了重大影响。当时的美国总统克林顿曾明确指出，“该书给我们提供了改革的蓝图”，他还委托副总统戈尔以企业家政府理论为指导，颇有成效地对美国政府的行政体制进行了一系列改革。

当然，新公共管理理论在其风靡欧美等西方国家之时也遭到了来自多方面的质疑，尤其是，有不少学者对作为其思想精髓的企业家政府理论提出了尖锐的批评。例如，查尔斯·福克斯在《作为后现代符号政治的政府再造》一文中就提出新公共管理理论内在地存在着矛盾①；沙赫特在《再造政府还是再造我们自己》一书中也对新公共管理理论所倡导的价值观提出了异议②；还有人提出新公共管理理论所倡导的公共企业家精神以及特里所谓的“新管理主义”很可能会损害诸如公平、正义、代表制和参与等民主和宪政价值。③ 而美国学者哈伯尔和格林则更为具体地批评说，企业家政府模式引用法国经济学家萨伊对企业家概念的定义，并试图将这一定义简单地推广为任何人、任何公务员或公共组织可以仿效的行为准则，这是对美国政府及其治理模式的极大偏离，这些偏离将会引起涉及诸如“三权分立”体制中的制度关系、法治、制度稳定与整合、分配效应以及富有活力的政治社群的维持等传统的基本政治问题。④ 诚然，这些批评意见的确从不同的侧面揭示了包括企业家政府理论在内的新公共管理理论的局限性，它们对于现代公共行政理论的进一步完善和发展无疑具有极为重要的促进作用。然而，这些对新公共管理理论的异议并没有进一步提出任何可替代的新理论模式，而新公共服务理论正是以美国著名公共行政学家罗伯特·B. 登哈特为代表的一批公共行政学者基于对新公共管理理论的反思，特别是针对作为新公共管理理论之精髓的企业家政府理论缺陷的批判而建立的一种新的

---

① 参见［美］查尔斯·福克斯：《作为后现代符号政治的政府再造》，载［美］《公共行政评论》1996 年第 56 卷第 3 期，第 256～261 页。

② 参见［美］欣迪·劳尔·沙赫特：《再造政府还是再造我们自己》，奥尔巴尼：纽约州立大学出版社 1997 年版。

③ 参见［美］拉里·D. 特里：《我们为什么应该放弃使公共企业家与民主相一致的错误追求》，载［美］《公共行政评论》1993 年第 53 卷第 4 期，第 393～395 页；《行政领导，新管理主义，与公共管理运动》，载［美］《公共行政评论》1998 年第 58 卷第 3 期，第 194～200 页。

④ 参见［美］哈伯尔和格林：《论治理与政府再造》，见［美］加里·L. 万姆斯莱、詹姆斯 F. 沃尔夫：《重建民主公共行政》，加利福尼亚绍森欧克斯：塞奇出版社 1996 年版。

公共行政理论。

三、新公共服务理论的思想来源和概念基础

任何一种理论学说往往都是在先前业已存在的某些思想来源和概念基础上产生和发展起来的。与根植于理性选择思想的主流公共行政理论相对照，新公共服务理论像传统公共行政理论和新公共管理理论一样，也具有一些似乎可以将其描绘成为一种规范的理论模式并且可以将其与别的理论模式区别开来的思想来源和概念基础。登哈特认为，在新公共服务理论的这些思想来源和概念基础中，更具有当代性的理论先驱主要包括：（1）民主公民权理论；（2）社区与公民社会的理论；（3）组织人本主义和新公共行政；（4）后现代公共行政。

（一）民主公民权理论

对公民权和民主的关注在近来的政治理论和社会理论中尤为重要和明显，这两种理论都提倡再度复兴的、更为积极的和更多参与的公民权。但是，公民权却可以从不同方面加以考察。比较常见的观点是将公民权界定为一种合法的身份，这一定义所关注的焦点明显地在于由法律体系规定的公民的权利和义务；还有一种更加宽泛的观点则认为，公民权涉及的是一些与一个人在某一政治共同体中成员资格的特性有关的更加一般的问题，其中包括诸如公民的权力和责任，而不管他们的合法身份怎样。① 按照这种观点，公民权涉及的是个人影响该政治体系的能力，它意味着对政治生活的积极参与。登哈特所倡导的新公共服务理论着重关注的就是这后一种观点。

除了定义的考虑之外，人们对于民主公民权所包含的内容也有着不同的理解。有人认为，政府存在的首要目的就是要增进社区以及社区内部个人的经济利益。在这种情况下，国家以及公民与国家的关系应该只是建立在自利观念的基础上。政府存在的目的就是要通过确保一定的程序（例如投票）和个人权利来保证公民能够作出符合其自身利益的选择。政府的作用就是确保个人自身利益能够自由、公正地相互影响。显然，这种观点与公共选择理论和新公共管理理论是一致的，而且公共选择理论家们主要赞同的就是这种观点。例如，公共选择理论的领军人物詹姆斯·布坎南就认为，尽管利他主义常常进入公共审议之中，但是政治机构的设计目的是要最大限度地降低机

① 参见［美］布赖恩·S. 特纳：《公民权与社会理论》，伦敦：塞奇出版社 1993 年版，第 3 页。

构依赖利他行为的程度。①

还有一些人认为，政治利他主义亦即美国行政学家曼斯布里奇所谓的“公共精神”在民主治理的过程中扮演着一种重要的乃至必要的角色。例如，美国学者桑德尔便就民主公民权提出了一种不同的观点。按照这种观点，个人会更为积极地参与治理。公民看起来会超越自身利益去关注更大的公共利益，进而会采用一种更加广阔且更具长期性的视野，这种视野要求公民了解公共事务、有归属感、关心整体并且与命运危若累卵的社区达成一种道德契约。② 曼斯布里奇认为，这种关于公民权的观点提供了某种可以使该政治体系团结一致的“黏合剂”。在她看来，公共精神（或称政治利他主义）既包含着爱，也包含着责任，两者都发挥着重要的作用，用她的话来说就是：“如果我通过移情（爱）使你的利益也成为我自己的利益，那么我就更不可能会以危害你的方式行为。如果我使集体的利益也成为我自己的利益（爱国家），那么我就会为了那种利益而打造我的个人利益。如果我信奉一条因某种原因而规定合作的原则，那么我就会为了责任而打造自身的利益。”③

不过，曼斯布里奇也敏锐地指出，过度的利他主义未必就是好事，因为政治精英为了阻止对其权力的挑战而可能会通过灌输或领袖人物感人的超凡魅力，通过限制公共精神的表达方式，或者通过组织公开辩论来控制公共精神。在她看来，公共精神需要培育和维护，而对正义原则、公共参与和公共审议的不断关注则能够有助于公共精神的培育和维护。因为，正义感可以唤起感到受虐待者或被利用者内心的强烈情感，而且他们的反抗常常会很有力。另一方面，一个似乎要致力于促进正义的政治体系则很可能会引起慈爱和参与。参与是激起公共精神的另一种手段。参与决策的人们对那些决策有更好的了解，并且更有可能帮助决策的执行。但是，由于参与可能会被组织并给人们造成一种错误的参与感，所以参与必须与公开审议和公开会话的条件保持平衡。审议能够澄清并且有时还能够改善已经觉察到的分歧；它能够为了使人们至少“在同一页上”开始而提供一个共同的信息基础，而且它

① 参见［美］曼斯布里奇：《政治体系中的公共精神》，见［美］亨利·J. 艾伦、托马斯·曼恩、蒂莫西泰勒：《价值与公共政策》，华盛顿：布鲁金斯学会，1994 年，第 153 页。

② 参见［美］曼斯布里奇：《政治体系中的公共精神》，见［美］迈克尔·桑德尔：《民主的不满》，美国剑桥：哈佛大学出版社-贝尔纳普出版社 1996 年版，第 5~6 页。

③ ［美］亨利·J. 艾伦、托马斯·曼恩、蒂莫西泰勒：《价值与公共政策》，华盛顿特区：布鲁金斯学会，1994 年，第 147 页。

还能够培育起一种团结的意识和对一些可能会被提出的解决方案的承诺。“而且良好的审议常常会以种种表明下一步要采取什么措施的方式使几乎是最有相反思想的人们至少会改变他们的某些偏好，有时会产生一致的意见，有时则会澄清一些冲突。”①

总之，登哈特认为，最近已经有越来越多的人要求恢复一种基于公民利益，而非自身利益的公民权。按照这种观点，公民会关注广泛的公共利益，他们会积极地参与，并且会为别人而承担责任。换言之，公民会去做一个民主政体中公民应该做的事情——他们会去管理政府。当他们这样做的时候，他们不仅会促进社会的进步，而且还会促进他们自己作为积极负责的人健康成长。

其实，这些关于一种更为积极且重要的公民权的训诫已经很明显地进入到公共行政的文献和实践中。不仅早在1984年美国著名行政学家弗雷德里克森和昌德勒就在《公共行政评论》发表的一个关于“公民权与公共行政”的专题论丛中考察了各种把正在出现的公民学和公民权理念与公共行政这个职业联系起来的理论问题和实践问题，而且，近年来，关注此论题的人们也越来越多，例如，金和斯蒂弗斯、博克斯就分别在《政府属于我们》和《公民治理》这两本书中集中探讨了公共行政官员怎样才可能会促进创立一种更加以公民为中心的政府。金与斯蒂弗斯断言，行政官员应该把公民视为公民（而不是把公民仅仅视为投票人、当事人或“顾客”），应该分享权威和减少控制，并且应该相信合作的功效。而且，金与斯蒂弗斯认为，与管理主义者对更高效率的要求相对照，公共管理者应该追求回应度的提高和公民信任度的相应增强。② 相比之下，博克斯则将这种论点具体推进到地方政府的层面，他提出了地方政府为了容许公民积极参与治理过程而可以对其自身进行调整的种种方式。③ 在登哈特看来，民主理论研究的近期成果，特别是公民权理论和公民参与理论，已经对其所倡导的新公共服务理论作出了贡献。

---

① 参见［美］曼斯布里奇：《政治体系中的公共精神》，见［美］亨利·J. 艾伦、托马斯·曼恩、蒂莫西泰勒：《价值与公共政策》，华盛顿特区：布鲁金斯学会，1994年，第156页。

② 参见［美］金、斯蒂弗斯：《政府属于我们》，绍森欧克斯：塞奇出版社1998年版。

③ 参见［美］博克斯：《公民治理》英文版，绍森欧克斯：塞奇出版社1998年版。

（二）社区与公民社会的理论

登哈特认为，我们也可以把最近关于社区和公民社会的讨论视为新公共服务理论的重要思想来源和概念基础。在他看来，目前，人们对社区的广泛兴趣就是一个很有趣的现象，这种兴趣的产生在许许多多不同的活动场所都有所表现①，而且左翼和右翼的评论家都明确地表达了这种兴趣。一方面，倾向于左翼的人们把社区视为对作为现代社会特征的过度贪婪和自利的一剂解毒药，视为治疗个人主义蔓延的一个良方。与此同时，那些倾向于右翼的人们则把社区视为对一些基本的美国价值观进行恢复的一条途径，尽管这些基本的美国价值观曾经被人们持有，但是它们现在正遭到一些我们所无法控制的势力的挑战。

为什么会有这么多人对社区感兴趣呢？这是一个很有趣的问题。有些人认为，美国人已经被技术社会的强大力量异化了，已经成为生产线或计算机的缩影，而且他们试图向更"具人性的"社团回归。另一些人则谴责与越南战争和民权运动相联系的社会混乱和政治无序，而且他们期待着一个更加文雅并且更富有同情心的时代和环境的到来。还有一些人认为，资本主义的过度行为和那些从事可疑市场实践及"内部股票交易"阴谋的人们的道德失当也要求一种社会责任感的复兴。另外也有一些人小心翼翼地预期全球经济未必受美国支配，而且他们期待着经济的确定性。最后，有人还提到了大规模杀伤性武器的存在所蕴涵的环境退化和人类生活可能会发生的结局；他们希望保持生态平衡和有安全保障。所有的人似乎都以某种方式承认生活已经"失控"，而且需要一种挽回生活的途径。

总之，登哈特认为，社区已经成为美国人生活中的一个主题。在他看来，尽管不同的作者将关注的焦点放在了社区的不同方面，但是约翰·加德纳的著作在明晰性和说服力方面堪称典范。加德纳主张，由于社区意识可能衍生于从邻里街区到工作团体等许多不同层次的人类社团，所以它可以在个人与社会之间提供一种有益的中介结构。加德纳在《社区建设》一书中写

---

① 参见［美］罗伯特·贝拉、理查德·马德森、威廉·沙利文，安·斯威德勒、史蒂夫·蒂普顿：《心境的习惯》，伯克利：加利福尼亚大学出版社 1985 年版；［美］罗伯特·贝拉：《良好的社会》，纽约：诺普夫出版社 1999 年版；［美］艾米泰·埃兹奥尼：《道德维度》，纽约：自由出版社 1988 年版；［美］艾米泰·埃兹奥尼：《新公有社会的思想》，夏洛茨维尔：弗吉尼亚大学出版社 1995 年版；［美］约翰·加德纳：《社区建设》，华盛顿：独立部门，1991 年；［美］菲利普·塞尔兹尼克：《有道德公有社会》，伯克利：加利福尼亚大学出版社 1992 年版；［美］艾伦·沃尔夫：《谁的看护人？是社会科学还是道德义务》，伯克利：加利福尼亚大学出版社 1989 年版。

道："在我们的体系中，所谓'共同利益'，首先就是要保护这样一个系统，在这个系统中，各种人在法律许可的范围内都能够有自己对这种共同利益的愿景，而且他们同时还能够实现种种使一个社会系统既有价值又具有可操作性的相互适应。"① 尽管一个社区的共同价值观在加德纳看来很重要，但是他极力主张，我们还要认识到整体性必须体现多样性。加德纳明确指出："要防止整体性掩盖多样性，就必须有一种多元论的哲学，有一种容许异议的开放氛围，并且有一种容许子社区在更大的团体目标背景下保持其地位和份额的机会。要防止多样性破坏整体性，就必须有一些减少两极分化、教育各种团体相互了解、建立联盟、消除争端、协商和调解的制度安排。当然，一个健康社区的存在本身就是消除冲突的一种工具。"② 在加德纳等人看来，除了这些特征之外，社区建立的基础是关怀、信任和协力，它是通过一个强有力的有效沟通和冲突解决系统结合在一起的。社区的互动本性在个人与集体之间起着调节作用，并且使得个人与集体保持一致。著名的管理理论家罗莎贝思·莫斯·坎特在其早期关于社区的一些著作中就讨论了这种思想。例如，她在《承诺与社区》一书中就曾明确指出："对社区的寻求也就是对个人生活之集体定位方向和目标的追求。将自我投入到一个社区之中，承认一个社区的权威，以及愿意支持该社区的生活，所有这一切都能够提供身份、个人意义以及按照该成员感到表达了他自己内在特质的标准和指导原则成长的机会。"③

登哈特认为，这种努力在某种程度上依赖于建立一套积极的"调解机构"，这套调解机构同时既可以关注公民的愿望和利益，又会提供一些将会使那些公民更好地为在更大政治体系中行动做好准备的经验。在他看来，美国的民主传统取决于存在着民主参与的公民，这些民主参与的公民在各种群体、社团和政府单位中都很活跃。家庭、工作小组、教会、公民社团、街坊群体、志愿性组织俱乐部以及社会团体乃至运动队，都有助于建立个人与更大社会之间的联系。从集体意义上说，这些小团体构成了一种其中人们需要在社区关怀的环境中实现其个人利益的"公民社会"。公民社会是一种公民能够相互进行一种个人对话和评议的地方，这种个人对话和评议不仅是社区建设的本质，而且也是民主本身的本质。尽管最近有许多关于公民权和公民

① ［美］约翰·加德纳：《社区建设》，华盛顿：独立部门，1991年，第15页。

② ［美］约翰·加德纳：《社区建设》，华盛顿：独立部门，1991年，第16页。

③ ［美］罗莎贝思·莫斯·坎特：《承诺与社区》，剑桥：哈佛大学出版社1972年版，第73页。

社会概念的评论都认为美国公民对政治和政府活动的参与明显地越来越少，人民似乎破灭了对政府的幻想，他们正在从政治过程中撤出，而且他们在自己的私人空间中正在变得越来越孤立，同时民意测验也表明，人民对政府的信任度明显地有所下降；但是在另一方面，公民仍然想要发挥作用，他们以自己的社区和国家为荣，而且他们想要帮助造成积极的变化。实际上，许多公民不是在把自己的时间花在选举或政党政治上，而是在参与一种新型的政治活动，尽管他们认为政治系统是封闭的并且难以穿过，但是他们却在街坊邻里、工作团体和社团内从事一些以公民为基础的“草根”（Grass-roots）运动。这些活动构成了公民权的实验场，在这里，人们正在力图建立彼此之间的新关系和更大范围的政治秩序，通过这些关系，人们不仅可以认识到现代世界给参与所施加的种种困境，而且还可以了解由现代环境所提供的新的活动和参与的可能性。

此外，登哈特认为，政府对于促进社区建设和公民社会也具有重要的作用。在他看来，令人欣慰的是，许多进步的和有远见的公民政治领袖逐渐认识到了这种活动的重要性和可行性，而且他们自己也在参与这种活动。政治领袖们正在以多种方式接触公民，他们不仅利用现代信息技术而且也利用一些更为常规的手段。与此相类似，公共管理者也正在就公民对政府过程的参与而重新界定自己的角色。① 而且，政府在建立、促进和支持公民与其社区之间的关系过程中能够发挥一种关键性的重要作用。

至于公共行政官员是怎样与社区和公民社会相互影响的，登哈特认为，首先，在存在着强大的公民互动网络和公民之间存在着高度社会信任和内聚力的地方，政府可以依靠现存的社会资本建立更为强大的网络，开辟新的对话和争论渠道，以及进一步就民主治理问题进行公民教育。其次，公共行政官员能够为社区和社会资本的建设作贡献。当今的时代，公共行政官员的首要角色就是要建设社区②，公共行政官员能够通过鼓励公民参与公共决策而对增进社会资本发挥积极的作用。对此，登哈特引用约瑟夫·格雷和琳达·蔡平的话说：“尽管公民并非总是能够获得他们所想要的东西，但是使他们参与其中则可以具体体现我们所做的工作——即把公共行政与公众联系起

① 参见［美］约翰·克雷顿：《公共决策中的公共参与》，旧金山：乔西-巴斯出版社 1995 年版。

② 参见［美］约翰·纳尔班迪安：《促进社区，实现民主：地方政府管理者的新角色》，载［美］《公共行政评论》1999 年第 59 卷第 3 期，第 187~198 页。

来。而且，这种联系无论是对于公民还是对于行政官员都会达成理解。”①在登哈特看来，这样一种理解既丰富了政府也丰富了社区。

（三）组织人本主义与新公共行政

登哈特认为，新公共服务理论的第三个重要思想来源和概念基础是组织人本主义。在他看来，在过去的20多年中，公共行政学及其相关学科的许多学者认为，对社会组织的传统等级制研究方法限制了他们对人类行为的认识视野，而且他们都批评官僚制，并且都在为管理和组织的研究寻求可替代的备选方法。从集体意义的角度来看，这些方法都试图使公共组织更少地受权威和控制问题支配，并且更加关注内部选民和外部选民的需要和他们所关心的问题。

在这方面，首先值得一提的是美国著名的行为科学家和组织学家、哈佛大学管理学院教授克里斯·阿吉利斯博士。早在《个性与组织》一书中，阿吉利斯就探讨了传统的管理方法对复杂组织内部个体心理发展的影响。他特别提到，关于人类个性的研究表明，从幼年期长到成年期的人们都要经历从被动到主动、从依赖到独立、从有限范围的行为到更大范围的行为、从浅表的兴趣到更深层的兴趣、从较短期的眼光到更长远的眼光、从从属的地位到平等的或优越的地位以及从缺乏了解到更多的认识这样一种发展过程。②相比之下，那时阿吉利斯眼中的标准管理方法（而且有人可能会认为那些标准的管理方法即便是在今天也都没有发生太多的变化）似乎不是促进了雇员的发展而是抑制了雇员的发展。例如，在多数组织中，人们对自己的工作很少有控制权。在许多情况下，就其所能够做的事情而言，都要求他们服从、依附并且很有限。阿吉利斯认为，这样一种安排最终产生了适得其反的结果，因为它限制了雇员能够为组织所作的贡献。为了改进组织的绩效，同时促进个人的发展，阿吉利斯找到了一种照此“管理者在有效诊断、帮助个人成长和培养创造力（以及）对付具有依赖取向的……雇员时将会开发和运用自我意识技巧的管理方法”③。随着阿吉利斯研究工作的进展，他越来越集中关注组织朝着被称为“组织发展”的变革项目所规定的方向发展

① ［美］约瑟夫·格雷和琳达·蔡平：《有目标的社区创新》，见［美］金、斯蒂弗斯：《政府属于我们》，加利福尼亚绍森欧克斯：塞奇出版社1998年版，第192页。

② 参见［美］克里斯·阿吉利斯：《个性与组织》，纽约：哈珀-罗出版公司1957年版，第50页。

③ ［美］克里斯·阿吉利斯：《人际能力与组织效益》，荷姆伍得：多尔西出版社1962年版，第213页。

的方式。

应当注意的是，阿吉利斯的思想与赫伯特·西蒙明显表述的流行的理性行政模式直接形成了对照。实际上，阿吉利斯早在 1973 年就在《公共行政评论》中撰文探讨了这种理性模式的一些局限性。① 他一开始就指出，西蒙的理性模式与传统的行政理论很相似，传统的行政理论认为，管理部门不仅要对雇员进行培训和奖惩，而且还要规定组织的目标和需要完成的工作任务——而所有这一切都是在一种其权威是自上而下流动的正式金字塔型结构框架中进行的。西蒙对这个模式所做的补充就是集中强调了理性行为，也就是说，他集中强调了能够根据手段和目的来规定的行为。有了这种强调，理性模式就把关注的焦点集中在“人的一致的、可编程的、有组织的思维活动上”，这种模式“首先关注的是与目标有关的行为”，并且不问来龙去脉地假定了目标。②

这样一种观点不承认广泛的人类经验，不承认人们本能行为的事实，不承认人们在其生活中会经历混乱和不可预见性，并且不承认人们会按照远非理性的感情和情绪行事。此外，由于人的成长并不是一个充分理性的过程，所以建立在这种模式基础之上的组织就不会支持个人的成长、发展和“自我实现”。相反，这种理性模式倒是会十分偏爱那些将会改进组织理性的变化。那些变化很可能会十分保守，进而它们会因其“对事实的关注甚过对可能性的关注”而强化现状。③ 与这种观点相比较，阿吉利斯极力主张更加关注“个人的品行、真实性，以及人的自我实现”，更加关注与“企业的人性方面”有关的品质。

在公共行政领域，另一位值得一提的行政学家是对组织发展观（OP）进行了透彻探讨的罗伯特·戈利姆比沃斯基教授。罗伯特·戈利姆比沃斯基在其早期的著作《人、管理与道德》（1967）一书中对传统的组织理论进行了批判，他着重批判了传统组织理论所主张的自上而下的权威、等级控制以及标准的工作程序。他认为，这样的管理方法反映了对个人的道德状况不敏感，具体来说，反映了对个人自由的问题不敏感。相比之下，罗伯特·戈利

① 参见［美］克里斯·阿吉利斯：《理性人组织理论的某些局限性》，载［美］《公共行政评论》1973 年第 33 卷第 3 期，第 253~267 页。

② 参见［美］克里斯·阿吉利斯：《理性人组织理论的某些局限性》，载［美］《公共行政评论》1973 年第 33 卷第 3 期，第 261 页。

③ 参见［美］克里斯·阿吉利斯：《理性人组织理论的某些局限性》，载［美］《公共行政评论》1973 年第 33 卷第 3 期，第 261 页。

姆比沃斯基找到了一种“扩大我们在组织过程中愿意接受的裁量权领域和增加个人自由”的途径①。遵循一种组织发展（OD）观，罗伯特·戈利姆比沃斯基极力主张管理者要通过组织创造一种解决问题的开放氛围，以便组织成员能够正视问题，而不是围绕着问题进行争斗或者逃避问题。他鼓励组织成员要在整个组织中的个人和群体之间建立信任，用知识和能力的权威来弥补甚或取代角色或者地位的权威。他建议决策和解决问题的职责应该定位于尽可能接近信息源的地方，并且应该尽可能地使竞争有助于满足工作目标，而不是使其成为非赢即输的竞争。他说，这种思想就是要最大限度地增进个人与其工作相互依赖的单位之间的合作以及建立一些既承认组织使命的实现，又承认组织成员的成长和发展的报酬体制。他说，管理者应该努力地为组织内部的人们增加自我控制和自我管理的空间，努力地创造冲突得以积极、恰当地浮现和管理的条件，以及努力地增强对团体过程及其绩效后果的认识。②

有趣的是，像阿吉利斯一样，罗伯特·戈利姆比沃斯基也将自己更具有人本主义意味的组织观与理性组织模式进行了对比，在这种情况下，他是通过对公共选择模式的批判来进行比较的。罗伯特·戈利姆比沃斯基首先指出，传统理性的假定是一个并没有完全反映现实的方法论构件（就连公共选择理论家们也承认这一点）。人们并非总是理性地行事。把一种选择的理论建立在他们所做的假定上，这就意味着，一个人被局限于一些关于人们在真正理性地行事的情况下会怎样行为的逻辑命题。他认为，这样一种观点忽视了一些重要的政治考虑或情感考虑，而这些政治考虑或情感考虑在建立人类行为的任何综合理论时都应该受到重视：否则，有人就可能会断定，公共选择理论家“是在用精致完美的逻辑讨论身体似马的独角兽”③，诺顿·朗就是这样断定的。

还有一些学者也对公共部门中更具人本主义意味的组织的建构作出了重要的贡献，从集体意义上来看，这些学者即是我们前面所谈及的新公共行政学派。当然，就组织人本主义而言，那个时期的有些学者很强调需要探索一

① ［美］罗伯特·戈利姆比沃斯基：《人、管理与道德》，纽约：麦格劳-希尔出版社1967年版，第305页。

② 参见［美］罗伯特·登哈特：《公共行政：一种行动取向（第3版）》，沃思堡：哈考特·沃思出版社1999年版，第405页。

③ ［美］罗伯特·戈利姆比沃斯基：《对“民主行政”及其支持性理念的批判》，载［美］《美国政治学评论》第71卷（1977年12月号），第1492页。

些新的备选模式来替代传统的、自上而下的等级制官僚组织模式。由于这些学者认为这种老模式使组织成员客观化和非人格化，并且要求模式应围绕着开放性、信任和真诚的沟通来建构，所以他们讨论了一些具有诸如“辩论的组织”和“联合的组织”这种名称的备选模式。对此，登哈特本人这样解释道：“要创造下面这样的背景就要从个人的行动开始：其中，能够出现创造性和对话；其中，感情的共鸣和尊重不仅使团体和组织能够更加有效、负责地对付环境的复杂性，而且有助于个人的成长和发展。”①

此外，新公共行政学还促成了另外一些与主流公共行政理论不同的观点，有人甚至还更加明确地承认和讨论了价值观在公共行政中的作用。例如，新公共行政学派的领军人物乔治·弗雷德里克森在《新公共行政学》一书中就为了把社会公平作为行政决策和政治决策的指导概念而进行了论证，他明确指出：“公务员义不容辞的责任就是要能够建立和保护公平的标准和测量以及认识公共服务对公民的尊严和福利的影响。”② 从本质上来说，为公共问题提供公平的解决方案，这不只是意味着要为所有的人提供同样的服务，而且意味着要为那些更需要服务的人们提供更高层次的服务。弗雷德里克森认为，公共行政不是中立的，它当然不应该仅根据效率标准来加以评价。相反，诸如平等、公平和回应性这样的概念也应该开始发挥作用。

（四）后现代公共行政

新公共服务理论的第四个重要思想来源是后现代主义。在20世纪60年代末、70年代初，一些公共行政学者开始更具批判性地探讨构成主流理性行政模式之基础的知识获得方法。他们的批判性探讨所依据是这样一种观点，即主流公共行政学像其他社会科学一样也依赖于一种特殊的知识获得方法——实证主义，而且这种方法明显地限制了该领域可能的思想范围。简单地说，实证主义方法认为，社会科学能够利用自然科学领域所运用的相同方法来加以认识。按照这种观点，社会生活或组织生活的事实就能够与价值观分离开；科学的作用就在于把焦点集中于事实而不是价值。事实能够被观察和测量，这就犹如物理现象或化学反应能够被测量一样。概念和理论又反过来可以根据这些对“明显行为”的观察来建立。实证主义方法被公认为是西蒙理性行政模式的基础，并且明显地支配着公共行政学研究的其他方面，

① ［美］罗伯特·登哈特：《在组织的阴影之下》，劳伦斯：雷根茨出版社1981年版，第xii页。

② ［美］乔治·弗雷德里克森：《新公共行政学》，塔斯卡卢萨：阿拉巴马大学出版社1980年版，第46页。

尤其是支配着政策科学。

对于上述观点，一方面，这些持批评态度的公共行政学者们指出，对实证主义模式的依赖强化了对已经成为主流公共行政模式组成部分的客观化和非人格化的倾向；另一方面，他们还认为，仅仅依靠实证主义，人们对作为人类生活重要组成部分的意义和价值观不能有最充分和最完备的认识。在他们看来，学者们在寻求备选方案的时候往往求助于知识获得的解释方法，而这些解释方法着重关注对人们赋予其经验的意义的认识，尤其注重认识他们对那些与他人共享的经验所赋予的意义。还有一些学者则转向对支撑人类经验的力量，特别是那些歪曲了人们之间沟通的权利和支配力量进行价值批判的审查。通过这样一些方法，学者们希望对公共行政的研究和实践建立一些可替代的备选方法，这些备选方法更加关注价值（而不只是关注事实），更加关注主观的人类意义（而不只是关注客观的行为），并且更加关注现实中人们之间的关系所蕴含的各种情绪和感情。

这些思想在最近人们运用后现代思想的观点尤其是会话理论的观点认识公共组织的种种努力中得到了更进一步的扩展。尽管在各种后现代理论家之间尚存在着一些重大的差异，但是他们似乎都得出了一个相似的结论，即：因为我们在后现代世界中相互依赖，所以治理必定会越来越以包括公民与行政官员在内的相关各方之间开诚布公的会话为基础。而且，尽管后现代公共行政理论家怀疑公共参与的传统方法，但是许多人认为，为了使公共官僚机构恢复元气，并且使公共行政领域恢复一种合法性的意识，需要增进公共对话。

运用后现代主义观点的公共行政理论家们尤其对该领域明显地专注于理性主义（特别是基于市场的理性选择理论）和技术统治的专长提出了批评。例如，后现代公共行政理论的代表人物福克斯和米勒就明确指出："在官僚机构中，鲁莽的社会行动的领域要被合理组织的行动领域所取代。对等级指挥程序的服从取代了与他人的移情关系。……在独白式的沟通中，没有任何来回，没有任何机会从言语上努力界定问题并且决定应该就此问题采取什么措施。"①相比之下，后现代公共行政理论家主要信奉"会话"的理念，信奉公共问题通过会话要比通过"客观"测量或理性分析更有可能解决的观念。② 可靠"会话"的理想把行政官员和公民视为彼此是充分参与的，他

① ［美］福克斯和米勒：《正在贬值的公共政策会话》，载［美］《美国行为科学家》1997年第41卷第1期，第70~71页。

② ［美］麦克斯威特：《公共行政的合法性》，绍森欧克斯：塞奇出版社1997年版，第377页。

们不仅仅被视为召集到一起谈话的自利的理性个体，而且被视为在一种他们作为人而相互接洽的关系中的参与者。这种进行协商和达成共识的最终过程也就是个体随着自己的参与而彼此相互接洽的过程，在这个过程中，他们充分包含了人类个性的所有方面，他们不仅有理性，而且还有经验、直觉和情感。但是，这种变化很难，它需要我们逐渐认识：(1) 怎样才能在不依赖理性的条件下行动；(2) 如何与不同的事物达成妥协。对此，后现代公共行政理论的另一位代表人物麦克斯威特提出了一个实用的基本步骤——我们彼此敞开心扉、开诚布公。"这种备选方案就是倾听别人的心声，把自己的心里话都倒出来，以及把别人当做自己加以接受。这……与其说是理性的结果，倒不如说是理性的转化。……通过使人们及其生活成为理性所期待的目标，理性就把我们彼此分离开，这时人类状况的现实是：我就是你。"①

总之，登哈特认为，公民权理论家、社区与公民社会理论家、组织人本主义与新公共行政理论家以及后现代主义理论家为我们在今天谈论新公共服务创造了一种很有意义的理论氛围，他们所提出的许多理论观点已经构成了新公共服务理论的思想来源和概念基础。

四、新公共服务理论的基本内涵

所谓"新公共服务"，指的是关于公共行政在以公民为中心的治理系统中所扮演的角色的一套理念。作为一种全新的现代公共行政理论，新公共服务理论认为，公共行政已经经历了一场革命。目前，与其说公共行政官员正集中于控制官僚机构和提供服务，倒不如说他们更加关注"掌舵"而不是"划桨"，即他们更加关注成为一个更倾向于日益私有化的新政府的企业家。但是，在他们忙于掌舵的时候，他们是否忘记了是谁拥有这艘船呢？在新公共服务理论家看来，公共行政官员在其管理公共组织和执行公共政策时应该集中于承担为公民服务和向公民放权的职责，他们的工作重点既不应该是为政府航船掌舵，也不应该是为其"划桨"，而应该是建立一些明显具有完善整合力和回应力的公共机构。具体来说，新公共服务理论主要包括以下几个方面的基本观点：

(一) 政府的职能是服务，而不是掌舵

公务员日益重要的角色就是要帮助公民表达并满足他们共同的利益需求，而不是试图通过控制或掌舵使社会朝着新的方向发展。在新公共服务理

---

① [美] 麦克斯威特：《公共行政的合法性》，绍森欧克斯：塞奇出版社 1997 年版，第 276~277 页。

论家看来，尽管过去政府在为“社会掌舵”方面扮演着十分重要的角色，但当今时代为社会领航的公共政策实际上是一系列复杂的相互作用过程的后果，这些相互作用涉及多重群体和多重利益集团，这些为社会和政治生活提供结构和方向的政策方案是许多不同意见和利益的混合物。现今政府的作用在于，与私营及非营利组织一起，为社区所面临的问题寻找解决办法。其角色从控制转变为议程安排、使相关各方坐到一起，为促进公共问题的解决进行协商、提供便利。在这样一个公民积极参与的社会中，公共官员将要扮演的角色越来越不是服务的直接供给者，而是调停者、中介人甚或裁判员。而这些新角色所需要的不是管理控制的老办法，而是做中介、协商以及解决冲突的新技巧。

（二）公共利益是目标而非副产品

公共行政官员必须致力于树立集体的、共享的公共利益观念，这个目标不是要在个人选择的驱使下找到快速解决问题的方案，而是要创造共享利益和共同责任。新公共服务理论认为，建立社会远景目标的过程并不能只委托给民选的政治领袖或被任命的公共行政官员。事实上，在确立社会远景目标或发展方向的行为当中，广泛的公众对话和协商至关重要。政府的作用将更多地体现在把人们聚集到能无拘无束、真诚地进行对话的环境中，共商社会应该选择的发展方向。除了这种促进作用，政府还有责任确保经由这些程序而产生的解决方案完全符合公正和公平的规范，确保公共利益居于主导地位。因此，公共行政官员应当积极为公民能够通过对话清楚地表达共同的价值观念，并形成共同的公共利益观念提供舞台，应该鼓励公民采取一致的行动，而不应该仅仅通过促成妥协而简单地回应不同的利益需求。这样，他们就可以理解各自的利益，具备更长远、更广博的社区和社会利益观念。

（三）在思想上要具有战略性，在行动上要具有民主性

满足公共需要的政策和方案可以通过集体努力和协作过程得以最有效并且最负责任地实现。新公共服务理论认为，为了实现集体意识，下一步就是要规定角色和责任并且要为实现预期目标而确立具体的行动步骤。这一计划不仅仅是要确立一种远见，然后再把它交给政府官员去执行，而且是要使所有相关各方都共同参与对一些将会朝着预期方向发展的政策方案的执行过程。在新公共服务理论家看来，通过对公民教育方案的参与以及对公民领袖更广泛的培养，政府可以激发人们重新恢复原本应有的公民自豪感和公民责任感，而且这种自豪感和责任感会进一步发展成为在许多层次都会出现的一种更强烈的参与意愿。在这种情况下，所有相关各方都会共同努力为参与、合作和达成共识创造机会。为此，政治领袖应该扮演一种明确且重要的角

色，他们要明确地表示并鼓励对公民责任感的强化，进而支持群体和个人参与社区契约的订立活动。在新公共服务理论家看来，尽管政府不能创造社区，但是，政府，更具体地说，政治领袖却能够为有效的和负责任的公民行动奠定基础。人们必须逐步认识到，政府是开放的并且是可以接近的，否则，就不会有政府；政府是有回应力的，否则，就不会有政府；政府存在的目的在于满足他们的需要，否则，就不会有政府。于是，这里的目标就在于确保政府具有开放性和可接近性，具有回应力，能够为公民服务并且为公民权创造机会。

（四）为公民服务，而不是为顾客服务

新公共服务理论认为，公共利益不是由个人的自我利益聚集而成的，而是产生于一种关于共同价值观的对话。因此，公务员不是要对“顾客”的要求作出回应，而是要集中精力与公民以及在公民之间建立信任与合作关系。在新公共服务理论家看来，政府与其公民的关系不同于企业与其顾客的关系。在公共部门，我们很难确定谁是顾客，因为政府服务的对象不只是直接的当事人。而且，政府的有些顾客凭借其所拥有的更多资源和更高技能可以使自己的需求优先于别人的需求。在政府中，公正与公平是其提供服务时必须考虑的一个重要因素，政府不应该首先或者仅仅关注“顾客”自私的短期利益；相反，扮演着公民角色的人们必须关心更大的社区，必须对一些超越短期利益的事务承担义务，必须愿意为他们的邻里和社区所发生的事情承担个人的责任。换言之，政府必须关注公民的需要和利益。总之，新公共服务理论试图鼓励越来越多的人履行自己的公民义务并希望政府能够特别关注公民的呼声。

（五）责任并不简单

公务员应该关注的不只是市场，他们还应该关注宪法、法律、社区价值观、政治规范、职业标准以及公民利益。我们知道，无论是传统的公共行政理论还是新公共管理理论都倾向于将责任问题过于简单化。例如，前者将公共行政官员视为只是简单地直接对政治官员负责，而后者则认为行政官员应像企业家那样有更多的行动自由，其工作绩效的评估主要应从效率、成本—收益以及对市场力的回应性等方面进行。然而，新公共服务理论认为，这样的理论模式并未反映当今公共服务的需求和现实，责任问题其实极为复杂；公共行政官员应该受到包括公共利益，宪法法令，其他机构、层次的政府，媒体，职业标准，社区价值观念和价值标准，环境因素，民主规范，公民需要在内的各种制度和标准等复杂因素的综合影响，而且他们应该对这些制度和标准等复杂因素负责。

（六）重视人，而不只是重视生产率

如果公共组织及其所参与的网络能够以对所有人的尊重为基础，通过合作和分享领导权的过程来运作的话，那么从长远的观点来看它们就更有可能获得成功。新公共服务理论家在探讨管理和组织时十分强调“通过人来进行管理”的重要性。通常，人们往往将生产力改进系统、过程重塑系统和绩效测量系统视为设计管理系统的工具，但新公共服务理论家却认为，从长远的观点来看，这种试图控制人类行为的理性做法在组织成员的价值和利益并未同时得到充分关注的情况下很可能失败。此外，虽然这些探讨可能会取得一些成果，但是它们却培养不出具有责任心、献身精神和公民意识的雇员或公民。在他们看来，如果要求公务员善待公民，那么公务员本身就必须受到公共机构管理者的善待。新公共服务理论已经充分地认识到公共行政官员的工作不仅极为复杂而且面临着巨大的挑战。他们既不像传统公共行政理论所认为的那样只是需要保障和组织一种官僚职业的雇员，也不像新公共管理理论所主张的那样只是市场的参与者，他们的动机和报酬远不只是一个薪水或保障的问题，他们希望与别人的生活有所区别。因此，分享领导权的概念对于为公共雇员和公民提供机会以便他们的言行符合其公共服务的动机和价值至关重要。分享领导权必定会具有相互尊重、彼此适应和互相支持的特点，特别是通过人民或与人民一起来行使领导权可以改变参与者，并且可以把他们的关注焦点转移到更高层次的价值观念上。在这个过程中，公民和公共雇员的公共服务动机同样可以得到承认和支持。

（七）公民权和公共服务比企业家精神更重要

新公共服务理论认为，与那些试图将公共资金视为己有的企业管理者相比，乐于为社会作出有意义贡献的公务员和公民更能够促进公共利益。在新公共服务理论家看来，新公共管理理论鼓励公共行政官员采取企业家的行为方式和思维方式，这样便会导致一种十分狭隘的目的观——所追求的目标只是在于最大限度地提高生产率和满足顾客的需求。而新公共服务理论则明确地认识到，公共行政官员不是他们机构和项目的企业所有者，政府的所有者是公民。公共行政官员有责任通过担当公共资源的管理员、公共组织的监督者、公民权利和民主对话的促进者、社区参与的催化剂以及基层领导等角色来为公民服务。这便是一种与看重利润和效率的企业所有者大不相同的观点。因此，新公共服务理论家认为，公共行政官员不仅要分享权力，通过人民来工作，通过中介服务来解决公共问题，而且还必须将其在治理过程中的角色重新定位为负责任的参与者，而非企业家。

五、简短的结语

通过以上描述和分析，我们不难看出，登哈特教授试图为我们提供一个充分重视民主、公民权和为公共利益服务的理论框架。在他看来，这个可以被称为新公共服务理论的框架，是一个建立在对公共部门的理论探索和实践创新基础之上的备选方案，既可以替代传统的公共行政管理模式，又可以替代目前占主导地位的管理主义公共行政管理模式。登哈特认为，在传统的公共行政管理模式之下，政府的目标仅仅在于有效地提供服务，而且问题主要是通过改变组织的结构和控制系统而得以解决的。尽管在该领域中有人曾呼吁要更加关注民主的价值，但是对等级制和控制、减少公民参与以及中立专长的呼唤声却居于优势地位。近年来，新公共管理又逐渐支配了公共行政领域的思想和行动。如前所述，新公共管理的思想基础在于，认识人类行为的最佳途径是假定政府的行动主体和其他的行动主体都是根据它（他）们的自身利益来作出选择和采取行动的。按照这种观点，政府的角色就是为了促进个人选择和实现效率而释放市场力量。公民被视为顾客，而且问题是通过激励的操纵来得以处理的。公务员应该成为获得“最佳交易”并且减少成本的具有企业家精神的冒险者。

而相比之下，新公共服务理论则主张，公共行政官员一开始就应该认识到一种参与并且开明的公民权对于民主治理是至关重要的。登哈特宣称，由于人的行为不仅是一个自利的问题，而且还涉及价值观、信念以及对他人的关心，所以这种“高度的”公民权不仅很重要而且能够达到，公民应该被视为政府的主人并且能够为了追求更大的利益而一起采取行动。因此，在登哈特看来，公共利益超越了个人自身利益的聚集，新公共服务通过广泛的对话和公民参与来追求共同的价值观和共同的利益。这里，公共服务本身被视为公民权的扩展部分，它是由为他人服务和实现公共目标的欲望所促动的。如果从这种观点来看，公共行政官员的作用就是把人们带到“桌子旁边”，并且以一种承认在一个民主系统中有多种复杂层次的职责、伦理和责任的方式来为公民服务。负责任的行政官员应该努力使公民不仅参与计划，而且还参与执行实现公共目标的项目。这样做的原因不仅在于可以使政府工作得更好，而且还在于符合我们的价值观。公共行政官员的职责主要不是控制或者使用激励，而是服务。按照这个新公共服务的理论模式，民主理想和对他人的尊重不仅充满了我们与公民的互动过程，而且还在公共组织内部被视为榜样。

最后，应当指出的是，尽管新公共服务理论是在对传统公共行政理论和新公共管理理论进行反思和批判的基础上提出和建立的，并且主张用一种基于公民权、民主和为公共利益服务的新公共服务模式来替代当前的那些基于经济理论和自我利益的主导行政模式，但是，这并不意味着它是对传统公共行政理论和新公共管理理论的全盘否定。从理论视角来看，它本质上是对传统公共行政理论和新公共管理理论的一种扬弃，它试图吸收传统公共行政理论的合理内核，尤其是在承认新公共管理理论对于改进当代公共管理实践所具有的重要价值并摈弃新公共管理理论特别是企业家政府理论的固有缺陷的基础上，提出和建立一种更加关注民主价值和公共利益、更加适合于现代公民社会发展和公共管理实践需要的新的理论选择。正如登哈特教授所言："即使在一种思想占据支配地位的时期里，其他思想也从来不会被完全忽略。然而，在民主社会里，当我们思考治理制度时，对民主价值观的关注应该是极为重要的。效率和生产力等价值观不应丧失，但应当被置于民主、社区和公共利益这一更广泛的框架体系之中。在这个框架中，其他有价值的技术和价值观（比如传统公共行政理论或新公共管理理论的核心思想）都可能粉墨登场。随着时间的流逝，这个争论肯定还会持续若干年。但新公共服务理论提供了一个令人振奋的观点，围绕这个观点，我们可以展望公共服务的前景。未来的公共服务将以公民对话协商和公共利益为基础，并与后两者充分结合。"①

第六节　罗森布鲁姆的多元公共行政观

公共行政学发展到21世纪，已经走过了100多年的历程。在这100多年的发展历程中，行政学经历了多次学科研究范式的转换，尽管每一次学科研究范式的转换都无疑可以从不同的角度深化人们对公共行政的认识，但是它同时也常常会使人们因过于倚重某一种认识视角和研究途径而影响其对公共行政的完整认识。相比之下，真正提出应当从管理、政治和法律等多元认识视角和研究途径来认识和探究公共行政以全面、系统地把握公共行政之本质的，则是美国著名的公共行政学家罗森布鲁姆。

一、生平与著述

罗森布鲁姆，全称戴维·H. 罗森布鲁姆，系当代美国乃至整个西方世

① 参见［美］罗伯特·B. 登哈特 、珍妮特·V. 登哈特：《新公共服务：服务，而不是掌舵》，载［美］《公共行政评论》2000年第60卷第6期，第549~559页。

界最杰出的公共行政学家之一，现任美国华盛顿特区的美利坚大学公共事务学院公共行政学教授、美国国家行政科学研究院院士。他于1964年在俄亥俄州的玛莉塔学院获得政治学学士学位，并且分别于1966年和1969年在芝加哥大学获得政治学硕士学位和博士学位。1994年，罗森布鲁姆教授还因其杰出的学术声誉而被其母校玛莉塔学院授予荣誉法学博士学位。在加盟美洲大学之前，罗森布鲁姆曾先后在堪萨斯大学、特尔阿维维大学、佛蒙特大学以及著名的锡拉丘斯大学马克斯维尔学院任过教。作为具有国际声誉的公共行政学家，罗森布鲁姆教授曾经担任过美国公共行政学会（ASPA）会长和最具权威性的学术期刊《公共行政评论》（PAR）的主编，1992年，他还被任命为克林顿政府的人事政策与管理顾问。迄今为止，他发表了包括其名著《公共行政学：管理、政治和法律的途径》在内的150多篇（部）关于公共行政、法律、行政理论与行政史、官僚政治以及公共人事问题等方面的论著，其代表作《公共行政学：管理、政治和法律的途径》一书已经被翻译成多种语言，包括格鲁吉亚、乌克兰、意大利、葡萄牙、韩国、伊朗、以色列、中国以及中国香港、台湾在内的多个国家和地区用于公共行政教育，而且他还因其对公共行政领域的杰出贡献而先后荣获了著名的美国公共事务与公共行政学院联合会和美国公共行政学会（NASPAA/ASPAA）杰出研究奖（1992）、美国公共行政学会查尔斯·H.莱文纪念奖（1993）、美洲大学公共事务学院杰出学者奖（1994）、美国公共行政学会德怀特·沃尔多奖（1999）以及美国政治学会约翰·高斯奖（2001）等多项学术大奖。2003年12月，罗森布鲁姆教授应中国人民大学公共管理学院张成福教授之邀，曾来我国进行学术访问并受聘担任中国人民大学客座教授。

二、公共行政概念再认识

（一）公共行政的基本内涵

如前所述，自威尔逊提出建立一门独立的公共行政学科至今已经有100多年的历史了，但是，迄今为止，人们对“公共行政”这一概念的界定仍然众说纷纭，甚至差异颇大，无论是在理论上还是在实务上均尚缺乏共识。有人认为，“公共行政……系政府行为，亦即政府落实其目的与意图的各种手段”，“公共行政作为一个领域，其主要关注实现政治价值的手段”，“……公共行政完全可以与政府的行政相认同”。也有人认为，“公共行政运作过程由影响政府施政目标或意图的行动构成。因此，公共行政可以说是经由组织与管理的过程，以建构政府行动或营运的一部分，其目的在于执行立法部门（或相关权威部门）的决议，同时接受司法部门的审核”。还有人认为，“公共行政是：（1）一个基于合作而组成的公共团体；（2）其范围涵盖了行政、立法、司法三个政府部门与相关组织；（3）在公共政策的制定方面发挥重要作用，因而是政治过程的组成部分；（4）与民营部门管理在许多重要的方面存在明显差异；（5）与民营部门或个人亦有密切之关系”①。更有甚者，人们常常会因为“公共行政”这一概念的界定困难而倾向于忽视乃至放弃“公共行政”概念的界定问题，就连美国著名的行政学家德怀特·沃尔多都曾经指出，用一句话或者一段话界定公共行政肯定会让人如坠五里雾中。② 然而，在罗森布鲁姆看来，尽管研究者因为公共行政作为一种研究的范畴很抽象并且很容易变动而只能用模糊的、一般性的、隐喻的乃至矛盾的词句来加以描述，但是，对公共行政加以明确的界定仍然具有其重要性，它不仅有助于人们厘清公共行政的范围，传达有关公共行政的理论和实践所关注的主要问题的消息，而且有助于公共行政在更高层次的政治、经济、社会网络中找到本身的定位。罗森布鲁姆认为：“公共行政的确包含着有计划的活动，它关注政治和政策制定，主要集中于政府的行政部门，它不同于私营部门的行政，它主要关心法律的执行。”③ 鉴于此，他把“公共行政”界定为：“公共行政乃是运用管理、政治以及法律的理论和过程来实现立法、行政以及司法部门的指令，为整个社会或者社会的局部提供所需的管制与服务功能。”④

（二）公共行政的特质

罗森布鲁姆十分强调公共行政的公共性，对于公共行政的特质，他主要是通过与私营部门的行政进行比较来加以揭示的。在他看来，尽管公共部门与私营部门在某些管理层面和法律要素上可能具有一些共同点，但是，公共行政在许多重要的方面与私营部门的行政均有所区别。他认为，相对于私营部门的行政而言，公共行政在以下诸方面均有其自身的特性：

第一，公共行政是以宪法为基础的。罗森布鲁姆认为，在美国，由于宪

① 参见［美］理查德·斯蒂尔曼：《公共行政学：概念与案例》，波士顿：霍顿·米夫林出版社 1978 年版，第 2~4 页。

② 参见［美］德怀特·沃尔多：《什么是公共行政?》，见［美］杰伊·沙夫里茨、艾尔伯特·海德：《公共行政学经典》，奥克帕克：莫尔出版社 1978 年版，第 171 页。

③ ［美］戴维·H. 罗森布鲁姆、罗伯特·S. 克拉夫丘克：《公共行政学：管理、政治和法律的途径》，纽约：麦格劳-希尔出版社 2002 年版，第 5 页。

④ ［美］戴维·H. 罗森布鲁姆、罗伯特·S. 克拉夫丘克：《公共行政学：管理、政治和法律的途径》，纽约：麦格劳-希尔出版社 2002 年版，第 5~6 页。

法采取的是分权与制衡的原则，宪法对权力进行分立并且对行政权进行控制，公共行政常常要受到行政、立法和司法这三种力量的主导。通常，人们会习惯性地认为公共行政权是由行政当局的总统或州长等行政首长所掌握，其实，立法部门对行政运作所拥有的宪法权力更大，例如，国会就依法拥有政府机关和部门的创制权，它可以从人员和预算上限制政府机构的规模，可以确定其使命和法律上的权力、内部的结构和地位，可以确定其人事的程序，可以通过实施大量的行政法对行政程序进行管制。与此同时，法院对公共行政也具有很大的控制权，例如，法院可以对政府组织的权利和义务、受公共行政管理者行为影响的全体和个人的权利和义务、公务员的宪法权利以及对宪法和部门法的义务进行界定。在罗森布鲁姆看来，由于立法与司法部门相继扩张权力，使得美国行政部门的首长或主管实际上只拥有部分的行政权力。他认为，宪法上的分权不仅使每一个部门对公共行政拥有不同的权力，同时也造成彼此之间的协调问题，行政首长、立法者和法院要对不同的选民、政治压力和时间限制作出回应，所以这三个部门在公共行政上都有合法的利益要求，然而，它们对于政府应该做什么以及如何运作却经常会产生不同的观点和意见。此外，罗森布鲁姆认为，宪法的考虑也确立了公共部门特有的、不同于私营部门管理的价值观，例如，政府对效率的考虑就必须从属于包括代表性、责任与透明性在内的许多政治原则之下。由此可见，美国联邦与州的宪法不仅提供了公共行政存在的空间，而且也同时对公共行政的运作形成了限制。

第二，公共行政必须服务于公共利益。罗森布鲁姆认为，与私营部门的管理不同，政府有义务增进社会的公共利益，公共利益无疑应当成为公共行政管理者的职责所在和行动指南，公共行政面临的核心问题就在于确保公共行政管理者能够代表并回应民众利益，否则，民主制度便可能无以为继。在他看来，在当代公共行政实践中，一旦出现有害于公共利益的行为，社会就会要求政府对此作出反应。即使是由某个政府机构制造的事端，公众也会要求授权另外某个政府机构与其作斗争。他认为，正是因为人们认识到有害的行为及其副产品不是他人的问题，所以人们要求公共行政管理者对公共利益责任的承担并非仅着眼于特定问题范围，而是应当遍及社会的各个层面。无怪乎美国著名行政学家戴维·K. 哈特说：“公共行政并非一项专业技能，而是一种社会实践道德的形式。”①

① ［美］戴维·K. 哈特：《善良的公民，光荣的官僚与“公共的”行政》，载［美］《公共行政评论》第44卷（1984年3月号），第116页。

第三，公共行政较少受制于市场力量。罗森布鲁姆认为，公共行政与私营部门行政在面对市场机制时的表现也是不同的。相对于企业而言，政府运作较少受市场因素的干扰。公共部门的各项运作及其所提供的服务或产品并不需要面对自由竞争的市场，在大部分情况下，公共部门各项业务运作的价格标签均是经由预算程序而非买卖双方在市场上的交易所决定的。尽管近年来政府也采取收费或发行政府债券等方式筹措部分经费，但是政府的收入来源主要还是经由课税，即便是在使用者付费已经成为很重要方式的地方，政府机关的运作也基本上是处于合法垄断的地位，依照命令以固定的价格向社会大众提供所需的各项服务，而不管这种做法是何等的困难和昂贵。当然，罗森布鲁姆也认识到，公共部门远离市场机制使我们很难评估公共行政运作的效率和价值。所以，他在很大程度上认同，如果像公共选择理论所主张的那样强迫政府对市场的力量作出回应，那么政府可能会更具有回应力、更具有效率。

第四，公共行政基于公众的信任来代表主权运作。在罗森布鲁姆看来，所谓主权，它特指政治共同体所拥有的至高无上的政治权力与权威，在美国，主权属于全体国民，人民主权是通过代议机关来行使的，所以，公共行政，特别是公务员，往往被视为“公共信托人”（Public trust）。他认为，作为人民主权的代表者，公共行政管理者的地位不同于一般企业的管理者或经营代表，公共行政管理者参与公共政策的制定与执行，并根据社会整体的需要进行资源、价值观以及地位的分配。他们是主权的代理人，这意味着公共行政管理者的各种行动均具有法律效力并以政府的强制力为后盾。当然，在罗森布鲁姆看来，认为公共行政管理者参与政策制定并不是说所有的公共政策都是由他们制定的或者他们的全部工作就是制定政策，公共行政管理者对公共政策过程的参与亦使其比企业经理人员受到更多政治力量的影响，而且，参与主权运作的特性也使得涉及政策制定与执行的过程的许多行政事务显得十分宽泛，显得模糊，有时还显得易于变动。

总之，罗森布鲁姆认为：“对公共行政的任何定义均须强调公共行政之公共性特质，即使公共行政与私营部门的管理有许多相似点，但彼此在关键之处却存在很大的差异。就公共行政而言，其关切的焦点在于公共利益，它须在宪法的规范下运作，它较少受到市场力量的限制，它基于公众的信任来代表主权运作。相对而言，私营部门的管理对公共利益的关切层面则较狭隘，同时其主要影响力量的来源是市场机制而非宪法。私营部门的行政运作与主权无关，很少有人视其为公共信托人。在政府将一些业务外包给非营利组织或其他第三部门的时候，公共部门与私营部门的行政之间的界限可能会变得模糊。在公共机关像企业那样运营时，情况亦是如此。但是，正如企业部门不可能永远从事非营利的业务一样，公共部门亦不可以采取企业管理架构作为其主要的运作模式。所以，公共行政与私营部门管理的差异不仅将永远存在，而且更会持续表现在各自所拥有的价值与程序之中。"① 也正是基于对公共行政概念及其特质的上述认识，罗森布鲁姆指出，看待公共行政应该有管理、政治和法律三种视角，并且从组织结构、对个人的观点、认知途径、预算、决策、行政责任与行政伦理等诸方面分别对公共行政研究的管理途径、政治途径和法律途径进行了阐述，进而相应地提出了公共行政研究应该对政治、管理和法律这三种不同的途径进行整合。

三、管理视角的公共行政观

罗森布鲁姆认为，从管理和类似企业管理的视角探讨公共行政的人们往往会尽可能地缩小公共行政与私营部门管理之间的差异，按照他们的观点，公共行政组织就如同一个大企业一样，应该按照同样的管理原则与价值观来进行管理。在罗森布鲁姆看来，时至今日，公共行政研究的管理途径已经发展成为两种派别，即传统管理途径和新公共管理途径。

（一）公共行政研究的传统管理途径

罗森布鲁姆认为，公共行政研究的传统管理途径可以追溯到19世纪美国的文官制度改革者，他们将这种途径作为组织公共服务的方式。在这些改革者看来，文官制度改革所要求的是"政府事务中具有商业性质的部分应当以一种完全企业化的模式运作"②，为了实现企业化的经营，政府就得"非政治化"（Nonpolitical）。传统管理途径的思维和逻辑主要是建立在政治—行政二分法基础之上的。作为这场改革的坚定支持者，行政学的创始人威尔逊就极力主张行政问题是管理问题，公共行政是一种职业领域，行政应该在政治领域之外寻找适当的定位。行政问题不是政治问题。③ 他明确指出："行政学研究的目标，在于首先要弄清楚政府能够适当而且成功地承担的是什么任务，其次要弄清楚政府怎样才能以尽可能高的效率和尽可能少的

---

① ［美］戴维·H. 罗森布鲁姆、罗伯特·S. 克拉夫丘克：《公共行政学：管理、政治和法律的途径》，纽约：麦格劳-希尔出版社2002年版，第14页。

② ［美］舒尔茨：《文官制度改革的必然性与进展》，华盛顿特区：善政出版社1894年版，第3页。

③ 参见［美］威尔逊：《行政学研究》中译文，载［美］《国外政治学》1987年第6期，第30页。

金钱或人力上的消耗来完成这些专门的任务。"① 换言之，根据传统管理途径的观点，公共行政的意义在于追求效能、效率以及经济的最大化。另一位著名的行政学家怀特在其《行政学概论》中也明确指出："公共行政学研究的起点应以管理为基础，而非以法律为基础，因此，我们应该多加注意'美国管理学会'的活动，而不必太在乎法院的各项判决。"② 在罗森布鲁姆看来，事实上，从20世纪初至40年代，世界范围的科学管理运动以泰勒的理论为基础，发展出并支持这样的假设：有效能、效率的管理可以简化为一套"科学原则"。在后来的批判者眼中，这一时期对整个公共行政领域最大的影响便在于将原先"善"与"恶"的观念用"投入"与"产出"的比例加以表现，同时，各项对善恶的价值判断也都可以转换为用"效率"和"无效率"这两项指标来加以显示。③ 罗森布鲁姆分别从组织结构、对个人的观点、认知途径、预算、决策、管制行政以及行政责任与伦理等方面对传统管理途径的表现形式进行了分析。

在组织结构方面，罗森布鲁姆认为，公共行政研究的传统管理途径主张公共组织应该采取"官僚制模式"的组织结构，因为这类组织架构的基本设计原则确实在于尽可能以最小的投入达到最大的产出。例如，官僚组织重视劳动分工的重要性，而劳动分工则能够使组织成员在完成任务时达到专业化，尽管一个人的工作可能是组织全部活动的一小部分，但是专业化可以促使每一个组织成员均成为各自工作领域的专家；专业化产生协调的要求，而官僚组织便可以依赖"科层制"达到协调的目的，因为"科层制"形成了一种权威链，这样便可以对专业化的分工进行管理和协调；由于官僚组织是依照各种正式层级建构组织的，所以每一个组织成员的职能和责任便可以得到清晰的界定，因为官僚组织中的人员甄选是以组织成员的功绩为基础的，所以诸如政治面貌、种族和性别等其他因素均被排除在外。

在对个人的观点方面，罗森布鲁姆认为，公共行政研究的传统管理途径基本上采取的是"非人格化"的观点。前述韦伯官僚制理论可谓是此方面最重要的代表。在韦伯看来，"非人格化"是官僚组织的"特殊德性"，他

---

① ［美］威尔逊：《行政学研究》中译文，载［美］《国外政治学》1987年第6期，第30页。

② ［美］伦纳德·D. 怀特：《行政学概论》，纽约：麦克米兰出版公司1926年版，第vii、viii页。

③ 参见［美］罗伯特·西蒙兹、尤金·德沃林：《公共行政》，华盛顿港：艾尔弗雷德出版社1997年版，第217页。

将组织内部的每一个人员均视为如同机器中的一颗螺丝钉，他或她没有任何自主控制权。① 罗森布鲁姆认为，韦伯的观点恰好与当时盛行的“科学管理运动”以及公共行政的传统管理途径不谋而合，它们均把个人视为组织机械式生产过程中的零件。在他看来，这种传统观点下的公共行政是将组织视为依照正式法令所形成的架构，而非人员的组合，尽管这种深深根植于传统管理途径中的“非人格化”观点被视为是实现效率、效能和经济最大化所不可或缺的要素，但是其在公共部门中强烈的“职位取向”却忽视了人在组织中的重要性。

在认知途径方面，罗森布鲁姆认为，公共行政研究的传统管理途径强调经由科学方法来发展知识。如前所述，公共行政科学化的理念最早是由威尔逊提出来的，随后，怀特注意到公共行政正在由艺术转化成一门科学，到了1937年，古利克与厄威克在其合著的《行政科学论文集》中则更强调应将公共行政发展成为一套科学理论。时至今日，发展行政科学不仅成为当代公共行政学者的学术追求，而且在实务上，将公共行政视为科学的观点也已经促使人们努力发展关于行政行为的“通则化”（Generalization）的理论，例如，对理论假设的建构，并以实证的方法予以检验，收集资料、进行分类并进行统计分析，等等。

在预算方面，罗森布鲁姆认为，公共行政研究的传统管理途径对效率、经济、效能、科学的承诺和追求导致此途径支持建立理性的预算体系。在这样的预算体系中，“成本效能”是编制预算时考虑的重点。在公共行政的这种传统管理途径下，不同政府功能的财源分配以及不同层级的分配主要取决于成本利益关系。

在决策方面，罗森布鲁姆认为，公共行政研究的传统管理途径主张理性决策，主张在行政决策过程中，公共行政官员广泛地考虑各种可能的备选方案后，应当从中选出最符合成本效能的方案。不过，由于这种途径比较注重各种科学专业知识的运用，所以它常常不太重视公众的广泛参与。

在管制行政方面，公共行政研究的传统管理途径也强调的是效率、效能和经济价值，罗森布鲁姆认为，从管制的角度来看，人们认为管制的效能是指避免重大的失败，而所谓的失败，是指公众认为的“危机或丑闻”。那么，如何对管制行政进行管理以使其既可以保持效率和经济又可避免丑闻和危机呢？在他看来，按照传统管理途径的观点，那就是要在规章的执行和决

---

① 参见［德］马克斯·韦伯：《社会学文集》，H. H. 格思、C. W. 米尔斯编译，纽约：牛津大学出版社 1958 年版，第 196~244 页。

策上采取保守的方式，避免废除法规，放缓新法规和新政策的制定和实施步伐。他认为，从管理的观点来看，过分的小心谨慎会损害管制行政的效率和经济，而成功的管制是那种在合理地行使自由裁量权的基础上具有弹性的管制。

在行政责任与伦理方面，罗森布鲁姆认为，为了与其强调效率、经济、效能等价值相一致，公共行政研究的传统管理途径极其强调保持组织统一的必要性，并以此作为确立责任机制和指导组织伦理的手段。具体来说，第一，它强调应当详细分配公共行政官员的各项职务，并明确地区分权力与责任；第二，它强调严格的从属关系，部属必须真实地服从长官的命令；第三，它非常关注适当的控制幅度问题；第四，它常常鼓励要通过组织的社会化过程及专业化的训练等途径来使得部属对组织及其长官忠诚；第五，它依靠正式的纪律监察制度来确保责任及服从；第六，它因为非常重视财务规范化和雇员绩效而特别倚重组织内部的审计制度。在罗森布鲁姆看来，以上措施的确有助于促进行政责任及道德并且为当今绝大多数政府和私营机构所采用，但是它们也因其只重视保护管理价值而忽略了从政治意义上对政府信誉的保护，其关注点明显地存在狭隘性。

（二）公共行政研究的新公共管理途径

公共行政的新公共管理途径是从20世纪90年代初期开始在以美国为代表的西方世界受到重视的。罗森布鲁姆认为，这一新的管理途径与传统管理途径的发源相类似，也主要是改革取向的，其目的在于改善公共部门的绩效。在美国，到20世纪八九十年代，正如美国前副总统戈尔所言，“传统的官僚化公共行政已经破烂和老朽不堪，并且民众已经丧失了对政府的信赖”①，在多年反政府的政治喧嚣和负面的新闻报道之后，公共行政更成为无能与浪费的代名词！人们认为全美国的政府部门都需要实施重大改革乃至“重塑”（Reinvention）。正是在这样一种背景下，一场以“新公共管理运动”为标志的大幅度行政改革不仅在美国的一些城市和州成功地进行，而且也波及诸如新西兰、澳大利亚和英国等英语国家。罗森布鲁姆将这场改革所包含的假设概括为：第一，公共行政的焦点应当放在获取结果而非遵循程序上；第二，为了获得预期的结果，公共行政在产品和服务的供给方面应当妥善运用各种市场竞争机制；第三，配合市场机制的运作，公共行政应当强调“顾客导向”的观念，政府机关要运用它们的资源为作为其服务对象的

① ［美］艾尔·戈尔：《从繁文缛节到结果导向——创建一个花钱少效率高的政府：全国绩效评估（NPR）的报告》，华盛顿：政府印刷局1993年版，第1页。

顾客提供有价值的服务；第四，与市场观念和民营化思路相联系，政府应当扮演“掌舵者”而非“划桨者”的角色；第五，政府应当放松管制；第六，作为放松管制的扩展，公共部门的每一个成员均应当被“授权”，以充分发挥其服务顾客的创造性并使其积极地投入工作；第七，公共行政的组织文化应当尽可能地朝着弹性的、创新的、解决问题的、具有企业家精神的方向发展。在美国，不仅新公共管理的主张已经被运用到全国绩效评估（NPR）报告之中，而且许多州和地方政府还采用了诸如“标杆管理”这样的新公共管理措施。如今，新公共管理已经成为美国乃至许多西方国家公共行政的主导管理途径，它的某些概念已经成为公共行政的标准语言，诸如“结果导向”、“顾客导向”、“授权”、“企业家精神”以及“资源外包”等术语也进入公共行政的主流学术圈。当然，罗森布鲁姆也提醒我们在谈到新公共管理的优点时不应当忘记它的局限性。他分别从组织结构、对个人的观点、认知途径、预算、决策、管制行政以及行政责任与行政伦理等方面对新公共管理途径的表现形式进行了具体的分析。

在组织结构方面，罗森布鲁姆认为，公共行政研究的新公共管理途径主张组织结构应当整合组织内部的各项行动，使各分工单位均能够像企业那样服务于市场中的各类顾客；同时，组织还应该尽量将权力授予各分工单位，使之成为服务供给中心。这样，整个组织结构将趋于扁平化且各分工单位也具有更多的自主性。至于组织内部的协调问题主要是由单位或个人之间的竞争而非层级之间的命令指挥所产生的。随着公共行政官员对顾客的需要有更大的回应性，随着民营化要求公共行政官员更加注意与私人服务供给者的协商和对私人服务的监督，组织与外在环境的界限变得模糊了。

在对个人的观点方面，公共行政研究的新公共管理途径将个人视为“顾客”。在罗森布鲁姆看来，公共行政采用顾客观念其实并非始于新公共管理途径。早在1936年，美国行政学家迪莫克就提出，“顾客满意标准在政府运作过程中的运用应当与在企业中应用一样广泛……如果行政官员能够像企业管理者那样始终关注最终结果，即顾客满意度，那么内部行政运作急需改革以改善服务就不言自明了”①。不过，罗森布鲁姆指出，新公共管理引起人们关注的是它强调公共行政要以顾客满意为导向。在他看来，市场中的顾客不同于社会中的公民，尽管公民也像顾客一样寻求自己福利的最大化，但是公民参与政治的目的却在于解决共同面临的问题，界定政府（而非个

① 参见［美］劳伦斯·林恩：《作为艺术科学和专业的公共管理》，卡塔姆：卡塔姆出版社1996年版，第82页。

人）的目标。而且，由顾客需求或者顾客满意驱动的公共政策不同于建立在政治协议和行政专家基础上的公共政策，由于资源是有限的，根据顾客的偏好分配资源和基于它们的选举结果分配资源也是不一样的。因此，罗森布鲁姆认为，新公共管理在其未来应该明确顾客回应力的适当边界。

在认知途径方面，罗森布鲁姆认为，新公共管理在现阶段基本上还主要是由理论所推动的，不过它同时也以“务实”的观点来决定什么该做或什么不该做。因此，它大量借用了公共政策中的“公共选择”理论的概念。就认知途径而言，根据美国的经验，新公共管理主要是经验性的，它倚重经验观察及测量指标去检验理论，至于某些难以用量化标准评估的公共问题，它也主张通过诸如访谈、调查等各种辅助方式来了解顾客的满意度。此外，它还主张经由实验方式去验证某一策略的具体成效。

在预算方面，罗森布鲁姆认为，新公共管理对预算的观点集中在公共服务的生产、管制及影响等层面，它不太关心人员或设备等投入层面的问题。在可行的范围内，它甚至更主张政府机关应采取“使用者付费”的方式自行创造财源或彼此分享资源。而且，立法的拨款应该以绩效和顾客、公众乃至全体国民的价值创造为基础。此外，对政府的各项施政应当不断审查其成效，若长期无法获得效益，则不论已投入多少资源，均应当立即废止或者民营化，或者转移到其他政府机关。只要政府机关能够产生良好的效果，在预算管理上应该有很大的弹性。

在决策方面，罗森布鲁姆认为，新公共管理途径的决策观是建立在回应顾客、建立绩效指标以及成本效能分析等基础上的。一般来说，它主张决策应采取分散化的原则；不过，有关组织使命和采纳企业机制解决问题的决策仍然须由组织领导者作出，通常也会听取其他层级和普通职员的意见。此外，新公共管理途径还强调应重视成本观念。

在管制行政方面，新公共管理途径与传统管理模式有着完全不同的观点。在罗森布鲁姆看来，新公共管理所主张的管制行政有一个十分明显的特征，那就是它愿意信任被管制者，并且愿意与他们结成伙伴关系。新公共管理所主张的管制行政的另一个主要特点是以裁量取代规章，它关注“结果”，因此，在新公共管理途径看来，服从规章是次要的或者不太重要。当然，罗森布鲁姆也明确指出，新公共管理模式在企图修正传统管理途径的管制行政时也不容置疑地存在着缺陷并引发了一些问题，新公共管理途径的这种努力效果到底怎样，仍然有待观察。

在行政责任与行政伦理方面，新公共管理途径与传统管理途径也截然不同。罗森布鲁姆认为，新公共管理几乎完全把焦点集中在绩效与结果上，它将传统管理途径所依赖的程序性预防措施视为政府成本效益的障碍。相对于包括开销、人员及组织管理等问题在内的内部管理活动而言，新公共管理更强调立法部门对于各级行政部门绩效的外在监督，它允许组织成员使用组织信用卡去旅行、采买办公室内的必需品，但是却反对由中央预算、采购和人事机构向组织成员施加控制及监督。它还认为通过市场机制与顾客评价同样能够达到落实行政责任的目的。不过，罗森布鲁姆强调，由于新公共管理把公众视为顾客，所以它不主张在诸如选举、规章制定等政治参与方面投入太多的资金，它更反对立法机关的个案调查工作。在罗森布鲁姆看来，根据美国全国绩效评估委员会对新公共管理观点的诠释，行政伦理体现在以更高的顾客满意度达致行政结果，新公共管理之所以没有将关注的焦点放在腐败问题上，其原因在于，首先它假设大部分公共行政官员都是好人，而将诚实与聪明的人们视为刁蛮和愚蠢的做法是一种官僚习气，并且这样做会使政府机构纠缠于无任何意义的繁文缛节；其次，由于多数公共行政官员都是好人，所以使用调查及制止贿赂的代价太高，而这却是官僚作风所极力制造的错误形象。因此，罗森布鲁姆以美国全国绩效评估委员会为例指出，新公共管理寻求责任及伦理的方式是要求公共行政官员重新塑造一种彼此信任的文化。

四、政治视角的公共行政观

罗森布鲁姆认为，公共行政研究的政治途径源自学者对美国“新政”(New Deal) 时期及第二次世界大战期间公共行政脱离政治的批判。例如，曾经担任过美国锡拉丘斯大学马克斯维尔学院院长的著名行政学家保罗·阿普尔拜早在 20 世纪 40 年代末就认为，公共行政是“一种政治过程”(Political process)①；还有一些学者也纷纷呼吁应重视公务员在公共政策中的参与问题。因此，与强调公共行政之“应然”层面的传统公共行政研究不同，公共行政研究的政治途径强调的是从经验观察的角度建立理论。其实，对于公共行政研究的政治途径，另一位著名学者华莱士·塞尔在更早的时候就曾做过清晰的论述，他明确指出：“从终极意义上讲，公共行政是政治理论中的一个问题：民主社会中（行政）的基本问题即是对大众控制的责任；行政机关的回应力以及官僚对民选官员的责任；在行政机构的自由裁量权之运用越来越广泛的今天，这些问题是政府运作的重中之重。”② 此外，

① 参见［美］保罗·阿普尔拜：《政策与行政》，阿拉巴马大学城：阿拉巴马大学出版社 1949 年版。

② ［美］华莱士·塞尔：《公共行政的前提：过去与现在》，见［美］杰伊·沙夫里茨、艾尔伯特·海德：《公共行政学经典》，奥克帕克：莫尔出版社 1978 年版，第 201 页。

著名的公共行政学大师德怀特·沃尔多也在其成名作《行政国家》① 一书中向人们展示了管理主义公共行政之基本价值选择是如何最终演变为政治偏好之表述的。

在罗森布鲁姆看来，一旦把公共行政视为一种政治过程，公共行政研究之政治途径所强调的价值体系便必然不同于公共行政研究的传统管理途径。政治途径所推崇的价值观是“代表性”、“政治回应”、“责任”等。公共行政研究的政治途径认为，这些价值不仅是建立宪政的重要元素，也应将其贯穿于政府各个层面的运作之中，公共行政自然也不能例外。他分别从组织结构、对个人的观点、认知途径、预算、决策、管制行政以及行政责任与行政伦理等方面对公共行政的政治途径作了具体的阐释。

在组织结构方面，罗森布鲁姆认为，基于代表性（Representativeness）、政治回应性（Responsiveness）与责任（Accountability）等价值，公共行政研究的政治途径有着与管理途径不同的观点。政治途径强调公共行政中的政治多元主义（Political Pluralism）。正如塞德曼所言，此种观点下的“政府组织就如同一个微型社会，不可避免地反映着现实多元社会中的不同价值、力量甚至冲突。那种同质的、没有摩擦的组织结构的理想是一种危险的幻想”②。换言之，在政治力量占据行政组织主导地位的情况下，项目、权威、使命、机关的多元、重叠本来就是政府运作的常态。在罗森布鲁姆看来，这种公共行政的多元主义观点背后隐含着这样一种基本的看法：由于行政部门成了国家政策制定的中心，行政组织的机构应该这样建构，即能够使代表社会不同政治、经济和社会团体利益的代表相互对抗。依照政治途径的观点去做，公共行政的结构是政治化的，不同的团体在此追求不同的利益。因为行政的结构变成了和政党一样的平台，不同团体之间冲突的解决也没有确立明确的先后次序，这样，重叠的使命和计划成为平常的事情，机关便成为相互对立的地方，冲突的解决交由立法机关、行政首长、机关间委员会和法院负责。由于要回应不同利益代表的政治要求，所以机关的数量会膨胀。罗森布鲁姆认为，公共行政之政治途径的行政组织观点也招致了许多批评，有人认为它会造成政府“无法管理”，也有人认为它会导致管理的“浪费”、“无效率”等。但是，在他看来，如同塞德曼所争辩的那样，这种状况仍然会存在，因为人们通常认为公共行政组织问题的本质就是强调政治价值的政治

① 参见［美］德怀特·沃尔多：《行政国家》，纽约：罗纳德出版社 1948 年版。

② ［美］塞德曼：《政治，地位与权力》，纽约：美国牛津大学出版社 1970 年版，第 13 页。

问题。

在对个人的观点方面，罗森布鲁姆认为，政治途径的公共行政倾向于将个人聚合成为一个广泛的社会、经济和政治团体，在处理人的问题时，公共行政研究的政治途径不是采取非人格化的处理方式，或是将人视为可以改变或控制的个案，或是将人视为顾客，而是相反，认为由于每一个人均属于特定的团体，所以个人的问题也就等同于团体的问题，而团体的利益也就等同于个人的利益。个体一旦聚合成为团体，个体便被视为公共政策的目标群体或者利害相关者。例如，政府中的政治弱势群体保护法所针对的对象即是诸如非裔美国人和妇女等某些特定的群体，而从不考虑这些群体中任何个体所处具体环境的不同。在罗森布鲁姆看来，这种情况也同样适合于执行公共政策中公共行政的任何领域。

在认知途径方面，罗森布鲁姆认为，公共行政研究的政治途径视科学为发展事实知识的恰当途径。然而，这种途径非常关注代表性和回应性，以至于它在决定什么是正确的事情上往往倾向于寻求共识和发展广泛的联盟，所以，它常常基于公众、利益群体和媒体的意见作出决策。也正因为如此，选举、民意调查、选民信件分析、对公共听证会及其他途径表达的意见进行分析便成为政治途径的公共行政研究收集信息的主要方法。此外，在罗森布鲁姆看来，对政治问题进行讨论和辩论也被政治途径视为发展知识与认识真理的方法。按照这种观点，透过公共行政，服务于公共利益的最佳方式既不能通过专家或科学的方式解决，也不能由单个顾客的要求来径行决定，而是应该由大众通过组成团体的方式，以集体力量来表达共同的意见和利益。在这一点上，诚如著名学者戈登·塔洛克所指出的那样，只有信息灵通的政府才能反映公众的偏好。① 这与经由科学演绎而得出的公共行政通则可能相背离。

在预算方面，罗森布鲁姆认为，公共行政研究的政治途径把预算不是视为事务性的运作或静态的文件，而是视为一个政治问题。按照政治途径的观点，正式的预算分配计划则更是代表着政治系统对于各种价值顺序的正式偏好，而不仅仅是出于成本效能分析或顾客满意的考虑，预算本身是不同团体竞逐公共资金的结果，这种竞争的结果会随着时间的推移而改变，它与不同群体、政治人物的力量变化以及公众政治观点的变化相联系。在罗森布鲁姆看来，如果从历史上观之，公共行政研究的政治途径与预算“渐进主义”

① 参见［美］戈登·塔洛克：《官僚的政治》，华盛顿：公共事务出版社 1965 年版。

(Incrementalism) 有关，换言之，预算案的编制是以现行的预算规模或既有的预算规模为基础，再就下一年度的收支需求进行有限度的调整和改变。

在决策方面，罗森布鲁姆认为，公共行政研究的政治途径支持渐进决策的理念，其假设前提是政府决策过程中存在政治多元主义、有限理性问题，而且，行政人员可用的时间与资源也常常受到高度的限制。因此，在面对一般性的政策目标时，公务员仅能采取有限的回应对策，而这种观点反映在实务上，则是公务员似乎永远在进行一些持续的、片段的同时也是影响有限的决策。此外，基于这种观点的决策，其必要性主要取决于政治力量的支持或反对，而不是根据成本效能分析或科学分析的结果。

在管制行政方面，罗森布鲁姆认为，过去，管制机构的任命普遍存在着这样一种现象，即任命那些政治上唯命是从的人，这些人的主要意图是寻求重新任命的机会，避免树敌，倒不是为了结交朋友。如今，放松管制和管制改革运动以及公共利益团体和立法部门对管制行政的监督改变了政治取向的管制行政。在他看来，这种改变过程中出现了三种主要价值观：一是更加关注大部分民众的利益，或者扩大管制行政的社会代表性；二是把管制规章和政府行为对政府所要保护的利益所产生的影响的前瞻性评估放在重要位置；三是在联邦层级把行政机关的规章置于国会的审查之下，以从程序上增强国会委员会和小组委员会对行政机关的影响力。

在行政责任与行政伦理方面，罗森布鲁姆认为，公共行政研究的政治途径尽管在基本观点上与传统管理途径有所不同，但是却与新公共管理途径具有某种一致性，即它们都强调应当在公共行政机关之外另行建立确保行政责任的机制。在他看来，过去，这主要是经由政党分肥式的任命来实施政治控制，而现如今，政治途径则须依靠一般立法监督、预算控制、职位轮换、代表性和公共参与、“走向公开”以及“阳光下的政府”等另外的机制来确保行政责任的实现。当然，与视行政责任为行政官僚组织之内部监督行为的传统管理途径不同，政治途径强调的是以外部的监督来确保公共行政行为的责任实现，然而，罗森布鲁姆认为，对于这种途径的有效性问题，学界长期以来一直都存在着争论，有人甚至认为，“责任行政与其说是由外力强制实施的，不如说是一种自然的流露”①；换言之，从事道德行为的要求应当发自个体行政官员的内心，而不是由外部强加给他，最强有力的责任体系应当是

① ［美］卡尔·J. 弗雷德里克：《公共政策与行政责任的本质》，见［美］艾伦·阿特休勒、诺曼·托马斯：《联邦官僚制的政治》，纽约：哈珀-罗出版公司 1977 年版，第 333~343 页。

一种自我约束的信仰体系。而在罗森布鲁姆看来，把内在取向和外在取向的监督方式相结合可以为当前公共行政伦理与责任问题提供一种较好的混合选择模式。

当然，罗森布鲁姆也清醒地认识到，公共行政研究的政治途径与传统管理途径及新公共管理途径通常会产生冲突。例如，他指出，管理途径强调的效率观在政治途径的观点下就被认为是不足取的，因为公务员为了提升效率要求可能会采取许多“便宜行事”的做法，进而会破坏行政程序的正常运作。正因为如此，政治途径中的行政便时时处于阳光法案的管制之下，政府行政行为处处受到公众的监督。这也进一步表明了公共行政之不同途径整合的必要性。

五、法律视角的公共行政观

罗森布鲁姆认为，公共行政研究的法律途径主要是将公共行政视为特定情境中应用法律和施行法律的活动，它有着令人崇敬的传统，最近已经发展成为公共行政的一种重要研究途径，其兴起的源头主要有三个：第一是行政法。它由法律，行政命令，诸如人事、预算、服务等中央行政机关的具有约束性的指令和宪法决定构成，它主要是指管制一般行政过程的一套法律和法规。第二是公共行政“司法化”（Judicialization）的发展。它主要是将行政运作程序视为与司法程序一样，其目的在于确保个人合法权益不受侵犯，行政决策以裁决的形式由听证检察官（Hearing examiners）或行政法官（ALJ）作出，行政机关的行为方式日益趋近于法院的工作方式，结果，法律价值开始在行政活动中发挥越来越重要的作用。第三是宪法。宪法不仅对公民相对于行政机关的程序性权利、隐私权、平等保护权利、基本人权以及公民自由等进行了界定，而且对公共行政官员处理涉及公民个人福利、公共雇佣关系以及公共教育机会之终止时应当遵循的正当程序作出了规定。随着法官把宪法应用于新的形势和新的解释，宪法对公共行政的影响也是不断变化的，而且还会出现一些过去没有的权利，有些权利的范围也可能缩小。

在罗森布鲁姆看来，法律途径的公共行政强调的是法治，它包含着以下几个核心的价值：

首先是“程序性正当法律程序（Procedural due process）”。罗森布鲁姆认为，这项价值难以用具体的名词加以界定，因为人们一直认为此项价值不能用任何单一的要求或标准加以界定。不过，它意味着基本的公平性，被视为保护个人免于遭受政府恶意的、无端的、错误的或反复无常的违宪剥夺生命、财产与自由权利的必要程序。

其次是个人应享有的实质权利和法律的平等保护权。在罗森布鲁姆看来，一般而言，美国联邦最高法院在历次的司法审判中均将公民所具有的此种权利视为积极的善和美国政治体系的必要特征，总的来说，在政府职能的行使的确需要限制个人权利时，法院也容忍政府对这些权利的限制，然而，基本的前提是在此环境中对政府不利；这样，法律便对政府官员剥夺公民实质性宪法权利的行为施加了很大的限制。

最后是公平（Equity）。罗森布鲁姆认为，从公共行政的角度来看，平等现在主要体现在授权法官对于那些其宪法或者法律的权利遭受行政官员的侵害的人进行救济。

此外，法律途径的公共行政还崇尚正直诚实的价值，它反对绕过宪法程序而走捷径。

由此我们不难看出，就法律途径的公共行政而言，它的一个主要特征就是不太重视管理途径所极力主张的成本效能观点。正如罗森布鲁姆所言："司法并不关注其裁决的成本，其关注的焦点在个体权利的本质，而不关注保护这些权利的社会成本。"① 如同对公共行政研究的管理途径和政治途径所进行的阐释一样，罗森布鲁姆也分别从组织结构、对个人的观点、认知途径、预算、决策、管制行政以及行政责任与行政伦理等方面对公共行政研究的法律途径进行了分析。

在组织结构方面，罗森布鲁姆认为，法律途径的公共行政所偏好的结构是抗辩程序。所谓抗辩系指对立双方经由提出事实程序来证明本身立场的正确性，此过程必须是在无偏私的仲裁者（如法官或陪审团）前举行，由其对抗辩双方的陈述进行衡量并最终决定哪一方的证据有充分的说服力。不过，在公共行政中，抗辩程序一般被修正，以赋予正反两方陈述意见和提出证据时更大的弹性空间。因此，传统法官听讼的方式便转变为听证检察官的运作模式。换言之，公共行政组织就好比一个独立的仲裁机关，接受来自不同立场的意见，并主动厘清事实真相，最后作出公正的裁决。在罗森布鲁姆看来，尽管这种结构形式常常用于管制性的行政范畴当中，事实上，它在公共行政中有着更为广泛的存在。例如，当前公共人事行政就特别倚重这种方式，当涉及公共人事管理中的处罚行为以及平等保护、劳工关系等方面的事务时，情况尤其如此。另外，当行政活动涉及政府福利的分配与处理时，也

① ［美］戴维·H. 罗森布鲁姆、罗伯特·S. 克拉夫丘克著：《公共行政学：管理、政治和法律的途径》，纽约：麦格劳-希尔出版社 2002 年版，第 13 页。

常常运用这种运作模式。由于这种结构强调听证检察官的相对独立地位和无偏私性，进而在一定程度上削弱了传统管理途径对层级制的倚重，尤其是对“命令之统一性”的强调，所以，虽然听证检察官的上级可以就接受哪些案件对其作出指示，但已不可能命令他怎样运作或作出什么决定，在某种意义上，听证检察官实际上已经处在行政层级之外了。因此，这种模式在很大程度上不同于其他途径的价值：它把服务于顾客变成了一种法律程序，它妨碍效率、经济、效能的实现，也妨碍代表性、回应性、政治责任的实现，其目的在于最大限度地保护个人权利，防止行政行为对个人权利的非法的、违宪的侵害。

在对个人的观点方面，罗森布鲁姆认为，由于公共行政研究的法律途径强调正当法律程序、实质权利、公平等价值，所以个人在这种途径中被视为特定环境中具有独立人格的个体，每一个人都有权在法庭上陈述自己的主张，抗辩程序也使个人能够向政府决策者解释其思想、动机和发生情况的事实；同样，政府决策者所作出的各项决定也应当广泛考虑不同个人的权益和特质，而这些考虑也可以解释为是政府人事行政中“功绩”（Merits）概念的基本原则。在罗森布鲁姆看来，由于判断个人平等保护的权利是否受到侵害不仅取决于政府的行政行为，也取决于执行行为的行政官员的意图和目的，所以，公共行政研究的法律途径重视个人并不表示其排斥诸如集体抗辩这种团体或组织等其他个人的组合形式。

在认知途径方面，罗森布鲁姆认为，公共行政研究的法律途径主张司法审判是发展知识的最佳方法。按照这种途径的观点，所谓“事实”，只有通过抗辩过程中不同资料的展现才能得以厘清，至于个人意图或思维在这种途径中均被视为某种程度的客观性而非仅视为主观判断。在他看来，虽然公共行政研究的法律并非拒绝科学原则，但是它对科学主义采用通则化的方式对待人类的问题感到担忧，因为司法裁决的方法通常是归纳法，它依赖对具体案例资料的掌握和分析去发展具有普遍意义的法律原则，在涉及研究不同价值的选择上，研究可能具有规范性质。正是基于这种认识，罗森布鲁姆指出，由于个人宪法权利的目的在于保护那些在政治、经济和社会上处于少数地位者不受多数人组成的政府的侵害，所以，民意调查或选举的结果不能成为法官裁决或审判的唯一依据。为了进一步阐明法律途径的认识论特征，罗森布鲁姆还对公共行政研究的法律途径与其他途径的认识论差异作了区分。他认为，人们为了分析和预测个体行为模式，常常采用社会分类的方法对社会成员进行属群划分，传统的管理途径对社会科学知识的依赖使其倾向于采用诸如种族、性别等类属分析人的行为模式。新公共管理途径对顾客和企业家精神的强调也是如此，政治途径因其更加关注在政府福利或负担分配中的大众性和回应性而非常在意政府项目对诸如妇女、非裔美国人以及其他社会团体的影响情况，而法律途径相反则认为这种分类值得怀疑，它会威胁或侵犯宪法对人们的平等保护。

在预算方面，罗森布鲁姆认为，公共行政研究的法律途径强调的是宪法的完整性以及各项宪政权利的保障，他通过一系列典型的案例对此进行了阐释。就宪法的完整性而言，罗森布鲁姆以 1998 年的“克林顿诉纽约市案”为例作了说明。他指出，在此案中，法院推翻了国会赋予总统针对某些联邦开支和税收尺度的“项目否决权”，其依据是争论中的条款——1996 年的《项目否决权法案》违反了宪法程序，因为它赋予总统在一项法律已经实施后随意改变它的权力。而对于各项宪政权利的保障来说，罗森布鲁姆则以“密苏里州诉詹金斯案”为例说明了联邦法院也常常判定各州应采取必要的行动来确保民众的宪政权利不受侵害。

在决策方面，罗森布鲁姆认为，司法裁决过程通常是渐进的，每一个新案的事实往往都是根据过去判例产生的可以适用的法律原则进行评估的，即便是个案本身并无前例可循，法院仍然会倾向于从历史中寻找可以比照适用的情境。在他看来，对于公共行政研究的法律途径而言，决策可以说是在一种较窄的框架下作出的，或者说是对不同事实权衡后的裁定，这种特征能够使法院在应用以前判例之概念和方法的同时对其过去的决策进行某种修正，同样，这种决策方式也保证了司法原则的稳定性并且能够产生出良好的决策。

在管制行政方面，罗森布鲁姆认为，就方法、程序和组织而言，美国的管制行政是高度法制化的，在他看来，管制行政的法制性是可以理解的，因为管制会对个人、团体以及企业的权利产生影响，它关系到财产的使用和处置问题，而且，管制规章对其他行政机关、各级政府的政策或行为也具有约束作用。此外，与政治途径和管理途径的价值追求不同，法律途径的管制行政强调的是抗辩关系、当事人的法定义务与权利、程序的公平以及管制行政决定的合理性等价值。

在行政责任与行政伦理方面，罗森布鲁姆指出，鉴于在宪法的价值与要求和传统管理途径及政治途径对公共行政的看法之间经常存在冲突与矛盾，所以，联邦司法系统不仅连续创制了一系列公民的宪政权利，而且还调整了有关公共行政官员对违反这些宪政权利的责任标准。在他看来，法院这样做的主要目的就是要向行政官员提供一种强烈的、内化了的激励机制，使行政官员努力去保护或者至少不去损害公众个体的宪政权利，进而确立一套政体价值，以使公共行政官员以此作为行为的准绳，正确地履行国家赋予的责任。从某种意义上说，对这些政体价值的遵循在很大程度上已经成为公共行政官员伦理、责任行政的内在参照标准。不过，值得注意的是，罗森布鲁姆最后强调指出，在任何情况下，仅仅对法律的遵从并不能替代伦理道德的约束，例如，法律可能有某些漏洞，从而为某些公共行政官员用来谋求私利提供了机会。因此，近几年来，美国公共行政界已表达了对责任及伦理问题的高度关注。在他看来，只有理解了针对公共行政的不同观点并体会到其中的广泛性，才能体认到公共行政官员所面对的公众需求的复杂性。然而，更为艰难的工作则是如何在现实世界中在工作岗位上将这些冲突的伦理观念整合起来。从本质上来说，公共行政责任性与道德的提升最终要依靠公共行政官员个人的行动，即在民众与政府之间通过人与人之间的互动来建立互信。

六、简短的结论

通过上述分析，我们不难发现，公共行政是一个极为复杂的学科领域，公共行政的研究至少有管理、政治和法律三种不同的研究途径，不仅每一种研究途径在价值观、组织结构、对个人的观点、认知途径、预算、决策、管制行政以及行政责任与行政伦理等方面均有其自身的独特性，而且这些研究途径之间时而相互冲突，时而彼此互补。然而，遗憾的是，在公共行政学100多年的发展历程中，有时，人们往往只是倾向于从单一的视角看待公共行政，进而只是从单一的研究途径认识公共行政，他们要么因过于强调效率而忽略政治代表性和宪政性正当法律程序的价值，进而忽视公共行政研究的政治途径和法律途径；要么因只是关注公正性而过于追求政治代表性和宪政性正当法律程序等价值，进而忽视公共行政的效率价值和公共行政研究的管理途径。尽管罗森布鲁姆认为公共组织和公共行政管理者事实上很难同时满足所有管理的、政治的及法律/宪政的要求，但是他清醒地认识到，自从公共行政研究的传统管理途径受到人们的质疑以来，半个多世纪的历程已经过去了。如今，我们已经从公共行政研究的传统管理途径占主导地位的时代进入运用政治途径和法律途径分析公共行政的时代，而且新公共管理途径也以强劲的势头加入对公共行政的研究行列中来。鉴于未来的公共行政将更加复杂、更受政治观点的影响和主导、更加强调法律的重要性、更加强调绩效并且更加强调个人责任以及新的行政文化的发展，所以，公共行政的理论与实践眼下面临的迫切问题就在于：如何对不同研究途径所拥有的价值、结构与程序安排以及技术方法进行整合。虽然罗森布鲁姆这里主要是就美国公共行政理论与实践的发展而言的，但是在全球经济一体化的今天，我们中国公共行政理论与实践的发展何尝不是如此呢？实际上，诚如张成福教授在为罗森布鲁姆的《公共行政学：管理、政治和法律的途径》中译本所写的译者前言中所说的那样，公共行政从来都不是一个同质的研究领域，公共行政研究途径的多元性产生于公共行政的复杂性，在当今社会，公共行政几乎涉及人类事务的各个领域，公共行政的复杂性使得任何单一向度的研究均不可能使人们对公共行政获得系统而全面的认识，公共行政既是管理问题，又是政治问题，也是宪政问题，我们只有把三种认知途径整合起来，才能正确地理解公共行政问题，才能有效地解决公共行政的现实问题。①

① ［美］戴维·H. 罗森布鲁姆、罗伯特·S. 克拉夫丘克等：《公共行政学：管理、政治和法律的途径·译者前言》，张成福等校译，北京：中国人民大学出版社 2002 年版。

结语　西方行政学的发展趋势

当代行政学研究，各种方法、各派理论、各种观念层出不穷。为了适应日新月异的现实生活的发展，西方行政学不断改变自己的分析框架，不断更新研究内容，不断采纳新的研究方法，不断进入新的研究领域。这些努力引起了现代西方行政学研究的革故纳新，并呈现出以下发展趋势：

第一，西方行政学研究从演绎分析转向归纳分析。传统的西方行政学研究注重演绎分析，即从已经确定的基本原则出发，把这些基本原则或基本观念作为行政学研究的规范标准。行政活动和行政关系的优劣，完全以它们是否符合既定的行政原则和观念为依据。而现代西方行政学研究表明，这样的研究方法过于形式主义，一定的原则不能包罗万象，不能适应千变万化的大千世界的要求；因而现代西方行政学研究注重结语西方行政学的发展趋势归纳分析，即从现实的行政活动和行政关系出发，收集有关行政活动的大量事实材料，分析和澄清各项事实和数据之间的关系，从中得出一定的行政原则和行政观念，再用它们来指导行政活动，分析行政现象。

第二，西方行政学研究从价值分析转向实践分析。传统的西方行政学研究比较注重分析"应然"，即理想的行政应该如何，侧重于说明行政的理想与目标。当然，对于行政学来说，这是必不可少的。行政学研究必须在一定的世界观指导下进行，否则便会失去其宏观的目标。然而，行政学研究不能仅仅停留在价值分析上，因为行政学是一门应用性很强的学科。而现代西方行政学研究比较注重研究事实，即分析"已然"，分析行政活动和行政关系的现实情况，通过调查、分析、核实、论证等各种手段，发现行政活动和行政关系中的具体问题，找出克服和解决这些问题的方法与手段，从而促进行政活动和行政关系向更好的状态过渡，以便达到价值分析后确定的理想和目标。

第三，西方行政学研究从静态分析转向动态分析。传统的西方行政学比较注重分析行政的组织结构、职权规范和规章制度，基本上可以称之为"形式—法制"研究。这种研究的基本特点在于它把重点放在正式确定的组织结构和权力关系上。而现代西方行政学研究表明，只注重静态分析，远不能解释许多行政关系，也不能科学地、全面地分析行政现象，更不能有效地阐释行政过程中的具体步骤。为此，人们逐渐把注意力转向行政过程中人的活动和行为，对行政活动和行政关系作动态和功能的分析，注重行政过程中人与人之间的交互作用、心理反应、宏观环境对组织的影响、沟通作用以及非正式组织、群体等种种复杂的课题。于是，行政决策、行政领导、行政计划、意见沟通等得到广泛注意。

第四，西方行政学研究从生理分析转向心理分析。传统的西方行政学在研究过程中也研究行政人员，但侧重点放在行政人员的生理活动、工作环境、休息时间、工资报酬、福利待遇等方面，以期通过改善行政过程中的生理条件来提高行政效率，扩大行政能量。而现代西方行政学认为，仅仅研究行政人员的生理需要是不够的，行政人员除了有生理需要的一面之外，还有更为深层、更为基本的需要，这就是行政人员的心理需要和情感需要，只有生理需要和心理需要均得到了满足，行政效率和行政能量才会大大提高。因此，现代西方行政学研究十分注意分析行政人员在行政活动中的各种心理需要，将行政管理的方法和空间扩展到人的心理机制中去。

第五，西方行政学研究从间接分析转向直接分析。传统的西方行政学在研究过程中较多地采用间接材料，即主要是根据诸如有关著作、研究报告、论文或现有的法令规章等已有的文字材料作理论分析和逻辑分析。而现代西方行政学研究则认为，这样的间接研究难以发现现实行政活动和行政关系的实际问题，难以深入了解一定的行政体系。所以，现代西方行政学很注重收集和分析直接的材料和数据，注重分析行政过程中人们的具体行为和结果，采用调查、统计、访问、咨询、现场研究等手段收集第一手资料，从中揭示行政活动和行政关系的规则和原则。

第六，西方行政学研究从单科分析转向多科分析。传统的西方行政学采用的研究方法十分有限，主要研究对象限于行政体制，把行政体制视为一种孤立的研究对象，不注意运用其他学科的方法和研究成果。而现代西方行政学研究则越来越清楚地意识到，行政活动和行政关系是一种错综复杂的研究对象，涉及社会生活中的种种因素，因此不能把它们视为一种独立的现象，而应当加强社会科学各个学科之间的渗透和交流，用各个学科的方法和研究成果来分析行政活动和行政关系，从文化、社会、心理、经济、政治等各个角度研究行政活动和行政关系。目前，经济学、历史学、社会学、政治学、心理学、传播学、文化学等不同学科的知识在行政学领域中都发挥了重要的作用。

第七，西方行政学研究从比较分析转向生态分析。传统的西方行政学注重分析行政的历史发展，然后逐渐转向在空间上比较分析各种行政体系和行政现象的异同。这是传统的西方行政学研究本身的新趋势。而现代西方行政学研究则认为这种比较方法不够全面，因为各个国家的国情不同，各个社会的风俗习惯、历史传统、社会制度、教育文化、民族性格均不同。对于一个社会条件合适的行政活动和行政关系并非就适应于另一个社会，因而，行政分析应当从生态学的观点出发，生态学研究方法注重把世界上各种行政体系划分为几种基本的模式，用以分析各国行政体系的特点。比较只能在同一模式的社会之间进行，而对于不同生态条件的社会，则应当发现和寻求最适应这一社会的行政活动和行政关系的模式，而不能简单地搬用其他社会中取得成效的模式。

第八，西方行政学研究从单一主体分析转向多元主体分析。传统的西方行政学一直都主要是以政府这一单一的行政主体为研究对象，这是由社会公共事务管理职能在很长一段时期内主要是由政府垄断的客观社会背景所决定的。伴随着西方社会工业化进程的日益加速，尤其是伴随着公民社会的不断发育、市场经济体制的不断完善特别是民主政治进程的不断加快，许多过去由政府包揽的社会公共事务管理职能通过管理体制、机制和手段的创新逐渐转向由政府行政主体和政府外的其他管理主体共同承载。现代西方行政学研究也因此逐渐将其研究对象由过去的政府这一单一主体转向由政府行政主体和非政府管理主体构成的多元主体，西方行政学的许多研究也自然经历着由对政府行政主体的单一主体分析向对参与社会公共事务管理的多元主体分析的转变，即便是对政府行政主体的分析也常常会置于对社会公共事务的多元主体分析之中，时至今日，西方行政学在很大程度上甚至出现了向现代公共管理学转型的趋势。

上述这些趋势也构成了当代西方行政学研究的特点。当今的时代是一个改革的时代，社会的政治、经济、思想、文化等各个领域均处在快速的变革之中，这些发展趋势也向行政活动和行政关系提出了新的要求，因此，我们应该准确、及时地把握住这些新的发展趋势和特点，以推动和促进我们行政科学的建设和发展。

主要参考文献

（以出版时间先后为序）

一、中文部分

[1] [日] 蜡山正道. 行政学总论 [M]. 北京：中华书局，1934.
[2] [美] 怀特. 行政学概论 [M]. 刘世传译. 上海：商务印书馆，1947.
[3] [美]雷格斯. 行政生态学 [M]. 金耀基译. 台北："台湾商务印书馆"，1978.
[4] 张润书. 行政学 [M]. 台北：台湾三民书局，1979 年.
[5] [美] 吉尔伯特 · C. 菲特，E. 里斯. 美国经济史 [M]. 程逢如译. 沈阳：辽宁人民出版社，1981.
[6] [法] 法约尔. 工业管理与一般管理 [M]. 周安华等译. 北京：中国社会科学出版社，1982.
[7] [美] 赫伯特 · 西蒙. 管理决策新科学 [M]. 李柱流等译. 北京：中国社会科学出版社，1982.
[8] 林水波，张世贤. 公共政策 [M]. 台北：台湾五南图书出版公司，1982.
[9] [美]梅里亚姆. 美国政治思想 [M]. 朱曾汶译. 北京：商务印书馆，1984.
[10] [美]泰勒. 科学管理原理 [M]. 胡隆昶译. 北京：中国社会科学出版社，1984.
[11] [日]占部都美. 现代管理论 [M]. 蒋道鼎译. 北京：新华出版社，1984.
[12] [美]弗里蒙特 · E. 卡斯特，詹姆斯 · E. 罗森茨韦克. 组织与管理——系统方法与权变方法 [M]. 李柱流译. 北京：中国社会科学出版社，1985.
[13] [美] 彼得斯，沃特曼. 成功之路 [M]. 余凯成等译. 北京：中国对

外翻译出版公司，1985.
[14] 高宏德等编译. 国外著名管理学家论管理［C］. 成都：四川科学技术出版社，1985.
[15] ［英］D. S. 皮尤等. 组织管理学名家思想荟萃［M］. 唐亮等译. 北京：中国社会科学出版社，1986.
[16] ［美］丹尼尔·雷恩. 管理思想的演变［M］. 孙耀君等译. 北京：中国社会科学出版社，1986.
[17] ［美］马斯洛. 动机与人格［M］. 许金声译. 北京：华夏出版社，1987.
[18] 陈兆钢，李兆光. 组织论［M］. 银川：宁夏人民出版社，1987.
[19] ［美］F. J. 古德诺. 政治与行政［M］. 王元、杨百朋译. 北京：华夏出版社，1987.
[20] 孙耀君. 西方管理思想史［M］. 太原：山西人民出版社，1987.
[21] ［美］帕拉洛，昌德勒编著. 行政管理学词典［S］. 陈嘉陵等译. 成都：四川人民出版社，1988.
[22] 彭文贤. 行政生态学［M］. 台北：台湾三民书局，1988.
[23] ［美］罗尔斯. 正义论［M］. 何怀宏等译. 北京：中国社会科学出版社，1988.
[24] ［美］赫伯特·西蒙. 管理行为——管理组织决策过程的研究［M］. 杨砾等译. 北京：北京经济学院出版社，1988.
[25] ［美］查尔斯·林德布洛姆. 决策过程［M］. 竺乾威、胡君芳译. 上海：上海译文出版社，1988.
[26] ［美］詹姆斯·M. 布坎南，理查德·E. 瓦格纳. 赤字中的民主［M］. 刘廷安、罗光译. 北京：北京经济学院出版社，1988.
[27] ［美］斯蒂尔曼. 公共行政学（上、下）［M］. 李方等译. 北京：中国社会科学出版社，1989.
[28] ［美］詹姆斯·M. 布坎南. 自由、市场与国家［M］. 平新乔、莫扶民译. 上海：上海三联书店，1989.
[29] ［美］西蒙. 现代决策理论的基石［M］. 杨砾、徐立译. 北京：北京经济学院出版社，1989.
[30] ［美］安德森. 公共决策［M］. 唐亮译. 北京：华夏出版社，1990.
[31] ［美］斯图亚特·S. 那格尔编著. 政策研究百科全书［M］. 林明等译. 北京：科学技术文献出版社，1990.
[32] 杨砾. 当代西方管理学［M］. 北京：世界知识出版社，1990.
[33] ［英］皮尤编. 组织理论精萃［C］. 彭和平、杨小工译. 北京：中国

人民大学出版社，1990.
[34] 胡象明. 行政决策分析 [M]. 武汉：武汉大学出版社，1991.
[35] [美]丹尼斯·缪勒. 公共选择 [M]. 王诚译. 北京：商务印书馆，1992.
[36] [日]乐师寺泰藏. 公共政策 [M]. 张丹译. 北京：经济日报出版社，1992.
[37] 张金马. 政策科学导论 [M]. 北京：中国人民大学出版社，1992.
[38] 汪翔，钱南. 公共选择理论导论 [M]. 上海：上海人民出版社，1993.
[39] [美] 詹姆斯·M. 布坎南. 民主过程中的财政 [M]. 唐寿宁译. 上海：上海三联书店，1993.
[40]《经济社会体制比较》编辑部编. 腐败：权力与金钱的交换 [M]. 北京：中国经济出版社，1993.
[41] [美] 威尔·马歇尔，马丁·施拉姆. 克林顿变革方略 [M]. 达洲等译，北京：新华出版社，1993.
[42] 方贻岩. 西方行政思想史 [M]. 厦门大学出版社，1993.
[43] [美] 詹姆斯·Q. 威尔逊. 美国官僚政治——政府机构的行为及其动因 [M]. 张海涛等译. 北京：中国社会科学出版社，1995.
[44] [以] 叶海卡·德罗尔. 逆境中的政策制定 [M]. 王满船、尹宝虎、张萍译. 上海：上海远东出版社，1996.
[45] [美] 戴维·奥斯本等. 改革政府——企业精神如何改革着公营部门 [M]. 周敦仁等译. 上海：上海译文出版社，1996.
[46] [美] 菲利克斯·A. 尼格罗. 公共行政学简明教程 [M]. 郭晓来等译. 北京：中共中央党校出版社，1997.
[47] 彭和平等编译. 国外公共行政理论精选 [C]. 北京：中共中央党校出版社，1997.
[48] [美] 巴纳德. 经理人员的职能 [M]. 孙耀君译. 北京：中国社会科学出版社，1997.
[49] [德] 马克斯·韦伯. 经济与社会（上、下）[M]. 林荣远译. 北京：商务印书馆，1997.
[50] [美] 彼得·杜拉克. 巨变时代的管理 [M]. 朱雁斌译. 太原：山西经济出版社，1998.
[51] 俞可平. 治理与善治 [M]. 北京：社会科学文献出版社，2000.
[52] [澳] 欧文·休斯. 公共管理导论 [M]. 彭和平等译. 北京：中国人民大学出版社，2001.

[53] [美] 戴维·H. 罗森布鲁姆，罗伯特·S. 克拉夫丘克等. 公共行政学：管理、政治和法律的途径 [M]. 张成福等校译. 北京：中国人民大学出版社，2002.
[54] 黄小勇. 现代化进程中的官僚制 [M]. 哈尔滨：黑龙江人民出版社，2003.
[55] [美] 珍妮特·V. 登哈特，罗伯特·B. 登哈特. 新公共服务 [M]. 方兴，丁煌译. 北京：中国人民大学出版社，2004.

二、英文部分

[1] Mary Park Follett. *The Speaker of the House of Representives*. Longmans, Green, 1896.
[2] Frank J. Goodnow. *Politics and Administration: A Study in Government*. Russell & Russell, 1900.
[3] Mary Park Follett. *The New State: Group Organization, the Solution of Popular Government*. Longmans, Green, 1920.
[4] Mary Park Follett. *Creative Experience*. Longmans, Green, 1924.
[5] Leonard D. White. *Introduction to the Study of Public Administration*. Macmillan Publishing Company, 1926.
[6] Henry C. Metcalf, ed. *Scientific Foundations of Business Administration*. Williams & Wilkins Co., 1926.
[7] Luther Gulick. *The National Institute of Public Administration*. National Institute of Public Administration, 1928.
[8] Max Weber. *The Protestant Ethic and the Spirit of Capitalism*. Auen & Unwin, 1930.
[9] Luther Gulick and Lyndall Urwick, eds. *Papers on the Science of Administration*. Institute of Public Administration, 1937.
[10] H. C. Metcalf & L. F. Urwick eds. *Dynamic Administration*. Pitman, 1941.
[11] H. H. Gerth and C. W. Mills eds. *From Max Weber: Essays in Sociology*. Oxford University Press, Inc., 1946.
[12] L. F. Urwick. *The Elements of Administration*. Pitman, 1947.
[13] Max Weber. *The Theory of Social and Economic Organization*. Free Press, 1947.
[14] F. W. Taylor. *Scientific Management*. Harper & Row, 1947.
[15] Chester I. Barnard. *Organization and Management*. Harvard University

Press,1948.

[16] Luther Gulick. *Administrative Reflections from World War II*. University of Alabama Press,1948.

[17] Dwight Waldo. *The Administrative State: A Study of the Political Theory of American Public Administration*. Ronald Press,1948.

[18] Paul Appleby. *Policy and Administration*. University of Alabama Press,1949.

[19] L. Urwick,ed. *Freedom and Co-ordination: Lectures in Business Organizations*. Managemeng Publications Trust,1949.

[20] Henri Fayol. *General and Industrial Management*. Pitman,1949.

[21] Paul H. Appleby. *Policy and Administration*. University of Alabama Press,1949.

[22] Herbert A. Simon. Donald W. Smithburg, and Victor A. Thompson, *Public Administration*. Knopf,1950.

[23] Peter F. Drucker. *The Practice of Management*. Harper & Row,1954.

[24] Dwight Waldo. *The Study of Public Administration*. Random House, Inc. ,1955.

[25] Dwight Waldo. *Perspectives on Administration*. University of Alabama Press,1956.

[26] Chris Argyris. *Personality and Organization*. Harper and Row,1957.

[27] James G. March and H. A. Simon, *Organizations*. Wiley,1958.

[28] Herbert A. Simon. *Administration Behavior: A Study of Decision-making Processes in Administrative Organization*, 2d ed. Macmillan Co. ,1960.

[29] D. McGregor. *The Human Side of Enterprise*. Mcgraw-Hill,1960.

[30] Sheldon Wolin. *Politics and Vision. Boston*. Little, Brown,1960.

[31] Fred. W. Riggs. *The Ecology of Public Administration*. Asia Publishing House,1961.

[32] Luther Gulick. *The Metropolitan Problem and American Ideas*. Knopf,1962.

[33] Fritz Morstein Marx. *Elements of Public Administration*, 2nd ed. Prentice-Hall,1963.

[34] J. LaPalombara. *Bureaucracy and Political Development*. Princeton University Press,1963.

[35] Fred. W. Riggs. *Administration in Developing Countries: The Theory of Prismatic Society*. Houghton Mufflin Company,1964.

[36] Peter F. Drucker. *Managing for Results*. Harper & Row,1964.

[37] C. Northcote Parkinson. *Parkinson's Law and other Studies in Administration*. Penguin Books, 1965.

[38] Gordon Tullock. *The Politics of Bureaucracy*. Public Affairs Press, 1965.

[39] C. Northcote Parkinson. *The Law and the Profits*. Penguin Books, 1965.

[40] Peter F. Drucker. *The Effective Executive*. Harper & Row, 1966.

[41] D. McGregor. *Leadership an Motivation*. MIT Press, 1966.

[42] M. B. Brodie. *Fayol on Administration*. Lyon, Grant & Green, 1967.

[43] Chester I. Barnard. *The Functions of Executive*. Harvard University Press, 1968.

[44] Robert K. Merton. *Social Theory and Social Structure*. Free Press, 1968.

[45] F. Mosher. *Democracy and the Public Service*. Oxford University Press, 1968)

[46] Laurence. J. Peter and Raymond Hull. *The Peter Principle*. William Morrow, 1969.

[47] Alexis de Tocqueville. *Democracy in America*. New American Library, 1969.

[48] T. Kuhn. *The Structure of Scientific Revolutions*. 2nd ed. University of Chicago Press, 1970.

[49] F. W. Riggs. *Frontiers of Development Administration*. Duke University Press, 1970.

[50] Aron Wildavsky. The Revolt Against the Masses and Other Essays on Politics and Public Policy. Basic Books, 1971.

[51] A. Touraine. *The Post-industrial Society: Classes, Conflicts and Culture in the Programmed Society* . 1st ed. Mayhew LFW, trans. .Random House, 1971.

[52] Frank Marini, eds. *Toward a New Public Administration: The Minnowbrook Perspective*. Chandler Publishing Company, 1971.

[53] James Buchanan and RTollison (eds.). *Theory of Public Choice: Political Application of Economics*. The University of Michigan Press, 1972.

[54] R. K. Arora. *Comparative Public Administration*. Associated Publishing House, 1972.

[55] F. Rourke. *Bureaucratic Power in National Politics*. 2nd ed. . Little, Brown, 1972.

[56] Fred. W. Riggs. *Prismatic Society Revisited*. General Learning Press, 1973.

[57] Elliot M. Fox and L. Urwick, eds. *Dynamic Administration: The Collected Papers of Mary Park Follett*, 2d ed . Pitman. 1973.

[58] James W. Davis, Jr. *An Introduction to Public Administration: Politic, Policy,*

and Bureaucracy. Free Press,1974.

[59] E. S. Quade. *Analysis for Public Decisions*. American Elsevier Publishing Co. ,1975.

[60] James Buchanan. *The Limits of Liberty*. University of Chicago Press,1975.

[61] Wildavsky. Budgeting: *A Comparative Theory of Budget Process*. Little Brown,1975.

[62] Dwight Waldo. *Democracy, Bureaucracy, and Hypocrisy*. Institute of Governmental Studies,1977.

[63] H. A. Simon. *The New Science of Management Decision*, rev. ed. . Prentice-Hall,1977.

[64] Richard Stillman, ed. *Public Administration: Concept and Cases*. Houghton Mifflin,1978.

[65] Aron Wildavsky. *The Politics of the Budgetary Process*, 3rd edition. Little, Brown and Company Inc. ,1979.

[66] FerrelHeady. *Public Administration: A Comparative Perspective*. Prentice-Hall,Inc. ,1979.

[67] Aaron Wildavsky. *How to Limit Government*. University of California Press,1980.

[68] Dwight Waldo. *The Enterprise of Public Administration*. Chandler & Sharp,1980.

[69] C. E. Lindblom. *The Policy-Making Process*,2nd. ed. . Prentice-Hall,1980.

[70] Dwight Waldo. *The Enterprise of Public Administration*. Chandler and Sharp,1980.

[71] D. R. Prasad, V. S. Prasad, and P. Satyanarayana. *Administrative Thinkers*. Light & Life Publishers,1980.

[72] H. G. Frederickson. *New Public Administration*. The University of Alabama Press,1980.

[73] A. G. Ramos. *The New Science of Organizations*. University of Toronto Press,1981.

[74] J. F. Lyotard. *The Postmodern Condition: A Report on Knowledge*. Trans. by Geoff Bennington and BrianMassumi. Manchester University Press,1984.

[75] James Buchanan. *Liberty, Market and State*. Harvester Press,1986.

[76] Jay M. Shafritz & Albert C. Hyde. *Classics of Public Administration*. The Dorsey Press,1987.

[77] Kathryn G. Denhardt. *The Ethics of Public Service*. Greenwood Press, 1988.

[78] Joseph White and Aaron Wildavsky. *The Deficit and the Public Interest*. University of California Press, 1989.

[79] Christopher Pollitt. *Managerialism and the Public Service: The Anglo American Experience*. Basic Blackwell, 1990.

[80] M. J. Esman. *Management Dimensions of Development: Perspectives and Strategies*. Kumarian Press, 1991.

[81] A. Farazmand ed. *Handbook of Comparative and Development Public Administration*. Marcel Dekker, 1991.

[82] Terry L. Cooper. *An Ethic of Citizenship for Public Administration*. Prentice-Hall, Inc., 1991.

[83] David Osborne and Ted Gaebler. *Reinventing Government: How the Entrepreneural Spirit Is Transforming the Public Sector*. Addison-Wesley Publishing Company, Inc., 1992.

[84] Aaron Wildavsky. *The New Politics of Budgetary Process*. 2nd ed.. Harper Collins, 1992.

[85] Al Gore. *From Red Tape to Results: Creating a Government That Works Better &Costs Less: The Report of the National Performance Review*. Government Printing Office, 1993.

[86] Bill Clinton & Al Gore. *Putting People First—How We All Change America*. Times Books, 1992.

[87] Henry J. Aaron, Thomas Mann, and Timothy Taylor, ed. *Values and Public Policy*. Brookings Institution, 1994.

[88] John Clayton Thomas. *Public Participation in Public Decisions*. Jossey-Bass, 1995.

[89] Charles J. Fox & Hugh T. Miller. *Posrmodern Public Administration: Toward Discourse*. Sage Publications, 1995.

[90] D. J. Farmer. *The Language of Public Administration: Bureaycracy, modernity, and Postmodernity*. University of Alabama Press, 1995.

[91] Ferrel Heady, *Public Administration—A Comparative Perspective*, 5th ed.. Marcel Dekker, Inc., 1996.

[92] Gary L. Wamsley & James F. Wolf ed. *Refounding Democratic Public Administration*. Sage Publications, Inc., 1996.

[93] Laurence Lynn, Jr. *Public Management as Art, Science, and Profession*.

Chatham House, 1996.

[94] B. Guy Peters. *The Future of Governing: Four Emerging Models*. University Press of Kansas, 1996.

[95] Hindy Lauer Schachter. *Reinventing Government or Reinventing Ourselves*. State University of New York Press, 1997.

[96] O. C. McSwite. *Legitimacy in Public Administration*. Sage, 1997.

[97] Paul C Light. *The Tides of Reform: Making Government Work* 1945-1995. Yale University Press, 1997.

[98] Walter J. Kickert and Erik-Hans. *Managing Complex Networks*. Sage Publications, 1997.

[99] Hindy Lauer Schachter. *Reinventing Government or Reinventing Ourselves*. State University of New York Press, 1997.

[100] King, Cheryl Simrell, and Camilla Stivers. *Government Is Us: Public Administration in an Anti-Government Era*. Sage. , 1998.

[101] Richard Box, *Citizen Governace*. Sage. , 1998.

[102] Terry L. Cooper. *The Responsible Administrator: An Approach to Ethics for the Administrative Role*. 4th ed. .Jossey-Bass Publishers, 1998.

[103] Gilles Paquet. *Governance Through Social Learning*. University of Otta wa Press, 1999.

[104] Robert B. Denhardt. *Public Administration: An Action Orientation*, 3d ed. . Harcourt Brace, 1999.

[105] Terry L. Cooper, ed. *Handbook of Administrative Ethics*. 2nd ed. , rev. and expended. Marcel Dekker, Inc. 2001.

[106] Robert Leach and Janie Percy-Smith. *Local Governance In Britain*. Palgrave, 2001.

[107] David H. Rosenbloom. *Public Administration: Understanding Management, Politics, and Law in the Public Sector, 5th ed.* . McGraw-Hill Company, Inc. 2002.

[108] Janet V. Denhardt and Robert B. Denhardt. *New Public Service: Serving , not Steering*. M. E. Sharpe, 2003.

本书主要人名译名英汉对照表

本书主要人名译名英汉对照表

（按笔画多少排序）

三画	
马奇	March，James G.
马斯洛	Maslow，Abraham H.
四画	
巴纳德	Barnard，Chester. I.
厄威克	Urwick，Lyndall
戈利姆比沃斯基	Golembiewski，Robert
戈尔	Gore，Al
韦伯	Weber，Max.
扎克	Zuck，Alfred
五画	
布坎南	Buchanan，James M.
古德诺	Goodnow，Frank J.
古利克	Gulick，Luther H.
古德塞尔	Goodsell，Charlse T.
弗洛里斯坦诺	Florestano，Patricia
弗雷德里克森	Frederickson，H. George
汉密尔顿	Hamilton，Mary
加德纳	Gardner，John
六画	
西蒙	Simon，Herbert A.
西蒙兹	Simmons，Robert
米勒	Miller

迈斯克	Messick, Charles P.
七画	
阿吉利斯	Argyris, Chris
法默尔	Farmer, David J.
法约尔	Fayol, Henri
怀特	White, Leonard. D.
坎特	Kantor, Rosabeth Moss
里格斯	Riggs, Fred W.
麦格雷戈	McGregor, Douglas M.
麦克斯威特	McSwite, O. C.
纳尔班迪安	Nalbandian, John.
沃尔多	Waldo, Dwight
汤普森	Thompson, E.
沙夫利兹	Shafritz, Jay M.
八画	
彼得	Peter, Laurence J.
迪莫克	Dimock, M.
金	King
拉斐尔	Raffel, Jeffrey
拉斯韦尔	Lasswell, Harold
林德布洛姆	Lindblom, Charlse E.
罗尔斯	Rawls, John
罗森布鲁姆	Rosenbloom, David H.
奈特	Knight, F.
帕金森	Parkinson, C. Northcote
九画	
哈伯尔	Hubbel, Lawrence
哈特	Hart, David K.
奎德	Quade, Edward S.
威洛比	Willoughby, William F.
威尔逊	Wilson, Thomas W.
十画	
高斯	Gaus, John.
格雷	Gray, Joseph

格林	Green, Richard T.
海德	Hyde, Albert C.
莱特	Light, Paul C.
朗	Long, Norton
泰勒	Taylor, Frederick W.
特里	Terry, Larry D.
十一画	
登哈特	Denhardt, Robert B.
登哈特	Denhardt, Janet Vinzant.
菲德勒	Feidler, Fred E.
盖布勒	Gaebler, Ted
曼斯布里奇	Mansbridge, Jane
十二画	
奥斯本	Osborne, David
奥斯特罗姆	Ostrom, Vincent
博克斯	Box
黑迪	Heady, Ferrel
塔洛克	Tullock, Gordon
斯蒂弗斯	Stivers
十三画	
福克斯	Fox, Charles
福莱特	Follett, Mary P.
塞德曼	Seidman
十四画	
蔡平	Chapin, Linda
缪勒	Mueller, D.
十五画	
德鲁克	Drucker, Peter F.
德罗尔	Dror, Yehezkel
德沃林	Dvorin, Eugene

索　　引

（按汉语拼音先后顺序排列）

F

H

J

M

R

S

W

Z

第一版后记

虽然行政管理和行政管理的思想古已有之，但是行政学作为一门独立的学科却产生于现代西方社会。在西方，行政学历经百余年的发展，目前已成为一门既具有丰富理论内容又不乏实际应用价值的综合性学科。在我国，行政学的研究起步较晚，尽管广大行政学研究者从不同的视角对行政学的一些基本问题进行了或正在进行着富有成效的探讨，但是专门介绍和研究西方行政学理论和方法的论著却并不多见，而系统探讨西方行政学说的专著则更是为数甚少，这不能不说是我国行政学研究的一大缺憾。西方行政学经过长期的发展，在许多问题上已经有了长期的积累，形成了一批行政学的经典。为了使我国行政学的发展有一个比较好的理论基础，有一个比较好的起点，为了避免基础研究的重复无效劳动，更加有效地使用有限的研究资源，同时也为了使我国的行政学专业工作者具有比较开阔的视野，通过比较和借鉴，以进一步深化我国的行政学研究，加强西方行政学理论和方法的介绍和研究工作，无疑是十分必要的。有鉴于此，我在几年前便开始探索着为我系行政管理专业的学生开设了一门系统介绍西方行政学说的课程，并在讲稿的基础上写成了这本《西方行政学说史》。书中的部分内容曾作为专题研究成果在《政治学研究》、《中国软科学》、《中国行政管理》、《国际技术经济研究》以及《法国研究》等学术刊物上发表。

本书的写作和出版得到了多方面的支持和帮助：中国行政管理学会郭济会长非常关心本书的写作和出版，并在百忙之中不辞辛劳，拨冗作序；我国政治学界的知名学者、我系博士生导师刘德厚教授一直十分关心我的学术定向问题，正是在他不断的关怀和督促下，我才较早地把西方行政学研究确定为我的一个主要研究方向，进而才使我有可能完成本书的写作；我攻读博士学位的指导教师傅明贤教授和我的朋友胡象明教授最早支持并鼓励我开设这门新课，从而使我有机会深入、系统地研习西方行政学说，而且当傅老师得知拙书稿已获准武汉大学教材建设立项时，她还专门写信向武汉大学出版社的领导推荐拙书稿，以使其顺利纳入出版计划，尽早面世；罗志刚、吴绍丽、李和中和彭宇文等院、系和教务处的有关领导，为拙书稿顺利地获准学校教材建设立项做了许多工作；武汉大学出版社的王克强先生和汪卉女士为本书的编辑和装帧付出了大量的心血；武汉大学出版社副总编戴老红先生和总编辑助理何皓先生以及武汉大学政治与行政学院办公室主任邓朝晖女士为本书的尽早面世给予了诸多帮助。此外，国家行政学院的张金马教授和中国行政管理学会的刘东汶研究员为我写作本书提供了许多重要的参考资料和宝贵的建议。在此，我谨向他们一并致以诚挚的谢意。这里，我还要感谢我的妻子方兴女士，她多年来在自己的教学和科研任务均十分繁重的情况下，为我的研究工作创造了良好的条件，作出了巨大的牺牲。可以这么说，没有她的帮助，我的包括本书在内的诸项研究工作恐怕很难顺利完成。

众所周知，科学研究是继承性与创造性的有机统一，作为一项研究成果，本书当然也不例外。书中既有我自己的探索、体会，也有对他人成果的借鉴、引用。至于本书写作过程中参考和引用的文献资料，我尽可能以脚注的形式或在书后列出，但仍难免有所遗漏。在此，我也向所有被参考和引用的文献资料的作者和译者一并表示衷心的感谢。

笛卡儿说得好："愈学习，愈发现自己的无知。"现在我也深有此感。由于知识结构的局限和研究深度的不足，再加之资料的匮乏和时间的仓促，本人深感力不从心。书中定有许多地方不能令人满意，缺点和错误在所难免。本来，假如时间允许的话，我还可以深思熟虑、精雕细刻，以求进一步成熟和完善，但是，由于教学急需用书，所以我才不揣浅陋，决定让拙作与读者见面。平心而论，这是真正的"抛砖引玉"，我真诚地期待着广大读者批评指正。

作　者

1998年10月于珞珈山

增补版后记

本书初版于1999年，承蒙学界同仁和广大读者的认同与厚爱，拙著自初版以来，不仅被许多高等学校指定为行政管理及其相关专业的必读书，而且获得了全国行政管理优秀科研成果奖和湖北省社会科学成果奖等多项科研与教学奖励。鉴于本书初版所研究的内容截至20世纪80年代西方公共行政理论的主要成果，而进入20世纪90年代以来，西方公共行政学又有了长足的发展，所以，应出版社和读者的要求，近一个时期以来，我一直在考虑对拙著进行修订，以期能够补充一些新的研究成果。尽管本书的篇幅很有限，但是，本次修订除了对初版中的不完善之处进行了修正之外，我还在最后一章新增了两节评介近年来在西方公共行政学界最具影响力的两位行政学家的理论观点。至于西方公共行政理论其他方面的发展情况，我只能在另外的著作中讨论了。在此，我要感谢国家社会科学基金为我研究西方公共行政理论的最新发展所提供的支持。当然，由于时间关系，加之本人的水平有限，此次的修订版中讹误之处仍恐难以避免，乞请读者批评指正。

丁 煌

2004年9月18日

于赴美访学前夕

第三版后记

虽然行政管理和行政管理的思想古已有之，但是行政学作为一门独立的学科却产生于现代西方社会。在西方，行政学历经百余年的发展，目前已成为一门既具有丰富理论内容又不乏实际应用价值的综合性学科。在我国，行政学的研究起步较晚，尽管广大行政学研究者从不同的视角对行政学的一些基本问题进行了或正在进行着富有成效的探讨，但是专门介绍和研究西方行政学理论和方法的论著仍然不多，而系统探讨西方行政学说的专著则更是为数甚少，这不能不说是我国行政学研究的一大缺憾。西方行政学经过长期的发展，在许多问题上已经有了长期的积累，形成了一批行政学的经典。为了使我国行政学的发展有一个比较好的理论基础，有一个比较好的起点，为了避免基础研究的重复无效劳动，更加有效地使用有限的研究资源，同时也为了使我国的行政学专业工作者具有比较开阔的视野，通过比较和借鉴，以进一步深化我国的行政学研究，加强西方行政学理论和方法的介绍和研究工作，无疑是十分必要的。有鉴于此，我在 20 世纪 90 年代初便开始探索着为武汉大学行政管理专业的学生开设了一门系统介绍西方行政学说的课程，并在讲稿的基础上写成了《西方行政学说史》，以期能够为我国行政管理专业课程体系设置和学生专业知识结构的进一步完善尽自己的绵薄之力。拙著于 1999 年由武汉大学出版社正式出版。

其实，在当今这样一个务实的年代里，选择从事一个学科的基础理论研究实属非时尚之举，但是，我总觉得，对于像公共行政管理这样一个经常出现“身份”危机的新兴学科来说，最重要的莫过于其基础理论的研究，如果我们不厘清该学科的基本理论及其来源，那么我们便很难找到它的理论根基，其“身份”经常出现“危机”也就是很自然的事情了。正是基于这种认识，我自 20 世纪 80 年代末进入行政管理学领域以来一直都很看重对西方公共行政学理论的研究（当然，这并不意味着我不重视对行政管理实践问题的探讨），因为作为一门独立学科的行政（管理）学对于国人来说更多地则属于“舶来品”，西方公共行政学在其一百多年的发展历程中有大量的理论积累，对这些基本理论进行系统的梳理和深入的探讨，不仅对于我们了解行政（管理）学的发展脉络，而且对于建立我们自己的行政（管理）学理论体系，无疑具有重要的理论价值和借鉴意义。

值得庆幸的是，本人多年来在此方面的努力不仅得到广大同行和读者的认同和鼓励，而且更得到了诸多方面的支持和帮助。尤其是，承蒙学界同仁和广大读者的认可与厚爱，拙著自 1999 年初版和 2004 年第二版以来，不仅被许多高等学校指定为公共（行政）管理及其相关专业的必读书，而且获得了全国行政管理优秀科研成果奖和湖北省社会科学成果奖等多项科研与教学奖励。鉴于西方行政学是一个发展迅猛的学科领域，进入 20 世纪 90 年代尤其是进入 21 世纪以来，西方行政学的理论研究又有了长足的进展，所以，应出版社和读者的要求，近一个时期以来，我一直在考虑对拙著再次进行修订，以期能够补充一些新的研究成果。鉴于行政学说史的理论内容本身所具有的相对稳定属性，再加之篇幅有限，本次修订主要是在对前两版中的不完善之处进行修正的基础上通过新增若干章节来补充、析评了近年来在西方公共行政学界颇具影响力的几位行政学家的新理论观点。至于西方公共行政学理论其他方面的发展情况，我只能在另外的著作中讨论了。

在本书此次修订再版之际，我依然要感谢自我一开始从事西方行政学理论研究就关心提携后学并在百忙之中不辞辛劳为拙著拨冗作序的中国行政管理学会的老会长郭济先生；要感谢国家社会科学基金和国家留学基金为我研究西方公共行政（管理）学理论所提供的重要支持；要感谢美国国家公共行政研究院院士、著名公共行政学家罗伯特·登哈特教授在邀请我访美期间为我研究西方公共行政（管理）学理论所提供的良好学术环境和工作条件；要感谢美国国家公共行政研究院院士、著名公共行政学家戴维·罗森布鲁姆教授等国内外学界同仁为我研究西方公共行政（管理）学理论提供的宝贵资料和建议；要感谢武汉大学出版社王雅红副主编为本书的修订再版付出的大量心血；还要感谢我的夫人方兴教授长期以来对我的学术研究所给予的别人所无法替代的支持，可以这么说，没有她的帮助，我的包括本书在内的诸项研究工作恐怕很难顺利完成。

最后仍然应当强调的是，科学研究是继承性与创造性的有机统一，本书自然也不例外，书中既有我自己的探索、体会，更有对他人成果的借鉴、引用。至于本书写作过程中参考和引用的文献资料，我尽可能以脚注的形式或在书后参考文献中列出，但仍难免有所遗漏，在此，我也向所有被参考和引用文献资料的作者和译者一并表示衷心的感谢。当然，由于时间关系，加之本人的水平有限，拙著的此次修订再版中讹误之处仍恐难以避免，乞请读者批评指正。

丁 煌

2016 年 12 月 18 日

于珞珈山